Über dieses Buch

Wie werden wir alle durch die Arbeitsteilung zwischen Beruf und Familie, zwischen Mann und Frau geprägt? Das ist die Grundfrage, die dieses Buch stellt. Es zeigt, wie durch die vorgezeichneten Bereiche unser Leben aufgespalten und verengt wird. Hier die Zwänge und Karriereregeln des Berufs, dort die Gleichförmigkeit und Isolation des Hausfrauendaseins: Männer wie Frauen sind gefangen in der Einseitigkeit ihres Alltags, werden begrenzt in ihren Erfahrungen und Entwicklungsmöglichkeiten, ihren Fähigkeiten und Zielen.

Doch immer mehr Frauen wollen sich so nicht mehr festlegen lassen, wollen auch berufstätig sein. Die meisten freilich bleiben festgeschrieben auf die untergeordneten und schlecht bezahlten Positionen. Und die wenigen ›Karrierefrauen‹ sind am Ende oft mit neuer Einseitigkeit konfrontiert: kaum ein Privatleben, kaum Freizeit, keine eigene Familie.

Gibt es eine Chance, diesem Dilemma zu entkommen? Wir müssen – das ist die These dieses Buchs – die alte Arbeitsteilung zwischen Beruf und Familie aufgeben. Wir müssen statt dessen gesellschaftspolitische Maßnahmen entwickeln, die die Vereinbarkeit von Beruf und Familie erhöhen, etwa durch eine familiengerechte Organisation der Arbeitswelt. Dann könnte ein breites, vielfältiges Leben möglich werden – für Männer wie Frauen.

Die Autorin

Elisabeth Beck-Gernsheim, Jahrgang 1946, studierte Soziologie, Philosophie und Psychologie in München, war wissenschaftliche Mitarbeiterin im Sonderforschungsbereich 101 der Universität München (Projekt ›Frau und Beruf‹) sowie wissenschaftliche Assistentin am Institut für Soziologie der Universität München und ist jetzt wissenschaftliche Assistentin am Institut für Soziologie der Universität Münster. Sie arbeitete und publizierte bisher vor allem über die Themenbereiche ›Frau und Geschlechtsrollen‹, ›Familie, Bevölkerungsentwicklung, alternative Lebensformen‹, ›Arbeit und Beruf‹.

Elisabeth Beck-Gernsheim

Das halbierte Leben

Männerwelt Beruf,
Frauenwelt Familie

Fischer
Taschenbuch
Verlag

Diese Arbeit entstand im Rahmen des Sonderforschungsbereichs 101 der Universität München (›Theoretische Grundlagen sozialwissenschaftlicher Berufs- und Arbeitskräfteforschung‹). Ulrich Beck, Karl Martin Bolte und Barbara Pieper haben das Manuskript gelesen und wichtige Hinweise für die Überarbeitung gegeben.

Lektorat: Ingeborg Mues

Originalausgabe
Fischer Taschenbuch Verlag
Mai 1980

Umschlagentwurf: Jan Buchholz/Reni Hinsch

Fischer Taschenbuch Verlag GmbH, Frankfurt am Main

Gesamtherstellung: Hanseatische Druckanstalt GmbH, Hamburg
Printed in Germany
780-ISBN-3-596-23713-0

Inhalt

Einleitung oder Warum ich dieses Buch schreibe

Es gibt verschiedene Arten, ein Buch zu beginnen, wenn man über ein bestimmtes Sachgebiet schreiben will – über die Armut in der Welt, die Grundwasserregulierung in Niederbayern oder das Fortpflanzungsverhalten der Feldmäuse. Der Autor kann darlegen, wie viele Leute sich mit diesem Thema bereits beschäftigt haben und warum sie es alle mißverstanden/verkannt/verzerrt haben. Er kann aber auch darüber schreiben, warum er sich mit diesem Thema beschäftigt hat, warum es ihm wichtig erscheint.

Die wissenschaftliche Form der »Problemeröffnung« ist meist die erstere. Der Autor referiert zunächst die bisherigen theoretischen Ansätze bzw. empirischen Ergebnisse zu dem in Frage stehenden Problem und fährt dann damit fort, sie – manchmal mehr verschleiert und versteckt, manchmal recht unverblümt drastisch – in der Luft zu zerreißen und zu Unsinn zu erklären. (Welche dieser Formen, die höflich-diskrete oder die drastische, der Autor wählt, das hängt zum Teil von seinen Persönlichkeitseigenschaften ab, vor allem aber von seinem eigenen Status in der Reputationshierarchie der Wissenschaft und vom entsprechenden Status der Kollegen, die er angreift.) Von seiner persönlichen Beziehung zu dem Problem, mit dem er sich ein ganzes Buch lang auseinandersetzt – nein, davon schreibt ein wissenschaftlicher Autor meist nichts. Es ist wie ein etwas anstößiges Familiengeheimnis, das sorgfältig gegenüber Außenstehenden verborgen wird. Warum aber diese erstaunliche Schweigsamkeit – bei so viel Beredtheit in anderen Fragen? Die Antwort ist meist recht einfach. Aller Wahrscheinlichkeit nach liegt das Thema, das der Wissenschaftler sich gewählt hat, fernab von allen Fragen, mit denen ihn selbst eine persönliche Betroffenheit verbindet. (Eine solche Distanz scheint vielen zum Ehrenkodex der Wissenschaft zu gehören, zur geforderten »Objektivität« und »Unparteilichkeit«; ein Mißverständnis, wenn auch ein verbreitetes.) Und oft ist das Thema, um das es geht, auch so abstrakt, theoretisch und spezialisiert, daß wirklich niemand eine lebendige Beziehung dazu entwickeln kann.

Diesen eingespielten Gepflogenheiten des wissenschaftlichen Diskurses, der wissenschaftlichen Problemeröffnung möchte ich mich hiermit entziehen. Nein, nicht radikal! Schließlich will ich ja weiterhin in der Wissenschaft – und nicht zuletzt auch von ihr – leben. Deshalb wird, wie es sich gehört, im ersten Kapitel eine Auseinandersetzung mit bisherigen Theorieansätzen erfolgen. Hier in der Einleitung soll aber zunächst einmal davon die Rede sein, warum das Thema, über das ich schreibe, mir auch persönlich wichtig ist. Es ist kein Exoten-Thema, fern, bunt und unverbindlich, keine »Geschichte aus dem Zoo«: der Forscher als distanzierter Beobachter. Im Gegenteil, was ich untersuche, das betrifft auch mich, manchmal hautnah. Worum also geht es?

Seit einigen Jahren bin ich berufstätig. In diesen Jahren meiner Berufstätigkeit als Soziologin habe ich mich hauptsächlich mit zwei Themengebieten befaßt: einerseits mit »Beruf«, andererseits mit »Frau« – und vor allem mit der Verknüpfung dieser beiden: mit der Problematik von »Frau und Beruf«. In all den Jahren, in denen ich wissenschaftlich über derartige Probleme nachdachte, habe ich auch meine privaten Erfahrungen damit gemacht. An vielen Punkten trafen wissenschaftliche Überlegungen und private Erfahrungen zusammen, griffen ineinander, überlagerten und ergänzten sich. Es war eine ständige – häufig kuriose, manchmal ironische, manchmal auch schmerzhafte – Wechselbeziehung: dort die Problematik »Frau und Beruf«, hier ich als Frau in meiner konkreten Berufssituation mit meinen konkreten Erlebnissen. So war es fast unvermeidlich, daß im Wechselspiel der beiden Ebenen immer wieder eine Frage sich herauskristallisierte und aufdrängte: Was bedeutet mir die Berufstätigkeit? Welche Erfahrungen habe ich damit gemacht – als Person, als Frau?

Diese Frage ist nicht nur für mich wichtig. Sie berührt auch wichtige Elemente der »Frauenproblematik«, wesentliche Ziele und Forderungen der Frauenbewegung. Denn wann immer von dem die Rede ist, was unter dem globalen Wort »Frauenproblematik« gefaßt wird – die besondere gesellschaftliche und soziale Stellung der Frau, die darin angelegten Benachteiligungen und Abhängigkeiten –, dann fällt früher oder später unweigerlich auch das Stichwort »Beruf«. Was aber haben diese beiden, »Frauenproblematik« und »Beruf«, miteinander zu tun? Was genau macht ihre Verbindung aus? Auf den ersten Blick scheint die Antwort einfach genug. Diejenigen, die für die Emanzipation der Frau eintreten, plädieren fast immer auch dafür, den Frauen bessere Chancen der Berufstätigkeit zu eröffnen. In der Berufstätigkeit sehen sie einen wesentlichen Schlüssel, eine notwendige Voraussetzung der Emanzipation.

So ausformuliert kann man die Frage nach der Beziehung zwischen »Frauenproblematik« und »Beruf« noch einmal neu stellen. Immer mehr Frauen erlernen einen Beruf, üben einen Beruf aus, haben eigene konkrete Berufserfahrungen. So müßte es doch möglich sein zu prüfen – vor dem Hintergrund dieser vielfach gesammelten Erfahrungen –, was die Berufstätigkeit den Frauen tatsächlich bringt. Wieviel von den Erwartungen und Hoffnungen, die auf Beruf gesetzt wurden, sind tatsächlich auch eingelöst worden? Hat die Berufstätigkeit den Frauen wirklich neue Chancen eröffnet (und wenn ja, welche) – oder verlängert sie letztlich wieder die alten Erfahrungen der Abhängigkeit und Unterordnung, nur jetzt in neuer (zum Teil subtilerer, zum Teil noch krasserer) Form? Inwieweit lassen die real vorhandenen Berufe und Berufsstrukturen eine Emanzipation überhaupt zu – inwieweit ist das Scheitern, die Enttäuschung darin schon vorprogrammiert?

Je mehr ich nun über meine eigenen Berufserfahrungen nachdachte, desto deutlicher wurde mir, wie vielschichtig, ja zum Teil auch widersprüchlich mein Verhältnis zum Beruf ist. Sicher hat er mir ein gutes Stück von dem gebracht, was man so »Emanzipation« nennt; und ich bin froh darüber. Die Berufsarbeit stellt mich vor immer wieder neue Aufgaben, bedeutet Herausforderung und Anregung, Messung und Entwicklung meiner Fähigkeiten, bringt Bestätigung und Anerkennung, ist damit Teil meiner Identität und meines Selbstbewußtseins. In diesem Sinne steht selbstverständlich fest, daß ich die Berufsarbeit brauche. Aber obwohl ich von vornherein Glück hatte – akademische Freiräume, die Chancen einer privilegierten Arbeitssituation –, kenne ich auch die andere Seite. Ich spüre unmittelbar: Beruf ist Vereinseitigung und Verkrustung. Indem ich am Schreibtisch sitze und mich auf die Entwicklung theoretischer Gedankengänge konzentriere (Referate schreibe, Gutachten entwerfe, Seminarthemen plane, Literaturlisten zusammenstelle usw.), oft auch abends und am Wochenende, muß ich andere, mir wesentliche Lebensbereiche ausblenden. Verdrängt werden viele konkrete Bedürfnisse und Lebensäußerungen – Momente wie Spontaneität, Emotionalität, Neugierde, Phantasie (sofern sie nicht unmittelbar berufsbezogen verwertbar sind). Immer wieder aufgeschoben wird die Entwicklung eigener, breiter angelegter Fähigkeiten und Interessen, die den Rahmen der beruflich geforderten Kenntnisse sprengen. Berufliche Anforderungen und Anforderungen im privaten Bereich (Hausarbeit, Steuererklärung, Papierkrieg mit Behörden usw.) – der Alltag ist nahtlos ausgefüllt. Alles, was nicht unmittelbar drängt, wird ins Unbestimmte vertagt. Alles, was den eingespielten Rhythmus des Alltags unterbricht (ein akuter Schmerz im Zahn, das Nicht-Funktionieren der Waschmaschine), all das fordert Umschichten der Terminpläne, bedeutet zusätzliche Belastung und Reibungsverlust. Wann ist noch Zeit für soziales und politisches Engagement, für Freundschaft, für einfaches und seliges Nichtstun? Berufsarbeit in diesem Sinne ist immer auch ein »voll beanspruchendes, strenges, vorgezeichnetes Lebensmuster, dessen Zielen alles andere erbarmungslos untergeordnet wird – alles Angenehme, Menschliche, Gefühlsmäßige, Körperliche, Leichtfertige« (Slater 1971, S. 72). In mir sind Enttäuschung, Trauer, Wut, wenn ich an diese Seite der Berufsarbeit denke.

Was also ist es, auf eine einfache Formel gebracht, was diese so komplizierte Beziehung zwischen meiner Person und meinem Beruf kennzeichnet? Die Soziologen würden es nennen: die Erfahrung einer »realen Ambivalenz«. In freier Übersetzung heißt das, Beruf ist so etwas wie ein *»unverzichtbares Ärgernis«* geworden: unverzichtbar, weil er wesentliche Basis meiner Selbständigkeit, meines Selbstbewußtseins ist; und Ärgernis, weil er immer wieder Einengung, Verdrängung, Verkümmerung fordert.

Ich glaube nun, daß diese Erfahrung, die ich hier beschrieben habe, nicht nur meine ganz persönliche und individuelle ist. Ähnlich widersprüchliche Gefühle und Erfahrungen sind bei vielen Frauen zu finden – und immer mehr auch bei bestimmten Gruppen von Männern –, dafür gibt es zahlreiche Anzeichen in den vielen Untersuchungen zum Thema »Frau« bzw. »Frau und Beruf«, in den aufkommenden Auseinandersetzungen mit der »Männerrolle«. Drastisch sichtbar wird dieses Hin- und Hergerissensein, die Ambivalenz der Erfahrungen im und mit dem Beruf, bei zwei Gruppen von Frauen. Da sind zum einen diejenigen, die mit großen Erwartungen in den Beruf gehen – und dann mindestens ebenso große Enttäuschungen durchmachen. Ihnen stehen andere gegenüber, die zunächst dem Tag entgegensehen, wo sie (dank Heirat und Familiengründung) aus dem Beruf ausscheiden können – und später feststellen, daß im erhofften Zustand der »Berufslosigkeit« eigenartige Gefühle der Leere und Unzufriedenheit aufkommen. Das Eingespanntsein in den Beruf und das Draußensein aus dem Beruf, beides bietet für viele keine auf die Dauer befriedigende Lösung. Es ist wohl auch diese seltsame Ambivalenz – und nicht nur der Wechsel zwischen verschiedenen Phasen im Familienzyklus –, die die zahlreichen »Wanderungsbewegungen« der Frauen erklärt, vom Beruf in die Hausfrauenexistenz, von der Hausfrauenexistenz wieder in den Beruf.

Wenn es aber stimmt, daß wir mit dem Beruf derart widersprüchliche Gefühle verbinden – Hoffnung und Enttäuschung, Ärger und Unverzichtbarkeit zugleich –, dann müssen wir auch fragen, *warum* dies so ist. Liegt es an uns selbst, wie manche uns vorhalten werden? Sind wir (viele Frauen, manche Männer) nie zufriedenzustellen, welche Alternative auch immer man uns bietet, ähnlich also dem immer unzufriedenen Hans in einem elsässischen Lied: ». . . der Hans im Schnakenloch hat alles, was er will/und was er will, das hat er nicht, und was er hat, das will er nicht/der Hans im Schnakenloch hat alles, was er will . . .«? Oder liegt es nicht viel eher daran, daß in unserer Berufssituation und Berufserfahrung wirklich beide Elemente enthalten sind, Entfaltung *und* Vereinseitigung zugleich, so paradox das auch klingen mag? Und wenn dem so wäre, müssen wir dann nicht auch weiterfragen: Wie kann man die gegenwärtige Form der Berufsarbeit verändern? *Was muß geschehen, damit der Beruf seine positiven, von uns als »unverzichtbar« erlebten Elemente behält – aber aufhört, stets auch ein »Ärgernis« zu sein?*

Solche Fragen werden besonders akut und aktuell zum gegenwärtigen Zeitpunkt. Denn einerseits wird der Beruf immer mehr zu einem selbstverständlichen Bestandteil im »weiblichen Lebenszusammenhang« (PROKOP 1976), wenn auch oft auf ein paar Jahre begrenzt: Anders als in früheren Generationen gibt es heute kaum noch Frauen, die nicht zu einem bestimmten Zeitpunkt ihres Lebens einmal berufstätig waren. Darüber hinaus wird in der gesellschaftlich-politischen Diskussion der Gegenwart von vielen gefordert, bessere Möglichkeiten zu einer »Integration der Frau in die Berufswelt« bereitzustellen. Auf der anderen Seite kommen aber – jetzt, wo die Arbeitsplätze knapp sind – schon wieder zahlreiche Bestrebungen auf, die Frau »zurück an den Herd« zu weisen; schon liegen die politischen Entwürfe in der Schublade, um – mehr oder weniger verschleiert (Babyjahr, Erziehungsgeld usw.) – diese Tendenzwende durchzusetzen. Was bedeutet dies alles für die Frauen? *Was bringt uns der Beruf – und was nimmt er uns?* Es ist die Frage nach den biographischen Konsequenzen der Berufsarbeit, ihren Chancen und Folgekosten, die ich hier stelle. Diese Frage ist für Frauen wie Männer von Bedeutung, denn in beider Leben greift der Beruf ein – zum Teil in ähnlicher, zum Teil in anderer Form.

1. Gesucht wird: eine Perspektive, um die »Frauenproblematik« (und manche »Männerprobleme«) theoretisch zu fassen

1.1. *Von »Frauenrolle« zu »Geschlechtsrolle«: Bisherige soziologische Konzepte zu diesem Thema*

Ist von den Problemen der Frauen in unserer Gesellschaft die Rede, dann taucht häufig auch der Begriff der »Frauenrolle« auf. Damit ist recht Unterschiedliches, zum Teil auch recht Unbestimmtes gemeint. Viele Autoren bedienen sich dieses Begriffs: Vertreter unterschiedlichster Disziplinen und Theorien, Traditionen und Weltanschauungen; diejenigen, die die »Rolle der Frau« radikal verändern wollen, und diejenigen, die sie als gottgewollt/naturgegeben/dem Wesen der Frau entsprechend sehen. In den vielen Revieren der Sozialwissenschaften scheint der Begriff besonders beliebt, jedenfalls findet er sich bei Psychologen und Psychoanalytikern, Sozialpsychologen und Soziologen, bei Vertretern des Funktionalismus wie bei Vertretern der Kritischen Theorie. Auch hier wird der Rollenbegriff nicht im Sinne eines einheitlichen theoretischen Konzepts gebraucht; manche stellen ihn ins Zentrum ihrer Erklärungen, andere verwenden ihn eher als Abkürzung für weiterreichende Zusammenhänge. Ein Grundgedanke immerhin läßt sich erkennen, der den Sozialwissenschaftlern unterschiedlicher Prägung gemeinsam ist: Es ist der Hinweis darauf, daß *diese »Frauenrolle« nichts ist, was unmittelbar und direkt aus der biologischen Konstitution folgt*; daß vielmehr erst im Verlauf ganz bestimmter (psychoanalytisch, psychologisch oder soziologisch begriffener) Prozesse die Frau ihre Geschlechtsrollenidentität entdeckt und entwickelt.

Innerhalb der Soziologie verbindet sich mit dem Begriff der »Frauenrolle« manchmal auch ein genauer bestimmbares Konzept, nämlich die Tradition der Rollentheorie (so etwa bei Epstein 1971). In der allgemeinen Fassung der Rollentheorie stehen – etwas vereinfacht gesagt – Bündel von Erwartungen und Verhaltenszumutungen im Vordergrund, die an die Inhaber einer bestimmten sozialen Position bzw. eines bestimmten sozialen Status gerichtet werden. Die »Rolle der Frau« ist damit der *Komplex von Erwartungen, die gesellschaftlich an die*

Frau herangetragen und ihr zugemutet werden: Erwartungen darüber, wie ein Mädchen/eine Frau zu sein hat (hübsch, freundlich, fügsam) bzw. nicht zu sein hat (wild, widerspenstig, herrisch); Erwartungen darüber, wie ein Mädchen/eine Frau sich verhält, wie sie sich kleidet, sich bewegt und wie sie spricht, wofür sie sich interessiert (Kochrezepte und Poesie) und wovor sie Angst hat (Mäuse und Technik).

Im Rahmen einer solchen Rollentheorie läßt sich nun auch nachzeichnen, wie derartige Verhaltenszumutungen durchgesetzt werden: wie die zunächst von außen kommenden Erwartungen vom Mädchen/von der Frau allmählich immer weiter verinnerlicht werden, bis sie schließlich Teil ihrer Identität und ihres Selbstbildes werden. Erwartungen, aus der gesellschaftlich definierten Form von »Weiblichkeit« sich herleitend, werden von frühester Kindheit an an das Mädchen herangetragen. Sie ziehen sich durch die Äußerungen der Eltern und Lehrer, durch die Texte und Bilder in Lesebüchern, Werbung, Massenmedien; sie manifestieren sich in der geschlechtsspezifischen Betonung von Lob und Tadel (»ein Mädchen tut das nicht«), in Mädchenkleidung, Mädchenspielzeug, Mädchenbüchern. Sie greifen ein in die Entwicklung von Interessen, Fähigkeiten, Neigungen: Was als »weiblich« gilt, wird gefördert und bestärkt; was als »männlich« gilt, wird verdrängt und bestraft. Die sogenannt »weiblichen« Eigenschaften sind also nicht von Geburt an vorgegeben; sie werden vielmehr erst in einem langen – und oft schmerzhaften – Prozeß ausgeformt.

Ist mit »Rolle der Frau« derart ein relativ klar umreißbares Konzept gemeint, das aus der Tradition der Rollentheorie sich herleitet, dann ist darin ein wesentlicher Grundgedanke enthalten. Was den meisten Frauen gemeinsam ist, die wir kennen – jene Ähnlichkeit in Gefühlen, Wünschen, Lebenszielen, in Ängsten, Hoffnungen, Erwartungen, in Denkmustern und Verhaltensweisen –, all das, was wir dementsprechend als »typisch weiblich« bezeichnen, ist nicht selbstverständliches Ergebnis der biologischen Merkmale der Frau. Es wird vielmehr (zumindest zu einem wesentlichen Teil) *im Sozialisationsprozeß vermittelt – also gesellschaftlich hergestellt.* Deshalb sind jene »weiblichen« Verhaltensweisen auch nicht universell, nicht quer durch alle Länder und Epochen zu beobachten. Sie sind vielmehr kulturabhängig und dementsprechend auch variabel; was etwa in bestimmten Kulturen als »weibliche« Beschäftigung gilt, ist in anderen gerade »Männersache« (und umgekehrt).

Geht man von dieser an die Rollentheorie anknüpfenden Perspektive aus, dann ergibt sich typischerweise auch ein bestimmtes Konzept, um auf praktisch-politischer Ebene an die »Frauenproblematik« heranzugehen. *Abbau der Einschränkungen und Behinderungen, die in der Frauenrolle angelegt sind* – das ist die Kurzformel, auf die sich dieses Handlungsprogramm zusammenfassen läßt. Gedacht ist dabei vor allem an die Lösung von jenen einengenden Erwartungen, die in Familie und Schule an das Mädchen herangetragen werden (nicht auf Bäume klettern/nicht immer in Hosen rumlaufen/nicht allein verreisen . . .). Gewünscht wird die Öffnung breiterer Entwicklungschancen, vor allem in Ausbildung und Beruf (nicht bloß Klavierstunde, Ballett, Sprachstudium – sondern auch Werkzeugkasten, Sport, technische Ausbildung).

Dies Handlungsprogramm klingt zunächst durchaus plausibel und überzeugend. Bei näherer Betrachtung scheint es freilich auch pauschal und unverbindlich, weil die eigentlich kritischen Fragen übergehend: Wie leicht, wie schwer wird es sein, die Frauenrolle derart zu öffnen? Die Veränderung der gesellschaftlichen Erwartungen an die Sozialkategorie »Frau« – kann ein solcher Wandel sich reibungslos vollziehen, bei welchen Gruppen ist vielleicht mit Widerstand zu rechnen, welche Institutionen werden sich sperren, welche Folgeprobleme sind eventuell damit verbunden? Können die verschiedenen gesellschaftlichen Teilbereiche von einem solchen Wandel unberührt bleiben – oder wie greift er ein in Ehe, Familie, Berufswelt usw.? All dies sind Fragen, die im isoliert rollentheoretischen Ansatz offen bleiben und die doch entscheidend sind für die realen Durchsetzungschancen seines Handlungsprogramms. Er zeichnet nur nach, welche inhaltlichen Erwartungen in der Frauenrolle angelegt sind und wie sie von frühester Kindheit an vermittelt werden. Aber er zeigt nicht, daß das, was wir heute »traditionelle Frauenrolle« nennen, zum guten Teil eine Erfindung der Neuzeit ist, erst unter den gesellschaftlich-historischen Bedingungen des 19. Jahrhunderts entstanden (siehe Kapitel 2.4. »Die Arbeitsteilung zwischen Mann und Frau in der Kleinfamilie«); untersucht wird erst recht nicht, inwieweit diese Bedingungen sich inzwischen verändert haben, was einem Wandel heute immer noch entgegensteht, was ihn fördern und vorantreiben könnte. Der Erkenntniswert all der Arbeiten, die die Frauenproblematik auf »Frauenrolle« reduzieren, ist daher ambivalent: Wichtig ist der Hinweis auf die gesellschaftliche Seite dessen, was als »weiblich« gilt. Die Grenzen aber liegen dort, wo diese gesellschaftliche Seite nicht näher auf ihre Hintergrundbedingungen untersucht wird, damit letztlich im Vagen und Unbestimmbaren bleibt – wo die vielfältigen Elemente der Frauenrolle quasi festgeschrieben werden, zu einer ahistorischen, statischen Kategorie gerinnen.

Neuere Arbeiten, vor allem im angelsächsischen Bereich, inzwischen auch in Deutschland (z. B. Pross 1978), halten nun an der Grundeinsicht des rollentheoretischen Ansatzes fest, führen sie aber in bestimmter Weise weiter. Nicht mehr die »Frauenrolle«, sondern die *»Geschlechtsrolle«* stellen sie ins Zentrum. Sie kehren sich ab von der einseitigen Befassung mit Frauenfragen, weil – so ihre wesentliche These – die Frauenrolle nur im Zusammenhang mit der Männerrolle zu verstehen ist. Nicht nur an die Frau, sondern ebenso an den Mann werden von früh an gesellschaftliche Erwartungen herangetragen, die seine Fähigkeiten und Interessen kanalisieren, seine Lebenschancen und Verhaltensweisen eingrenzen. Frauenrolle und Männerrolle sind eng aufeinander bezogen, stehen in stetem Wechselspiel miteinander; die eine ist nicht unabhängig von der anderen zu verändern. Die theoretische Wende von der »Frauenrolle« zur »Geschlechtsrolle« bringt also auch ein neues Handlungsprogramm mit sich. Hier geht es um Abbau der Einschränkungen und Behinderungen, die in Frauenrolle *wie* Männerrolle angelegt sind:

»Die Abkehr von der Erörterung von ›Frauenfragen‹ und die Hinwendung zu Problemen der ›Geschlechtsrollen‹ enthalten auch ein auf die Praxis der Geschlechterbeziehungen gerichtetes Programm. Es besagt, daß es im Unterschied zu den bisherigen Anstrengungen nicht mehr allein darum gehen soll, traditionell männliche Handlungsbereiche wie etwa den qualifizierter Berufsarbeit und den der Politik immer weiter auch für Frauen zu öffnen. Impliziert ist vielmehr die Absicht, die Öffnung auch in umgekehrter Richtung zu betreiben: Männer sollen für die Beteiligung an den bisher charakteristisch weiblichen Aufgaben in der Familie und den heute noch als typisch weiblich erachteten Berufen gewonnen werden . . . Es soll nicht mehr nur darauf ankommen . . ., Frauen breitere Möglichkeiten zur Wahl ihrer eigenen Daseinsweisen zu verschaffen, sondern auch Männern . . . Das im Konzept ›Geschlechtsrollen‹ ausgedrückte Programm zielt darauf, solche Beschränkungen für Frauen *und* Männer zu überwinden. Es verweist auf die Intention, die sozialen Grenzen zwischen den Handlungsfeldern der Geschlechter durchlässiger zu machen, die Trennung in eine ›Männerwelt‹ und eine ›Welt der Frau‹ aufzuheben« (Ross 1978, S. 13 f.).

Daß die hier vollzogene Wende einen Fortschritt bringt, in theoretischer wie praktischer Hinsicht, leuchtet unmittelbar ein, denn das Ineinander von Männerrechten und Frauenrechten, Männerpflichten und Frauenpflichten ist offenkundig. Gleichzeitig aber sind in dieser Perspektivenerweiterung auch einige Folgeprobleme angelegt, die bewußt gesehen und ausbalanciert werden müssen, sollen sie am Ende nicht Mißverständnisse, ja grobe Verzerrungen provozieren: Das Sichtbarmachen der *Parallelen* zwischen den Geschlechterrollen, die zu lange unbeachtet blieben, darf nun nicht umgekehrt dazu verführen, real vorhandene *Unterschiede* zu verwischen. Denn im weiblichen Lebenszusammenhang sind Erfahrungen der Zurücksetzung und Benachteiligung, der subtilen Unterdrückung und brutalen Gewalt enthalten, die Männer in dieser Form kaum kennen (immer noch Bevorzugung des Sohnes bei Fragen der Ausbildung; Vorurteile bei Personalleitern, Chefs, männlichen Kollegen; größere finanzielle Abhängigkeit und schlechtere Altersversorgung; Anpöbelung auf der Straße und Gewalt in der Ehe; sexuelle Anspielungen, handfeste Zudringlichkeit, eskalierend bis zur Vergewaltigung). So ist es auch nicht zufällig, daß der Protest gegen die gesellschaftlich zugemutete Rolle zuerst von den Frauen artikuliert wurde und auch heute noch vorwiegend von ihnen getragen wird: Ihr Leidensdruck scheint unmittelbarer, drängender zu sein als der der Männer. Auf dem Abstraktionsniveau theoretischer Argumentationen läßt sich zweifellos eine »Interdependenz von Männerrechten und Frauenrechten, Männerpflichten und Frauenpflichten« (Pross 1978, S. 13) feststellen. Aber im konkreten Alltag von Beruf, Familie, Öffentlichkeit läßt sich auch beobachten, daß die Rechte und Pflichten nicht gleichmäßig zwischen den Geschlechtern verteilt sind. Nur so jedenfalls läßt sich erklären, warum die neuen Verordnungen und Gesetze im Bereich des Arbeitsrechts, die Reformen des Ehe- und Familienrechts, die in vielen Ländern erfolgten, stets Korrekturen zugunsten der *Frauen* vorsahen; wären die Chancen für Männer und Frauen ausgewogen, dann wären solche Korrekturen wohl kaum notwendig. Und daß immer noch zahlreiche weitere Vorschläge bei den verschiedenen Instanzen und Vorinstanzen der Gesetzgebung liegen – in der Bundesrepublik etwa die Bemühungen um eine Neuregelung des Rentenrechts, die Forderungen nach einem Anti-Diskriminierungsgesetz entsprechend angelsächsischem Vorbild, auch die Einrichtung einer Enquete-Kommission »Frau und Gesellschaft« beim Deutschen Bundestag –, dies alles macht nur deutlich, wie selbst auf formalrechtlicher Ebene die Gleichheit der Rechte und Pflichten noch keineswegs voll garantiert ist (ganz zu schweigen von der tatsächlichen Durchsetzung solcher rechtlichen Bestimmungen). Deshalb darf – bei aller Beachtung der Parallelität der Beschränkungen, die die Geschlechtsrollen aufweisen – darüber nicht die Frage beiseite geschoben werden, ob nicht die Frauenrolle die schwerwiegenderen Beschränkungen enthält, ob nicht die Männerrolle immer noch mehr Spielraum, mehr Handlungsalternativen, mehr Ausweichmöglichkeiten bietet. In diesem Sinne kann das Nachdenken über »Geschlechtsrollen« die Auseinandersetzung mit der »Frauenrolle« nicht ersetzen. Die Rede von den Geschlechtsrollen suggeriert allzuleicht ein gleichberechtigtes Nebeneinanderexistieren der beiden. Sie verdeckt, daß die Rollen eben *nicht* gleichberechtigt sind: daß in vielen Situationen Privileg auf der einen und Abhängigkeit auf der anderen Seite sich konzentriert; daß es ein *Machtgefälle und eine Chancenungleichheit* zwischen den Geschlechtern gibt, eine *Einseitigkeit* von Vorurteilen und Diskriminierung.

In einem Punkt aber ist es zweifellos richtig, von der einseitigen Fixierung auf Frauenfragen loszukommen. Weil Männerrolle und Frauenrolle tatsächlich unmittelbar miteinander verkoppelt sind, die eine jeweils Spiegelbild, Kehrseite, Ergänzung der anderen, deshalb ist eine isolierte Veränderung der Frauenrolle – ohne entsprechende Veränderung der Männerrolle – problematisch, ja auf die Dauer kaum durchsetzbar. Wenn nur die Frauen sich verändern, immer mehr in Beruf und Öffentlichkeit drängen, die Männer dagegen nicht interessiert sind, mehr Aufgaben in Haushalt und Familie zu übernehmen, dann sind die Konflikte bereits vorprogrammiert. Wer macht den Abwasch, wer bleibt abends zu Hause beim Kind? Emanzipation, die sich nur auf die Frauen beschränkt, erzeugt Gefühle der Verunsicherung und Angst bei den Männern, provoziert Widerstand, führt zur Konfrontation zwischen den Geschlechtern. Erste Anzeichen für eine solche Situation der Polarisierung deuten sich schon an; sie werden schärfer noch sichtbar in den sozialistischen Staaten, wo die Wandlungsprozesse zum Teil schon weiter fortgeschritten sind. Dort ist die Eingliederung der Frau in die Berufswelt erheblich weiter vorangetrieben als im Westen, was zusammenhängt einerseits mit den politischen Grundpostulaten des Marxismus, andererseits mit dem dringenden Arbeitskräftebedarf in diesen Ländern. Es gibt massive politische Appelle, darauf ausgerichtet, die traditionellen Fixierungen der Frauenrolle abzubauen; aber die entsprechenden Appelle, die traditionellen Erwartungen und Vorrechte der Männerrolle aufzugeben, sind halbherzig und spärlich. So trifft nicht selten Unvereinbares aufeinander: hier die Veränderungswünsche, die Partnerschaftsvorstellungen der Frau; dort die Selbstverständlichkeit traditionell eingespielter Rechte auf seiten des Mannes. Die Folge sind zahlreiche Beziehungsstörungen und Ehekonflikte. Ihr Ausmaß und Ausgang dokumentieren sich u. a. in den hohen Scheidungsziffern dieser Länder (PLAT 1972, S. 101; RICHTER 1978, S. 36).

Insofern also nicht mehr eine isolierte Veränderung der Frauenrolle angestrebt wird, vielmehr die wechselseitige Beziehung der Geschlechtsrollen zum Thema wird, sind mit dieser Wende bessere Voraussetzungen gegeben, um die angestrebten Veränderungen tatsächlich auch durchsetzen zu können. In anderer Hinsicht aber bleibt die Frage der Durchsetzbarkeit weiterhin offen, beim »Geschlechtsrollen«-Ansatz nicht anders als beim »Frauenrollen«-Ansatz. Hier wie dort werden wenig Aussagen darüber gemacht, inwieweit die Art der Rolle(n), der gesellschaftlichen Erwartungen an Frauen (und Männer) ein Grundelement sind, auf dem bestimmte gesellschaftliche Institutionen, vor allem natürlich der Bereich der Arbeit einerseits, der der Familie andererseits, zentral aufbauen. Was etwa würde geschehen, wenn alle Männer plötzlich dem Karrieredruck, dem Leistungszwang sich entzögen, dem sie in der Berufswelt vielfach ausgesetzt sind, statt dessen auf Tugenden der Gelassenheit, Sinnlichkeit, Spontaneität sich besännen; wenn immer mehr Männer (wie in einer ersten Klage beim Bundesverfassungsgericht schon geschehen) ein Recht auf Elternurlaub fordern und tatsächlich auch wahrnehmen wollten; wenn Frauen tatsächlich gleichen Lohn für gleiche Arbeit bekämen, wie es als Rechtsgrundsatz anerkannt ist, oder wenn sie nicht mehr willig als Assistentinnen sich unterordnen und in Sackgassenberufe sich einfügen wollten? Die Berufswelt würde in einem Ausmaß sich ändern, wie es im Augenblick kaum auch nur vorstellbar ist; und gleichzeitig müßten auch im Bereich von Partnerschaft, Ehe, Familie ganz neue Beziehungsmuster entstehen.

An solchen Fragen wird sichtbar: Auch der Geschlechtsrollen-Ansatz thematisiert nur die Verzahnung der Geschlechtsrollen untereinander, nicht aber ihre Verzahnung mit wesentlichen gesellschaftlichen Institutionen und Funktionsbereichen. Er kann noch darauf hinweisen, daß eine isolierte Veränderung der Frauenrolle wenig aussichtsreich erscheint, weil sie Reaktionen des Widerstands auf seiten der Männer auslösen wird. Aber er untersucht nicht, inwieweit auch eine Veränderung der Geschlechtsrollen allein scheitern muß, weil diese zu fest verankert sind in den Strukturen der gegenwärtigen Arbeitswelt und Familiensituation, deshalb nicht einfach sich herauslösen und für sich genommen umformen lassen. Diese Frage wird – im rollentheoretischen Ansatz durchaus konsequent – bewußt ausgeklammert. »Welche Erfolgsaussichten solche Programme [der Öffnung und Erweiterung der Geschlechtsrollen] haben, ist eine Frage für sich . . . Unter den gegenwärtigen Bedingungen mögen derartige Ideen utopisch sein, grundsätzlich sind sie es aber nicht« (Pross 1978, S. 14 f.). Wo es aber darum geht, die angestrebten Veränderungen auch durchzusetzen, da kann die Frage nicht ewig ausgeblendet bleiben, unter *welchen Bedingungen* sie weniger utopisch erscheinen. Hier hilft der rollentheoretische Ansatz nicht weiter. Er bleibt letztlich ahistorisch, fixiert auf ein festes Bild von traditionellen Rollenzuweisungen. Er begreift nicht deren historische Entstehungsbedingungen, fragt nicht nach Ursachen und Folgen möglichen Wandels. Ob die Trennung in Männerwelt und Frauenwelt auf einer früheren Stufe der Naturbeherrschung den Anforderungen des Überlebens entsprach, inzwischen aber zum Anachronismus geworden ist, oder ob sie auch, ja, vielleicht sogar gerade in den hochentwickelten Industriegesellschaften notwendige Bestandsbedingung der Gesellschaft ist – der rollentheoretische Ansatz hat darauf keine Antwort. Hier sind seine Grenzen. Hier sind weiterreichende Perspektiven erforderlich.

Im folgenden will ich versuchen, eine solche Perspektive zu entwickeln.[1]

[1] Diese Perspektive ist das Ergebnis eines Projekts, das ich zusammen mit Ilona Ostner durchgeführt habe (Teilprojekt A 3 – »Frau und Beruf« – im Sonderforschungsbereich 101 der Universität München); siehe dazu unsere bisherigen Arbeiten, vor allem Beck-Gernsheim 1976 und 1980, Beck-Gernsheim/Ostner 1978, Ostner 1978.

1.2. *Die Zuweisung zu Beruf/Hausarbeit ist die Grundkategorie im Lebenszusammenhang von Männern/Frauen*

Das Aufmerksammachen auf »Geschlechtsrollen« war ein erster und wichtiger Schritt, um zu zeigen, daß es nicht – oder zumindest nicht ausschließlich und dominant – die Biologie ist, die Männer zu Männern, Frauen zu Frauen macht.

»Geschlechtsrollen sind ... an die biologische Gegebenheit ›Mann‹ und die biologische Gegebenheit ›Frau‹ anknüpfende allgemeine Verhaltensregeln für das jeweilige Geschlecht. ›Anknüpfung‹ an biologische Gegebenheiten heißt nicht, diese legten die Inhalte der Verhaltensregeln fest. Wäre das der Fall, bliebe unverständlich, warum die Regeln in verschiedenen Gesellschaften und verschiedenen Epochen so stark differieren und warum sie Wandlungen unterliegen. Geschlechtsrollen sind also biologisch begründete, aber im Biologischen sich nicht erschöpfende soziale Tatsachen« (Pross 1978, S. 27).

Wenig fruchtbar aber erscheint es, bei der bloßen Beschreibung, Etikettierung und Klassifizierung von Geschlechtsrollen stehen zu bleiben (die Geschlechtsrolle als zugeschriebene Rolle, im Gegensatz zur erworbenen; als Statusrolle, im Gegensatz zur Positionsrolle; primäre und sekundäre Geschlechtsrollen usw. – Einteilungsmöglichkeiten gibt es viele, der Phantasie sind kaum Grenzen gesetzt). Will man an diesem Punkt über die immanente Betrachtung von Geschlechtsrollen hinausgehen, dann wird es notwendig, nach jenem Aspekt der Geschlechtsrollen zu fragen, der sich, siehe obiges Zitat, »im Biologischen nicht erschöpft«. Worin sonst sind sie begründet, wenn nicht bloß in den biologischen Unterschieden zwischen Mann und Frau? Wo genau liegt die Differenz zwischen biologischer Vorgabe und sozial definierter Geschlechtsrolle? Was also ist das *soziale* Moment, das in sie eingeht und sie ausfüllt?

Eine erste Antwort auf diese Fragen findet sich bereits bei frühen Vertretern des Geschlechtsrollen-Ansatzes (Zelditch 1955; Murdock 1966), die in der Tradition von Parsons' Funktionalismus-Theorie stehen. Sie bringen die Geschlechtsrollen in Zusammenhang mit der Art von Tätigkeit, die von den Vertretern des einen oder anderen Geschlechts typischerweise erwartet wird. Die Geschlechtsrolle wird hier also zum Insgesamt der Aufgaben und Aktivitäten, die innerhalb einer bestimmten Gesellschaft ausschließlich oder vorwiegend den Männern/den Frauen zugewiesen sind. Diese In-Beziehung-Setzung von Geschlechtsrolle mit gesellschaftlicher Tätigkeitszuweisung ist plausibel. Aber in bestimmter Hinsicht scheint sie nicht befriedigend, weil zu eng:

Zur Geschlechtsrolle gehört offensichtlich mehr als eine bloße Summierung von Tätigkeiten. Mit ihr verbinden sich auch bestimmte Einstellungen, typische Fähigkeiten und Interessen des einen oder anderen Geschlechts, als Grundmuster etwa in Gegensatzpaaren wie aktiv-passiv/durchsetzungswillig-nachgiebig/sachlich-gefühlsbetont verlaufend. Und nicht nur die Tätigkeitszuweisung per se ist interessant, sondern ebenso auch das, was an weiteren Momenten damit verkoppelt ist. Bestimmte Tätigkeiten sind angesehen, andere weniger; bestimmte implizieren Überordnung, andere Unterordnung; die einen geben dem Individuum viel Freiraum, die anderen beengen es eher. In diesem Sinne sind mit den sozial zugewiesenen Tätigkeitsfeldern stets auch bestimmte Lebenschancen verbunden, sie definieren den gesellschaftlichen Rang, den sozialen Status, geben Formen der Abhängigkeit oder Unabhängigkeit vor.

Die Perspektive, die ich im folgenden vorschlagen will, kann als Abgrenzung wie Weiterentwicklung jener früheren Geschlechtsrollen-Definitionen begriffen werden. Auch sie knüpft zum Teil an der Tätigkeitszuweisung an, versteht diese aber weiter und grundsätzlicher. Sie greift – das ist das Neue, der theoretische Trick gewissermaßen – auf bestimmte Überlegungen zurück, die in bisherigen Arbeiten zu einem subjektbezogenen Ansatz der Berufstheorie entwickelt wurden,[2] und überträgt diese nun auf die hier zur Diskussion stehende Frage, die Frage nach dem, was die soziale Basis der Geschlechtsrollen ausmacht. Im Zentrum der berufstheoretischen Arbeiten von BECK/BRATER steht immer wieder der Gedanke, daß ein enger Zusammenhang besteht zwischen der Art der (beruflichen) Arbeitsteilung einerseits, der Fähigkeitsentwicklung der (beruflich) arbeitenden Personen andererseits.

»Arbeitsteilung bedeutet hier immer schon ›Arbeits*fähigkeits*teilung‹: Berufstätige arbeiten nicht nur Verschiedenes, sie ›können‹ auch ganz verschiedene Dinge . . . Damit stellen Berufe nicht nur ein Gliederungsprinzip für Arbeitsprozesse, sondern auch für *Lernprozesse*

[2] Siehe hierzu vor allem die (ebenfalls im Rahmen des Sonderforschungsbereichs 101 entstandenen) Arbeiten von Ulrich BECK/Michael BRATER. Zwischen BECK/BRATER einerseits, Ilona OSTNER und mir andererseits bestand ein enger Kooperations- und Diskussionszusammenhang: Aus ihren allgemeineren Überlegungen zum Thema »Beruf« haben sich viele unserer Thesen zur Problematik von »Frau und Beruf« entwickelt.

dar . . . Berufe legen nicht nur auf bestimmte Einsatzfelder von Arbeitskraft fest, sondern stellen zugleich auch (sozial konstituierte) Entwicklungs- und Äußerungsschablonen von Subjektivität dar, nach denen u. a. der Aufbau empirischer Bewußtseinsformen und Persönlichkeitsstrukturen verläuft« (Beck u. a. 1977, S. 10).

Dieser Gedanke, hier für die berufliche Form der Arbeitsteilung formuliert, läßt sich offensichtlich auch auf andere Arten dauerhafter Arbeitsteilung übertragen, nicht zuletzt auch auf die grundlegende Arbeitsteilung zwischen den Geschlechtern. Ins Konkrete gewendet ergibt sich wiederum eine Perspektive, die »Arbeit« ins Zentrum rückt: »Arbeit« – die gesellschaftlich zugewiesene und erwartete Arbeit – wird zum wesentlichen Bestimmungsmoment dessen, was die Geschlechtsrollen ausmacht. Aber *»Arbeit«* ist hier nicht nur Tätigkeit, sie *stellt vielmehr den zentralen Bezugsrahmen der Biographie dar, sie ist umfassend als »Lebenszusammenhang« zu begreifen*: Damit verknüpft sind stets bestimmte Chancen wie Abhängigkeiten, Möglichkeiten und Grenzen der Fähigkeitsentwicklung. In Zusammenhang mit der Arbeit, die ihnen je zugewiesen ist, entwickeln Männer/Frauen je unterschiedliche Interessen und Bedürfnisse, Situationsdeutungen und Verhaltensweisen. *Die Arbeitsteilung zwischen den Geschlechtern steckt gewissermaßen den Horizont ab, innerhalb dessen sich der Lebensentwurf von Männern/Frauen ausformt,* aus dem er seine je unterschiedlichen Konturen gewinnt. Darin angelegt sind typische Verlaufsmuster, typische Einschnitte und Höhepunkte der Biographie; nicht zuletzt auch bestimmte Konflikte, Brüche, Krisen, die im Übergang zwischen den einzelnen Altersstufen für Männer/Frauen je unterschiedlich erfahrbar werden.

Dieser Grundgedanke läßt sich anwenden auf Männer und Frauen in den verschiedensten Kulturen, mögen sie auf einer Südseeinsel leben oder in einem abgelegenen Bergdorf der Türkei. Aber im folgenden soll es nicht um einen allgemeinen Kulturvergleich gehen, sondern konkreter und unmittelbarer um den Typ von Gesellschaft, in der wir selbst leben, die hochentwickelte Industriegesellschaft. Diese ist charakterisiert durch eine besondere Art der Arbeitsteilung, die im 19. Jahrhundert entstanden ist und noch immer weitgehend sich durchhält: Es ist die Arbeitsteilung zwischen Beruf und Familie, wobei Beruf primär dem Mann, Hausarbeit primär der Frau zugewiesen ist. Auf diesen Bereich der hochentwickelten Industriegesellschaften der Gegenwart bezieht sich nun meine zentrale These: *Die Zuweisung zu Beruf/Hausarbeit ist die soziale Grundlage der Geschlechtsrollen, wie wir sie heute kennen. Sie bestimmt das, was als männliche/weibliche »Normalbiographie«* (Levy *1977) uns vertraut ist; sie ist das wesentliche Unterscheidungsmoment zwischen männlichem und weiblichem Lebenszusammenhang.* Darin angelegt sind je bestimmte Erfolgsziele und Lebenspläne, je typische Erwartungen und Ängste, Hoffnungen und Enttäuschungen. Hier Heirat, Geburt der Kinder, Erwachsenwerden der Kinder; dort Berufseintritt, Beförderung, Pensionierung – all diese Ereignisse, die zu Fixpunkten der individuellen Biographie werden, sind Folgen der geschlechtsspezifischen Arbeitsteilung, die in die unmittelbarste, persönlichste Erfahrung von Männern und Frauen sich umsetzen.[3]

Diese Zuweisung zu Beruf/Hausarbeit mag durchaus an bestimmte biologische Unterschiede zwischen Männern/Frauen anknüpfen (wie weit, das ist eine Frage, über die sich Biologen und Soziologen gern streiten). Wo es aber um das geht, was die Gesellschaft aus diesen biologischen »Vorgaben« macht – und in jedem Fall besteht da ein sehr weiter Spielraum, der unterschiedlichste Möglichkeiten zuläßt –, da ist die Zuweisung zu der einen oder anderen Form von Arbeit das Primäre; das ist der Grundgedanke, auf dem diese Perspektive aufbaut. Aus der geschlechtsspezifischen Arbeitsteilung leiten sich dann viele andere Unterscheidungen ab, nicht zuletzt auch die Polarität von »männlichen« bzw. »weiblichen« Einstellungen und Verhaltensweisen. Zu diesen weiteren Unterscheidungen kommt es vor allem deshalb, weil beide Formen von Arbeit – Beruf wie Hausarbeit – Bündel von Anforderungen darstellen, denen das männliche/weibliche Individuum praktisch lebenslang begegnet. Diese Anforderungen sind nun unterschiedlich,

[3] Diese These ist *historisch* zu verstehen, nämlich bezogen vor allem auf die Generation der heute Erwachsenen, die unter den Bedingungen einer klaren, weitgehend selbstverständlichen Arbeitsteilung zwischen Beruf und Familie, zwischen Mann und Frau aufgewachsen ist. Aber schon in der nachwachsenden Generation werden deutliche Anzeichen von Veränderung und Umbruch sichtbar, auf ein neues Ideal von »Partnerschaft« hindrängend. Die jungen Frauen wollen oft lebenslang berufstätig bleiben, die jungen Männer sind eher als ihre Väter bereit, an Haushalt und Kindererziehung sich zu beteiligen. *Hier entstehen offensichtlich neue Formen von männlichem und weiblichem Lebenszusammenhang, von Männerbiographie und Frauenbiographie. Und die Frage ist, inwieweit die alten Etikettierungen nach »männlich«/»weiblich« hier überhaupt noch passen*: inwieweit nicht ganz andere, individueller gestaltete Persönlichkeitsmuster sich entwickeln, die unseren tradierten Vorstellungen und Denkschablonen sich entziehen.

ja zum Teil sogar gegensätzlich strukturiert.[4] Berufsarbeit als diejenige Arbeit, die den Gesetzen des Marktes untersteht, folgt primär der Logik des Tausches; ihr entsprechen Einstellungen und Verhaltensweisen, die Durchsetzung in solchen Tauschbeziehungen ermöglichen, also etwa Sachlichkeit und nüchterne Kalkulation, aber auch Karrieredenken, Konkurrenzstrategien und eine gewisse Portion Rücksichtslosigkeit. Im Gegensatz dazu ist die Arbeit in der Familie auf unmittelbare Bedürfnisbefriedigung, und zwar im Kontext naher und vertrauter Personen, ausgerichtet; ihr entsprechen Fähigkeiten und Situationsdeutungen, die ein unmittelbares Eingehen auf physische und psychische Bedürfnisse ermöglichen, so z. B. intuitiv-gefühlsbestimmte Verhaltensweisen, Geduld und Beharrlichkeit, Einfühlungsvermögen, Bereitschaft zur Einfügung und zur Anpassung an andere.

Dieser »qualitative Unterschied von Beruf und Hausarbeit« (Beck-Gernsheim/Ostner 1978), hier nur knapp angedeutet, greift von früh an in die Biographie von Männern und Frauen ein – früher ganz drastisch und hart, heute mehr subtile, allmählich abgeschwächte Formen annehmend. Vor der realen Erfahrung von Beruf/Hausarbeit stehen immer schon (und zum guten Teil immer noch) die nach männlich/weiblich differenzierten Erwartungen in Familie, Schule, Ausbildung; auf anderer Ebene wirken Filme, Fernsehsendungen, Illustrierte, Spielzeugartikel und Jugendbücher (fein säuberlich nach »Jungen« und »Mädchen« sortiert), viele von stereotypen Vorstellungen über die Geschlechter durchzogen, viele eine Gegenüberstellung von Männerwelt/Frauenwelt selbstverständlich vorgebend. Diese vielfältigen Erfahrungen im Sozialisationsprozeß sind keineswegs so weit weg von den späteren Erfahrungen der Arbeitswelt, wie im Alltagsbewußtsein meist angenommen wird. In Kindheit und Jugend greift immer schon die Summe solcher teils subtiler, teils offener Andeutungen ein, die mit jenen unterschiedlichen Arbeitsanforderungen von Beruf/Hausarbeit eng korrespondieren und auf sie hinführen (Beck-Gernsheim 1976, S. 43 ff.). Training der unterschiedlichen Fähigkeiten, die Beruf/Hausarbeit je erfordern – das ist das geheime Lernziel und Lernprogramm dessen, was im geschlechtsspezifischen Sozialisationsprozeß abläuft. Was hier

[4] Diesen Gedanken, abzielend auf einen »qualitativen Unterschied von Beruf und Hausarbeit«, haben Ostner und ich an anderer Stelle ausführlich entwickelt; zur genaueren Darstellung siehe deshalb die oben genannten Arbeiten.

vorbereitet wird, wird später dann praktisch genutzt. Denn sobald die Individuen tatsächlich in Beruf/Hausarbeit tätig sind, werden die in der Kindheit akzentuierten Fähigkeiten, Einstellungen, Verhaltensweisen erst recht verstärkt und weiterentwickelt. Die praktische Tätigkeit, die unmittelbare Auseinandersetzung mit der je zugewiesenen Arbeitsform bringt eine neue, besonders einschneidende Stufe im Prozeß der Fähigkeitsdifferenzierung zwischen Männern und Frauen. So setzt sich die einmal begonnene Fähigkeitsdifferenzierung immer weiter fort, erfaßt äußere Erscheinung und Körperstärke, durchdringt Sprache, Wissen, Gefühlswelt, Selbstbewußtsein usw.: bis schließlich die Konturen voll entwickelt sind, hier »männliches«, dort »weibliches Arbeitsvermögen« einander gegenüberstehen. Es sind die Unterschiede zwischen Männern und Frauen, die aus dem Alltagsbewußtsein uns selbstverständlich vertraut sind. Aber sie haben nicht, wie es dort erscheint, den Charakter von Naturgegebenheit und Naturnotwendigkeit. Sie sind vielmehr Ergebnis jener Zuweisung zu Beruf/Hausarbeit, die freilich an biologischen Merkmalen zunächst einmal anknüpft, dann aber im lebensgeschichtlichen Verlauf immer weitere Differenzierungen daran bindet. Es ist die Arbeitsteilung zwischen Männern und Frauen, die aus dem »kleinen Unterschied« die großen Unterschiede werden läßt.

Was hier zunächst sehr einfach und schematisch beschrieben wurde, ist in Wirklichkeit natürlich um einiges komplizierter. In jeder der Zeitspannen, die auf die Industrialisierung gefolgt sind, in jeder Nation, die zu den Industriegesellschaften zählt, in jeder Sozialschicht variiert, welche Berufe offenstehen und wie sie im einzelnen aussehen, welche Tätigkeiten die Hausarbeit umfaßt und wie sie ausgeübt werden. Dementsprechend variiert auch, was je nach Generationszugehörigkeit, Nationalität, Schicht auf Männer/Frauen als Anforderungen in Beruf/Hausarbeit zukommt. Nicht zuletzt spielen auch die individuellen Umstände eine Rolle, unter denen das Individuum aufwächst; so vor allem Familienkonstellation, Platz in der Geschwisterreihe, Nähe zum einen oder anderen Elternteil usw. Auch durch derartige Umstände wird überlagert, zum Teil auch gebrochen, was der einzelne Mann/die einzelne Frau aus den Anforderungen macht, die via Sozialisationsprozeß und damit auch via Zuordnung Beruf/Hausarbeit an ihn/sie herangetragen werden. Nicht jedes Mädchen fügt sich in jene eher passiv-zurückhaltende »Weiblichkeit«, die ihr zum Vorbild gehalten wird; nicht jeder Junge wird so forsch, draufgängerisch, durchsetzungsfähig, wie es bestimmten Idealvorstellungen von »Männlichkeit« entspricht. Männliches versus weibliches Arbeitsvermögen sind in diesem Sinne nicht Gegensätze, die allemal gleich sind und für immer feststehen. Es sind eher bestimmte typische Fähigkeitsmuster, die je nach historischem/gesellschaftlichem/individuellem Kontext einmal einander fast polar gegenüberstehen, strikte Grenzlinien vorgeben, das andere Mal durchlässiger sind und gewisse Annäherungen erlauben. Gerade am Beispiel der jüngeren Generation wird unmittelbar sichtbar, wie Unterschiede, die einst selbstverständlich/natürlich/wesensmäßig erschienen, heute ein Stück weit schon aufbrechen und fließend werden.

Der Vermittlungsprozeß zwischen geschlechtsspezifischer Arbeitsteilung und geschlechtsspezifischer Fähigkeitsentwicklung, zwischen Zuweisung zu Beruf bzw. Hausarbeit einerseits und Herausbildung der entsprechenden Einstellungen und Verhaltensweisen im Verlauf der Biographie andererseits ist also vielschichtig und kompliziert, verläuft durchaus nicht immer gradlinig. Es sind »Ecken« und Umwege darin enthalten, Abweichungen in die eine oder andere Richtung, vielfach auch Konflikte. Damit nun ein wenig deutlicher wird, wie dieser Vermittlungsprozeß verläuft, soll er im folgenden am Beispiel der Frauen, genauer: am Beispiel der »weiblichen Normalbiographie« näher ausgeführt werden:

Indem den Frauen durch viele Jahrhunderte hindurch die Aufgaben der Haushaltsführung und Kindererziehung zugewiesen wurden, sie mit der beginnenden Industrialisierung dann immer stärker auf die neu entstehende Privatsphäre festgelegt wurden, entwickelten sie – in einem real immer problematischen Korrespondenzverhältnis – über Erziehung zu diesen Tätigkeiten wie tatsächliche Ausübung dieser Tätigkeiten Orientierungen, Situationsdeutungen, Bedürfnisse, die mehr für die Familie, weniger für die berufliche Arbeit qualifizieren (also etwa Einfühlungsvermögen, soziale Sensibilität, Fürsorglichkeit, aber als Kehrseite davon auch Ängstlichkeit, Unsicherheit in Angelegenheiten der »Außenwelt«). Die Identität der Frau ist damit entscheidend bestimmt durch das Insgesamt der Tätigkeiten und Beziehungen im familialen Innenbereich, durch die damit verbundenen ökonomischen und sozialen Abhängigkeiten, Chancen und Grenzen in bezug auf Persönlichkeitsentwicklung, Handlungsspielraum usw. Diesen objektiven

Vorgaben des »weiblichen Lebenszusammenhanges« entsprechen – im konkreten Fall immer schon mehr oder minder ambivalent, mehr oder minder konfliktbelastet je nach individueller Lebenslage, Generations- und Schichtzugehörigkeit usw. – auf der subjektiven Seite Persönlichkeitsprägungen und -strukturen, die der Arbeitsweise in der Familie zugehörig sind: bestimmte Weisen des Denkens, Fühlens, Wahrnehmens, der Phantasie, Spontaneität, Sensibilität.

Wenn man nun wieder auf die allgemeine, nicht bloß Frauen betreffende Ebene zurückkehrt, dann wird hieran nochmals deutlich, wie geschlechtsspezifische Arbeitsteilung und geschlechtsspezifische Fähigkeitsentwicklung in ständigem Wechselspiel stehen. Sie greifen ineinander, verlängern sich, verstärken sich.

»Geschlechtsspezifische Sozialisationsbedingungen, die von differierenden (einmal beruflichen, einmal familialen) Arbeitserfahrungen und -anforderungen geprägt sind, setzen sich um in tief verankerte Persönlichkeitsstrukturen, in ›männliche‹ versus ›weibliche‹ Lebenspläne und -wege, Fähigkeiten und Unfähigkeiten, Eignungen und Neigungen, biographische Zwänge und Ziele. Sie ermöglichen und verstärken damit wiederum die geschlechtsspezifische Arbeitsteilung, die Herausbildung und Gegenüberstellung von beruflichen und hausarbeitsbezogenen Tätigkeiten« (BECK-GERNSHEIM 1976, S. 47).

1.3. *Es geht nicht mehr nur um »Geschlechtsrollen« – zur Diskussion steht vor allem die Arbeitsteilung, auf die sie sich gründen*

Es ist die geschlechtsspezifische Arbeitsteilung und die damit verkoppelte geschlechtsspezifische Sozialisation, über die biologisch weibliche Wesen zu Frauen, biologisch männliche Wesen zu Männern sich entwickeln – das ist, ganz knapp zusammengefaßt, der Grundgedanke der hier vorgestellten Perspektive. Damit taucht aber ein Problem auf. Was ist nämlich mit denjenigen Gruppen von Männern und Frauen, die *nicht* dem Schema der »normalen«, der historisch eingespielten und gesellschaftlich erwarteten Arbeitsteilung entsprechen? Männer, die ganztätig »Hausmann« sind; Frauen, die nie eine eigene Familie haben, statt dessen lebenslang berufstätig bleiben; Frauen, die Beruf und Familie verbinden, also in beiden Arbeitsbereichen tätig sind: Wie sind diese Gruppen einzuordnen? Sind Männer, die ganz die Hausarbeit übernehmen, nicht mehr »Männer«; sind Frauen, die im Beruf voll ihren Mann stehen (sic!), nicht mehr »Frauen« ...?

Das Problem, das ich hier skizziert habe, ist real, nicht bloß theoretisches Konstrukt. Es gibt immer wieder Individuen, bei denen der historisch eingespielte Zuweisungsprozeß durch Wechselfälle der einen oder anderen Art unterbrochen wird. Teils aufgrund äußerer Umstände, teils aufgrund eigener Präferenzen übernehmen diese Individuen diejenige Arbeitsform, die qua gesellschaftlicher Erwartung dem anderen Geschlecht zukommt (z. B. Männer, die nach dem Tod der Frau Haushalt und Kind mitversorgen; Frauen, die nach dem Tod des Mannes das Familieneinkommen verdienen müssen; Frauen, die in Kriegszeiten Leitungsfunktionen übernehmen, Maschinen bedienen, Trümmer wegräumen). Bei diesen und ähnlichen Gruppen überlagern, ja durchkreuzen sich dann zwei Bedingungen, *gesellschaftlich zugewiesene und tatsächlich ausgeübte Arbeit;* es stehen sich gegenüber hier Vorbereitung und Einübung in die eine Arbeitsform, dort tägliche Praxis und lange Erfahrung in der anderen. Wo immer dies der Fall ist, wird – entsprechend dem Zusammenhang zwischen Arbeitsteilung und Fähigkeitsdifferenzierung – die individuelle Biographie davon kaum unberührt bleiben. Es entstehen häufig gewisse Risse, Brüche, Inkonsistenzen in der Fähigkeitsausprägung: Männer entwickeln auch solche Momente, die der gesellschaftlich erwarteten Form von »Weiblichkeit» sich annähern; und umgekehrt werden an Frauen Verhaltens- und Denkmuster sichtbar, die eher als »männlich« definiert sind.

Wie deutlich die Spuren sind, die das Überwechseln in den »gegengeschlechtlichen« Arbeitskontext in der Persönlichkeitsentwicklung hinterläßt, das hängt *teils von individuellen, vor allem aber auch von den historischen Bedingungen* ab: von den ökonomischen, politischen, ideologischen Markierungspunkten, die eine bestimmte Zeitspanne und das Schicksal der in ihr lebenden Generation prägen. Nehmen wir als Beispiel, wie das Spannungsverhältnis »Frau zwischen Familie und Beruf« sich in den letzten drei Generationen verändert hat. Da wäre als Ausgangspunkt die Entwicklung der Frauenarbeit in und nach dem Ersten Weltkrieg: massenhafte Einbeziehung der Frauen in den Produktionsprozeß ab 1916, vor allem in Munitionsfabriken und Elektroindustrie, Heranziehung zu Schwerstarbeit und Außerkraftsetzung aller Vorschriften über Arbeiterinnen- und Jugendschutz für die Dauer des Krieges;

nach dem Krieg aber Verdrängung der Frauen aus den Arbeitsplätzen, Entlassung zugunsten der aus dem Feld zurückkehrenden Männer. Ein mehrfacher Wechsel der Anforderungen, und immer wieder haben die Frauen sich eingepaßt (allerdings unter dem massiven Druck äußerer Bedrohung und Not) – das scheint nicht gerade dafür zu sprechen, daß das Hin und Her zwischen »weiblicher« und »männlicher« Arbeit in ihre Persönlichkeits- und Fähigkeitsentwicklung sehr tief eingegriffen hat. Zumindest äußerlich wurde nicht viel Widerstand sichtbar gegen die immer neuen Kehrtwenden. Aber eine Einschränkung ist doch nötig. Wir wissen zwar wenig über innere Belastungen und Konflikte, die mit den Umbrüchen der Biographie eventuell verbunden waren – aber das muß nicht heißen, es hätte nie welche gegeben; wahrscheinlich ist, daß in solchen Zeiten extremer Not auch niemand danach gefragt hat.

Dann die Situation der Frauen nach dem Zweiten Weltkrieg: Immer mehr Frauen werden berufstätig, aber typischerweise nur ein paar Jahre lang, für die Spanne zwischen Schulabschluß und Heirat. Jenseits dieser befristeten Zeitspanne bleibt Berufsarbeit die andere, die nicht normale, die »doppelte Rolle«, zumindest für die meisten der Frauen. Unter diesen Bedingungen kann die Einbeziehung in jene Arbeit, die eigentlich doch Reservat der Männer ist, auch nur eingeschränkte Folgen für Selbstbild und Selbstbewußtsein der Frauen haben. Frauen übernehmen nicht viel von »männlichen« Mustern des Denkens und Handelns, wenn sie nur zeitweise »männliche« Arbeit ausüben. Sie behalten viel eher jenes »weibliche« Arbeitsvermögen bei, das von der grundsätzlichen Zuweisung zur Hausarbeit bestimmt ist; sie bringen viele dieser anderen, dieser »nicht-beruflichen« Orientierungen in die berufliche Arbeit ein, wodurch sie anders als Männer berufliche Anforderungen wahrnehmen und anders darauf reagieren.

In jüngster Zeit gibt es aber einen wiederum neuen Trend. Immer mehr Frauen rechnen mit lebenslanger Berufstätigkeit, höchstens kurzfristig für ein paar Jahre der Kleinkinderziehung unterbrochen. Weil sie mit der Berufstätigkeit nicht mehr nur die Zeit bis zur Heirat überbrücken wollen, stellen sie auch ganz bestimmte Ansprüche und Erwartungen an die Arbeit: Hoffnung auf Entfaltungsmöglichkeiten, Weiterkommen usw. (Dies gilt nicht nur, wie zu erwarten, für Frauen mit hochqualifizierten Bildungsabschlüssen, vielmehr lassen sich ähnliche Erwartungsmuster auch schon bei Frauen in »mittleren« Ausbildungsberufen ausmachen, also etwa bei Friseusen, Näherinnen usw.; siehe hierzu WELTZ u. a. 1978). Die Identität dieser jüngeren Frauen bezieht sich wesentlich auch auf die Anerkennung und Bestätigung, die sie aus der beruflichen Arbeit gewinnen. In der biographischen Entwicklung können daraus ganz unterschiedliche Verlaufsmuster sich ausprägen, abhängig von den individuellen Bedingungen, die in diese historisch neue, sehr spannungsreiche Lebenssituation eingreifen. Zum Teil passen die Frauen sich den »männlichen« Verhaltensstandards an, die die Berufswelt bestimmen; zum Teil entwickeln sie aber auch neue Formen des Denkens und Handelns, die die Dichotomie von »Männlichkeit« versus »Weiblichkeit« sprengen, weil sie in keines der tradierten Muster sich einfügen wollen.

An diesen konkreten Beispielen läßt sich ansatzweise bereits erkennen, was das charakteristisch Eigene und Neue der hier vorgeschlagenen Perspektive ausmacht. Wenn man in der geschlechtsspezifischen Arbeitsteilung das wesentliche Bestimmungsmoment des männlichen/weiblichen Lebenszusammenhanges sieht, dann sind »Mann« und »Frau« in bestimmtem Sinne keine fixe Kategorie mehr. Jenseits ihrer unmittelbar biologischen Unterschiede werden die Grenzen zwischen ihnen durchlässig, verschwimmen an einigen Punkten. Es gibt nicht mehr eine polare Gegenüberstellung von Geschlechtsrollen, hier Geschlechtsrolle Mann, dort Geschlechtsrolle Frau. Denn dies wären vom Ansatz her statische Kategorien, an die dann in praktisch-politischer Absicht ein Plädoyer für Veränderung angehängt wird. Hier dagegen erscheint jene Fähigkeitsdifferenzierung von vornherein offen, auch und gerade auf theoretischer Ebene, sie wird begriffen als ein *historischer, gesellschaftlicher, lebensgeschichtlicher Prozeß,* in dem die Männlichkeits-/Weiblichkeitsdefinitionen sich teils verfestigen, teils aber auch auflösen. Anstelle der polaren Schematisierung tritt eine *Dynamisierung* der theoretischen Perspektive. Und diese entspricht ja genau dem, was wir heute in der gesellschaftlichen Realität beobachten: Die Konturen des männlichen/weiblichen Lebenszusammenhanges sind in Umbruch und Wandel begriffen. An wichtigen Punkten werden die Unterschiede zwischen ihnen diffuser, unschärfer:

Im Bereich jener Arbeitsteilung zwischen Beruf und Familie, die mit der Industrialisierung entstand, haben erhebliche Veränderungen eingesetzt. Die Frauen sind in die Welt der beruflichen Arbeit vorgedrungen, am Anfang auf ein paar Jahre befristet, auf »weibliche« Berufsfelder und untere Positionen beschränkt; inzwischen bleiben sie immer länger berufstätig, sind mehr auch im mittleren Hierarchiebereich beschäftigt, dringen in Reservate bisher exklusiv »männlicher« Berufsfelder vor. Umgekehrt beginnen die Männer, mehr am familialen Bereich teilzuhaben, mehr Aufgaben in Haushalt und Kinderbetreuung zu übernehmen. (Das heißt nicht, ganz sicher nicht, die Arbeit in der Familie sei heute gleichmäßig zwischen Mann und Frau aufgeteilt; aber zumindest ist sie nicht mehr so einseitig verteilt, wie es früher der Fall war.)

Auch im Sozialisationsprozeß sind einschneidende Veränderungen zu beobachten. Die alten Stereotype, die Spielzeug, Kleidung, Jugendbücher nach männlich/weiblich sortieren, sie bestehen noch immer fort, aber sie besitzen nicht mehr die gleiche Selbstverständlichkeit wie früher, werden auf vielen Ebenen angegriffen. Die Elternratgeber der Massenmedien empfehlen aufgeschlossene, nicht strikt begrenzende Erziehung. Vor allem im Bereich der schulischen Erziehung hat Enormes sich verändert: Jungen und Mädchen besuchen gemeinsame Schulen, haben die gleichen Unterrichtsfächer und Lehrpläne (bis auf wenige Ausnahmen), sind gleichen Leistungsstandards ausgesetzt.

Diese Aufweichung der ehemals harten Grenzlinien in Sozialisationsprozeß und Aufgabenzuweisung spiegelt sich wider in den Persönlichkeitsstrukturen der heute lebenden Generation von Männern und Frauen, stärker wohl noch in der nachwachsenden Generation der Jugendlichen und Kinder. Nicht nur die Unterschiede der äußeren Erscheinung sind geringer geworden (begleitet von irritierten Bemerkungen der älteren Generation, »man könne ja gar nicht mehr sehen, ob das ein Junge oder Mädchen ist«). Wichtiger und tiefgreifender ist, daß die Einstellungen von Männern und Frauen sich angenähert haben, ihre Interessen, Lebensziele, Wertvorstellungen. Dies schlägt sich selbst schon in empirischen Untersuchungen nieder: Ist bei der älteren Generation die Thematik der persönlich als wichtig erlebten Ereignisse noch deutlich nach Geschlechtern verschieden (wie zu erwarten, beziehen sich die Männer mehr auf den beruflichen, die Frauen mehr auf den privaten Bereich), so treten bei den Jüngeren diese Unterschiede erheblich zurück, geradezu einen »epochalen Wandel des Rollenverständnisses« signalisierend (Lehr 1978, S. 327). Ähnlich werden auch Ansätze zu einer gemeinsamen Umorientierung festgestellt: »Bedürfnisse nach emotionaler Entfaltung, nach Kontakt und Solidarität bestimmen zunehmend das Selbstbild beider Geschlechter« (Richter 1978, S. 27).

An diesen Erscheinungen wird demnach eine Annäherung der Geschlechter sichtbar, und zwar alle drei Ebenen des Wechselprozesses Arbeitsteilung-Sozialisation-Fähigkeitsentwicklung umfassend. Hierin, so meine ich, liegt die gewissermaßen *historische Begründung,* warum wir wegkommen müssen vom Denken in polaren Geschlechtsrollen. Diese Perspektive eines statischen Gegensatzpaares war so lange naheliegend, wie die gesellschaftliche Realität von statischen Gegensätzen zwischen »männlich« und »weiblich« bestimmt war; das heißt, solange es eine klare Trennung von Beruf/Hausarbeit gab, darauf bezogen eine fixe Zuordnung von Männern/Frauen, eine Verankerung dieser Zuordnung in Sozialisationsprozessen, schließlich eine selbstverständliche, allgemein anerkannte Geltung dieses Ordnungs- und Zuweisungsschemas. Heute dagegen deuten sich auf fast allen Ebenen Veränderungen an. Nur die klare Trennung von Beruf/Hausarbeit besteht noch weiter. Dagegen sind immer mehr Frauen in der »männlichen« Welt des Berufs, Männer engagieren sich mehr in der »weiblichen« Welt der Familie; die Stereotypen der geschlechtsspezifischen Sozialisation werden aufgebrochen; und das grundlegende Ordnungsschema selbst, die Trennung in Männerwelt und Frauenwelt, wird angezweifelt, wird umstritten.

Die »Geschlechtsrolle« ist demnach nicht eine fixe Gegebenheit, sondern hängt von bestimmten gesellschaftlichen Bedingungen ab. Und in dem Maß, wie hier Veränderungen sich andeuten, *kann die Geschlechtsrollen-Kategorie allein nicht mehr genügen,* sie wird zu grob, zu pauschalisierend. *Sie läßt erstarren, was real längst schon im Fluß ist: die Annäherung und Distanz zwischen männlichem und weiblichem Lebenszusammenhang.* Sie blendet gerade aus, was die typische Erfahrung vieler Männer und Frauen heute ausmacht: die Frage und Suche nach der eigenen Identität – zwischen und jenseits der vorgegebenen Geschlechtsschablonen; die Ausbruchsversuche aus der »Normalbiographie«, von Verunsicherung, Zweifel, Konflikten begleitet, zwischen Hoffnung und Enttäuschung wechselnd, immer neue Bemühungen fordernd; die Suche nach dem Selbst als ein chanchenreicher, aber auch schmerzhafter Prozeß.

So weit, so gut. Wo aber liegt die praktische Relevanz der

hier vorgeschlagenen Perspektive – weg von polaren Geschlechtsrollen, hin zu einer dynamischen Betrachtung qua Arbeitsteilung –, wo kann sie »selbstverständliche« Zusammenhänge in Frage stellen, verfestigte Vorstellungen und Vorurteile korrigieren, kurz: *welche neuen Erklärungsmuster kann sie anbieten?* Ich möchte im folgenden zunächst drei Beispiele bringen, die diesen Erklärungswert konkret aufzeigen, und auf dieser Basis dann das theoretische Fazit ziehen.

Nehmen wir zunächst wieder die Situation der Frauen in der DDR. Die Erwartungen und Verhaltensweisen dieser Frauen zeigen zum Teil deutliche Veränderungen gegenüber dem typisch »weiblichen« Muster, und das nicht nur in der Berufswelt, sondern auch im Bereich der Partnerbeziehungen. Der Hinweis auf Geschlechtsrollen bringt hier wenig: Was können Geschlechtsrollen erklären, wo gerade der Ausbruch aus den Geschlechtsrollen stattfindet? Aber setzen wir umgekehrt einmal an der Arbeitsteilung zwischen den Geschlechtern an. Dann wird schon eher verständlich, warum die Frauen auszubrechen versuchen. Denn entsprechend der massiven politischen Appelle sind sie immer stärker in die Berufswelt einbezogen, hier also funktioniert die alte Arbeitsteilung zwischen Männerwelt und Frauenwelt nicht mehr. Auf der anderen Seite zeigen die Männer aber keine entsprechend größere Bereitschaft bei familialen Aufgaben und Pflichten, hier ist die alte Arbeitsteilung noch nicht außer Kraft gesetzt. Die Lebenssituation der Frauen in der DDR, zum Teil chanchenreich, vor allem aber auch spannungsgeladen, ist demnach hauptsächlich *Folgeprodukt einer Arbeitsteilung, die in sich fundamental unausgewogen ist:* Die Arbeitsteilung zwischen den Geschlechtern ist zurückgedrängt, was den beruflichen Bereich betrifft, aber sie hält sich gleichzeitig noch durch, wo es um die familialen Aufgaben geht.

Nehmen wir als nächstes Beispiel bestimmte Merkmale des beruflichen Verhaltens, die häufig dort beobachtet werden, wo Frauen tätig sind: Fehlen am Arbeitsplatz, krankheitsbedingte Ausfälle, Wechseln des Arbeitsplatzes. Derartiges Problemverhalten gilt oft als »typisch weibliche« Eigenschaft, wird von betrieblicher Seite den Frauen entsprechend angelastet, oft auch als Legitimation für geringere Bezahlung angeführt. Es paßt ja auch durchaus zusammen mit dem, was die Geschlechtsrolle erwarten läßt: Wenn Frauen für Familie und Haushalt erzogen worden sind, bringen sie nur geringes Interesse für die berufliche Arbeit auf. Aber so plausibel diese Erklärung auch scheint – wir wissen inzwischen, daß sie allzu simpel und kurzschlüssig ist. Denn bei genauerer Aufschlüsselung der Daten wird sichtbar, wie Fluktuationsrate und Krankheitshäufigkeit vor allem abhängig sind vom Qualifikationsniveau des Arbeitsplatzes, von Einkommen, Arbeitsbedingungen und Alter der arbeitenden Person. Wenn also Frauen häufiger fehlen und den Arbeitsplatz wechseln, dann vor allem deshalb, weil sie häufiger als Männer an den unteren, schlechter ausgestatteten Arbeitsplätzen beschäftigt sind; und auch, weil sie im Durchschnitt zur jüngeren Gruppe der Arbeitenden gehören, die allgemein – also unabhängig vom Geschlecht – weniger Stabilität im Arbeitsverhalten zeigt. Warum aber sind diese Frauen im Durchschnitt jünger als die männlichen Kollegen – warum bleiben viele nur für eine Übergangsphase bis zur Heirat erwerbstätig, scheiden dann bereitwillig aus der Berufswelt aus? Wer von den Geschlechtsrollen her denkt, würde wieder sagen, das liegt an der verinnerlichten Frauenrolle, die allein Haushalt und Familie als Lebensplan kennt. Aber auch hier ist dies Erklärungsmuster allzu einfach. Denn es sind ja nicht alle Frauen, sondern es ist vor allem eine bestimmte Gruppe – nämlich die der schlechtausgebildeten Frauen –, die (wenn es finanziell einigermaßen möglich ist) sich nach der Heirat auf Haushalt und Familie zurückzieht. Das nämlich wissen wir aus zahlreichen Untersuchungen, deutschen wie internationalen, die durchgängig einen Zusammenhang feststellen: Je höher der Ausbildungsstand und die erreichte Berufsposition, desto häufiger bleiben Frauen über die Heirat hinaus berufstätig. Dagegen ziehen die Hausfrauenexistenz vor allem diejenigen vor, deren Berufsarbeit eintönig und einengend ist. Wenn man die Daten also genauer betrachtet, dann ergibt sich eine wesentliche Verschiebung im Erklärungsmuster, die entscheidenden Ursachen liegen jetzt auf anderer Ebene: Häufiger Arbeitsplatzwechsel und höherer Krankenstand sind nicht mehr vorrangig Eigenschaften der Frauen, qua Geschlechtsrolle anerzogen. Sie sind viel eher *»Eigenschaften« jener Arbeitsplätze, die den Frauen qua Arbeitsteilung im beruflichen Bereich zugewiesen sind:* Arbeitsplätze, die wenig inhaltliche Befriedigung bieten, aber mit großer physischer und nervlicher Belastung verbunden sind, die deshalb Fehlen, Krankheit, häufigen Wechsel und frühzeitiges Ausscheiden geradezu provozieren.

Im dritten und letzten Beispiel schließlich geht es um Männer, die als Krankenpfleger tätig sind. Sie arbeiten in einem Berufsfeld, das als typisch »weiblich« gilt, mit dem sich Assoziationen von Fürsorglichkeit, Aufopferung, Dienstbereitschaft verbinden. Wie paßt das zusammen mit den Stereotypen, die die männliche Geschlechtsrolle charakterisieren? Wie können Männer diese »weibliche Rolle« ausfüllen, noch dazu in wachsender Zahl?

Wenn wir »Arbeit« und die in ihr enthaltenen inhaltlichen Anforderungen zum Ausgangspunkt nehmen, dann ist es zunächst einmal wichtig, daß die Krankenpflege in den letzten Jahren einen tiefgreifenden Wandlungsprozeß durchgemacht hat: War sie früher unmittelbar auf den kranken Menschen und seine physischen und psychischen Bedürfnisse ausgerichtet, so wird heute – im hochtechnisierten Großbetrieb Krankenhaus – diese ganzheitliche Betreuungsaufgabe immer mehr verdrängt durch das Bedienen komplizierter Apparaturen, das Feststellen/Aufschreiben/Kontrollieren zahlreicher Daten, die Gesundheit und Krankheit auf exakt meßbare Kategorien bringen, und schließlich das Überhandnehmen der Verwaltungsaufgaben. Pauschal gesagt also: ein Trend von persönlicher Fürsorge zu unpersönlicher Effizienz – ein inhaltlicher Wandel in Aufgabenstellung und Arbeitsgebiet der Krankenpflege, der eine Ablösung von traditionellen Elementen der Frauenrolle, eine gewisse Annäherung an typische Elemente der Männerrolle bedeutet. Damit wird ein Stück weit schon verständlicher, warum heute mehr Männer ins Berufsfeld Krankenpflege streben, nämlich nicht zuletzt deshalb, weil die *Arbeit selbst sich verändert hat,* den Erwartungen und Definitionen jener Männerrolle nicht mehr kraß entgegensteht. Dieser Gegensatz wird darüber hinaus auch dadurch gemildert, daß hier *eine neue Form der Arbeitsteilung entsteht, die letztlich die alten Muster wiederholt:* nämlich die Pfleger in der Mehrzahl dort, wo Technik und Verwaltungsaufgaben im Vordergrund stehen, dagegen die Schwestern mehr dort, wo immer noch Betreuungsfunktionen gefordert sind.

Aber was geschieht in jenen Fällen, wo die Männer doch in den eigentlich pflegerischen Aufgaben tätig sind – wie kommen sie mit solchen eher »weiblichen« Tätigkeitsanforderungen zurecht? Wie wir bei einer empirischen Untersuchung über Männer und Frauen im Krankenpflegeberuf fanden (OSTNER/BECK-GERNSHEIM 1979), entwickeln die Krankenpfleger in der konkreten Arbeitssituation häufig ein ganz ähnliches Arbeitsvermögen wie die Schwestern, zeigen Einfühlungsvermögen im Umgang mit dem Patienten, Geduld, Hilfsbereitschaft usw., also alles Eigenschaften, die recht deutliche Distanz zum typischen Männlichkeitssyndrom aufweisen. (Um Mißverständnisse zu vermeiden: Wir behaupten jetzt nicht, daß sowohl Schwestern wie Pfleger reine Engel der Mitmenschlichkeit wären. Dazu stehen beide Gruppen viel zu sehr unter den Zwängen und Reglementierungen des technisierten Krankenhausbetriebs. Wir meinen nur: Dort, wo ein Eingehen auf den Patienten noch stattfindet, da sind Pfleger wie Schwestern daran beteiligt.) Wie lassen sich diese Ähnlichkeiten ihrer Berufspraxis erklären?

Nun, diejenigen Männer, die Krankenpfleger geworden sind, sind zunächst einmal kein repräsentativer Querschnitt für das, was und wie Männer in unserer Gesellschaft typischerweise sind. Sie sind in einem der geradezu klassisch weiblichen Berufsfelder tätig: Das bereits ist ein Anzeichen für Abweichung von der männlichen Normalbiographie. Zwar haben keineswegs alle Krankenpfleger sich bewußt und von Anfang an für dieses Berufsfeld entschieden (manche sind eher über eine Reihe von Zufällen und Brüchen in der Biographie dahingekommen); aber dennoch unterscheiden sie sich schon durch die bloße Tatsache, daß sie bei dieser Arbeit geblieben sind, von all denjenigen Männern, die sich von vornherein für ein »männliches« Berufsfeld entschieden und dort zielstrebig ihren Weg gemacht haben, etwa als Automechaniker, Computerfachleute, Berufsoffiziere. Und es fiel auf, daß in unserer Gruppe von Krankenpflegern erstaunlich viele aus kinderreichen Familien vom Land stammten. Das weist auf frühe Erfahrungen mit der Arbeit in Haus und Hof hin, die an zentralen Punkten ganz andere Muster als normale Berufsarbeit aufweist (Ostner 1978). Hausarbeit und bäuerliche Arbeit, Krankenpflege (und manche der anderen, als »weiblich« definierten Berufsfelder), sie alle sind durch bestimmte Gemeinsamkeiten verbunden, unterscheiden sich dadurch von den typischen Anforderungen heutiger Berufsarbeit[5]. Damit haben wir Auffäl-

[5] Vereinfacht gesagt: Hausarbeit und bäuerliche Arbeit, Krankenpflege (und andere der als »weiblich« definierten Berufsfelder, z. B. Kindererziehung, Altenpflege) haben alle Momente von Naturgebundenheit, Bedürfnis- und Personenbezogenheit. Sie verlangen daher ein Arbeitsvermögen, in dem Elemente wie Erfahrungswissen, Intuition, Geduld usw. ausgeprägt sind. Siehe ausführlich hierzu Ostner/Beck-Gernsheim 1979.

ligkeiten im Sozialisationsprozeß der Krankenpfleger festgestellt, die deutlich wieder *auf die geschlechtsspezifische Arbeitsteilung zurückverweisen:* Die gradlinige Entwicklung eines beruflichen Arbeitsvermögens ist bei einigen der Krankenpfleger dadurch unterbrochen, daß sie von früh an in die Arbeit in Haus und Hof einbezogen sind, dabei Fähigkeiten, Verhaltensmuster, Situationsdeutungen einüben, die in vielem eher der Arbeit in der Familie nahestehen.

Aber nicht nur in der Sozialisation, nein, gerade auch in ihrer gegenwärtigen Lebens- und Arbeitsform überschreiten die im Pflegebereich tätigen Krankenpfleger jene Grenzlinien, die die geschlechtsspezifische Arbeitsteilung vorgibt. Sie sind zwar berufstätig, aber berufstätig in einem Feld, das in bestimmtem Sinne »weiblich« ist, und zwar nicht nur qua äußerer Definition, sondern immerhin teilweise auch noch aufgrund seiner inneren Struktur, seiner Nähe zur Hausarbeit. Diese Anforderungen, die alltäglich an ihr Arbeitsvermögen gestellt werden, die Erfahrung einer auf unmittelbare Bedürfnisse gerichteten, personenbezogenen, naturgebundenen Arbeit – dies alles läßt das Arbeitsvermögen der Krankenpfleger offensichtlich nicht unberührt. Ihre Situation ist gekennzeichnet durch das, was ich oben Konkurrenzverhältnis zwischen gesellschaftlich zugewiesener und real ausgeübter Arbeit genannt habe; es stellt sich hier in der Form Männerberuf als vorgegebenes Muster, dagegen Frauenberuf als aktuelle Lebenssituation. Wenn nun die Krankenpfleger tatsächlich ein Arbeitsvermögen entwickelt haben, das dem der Schwestern sehr ähnlich ist, dann sagt dies offensichtlich auch etwas über den Ausgang des Konkurrenzverhältnisses aus: Zumindest dort, wo begünstigende Bedingungen vorliegen, kann die Erfahrung der alltäglich ausgeübten Arbeit, der realen Praxis über die Normierungen der Geschlechtsrolle sich hinwegsetzen. Wo die Grenzlinien der Arbeitsteilung zwischen Männern und Frauen überschritten werden, da wird zum Teil zumindest auch die Dichotomie des Verhaltens durchbrochen, die in den Geschlechtsrollen angelegt ist. *Neue Formen der Arbeitsteilung (oder auch: der Zusammenarbeit) von Männern und Frauen bringen neue Fähigkeitsmuster hervor, die der alten Schematisierung nach männlich/weiblich sich nicht mehr einpassen lassen.*

An diesen drei Beispielen – Frauen in der DDR; hohe Krankheitsziffern, häufiger Arbeitsplatzwechsel als nur scheinbar »weibliche« Eigenschaft; Männer in der Krankenpflege –, an all diesen Beispielen wird durchgängig sichtbar, wie das Ansetzen an der geschlechtsspezifischen Arbeitsteilung weiterführen kann als die polare Schematisierung nach Geschlechtsrollen. Es gibt zwar immer wieder einen breiten Bereich von Sachverhalten, die ganz ähnlich interpretiert werden in der einen wie in der anderen Perspektive. Das ist auch keineswegs überraschend, denn gerade ja in der gesellschaftlichen *Realität* (und nicht nur in der Theorie) besteht ein enger Zusammenhang zwischen Geschlechtsrollen und Arbeitsteilung. Deshalb ist der Ausdruck »Geschlechtsrolle« in vielen Fällen auch eine anschauliche, griffige Formel, verstanden als Kürzel für komplexere Zusammenhänge; in diesem Sinne wird auch hier manchmal von Geschlechtsrolle die Rede sein.

Das Entscheidende aber ist, daß das Denken von der Arbeitsteilung her an mindestens zwei Punkten weiterführen kann, wo der Geschlechtsrollen-Ansatz nicht weiterkommt oder gar versagt. Denn die Etikettierung nach männlich/weiblich überdeckt oft tieferliegende Ursachen, die nur qua Arbeitsteilung begriffen werden können (Beispiel: Krankheitshäufigkeit/Frauenverhalten). Deshalb macht diese Schematisierung auch blind für die heute einsetzenden Wandlungen und Brüche, Annäherungen und Überlappungen im tatsächlichen Verhalten von Männern und Frauen; sie kann hier bestenfalls feststellen, aber nicht mehr erklären, wiederum, weil der tieferliegende Zusammenhang mit einer in Fluß geratenen Arbeitsteilung nicht thematisiert wird (Beispiel: Frauen in der DDR; Männer in der Krankenpflege). Das ist es auch, warum die Kategorie der Geschlechtsrolle eine Kurzformel ist, die vorsichtigen Gebrauch verlangt: Im Blick bleiben muß stets die längere, komplexere Kette von Zusammenhängen, in die die Geschlechtsrollen eingebunden sind. Andernfalls werden alte, grob gewordene Schematisierungen verfestigt – *alte Vorurteile qua Theorie konserviert.* Der Geschlechtsrollen-Ansatz wird hier in gewissem Sinne geradezu anachronistisch, weil zu sehr noch vergangenen Zuständen verhaftet. Das ist um so paradoxer, weil er selbst ja Veränderungen in Gang setzen will. Und doch ist sein Anachronismus nicht bloß zufällig, sondern von vornherein eingebaut, angelegt nämlich in der Zeitlosigkeit seiner Grundkategorien, die die historischen Besonderheiten nicht fassen. Da wird entsprechend der alten rollentheoretischen Unterscheidung nach erworbenen/zugewiesenen Rollen die Geschlechtsrolle als zugewiesene Rolle definiert; das soll heißen, sie kommt nicht aufgrund eigener Leistungen des Individuums zustande, sondern ist (ähnlich etwa wie Alter, Hautfarbe, Rasse) von Geburt an feststehend. Aber zum größten Teil ausgeblendet bleibt, wie stark das, was als Geschlechtsrolle je inhaltlich zugewiesen wird, von Epoche zu Epoche, von Generation zu Generation sich ändert. Und so bleibt eben auch das charakteristisch Neue der gegenwärtigen Situation ausgeblendet: Die »Rollen«erwartungen haben heute nicht mehr, wie es einst der Fall war, jenen massiven und unmittelbaren Druck, vor dem es kaum ein Entrinnen gibt. Sie haben an Selbstverständlichkeit verloren, dafür ein wenig Toleranz gewonnen; der Spielraum ist breiter geworden, Variationen sind eher zugelassen. Hier Männerrituale und Machtphantasien, dort Frauenrituale und Kindergeschrei: Das ist noch immer die Ordnung der Welt. Aber »Unordnung« beginnt bereits, sich auszubreiten.

In diesem Sinne ist die Geschlechtsrolle heute nicht mehr bloßer Zwangscharakter, sondern für die jüngere Generation ein Stück weit in die Verfügung des einzelnen gerückt. Zwar bleiben immer noch viele Männer/Frauen im Rahmen, den die traditionellen Stereotype vorgeben. Aber immer mehr Männer/Frauen suchen nach neuen Lebensformen, weil sie die alten »Rollen« als Beschädigung, ja Deformierung empfinden. Daß dies möglich ist, diese Unzufriedenheit, ja Rebellion gegen Grenzlinien, die einst unverrückbar erschienen: Hierin wird am deutlichsten, wie die Geschlechtsrollen nur von der einen Seite von Geburt an zugewiesen sind – von der anderen Seite heute in ersten Ansätzen auch selbst definiert, selbst »erworben« werden. Und es wird sichtbar, wie die ganze Schematisierung nach zugewiesen/erworben heute brüchig wird. Denn das, was hier »erworben« wird – dieses Bemühen um Identität jenseits vorgefertigter Schablonen –, das ist gerade auch nicht mehr Geschlechtsrolle (jedenfalls nicht mehr im herkömmlichen Sinne), denn es durchbricht, ja negiert sie.

Das alles zusammengenommen bedeutet: *Im Geschlechtsrollen-Ansatz allein, gerade wenn er anti-traditionalistisch und progressiv sich versteht, ist immer schon ein Widerspruch eingebaut, Kollision zwischen theoretischer Perspektive und praktisch-politischer Absicht.* Denn er will eine Öffnung der Geschlechtsrollen erreichen – und bleibt doch im Denken auf einen Zustand der Polarisierung fixiert, der (weil nicht weiter hinterfragt) letztlich als Naturgegebenheit erscheinen muß. Die Gespenster, die der Geschlechtsrollen-Ansatz abschaffen möchte – jene »guten« alten Zeiten, wo Männer noch Männer und Frauen noch Frauen waren –, er selber trägt bei zu ihrer Existenz.

Kommen wir wieder zurück zur Ausgangsfrage, wie die Frauenproblematik theoretisch zu fassen sei. Sieht man die bisher genannten Perspektiven im Zusammenhang, die je unterschiedlich einmal Frauenrolle, einmal Geschlechtsrollen, einmal Arbeitsteilung akzentuieren, dann wird durchaus so etwas wie eine Linie, eine konsequente Entwicklung sichtbar. Wo zunächst nur die Beschränkungen der Frauenrolle im Blick waren, da mußten im nächsten Schritt die Beschränkungen und wechselseitigen Verschränkungen beider Geschlechtsrollen zum Thema werden. Und hier nun wird konsequent weitergeführt, was die Geschlechtsrollen-Theorie immer ahnte, aber zu Ende zu denken nicht wagte. »Männlichkeit« und »Weiblichkeit« sind – in der Form, in der wir sie heute kennen – immer in Anführungszeichen zu setzen. Denn sie sind keine absoluten Kategorien mehr, den Zwangscharakter des naturnotwendig Gegebenen, Unausweichlichen, Unabänderlichen besitzend. Ihre polare Schematisierung löst in dem Maß sich auf, wie sie erkennbar werden als das, was sie wirklich sind: Produkt vielfältiger historischer und gesellschaftlicher Bedingungen, die alle auf die grundlegende Arbeitsteilung zwischen den Geschlechtern zurückverweisen.

Aber nicht nur auf theoretischer Ebene muß umgedacht werden. Diese Umorientierung muß gerade auch dort sich niederschlagen, wo es um die Frauenproblematik als praktisch-politisches Thema geht, wo Ansätze zu einem Handlungsprogramm gesucht werden. Was also verändert sich? Der Geschlechtsrollen-Ansatz hat die Forderung eingebracht, nicht allein nur an Frauen zu denken, sondern beide Geschlechter aus ihren Beschränkungen zu lösen. Bei aller guten Absicht und prinzipiellen Richtigkeit bringt das eine Form von distanzierter Unparteilichkeit zustande, die leicht zur Scheingerechtigkeit wird. Denn sie setzt unter der Hand gleich, was real doch nicht gleich ist für beide Geschlechter, nämlich das Ausmaß der real erfahrenen Beschränkung und Benachteiligung. Aus dieser Einsicht versteht sich der Impuls der Frauenbewegung, die gerade umgekehrt vorgeht: Sie sieht, wo die Benachteiligungen massiver und zahlreicher sich konzentrieren, und wendet sich deshalb (teils vorrangig, teils ausschließlich) an die Frauen. Aber auch das ist nicht mehr möglich, wenn man der hier skizzierten Perspektive folgt, die die polare Schematisierung nach Männern/Frauen aufbricht. Hält die Frauenbewegung hier weiter an den traditionellen, den statischen Kategorien fest, dann verliert sie viele, die potentiell ihre Verbündeten sein könnten, Männer nämlich; und sie definiert vorschnell zu vereinten Mitkämpferinnen diejenigen, die sich zunächst einmal distanziert, ja, mißtrauisch gegenüberstehen, nämlich Frauen in unterschiedlichen Lebenssituationen. Sie gibt eine Freund-Feind-Schematisierung vor, die nicht nur grobschlächtig ist, sondern auch die praktische Durchsetzbarkeit der Ziele aufs Spiel setzt:

Nicht nur die Frauen leiden unter dem, was die Männer ihnen antun. Immer mehr Männer leiden selbst unter dem, was als Prototyp von »Männlichkeit« ihnen abverlangt wird. Deshalb müssen differenziertere Unterscheidungen gefunden werden, nicht alte Schablonen wiederholt. Andernfalls wäre es die Frauenbewegung selbst, die am Ende in ein biologistisches Denken zurückfällt. Denn die Defizite, die sie heute auf seiten vieler Männer beobachtet, also etwa Machtstreben, Aggressivität, Gefühlsverdrängung, sie würden nicht nur – zu Recht – kritisiert; sie würden dann auch als unveränderlich, naturgegeben definiert, ebenso wie früher weibliche Schwäche, Ängstlichkeit, Passivität aus dem Wesen des Weibes erklärt wurden. Die alte Schematisierung, sie würde wieder aufgegriffen, nun unter veränderten Vorzeichen auf die Gegenseite gerichtet – aber wem würde es nützen? Mißtrauen und Verbitterung sind verständlich, weil so viele Erfahrungen von Gewalt und Unterdrückung dahinterstehen. Aber sie zerstören auch die Hoffnung auf einen neuen, besseren Zustand, in dem gleichberechtigte Beziehungen zwischen Männern und Frauen möglich sein könnten.

Auf der anderen Seite sind auch die Frauen selbst keine so einheitliche Gruppe, wie es die Frauenbewegung zum Teil unterstellt. Es gibt die »Nur«-Hausfrauen, die Berufstätigen, die allein leben, und die Frauen, die Beruf und Familie verbinden. Ihnen allen gemeinsam ist die primäre Zuweisung zur Hausarbeit, die den weiblichen Lebenszusammenhang definiert. Aber wie unterschiedlich sind die Folgen für die konkrete Lebenssituation, die sich daraus ableiten: bei den Hausfrauen Beschränkung des Daseins auf die familiale Innenexistenz; bei den Alleinstehenden häufig bewußter Verzicht auf Familie, weil nur so Berufstätigkeit möglich erscheint; bei den Ehe-und-

Berufsfrauen das Aufgeriebenwerden zwischen den verschiedenen Polen der »Doppelrolle«. Drei Lebenssituationen – in allen spiegelt die geschlechtsspezifische Arbeitsteilung sich wider, aber stets in anderer, charakteristisch eigener Form. Deshalb kann nicht von vornherein und selbstverständlich an eine Interessenkoalition aller Frauen appelliert werden. Im Gegenteil, wir beobachten heute doch nicht nur eine Solidarisierung unter den Frauen. (Die gibt es auch, aber sie entwickelt sich meist nur unter Frauen, die von vornherein durch bestimmte Ähnlichkeiten wie bessere Ausbildung, qualifizierte Berufsposition, Großstadtnähe usw. verbunden sind.) Jenseits dieser Solidarisierung werden heute auch ganz andere Tendenzen sichtbar. Die verschiedenen Gruppen von Frauen entfernen sich voneinander, befehden sich, Gegensätze brechen auf: Hausfrauen gegen Berufstätige, Alleinlebende gegen Verheiratete, Mütter gegen Nicht-Mütter. Die Argumente werden ausgetauscht, emotionsgeladen, weil jede Gruppe eine fundamentale Lebensentscheidung verteidigt, angstbesetzt, weil jede Entscheidung mit Konflikten belastet ist. Im Extremfall viel Mißtrauen, wenig wechselseitiges Verständnis. Die Spannungen, die dem weiblichen Lebenszusammenhang objektiv durch gesellschaftliche Bedingungen vorgegeben sind – sie werden hier ausgetragen unter den Frauen selbst. Dies alles, weil der alte, selbstverständliche Rahmen der Frauenexistenz aufgebrochen ist; und weil die Alternativen, die möglich geworden sind, allesamt nicht Lösungen sind, sondern nur Notlösungen der einen oder anderen Art. Darüber hinaus ist das Thema längst schon politisiert, so daß auch von außen neue Spannungen zwischen die Frauen getragen werden. Aus all dem entsteht die Situation, in der wir uns heute befinden: Auf der einen Seite eine neue Form von Solidarisierung – auf der anderen aber auch Ansätze zu einer neuen Feindschaft zwischen den Frauen.

Jede Frauenbewegung, die nur das Miteinander, nicht auch das (durch die Umstände bedingte) Gegeneinander der Frauen sieht, wird sich in Illusionen verrennen. Das praktisch-politische Handeln, das heute gefordert ist, wird in jedem Fall ein schwieriger Balanceakt werden: Die Benachteiligungen von Männern und Frauen dürfen nicht einfach gleichgesetzt werden; aber die Männer, die potentielle Verbündete sein könnten, weil sie selbst unter dem Zwang ihrer Rollen leiden, dürfen auch nicht vorgängig zurückgewiesen werden. »Frauen gemeinsam sind stark«: Aber sie müssen diese Gemeinsamkeit erst entwickeln. »Frauen gemeinsam sind stark«: Aber sie sind noch stärker, wenn es Männer gibt, die die gleichen Interessen verfolgen.

Dieser schwierige Balanceakt wird leichter, wenn man sieht, wo bereits erste Ansätze zu einem gemeinsamen Handeln liegen. Die Frauenbewegung selbst hat an einem Punkt gezeigt, wie man die alte Polarisierung zwischen den Geschlechtern aufbricht, ohne dabei die besondere Situation der Frauen aus dem Auge zu verlieren. Denn immer mehr artikuliert sich in der Frauenbewegung Protest gegen die heutige Form der Naturbeherrschung, die zur Naturzerstörung wird; immer mehr entwikkelt sich hier ein kritisches Bewußtsein, das die technisierten und bürokratisierten »Sachzwänge« der gegenwärtigen Wissenschaft und Wirtschaft, der Medizin, Architektur, Umweltplanung in Zweifel stellt. Überall da, wo die Frauenbewegung gegen eine maßlos gewordene Industrialisierung sich wendet, geht sie über die besonderen Interessen der Frauen hinaus – und knüpft andererseits doch an ihre besonderen Erfahrungen an. Denn diese Erfahrungen weisen zurück auf die Arbeit in der Familie, die die geschlechtsspezifische Arbeitsteilung als »weiblich« definiert hat:

Die Arbeit in der Familie ist keineswegs ein Schonraum, abgehoben und fern von allen Veränderungen und Umbrüchen, die die Industrialisierung erzeugt hat. Im Gegenteil, sie ist in bestimmtem Sinne besonders empfindlich dafür: Sie ist dazu angewiesen, die alltägliche Erhaltung des Lebens zu sichern; sie ist deshalb vorrangig betroffen, im innersten Kern geradezu, wenn die ökonomisch beschränkte Rationalität umfassende Lebensbedingungen zerstört, weil sie blind und zügellos Produktivität steigert. Eben weil hier die Befriedigung unmittelbarer und elementarer Bedürfnisse auf dem Spiel steht, deshalb müssen um so spürbarer die Folgeprobleme einer Industrialisierung durchschlagen, die lange Zeit den Irrtum beging, Quantität mit Lebensqualität gleichzusetzen. In die Arbeit in der Familie ist damit ein Grundwiderspruch eingelagert. Aus ihm sind viele der Probleme zu verstehen, die Frauen alltäglich erfahren – und auch die Hilflosigkeit, die Vergeblichkeit, mit diesen Problemen fertigzuwerden. Die Familie soll Schutzraum sein gegenüber der Außenwelt; aber wie kann sie es, wo sie doch nicht autonom, sondern abhängig ist, wo die Nebenfolgen der industriellen Lebensweise immer drastischer in sie eingreifen? Die Frau soll den Schutzraum Familie erhalten, bewahren, mit Wärme erfüllen; aber wie kann sie erhalten, was durch die gesellschaftlichen Rahmenbedingungen zunehmend zerstört wird; und wie kann sie es, wenn sie nur aufs Haus beschränkt ist, die wesentlichen Entscheidungen aber draußen fallen?

In der Kritik der industriellen Lebensweise, die innerhalb der Frauenbewegung sich artikuliert, wird zum ersten Mal ein Ansatzpunkt sichtbar: der Versuch, die »weiblichen« Erfahrungen – genauer: die Erfahrungen, die in einer bedürfnis- und personenbezogenen Arbeit angelegt sind – nicht in Passivität und Ohnmacht zu belassen, vielmehr aktiv einzubringen in die gesellschaftspolitische Diskussion. Dabei werden neue Perspektiven, neue Handlungsprogramme entdeckt. Nicht mehr nur Kapitalinteressen und politische Machtstrategien – auch die grundlegende Arbeitsteilung zwischen den Geschlechtern wird jetzt thematisiert, wird in Zusammenhang gestellt mit Form und Folgen der Industrialisierung. Das ist die neue Problemdimension, die – lange Zeit völlig vernachlässigt – durch die Frauenbewegung ins Blickfeld rückt. *Die technische Zivilisation wird nun auch definiert als Produkt der Arbeitsteilung zwischen Männern und Frauen.* Diese Arbeitsteilung hat eine Welt mitgeschaffen, deren Grundprämissen, deren Aufbau, deren Ausgestaltung ebenso perfekt wie einseitig sind: beeindruckend in ihrer technischen Zweckrationalität, aber auch überdimensioniert, maßlos, deshalb immer mehr sich selbst entfremdet. Hier nüchtern technisierte, kommunikationsfeindliche Arbeitswelt, dort anonyme Betonkasten-Wohnwelt der Städte und Vorstädte – beide sind auch Ausdruck dessen, daß bisher die geschlechtsspezifische Arbeitsteilung immer den Männern die Bestimmungsgewalt reserviert, immer ihnen die Schalthebel der Macht zugewiesen hat. So hat eine einseitige Wertordnung sich durchgesetzt, die in vielem die Vereinseitigung und Beschränkung der Männerrolle widerspiegelt (RICHTER 1978).

Was hier thematisiert wird, ist nicht mehr bloß die Existenz zweier »Rollen«; es ist die grundsätzliche Aufteilung der Welt, die damit sich verbindet, ihre Halbierung in zwei Arbeitsweisen, hier »männliches« Sachdenken einerseits, dort »weibliche« Gefühlsnähe andererseits. Genau gegen diese Polarisierung wenden die Frauen sich: Denn *so wenig gleichberechtigt die Rollen sind, so wenig sind es auch die zugehörigen Arbeitsweisen. Das Ungleichgewicht zwischen ihnen drückt der Welt, die wir geschaffen haben, seinen Stempel auf.* Die ungezügelte

Dominanz jener Elemente, die der Männerrolle zugewiesen sind, bedeutet gleichzeitig auch Dominanz von Machtstreben, Expansionsdrang, Konkurrenz und Aggression. Dies Wertsystem bestimmt den Alltag in Fabrik und Büro, Krankenhaus und Verwaltung; es schlägt sich nieder in den Spielregeln und Prioritäten der industriellen Zivilisation, ihren politischen Entscheidungen, Sozialbeziehungen, Umgangsformen; es durchzieht Öffentlichkeit und Beruf, reicht hinein bis in Ehe und Familie.

Wo aber Sachlichkeit allein bestimmend wird, von allen Gefühlsregungen abgespalten, nur noch Herrschaftsinteressen verfolgend, da schlägt sie in Zerstörung und Selbstzerstörung um: Das ist die letzte Konsequenz, wenn eine ins Absurde verzerrte »Männlichkeit« keine Grenzen mehr kennt. Diese Dimension, die Unausgewogenheit der Arbeitsteilung zwischen Männern und Frauen, hat die Frauenbewegung ins Bewußtsein gerückt, im Aufzeigen der Folgeprobleme liegt das Besondere ihrer Kritik. Nicht mehr nur die Geschlechtsrollen sind dann von Beschädigung gekennzeichnet, sondern, viel fundamentaler noch, viele Bereiche und Institutionen des gesellschaftlichen Lebens. Umwelt, Lebensformen, letztlich auch die Beziehungen sind dominant nach »männlichen« Wertmaßstäben entwickelt, dominant technokratisch gestaltet, während gleichzeitig die »weiblichen« Bedürfnisse und Fähigkeiten abgedrängt werden. Auf der einen Seite die Männer, ins Rollenklischee der erfolgreichen Macher gezwängt, die Entscheidungen fällen nach abstrakt-nüchternem Kalkül; auf der anderen Seite der weibliche Lebenszusammenhang als Reservat, um die besseren, wärmeren, »menschlichen« Qualitäten ein Stück weit zu wahren, und darin die Frau, zum Idealbild stilisiert, sanfte Trostspenderin, große Mutter, Nährende und Liebegewährende – in dieser Arbeitsteilung ist das verselbständigte Funktionieren der technischen Zivilisation immer schon angelegt.

Was aber folgt daraus? Wir müssen eine Welt schaffen, in die Frauen und Männer das einbringen können, was bislang einseitig der weiblichen Rolle zugewiesen wurde, aber damit auf den Binnenraum der Familie beschränkt bleiben mußte: Sensibilität und Spontaneität, Sinnlichkeit, Intuition, Gefühle. Eine Wende ist erforderlich, eine Öffnung zur bisher unterdrückten, der als »weiblich« definierten Seite. Und es mag sein, daß in diesem Entwicklungsprozeß die Frauen tatsächlich schon ein Stück weiter sind, den Männern voraus. Das aber hat nichts zu tun mit weiblichem Wesen oder biologischem Geschlecht, sondern einzig und allein mit der Arbeitsweise und Erfahrung des weiblichen Lebenszusammenhanges, wo bedürfnis- und personenbezogene Elemente noch eher gewahrt sind.

An diesem Punkt werden die Grenzen des rollentheoretischen Ansatzes gesprengt, er wird ins Gesellschaftstheoretische, ja Gesellschaftspraktische gewandt. Es geht nicht mehr nur darum, die Beschränkungen der Geschlechtsrollen aufzubrechen. Es geht vielmehr darum, die *grundlegende Arbeitsteilung zwischen den Geschlechtern aufzubrechen, die hinter den Geschlechtsrollen steht.* Dann freilich gilt wieder, wenn auch auf neuer und grundsätzlich erweiterter Basis: »Aus der Frauenfrage ist das Problem einer umfassenden Umstrukturierung der Geschlechterrollen geworden . . . Beide Geschlechter können sich nur gemeinsam befreien« (Richter 1978, S. 27).

»Um mir zu erklären, warum in unserer Gesellschaft Frauen natürlicher miteinander umgehen, vertrauter, enger und schon eher bestimmte Werte verwirklichen im Umgang miteinander als Männer, nehme ich eine historische Begründung: Männer wurden durch die Arbeitsteilung und gleichzeitig durch die patriarchalische Struktur der bürgerlichen Gesellschaft mehr als anderthalb Jahrhunderte in die Anpassung, in die Selbstunterdrückung getrieben. So haben sie die Werte, die ihnen die Industriegesellschaft aufgedrückt hat, voll verinnerlicht. Was Frauen nicht so stark mußten, die einerseits stärker unterdrückt, in den häuslichen Bereich hineingetrieben wurden, andererseits nicht gezwungen waren, diese Art von Werten voll zu akzeptieren.

Und mir scheint (das hat wohl überhaupt keine biologischen Ursachen, sondern historische), daß Frauen jetzt eher in der Lage sind, an Werte anzuknüpfen, die sie als ›natürlich‹ empfinden, die ihnen menschengemäßer vorkommen – daß sie es da einfach leichter haben . . . Es kann eine Periode eintreten, in der Frauen den Männern in diesem mit Zahlen nicht zu messenden Bereich, wo es nicht um Produktionsziffern geht – nämlich bei der Frage, wie man miteinander lebt –, helfen können« (Christa Wolf, Interview für die Süddeutsche Zeitung, 10./11. 3. 1979, S. 131).

So ist jetzt die grundlegende Arbeitsteilung zwischen den Geschlechtern ins Zentrum gerückt. Ihre Trennungslinien heißen: hier Beruf, dort Familie. Deshalb sind diese beiden Bereiche das Thema des nächsten Kapitels. Es handelt von der jeweiligen Eigenart, der Verbindung und den Gegensätzen zwischen Beruf und Familie.

2. Beruf und private Alltagsarbeit

2.1. *Die Existenzsicherung in industriellen Gesellschaften*

Nirgendwo ist Schlaraffenland. Immer haben die Menschen arbeiten müssen, um sich selbst zu erhalten und den Nachwuchs aufzuziehen. Aber in den meisten Epochen und Kulturen vollzog sich die Existenzsicherung ganz anders, als es in fortgeschrittenen Industriegesellschaften der Fall ist. In jenen früheren Gesellschaftsformen (die zum Teil auch heute noch existent sind in den sogenannt »unterentwickelten« Ländern, in »Eingeborenen«reservaten bestimmter Industrieländer, bei exotischen Inselstämmen u. ä.) wurde nämlich vorrangig für den Eigenbedarf gearbeitet bzw. in einem System wechselseitiger Hilfe für die Überlebensprobleme der Gruppe. Das heißt, was man jagte und anbaute, was man an Vieh hielt und an Werkzeug herstellte, all das war direkt ausgerichtet auf die Bedürfnisse der unmittelbaren Existenzsicherung – Nahrung, Kleidung, Unterkunft –, wurde meist unmittelbar aufgebraucht von der Person des Arbeitenden selbst oder im Rahmen der alltäglichen Lebensgemeinschaft von Familie, Sippe, Stamm oder Dorfgemeinschaft verteilt.

Von dieser vorwiegend bedarfsbezogenen, weitgehend autarken Produktionsweise vieler früherer Gesellschaften unterscheidet sich nun die Produktionsweise fortgeschrittener Industriegesellschaften zunächst einmal dadurch, daß hier ein großer Teil der gesellschaftlich geleisteten Arbeit in beruflicher Form erbracht wird. Berufliche Arbeit aber ist in viele Einzelberufe aufgefächert und nach dem Grundprinzip des Tausches organisiert. Das bedeutet, daß der einzelne nicht mehr Dinge für den eigenen Verbrauch erarbeitet, sondern ein spezialisiertes Arbeitsprodukt (z. B. Getreide, Gemüse) oder spezialisierte Fähigkeiten (z. B. Fingerfertigkeit, technisches Wissen) als »Ware« auf den Markt bringt. Erst dadurch, daß andere Personen diese Ware benötigen und kaufen, gewinnt der Berufstätige selbst die Mittel – das Geld –, um solche Dinge zu erstehen, die er für die eigene Existenzsicherung braucht.

Beruf ist also die historisch neue Form der Arbeit. Aber auch in industriellen Gesellschaften reicht die berufliche Arbeit allein nicht aus, um bereitzustellen, was man zum Leben braucht. Denn berufliche Arbeit bringt zunächst einmal nur ein »abstraktes« Ergebnis: Geld. Geld per se bedeutet aber noch keineswegs die Erfüllung konkreter Bedürfnisse nach Wohnung, Essen, Kleidung usw., sondern nur eine wichtige Voraussetzung dafür. Von Geld allein kann der einzelne nicht leben, kann die Gesellschaft nicht überleben. Damit die Menschen konkret existieren können, sind – zusätzlich zur Berufsarbeit – immer noch eine Reihe anderer Tätigkeiten notwendig:

– Der größte Teil ist wohl immer noch das, was den traditionellen *Aufgabenbereich der Hausfrau-und-Mutter* ausmacht, also die Sorge für die physischen und psychischen Grundbedürfnisse der Familienmitglieder. Dazu gehören so banale, weil alltägliche Tätigkeiten wie Kochen, Waschen, Putzen, aber ebenso auch die Herstellung eines emotionalen Klimas, in dem so etwas wie Ruhe, Geborgenheit, Entspannung möglich ist (siehe OSTNER 1978).

– Ein erheblicher Teil der früher in der Familie wahrgenommenen Aufgaben ist inzwischen an außerfamiliale Instanzen (berufliche Experten, Staat, Organisationen und Institutionen) ausgelagert worden. Doch gerade mit dieser Delegation von Tätigkeiten sind typischerweise wieder bestimmte *Folgeverpflichtungen* verbunden – einerseits Abhängigkeiten, andererseits Funktionen der Kontrolle und Mitbestimmung. Hierher gehören Arztbesuch und Handwerkertermine ebenso wie Mietversammlung, Elternbeirat usw.

– Schließlich gibt es noch eine Reihe von Tätigkeiten, die keinerlei unmittelbaren menschlichen Bedürfnissen entsprechen, vielmehr aus der die Industriegesellschaften kennzeichnenden staatlichen Regelung und bürokratischen Verwaltung des individuellen Lebens und sozialen Zusammenlebens sich ergeben. Hierher gehört das ganze Kontinuum *amtsmäßig vorgeschriebener Pflichten,* die für den Staatsbürger der Industriegesellschaft – von der standesamtlich zu beglaubigenden Geburt über Impftermine, Vorsorgeuntersuchungen, Meldepflichten, über TÜV-Kontrollen, Einkommenssteuererklärungen, Behördengänge bis zum ebenfalls standesamtlich anzumeldenden Tod – buchstäblich von der Wiege bis zum Grab präsent sind.

An dieser sehr groben Aufzählung ist vor allem eines wichtig: Wenn man die Lebens- und Arbeitsbedingungen der Industriegesellschaften mit denjenigen früherer Gesellschaftsformen vergleicht, dann drängt sich leicht der Eindruck auf, es seien primär die Berufsarbeit und die damit erzielten ökonomischen Mittel, über die sich die Existenzsicherung des einzelnen vollzieht. Aber wie die skizzierten Überlegungen zeigen, ist dieses Bild falsch, auch wenn es zunächst gewisse Plausibilität besitzt. Denn Berufsarbeit ist nur die historisch neue – und damit zunächst ins Auge springende – Form der Existenzsicherung. Aber sie kann die Existenzsicherung nie alleine tragen, sondern bleibt immer angewiesen auf einen weiten Bereich anderer Anforderungen, Tätigkeiten und Aufgaben, die außerhalb und jenseits der Berufsarbeit sich stellen: auf etwas, was man (da ein entsprechender Begriff bisher fehlt) *»private Alltagsarbeit«* nennen könnte.

Diese »private Alltagsarbeit« scheint auf den ersten Blick nicht viel anderes zu sein als das, was wir immer schon Hausarbeit nennen, also die über Jahrhunderte tradierte Aufgabe der Frau in Haus und Familie. Und doch ist die Nähe der beiden Begriffe mißverständlich, ja irreführend. *Das, was ich mit »privater Alltagsarbeit« meine, hat es vor der Industrialisierung gar nicht in dieser Form gegeben.* Denn was war denn damals die Arbeit im Haus? Sie umfaßte vor allem unmittelbar produktive Tätigkeiten, also selbständige Herstellung der für den Eigenverbrauch notwendigen Güter; Hüttenbau und Viehzucht, Brotbacken, Weben, Seifensieden, dies alles gehört hierher. Erst mit der Industrialisierung entsteht allmählich die Hausarbeit in ihrer heutigen Gestalt: Die Tätigkeiten verlagern sich immer mehr von Eigenproduktion auf Vorbereitung des Konsums, das heißt, an die Stelle der selbständigen Herstellung von Gütern tritt der Umgang mit fremdproduzierten Waren, die gebrauchsfertig aufbereitet bzw. instandgehalten werden. Dafür aber kommen neuartige Aufgaben auf die Familie zu, und das soll im folgenden Abschnitt kurz gezeigt werden.

2.2. *Die Industrialisierung schafft neue Arbeitsanforderungen, kurz »private Alltagsarbeit« genannt*

Die Industrialisierung hat nicht nur die Produktionsweise verändert (Mechanisierung und Automatisierung, die Entstehung von Fabriken und Großbetrieben), sondern auch über die verschiedensten Formen von Komfort und Zivilisationswohlstand eine stille Revolution in der Haushaltsführung gebracht.

Warmwasser, Fernheizung, Waschmaschine – an vielen Punkten ist das Alltagsleben entlastet von Arbeiten, die einst zeitraubend und äußerst mühsam waren. So gesehen war Technik »Fortschritt«; und so *wurde* sie lange Zeit vorwiegend gesehen. Erst allmählich rückt auch die Kehrseite dieser Entwicklung stärker ins Blickfeld. Wir erkennen auch die Folgekosten einer Industrialisierung, die zunächst allein von ökonomischen Prioritäten bestimmt wurde und ungezügelt sich ausbreiten konnte: Belastung der natürlichen Umwelt, Auflösung gewachsener Sozialbeziehungen. Das aber heißt – und deswegen ist es an dieser Stelle von Bedeutung – Verlust vieler natur- und traditionsgegebener Möglichkeiten zur Befriedigung grundlegender Bedürfnisse. Nehmen wir als Beispiel den aktuellen Begriff der »Lebensqualität«. Die vielfältigen Inhalte, die darin anklingen – ob nun blauer Himmel, Licht und Luft; ob z. B. Formen des Städte- und Wohnungsbaus, wo Kinder spielen können, wo Erwachsene Möglichkeit zu zwanglosem Zusammentreffen, Begegnung, Entspannung haben –, diese und ähnliche Inhalte deuten auf wesentliche Grundbedürfnisse menschlichen Lebens, die in früheren, »primitiveren« Gesellschaften zum Teil viel selbstverständlicher befriedigt werden konnten als in der fortgeschrittenen Industriegesellschaft.

Mit der Industrialisierung kommt es zu einer drastischen Veränderung der Lebensbedingungen. Als eine der unmittelbaren Folgen setzt eine Konzentration der Bevölkerung in den Ballungszentren ein: Immer mehr Menschen wohnen in Städten, immer mehr Städte entstehen, immer größer werden die Städte. Die Wohnungen dort sind eng, es fehlt der unmittelbare »Auslauf« direkt am Haus, jenseits der Wohngebiete entstehen separate Reviere der sogenannten »Naherholung«. Gleichzeitig breitet die Motorisierung sich aus, zerstört gewachsene Stadtviertel und die Grüngürtel am Stadtrand durch riesige Schnellstraßensysteme. Das Umland wird zersiedelt durch die Flucht in die Vororte einerseits, die neuen Industriezentren andererseits. Weil so die natürliche Umgebung verarmt, die natürlichen Ressourcen zur Befriedigung menschlicher Bedürfnisse – Luft, Wasser, Licht, Ruhe, Raum – zerstört oder weitgehend aufgebraucht sind, deshalb müssen diese Bedürfnisse heute mit immer aufwendigeren Mitteln befriedigt werden (Urlaub, Zweitwohnung »draußen«, am Wochenende die Flucht ins Grüne usw.). Angesichts einer wachsenden Feindseligkeit der äußeren Umgebung, einer zunehmenden Verschlechterung der natürlichen Lebensbedingungen muß jeder immer mehr Zeit aufwenden, um grundlegende Lebensbedürfnisse zu befriedigen. »Erholung«, »Ruhe«, »Entspannung« entstehen als eigenständige Ziele, vom unmittelbaren Alltag abgehoben, mit separaten Aktivitäten angestrebt. Die Folgeprobleme der Industrialisierung schlagen so im alltäglichen Lebensbereich sich nieder und erscheinen als »privates«, als »Freizeit«problem des einzelnen.

Aber es ist nicht nur die Zerstörung der natürlichen Umwelt, die aufgefangen werden muß durch neue Aktivitäten und Tätigkeiten im privaten Bereich. Eine mindestens ebenso wichtige Rolle spielt hier die Belastung der »sozialen Umwelt«, die Auflösung der traditionell eingespielten Sozialbeziehungen in Gemeinde, Nachbarschaft, erweiterter Familie. Dadurch vor allem werden Aufgaben geschaffen, die wiederum primär der Familie, genauer: der Kleinfamilie zufallen. Dies beginnt mit den verschiedenartigsten Versorgungsaufgaben, die heute eng im Binnenraum der Kleinfamilie zusammentreffen: Während früher die in der einen oder anderen Form nicht voll »funktionsfähigen« Personen (Kinder, Alte, Kranke, Behinderte) viel stärker ins Alltagsleben der Gemeinde integriert waren, oft im Dorfverband auch kleinere Tätigkeiten übernehmen konnten und derart in ein System wechselseitiger Hilfe eingebunden waren, sind sie heute dagegen entweder abgeschoben ins Getto der institutionalisierten Pflege- und Verwahrungsanstalten – oder sie leben isoliert in der Kleinfamilie und sind in ihrer Versorgung voll abhängig von den unmittelbaren Familienmitgliedern. Vor allem aber kommen immer mehr emotionale Aufgaben auf die Kleinfamilie zu, je mehr die traditionell eingespielten Sozialbeziehungen zur näheren Umwelt sich auflösen und verflüchtigen: Die Kleinfamilie wird hier zum Binnenraum, auf den die emotionalen Bedürfnisse, Ansprüche, Erwartungen sich konzentrieren.

Diese Gefühlsbetontheit der Kleinfamilie ist eine historisch neue Erscheinung. Denn ganz anders in vorindustriellen Zeiten: Statt der Aufspaltung von Betrieb und Haushalt gab es eine Art »Einheit von Arbeit und Leben«, und die Familie selbst war in erster Linie eine Arbeitsgemeinschaft. Dafür waren soziale Beziehungen, Bindungen und Gefühle sehr viel stärker in den unmittelbaren Arbeitsprozeß einbezogen, waren darüber hinaus in den weiteren Lebenszusammenhang von Großfamilie, Dorfverband o. ä. eingebunden. Hier liegt ein wesentlicher Gegensatz zur Arbeits- und Lebensweise industrieller Gesellschaften:

Je mehr die Berufsarbeit von Zeit- und Kostenökonomie bestimmt und auf allen Ebenen durchrationalisiert wird; je mehr sie statt stabiler und tiefgehender Sozialbeziehungen anonym-abstrakte »Kundenkontakte«, individualistisch-konkurrenzbestimmte Akkordarbeit oder gar stumme Maschinenüberwachung beinhaltet; je mehr also Elemente der Solidarität, Nähe, Gemeinsamkeit aus dem beruflichen Arbeitsprozeß verdrängt werden – eine Entwicklung, die sicherlich von Berufsfeld zu Berufsfeld unterschiedlich weit fortgeschritten ist, insgesamt aber im historischen Prozeß sich immer weiter verschärft hat –, desto mehr wird im außerberuflichen Bereich nach Unmittelbarkeit und Wärme, Verständnis und Vertrauen gesucht. Ein Gegenmilieu – Freundesgruppe, Partnerbeziehung und vor allem eben Familie – wird erforderlich, damit wenigstens annähernd jene Belastungen und Spannungen abgebaut werden können, die aus der Leere und Unsicherheit, Austauschbarkeit und Gleichgültigkeit der beruflichen Sozialbeziehungen resultieren.

Am deutlichsten wird diese Entwicklung dort, wo dem Berufstätigen auch noch hohe geographische Mobilität abverlangt wird, wo er also seine Stellung nur dann halten oder verbessern kann, wenn er zu mehrfachem Wohnortwechsel bereit ist. Dieser Zwang zur geographischen Mobilität ist besonders drastisch aus den USA bekannt (Packard 1973), wird inzwischen auch in anderen Industrieländern zum Charakteristikum des Mittelschichtlebens (Bell 1968), ja breitet bei hoher Arbeitslosigkeit auch nach »unten« sich aus. Als Folgeproblem kommt es zu massiven Eingriffen in Quantität und Qualität der zwischenmenschlichen Beziehungen. Denn längerfristige Bindungen an Nachbarn, Kollegen, Freunde, Bekannte oder Verwandte werden abgeschnitten oder können sich kaum noch entwickeln. Dementsprechend wachsen die emotionalen Ansprüche an jenen Kern von Sozialbeziehungen, die als einzige dauerhaft und verläßlich sich durchhalten – also die Beziehungen innerhalb der Kleinfamilie, zwischen Eltern und Kindern und insbesondere zwischen den Ehepartnern. Die Kleinfamilie wird zur vorrangigen, ja fast ausschließlichen Zuteilungsinstanz von Zuwendung und »Liebe«. Immer mehr wächst ihr die Erwartung zu, der ruhende und stabile Pol zu sein, der in aller äußeren Veränderung Identität und Geborgenheit vermittelt. Vor der Szenerie wechselnder Arbeitsplätze, Wohnorte, Sozialkontakte gewinnt gerade auch die Ehebeziehung neue und intensivere Bedeutung.

»Eines der geheiligten Klischees der Familiensoziologie ist die Annahme, die moderne Familie hätte einiges an Bedeutung verloren, da sie so viele ihrer früheren Funktionen abgegeben hat ... Diese Annahme ist ein Fehler, der nur Soziologen unterlaufen konnte. Denn wenn wir unsere Aufmerksamkeit der Ehebeziehung zuwenden, dann wird unmittelbar deutlich, daß die Gefahren, denen die Ehe heute ausgesetzt ist, viel eher einer Aufgabenüberlastung als einem Aufgabenverlust entspringen. Psychologische und zwischenmenschliche Bedürfnisse können in einer Vielzahl anderer Beziehungen befriedigt werden – Verwandtschaft, Nachbarschaft, Freundschaft. In vielen Gesellschaften und Subkulturen gibt es tiefverwurzelte Muster der Geschlechtertrennung, die eine engere Verständigung und Kommunikation zwischen Mann und Frau schwierig oder gar unmöglich machen; Männer und Frauen leben hier buchstäblich in zwei Welten. Wo immer die Stabilität solcher anderen Sozialbeziehungen sich aufzulösen beginnt, wachsen allmählich die emotionalen Ansprüche, die an die Ehebeziehung gestellt werden« (SLATER 1968, S. 88f.).

Die private Alltagsarbeit ist also nicht ein Überbleibsel aus vorindustriellen Zeiten, das auf die Dauer vollends überflüssig wird. Ganz im Gegenteil, in ihrer historisch neuen Form ist sie ein Kernstück, ein (ebenso wichtiges wie anfälliges) Grundelement im Gefüge industrieller Gesellschaften. Sie ist die »andere«, die komplementäre Seite der industriellen Produktionsweise im allgemeinen und der Berufsarbeit im besonderen. Sie muß die dort erzeugten Belastungen abfangen und wird dadurch selbst immer stärker belastet. *Die Alltagsarbeit in der Familie ist der Schnittpunkt, wo ökonomische Rationalität und elementare Lebensbedürfnisse aufeinandertreffen. Sie soll den Ausgleich zwischen beiden herstellen – also zusammenbringen, was eigentlich unvereinbar ist,* was ständig in Widerspruch zueinander gerät. Darin liegt ihre Bedeutung, aber immer mehr auch ihre Gefährdung.

Entsprechend wäre zu erwarten, daß die private Alltagsarbeit intensive gesellschaftliche Unterstützung erfährt; daß praktisch-politische Maßnahmen aller Art ineinandergreifen, um den Folgeproblemen der Industrialisierung entgegenzuwirken und einigermaßen angemessene Voraussetzungen zu schaffen. Tatsächlich geschieht hier inzwischen auch einiges – in bestimmten Bereichen der Familienpolitik etwa und durch neue Prioritäten der Städteplanung, von Umweltschutzgesetzen über Lärmschutzmaßnahmen bis hin zu Abenteuerspielplätzen für Kinder und Bürgerzentren für Erwachsene. Aber all das ist nicht mehr als ein Anfang. Noch immer richten sich die institutionellen Einrichtungen und Vorkehrungen, die politischen Interessen und Aktivitäten vorrangig auf den Bereich der Berufsarbeit. Die sogenannte »Privatsphäre« dagegen gilt vielfach eher als Tabuzone der Politik, der Staat soll nicht auch hier noch eingreifen. Diese Zurückhaltung ist berechtigt, wenn man an Zwangsmaßnahmen und Überwachung denkt (das Dritte Reich als warnendes Beispiel, Orwells »1984« als bedrängende Vision). Aber diese Zurückhaltung ist auch falsch, weil sie nämlich verkennt, daß heute unterstützende (nicht: kontrollierende) Regelungen durch den Staat vielfach notwendig sind, auch im Bereich des Privaten. Unter den gegenwärtigen Bedingungen ist die private Alltagsarbeit zwar »Freiraum für Privatinitiative«, aber real längst schon eingeschränkt und eingezwängt durch die Nebenfolgen der industriellen Produktionsweise, dadurch massiv belastet.

Auch im öffentlichen Bewußtsein ist die private Alltagsarbeit wenig präsent. Was damit zu tun hat, wird mit »Familie«, mit »Frau« vor allem in Verbindung gebracht, wird in Festtagsreden zum Muttertag hochgelobt und den Rest des Jahres vergessen. In den Wissenschaften ist es nicht viel anders. Die Arbeitswissenschaftler haben intensiv und ausführlich betriebliche Arbeitsplätze aller Art untersucht, sie nach verschiedenartigen Belastungsdimensionen analysiert; die private Alltagsarbeit dagegen blieb lange Zeit völlig unbeachtet, und erst in jüngster Zeit gibt es allererste Ansätze zu ihrer Erfassung. In der Soziologie hat Industriesoziologie, Betriebssoziologie, Berufssoziologie eine lange Tradition. Wo aber ist eine Soziologie der Hausarbeit? Was dazugehört, ist – wenn überhaupt – am Rande der Familiensoziologie einmal mitdiskutiert worden. Aber nie wurde dieser Bereich thematisiert als das, was er eigentlich ist, als ein Bereich nämlich, wo *Arbeit* geleistet wird, eine charakteristisch eigene und von Berufsarbeit verschiedene, aber gesellschaftlich ebenso notwendige Arbeit. Erst in jüngster Zeit beginnt hier eine neue Perspektive sich anzubahnen; sie wird, sicher nicht zufällig, vorwiegend von Soziolog*innen*, von Frauen eingebracht.

Vorherrschend aber ist vielfach noch eine Gleichgültigkeit gegenüber der privaten Alltagsarbeit, die die verschiedensten Bereiche der Gesellschaft durchzieht, Alltagsbewußtsein und

Wissenschaft, praktisch-politische Maßnahmen und öffentliches Interesse, vor allem aber auch institutionelle Grundbedingungen wie Wohnungsbau, Städtebau, öffentliche Infrastruktur usw. An einem Punkt schließlich schlägt die Nicht-Beachtung, Nicht-Berücksichtigung der privaten Alltagsarbeit besonders kraß, besonders drastisch sich nieder: Das ist die vorherrschende Form der Berufsarbeit. Genau darum, um das problematische Verhältnis von Berufsarbeit und Alltagsarbeit, geht es im nächsten Abschnitt.

2.3. *Die »innere Logik« der Berufsarbeit: volle Hingabe an den Beruf, Delegation der privaten Alltagsarbeit an andere Personen*

Zwei Abschnitte lang habe ich immer wieder eines zu zeigen versucht: Niemand kann von Berufsarbeit alleine existieren, auch industrielle Gesellschaften bleiben stets auf private Alltagsarbeit angewiesen. Aber all diese theoretischen Ausführungen verblassen wieder, sobald man einfach die Realität der Berufsarbeit dagegenhält, die uns vertraut ist. Dann nämlich ergibt sich ein Bild mit ganz anderer Gewichtung – eines, wo eindeutig und dominant die Berufsarbeit im Mittelpunkt steht, die private Alltagsarbeit dagegen nur irgendwo am Rande existiert. Denn betrachten wir einmal die gegenwärtige Form der Berufsarbeit und die immanente Logik, die ihr zugrunde liegt, die in den konkreten Bestimmungen des Berufsalltags vielfältig durchschlägt; die sichtbar wird z. B. in gesetzlichen Regelungen, tariflichen Vereinbarungen, offiziellen Vorgaben und inoffiziellen Erwartungen, vor allem aber in den Spielregeln der innerbetrieblichen »Auslese«. Berufsarbeit in diesem Sinne fordert vom Arbeitenden »ganzen Einsatz«, stetige Disponibilität, Flexibilität, Mobilität. Sie abstrahiert damit von familialen und privaten Belangen, von den Anforderungen des Alltags – kurz von allem, was zum Leben außerhalb und jenseits der Berufsarbeit gehört. (Natürlich muß der einzelne nicht allen Zwängen sich bedingungslos unterwerfen. Aber wer die Toleranzgrenze überschreitet – die je nach Konjunkturlage und Berufsfeld einmal früher, einmal später angesetzt ist –, der muß »die Folgen tragen«: weniger Einkommen, keine Aussicht auf Beförderung, vielleicht sogar Arbeitslosigkeit.) In diesem Sinne liegt jeder Berufsarbeit stillschweigend eine bestimmte

»Normaldefinition« zugrunde (vgl. Delphy 1976, S. 81): Die Berufsarbeit ist die Hauptsache und alles andere nur Störfaktor. Das ist der Anspruch, mit dem der Berufstätige alltäglich konfrontiert ist. *Praktisch ausgeblendet ist alles/soll alles sein, was mit Alltagsarbeit zu tun hat. Ein »normaler« Arbeitstag im Beruf, das ist im Grunde definiert als der Arbeitstag einer Person, die sich nicht auch noch um die private Alltagsarbeit sorgen muß.*

Zwar gibt es eine Reihe von gesetzlichen Bestimmungen, die die private Seite des Lebens gegenüber ganz drastischen, etwa direkt gesundheitsgefährdenden Anforderungen der Arbeitswelt schützen (z. B. Begrenzung der Arbeitszeit, Einschränkung der Wochenendarbeit, Recht auf Urlaub, Mutterschutz). Solche Regelungen sind eine wichtige historische, sozialpolitische Leistung; das ist offensichtlich, wenn man an die industriellen Arbeitsbedingungen im 19. Jahrhundert denkt. Aber solche Regelungen sind gleichzeitig auch grundsätzlich begrenzt, denn sie wenden sich fast nur gegen die sichtbarsten Schädigungen und direkt absehbaren Gefahren. Das Problem, das ich hier meine, hat subtileren Charakter, ist zunächst weniger handgreiflich und unmittelbar anschaulich – aber es ist deswegen nicht weniger folgenschwer. Die Defizite der Politik liegen nicht im Fehlen jeglicher Schutzmaßnahmen, sondern in den Prioritäten, die sie setzt:

»*Die Sozialpolitik . . . ist nicht für die Familie entwickelt worden. Statt dessen ist es die Familie, die ihren Lebensbereich den Arbeitsbedingungen . . . anpassen soll.* Die Arbeitswelt ist (außer in Zeiten dringenden Arbeitskräftebedarfs, und vielleicht nicht einmal dann) nicht organisiert worden, um sich den Familienbedürfnissen anzupassen; sie wird nicht danach entwickelt, was gut für die Familie ist« (Glazer 1978, S. 426).

So gesehen ist in der Berufsarbeit ein Anspruch angelegt, der weit über die bloße Berufsarbeit hinausreicht, vielmehr in das ganze Leben des Berufstätigen eingreift. Was nicht ins Grundmuster ökonomischer Rationalität sich einpassen läßt, was unmittelbar und lebendig ist – Regungen, Gefühle, Bindungen, physische und psychische Bedürfnisse –, all das ist abgespalten vom unmittelbaren Arbeitsvollzug und in einen Bereich des Privaten verbannt. Diese Privatexistenz des Berufstätigen ist irgendwo außerhalb und am Rande angesiedelt, wie ein notwendiges Übel gerade noch geduldet, aber ohne eigentliche Daseinsberechtigung. Nach der inneren Logik der Berufsarbeit ist das Privatleben die »Manövriermasse«, die sich ökonomischen Interessen einfügen muß: bei Arbeitslosigkeit aus vertrauten Bindungen zu lösen und quer durch die Lande zu einem neuen Arbeitsplatz zu transportieren; bei steigenden Auftragszahlen von Überstunden zusammengedrängt, bei Konjunkturrückgang und Kurzarbeit wieder auszudehnen. Das Privatleben, das ist die »Restkategorie«, die vielfach aufgefressen und eingezwängt wird von den Anforderungen der Berufsarbeit. Dieser Zusammenhang zeigt sich am offensichtlichsten dort, wo es um »Karriere« geht, in Spitzenpositionen, die von Streß und Hektik gekennzeichnet sind, oft keine geregelte Freizeit zulassen und in Feierabend und Wochenende übergreifen. Aber er zeigt sich in anderer Form auch in den unteren Positionen, die immer stärkere Intensivierung und Rationalisierung erfahren, von Einseitigkeit und Monotonie gekennzeichnet sind und extreme physische und nervliche Belastung beinhalten. Hier wie dort, oben wie unten steht der Arbeitende unter dem Druck ständiger Anspannung, ständiger Verausgabung. Je mehr die Prinzipien der Zeit- und Kostenökonomie durchschlagen, desto mehr wird die Berufsarbeit ihrem Grundprinzip nach eine »alles verschlingende Aktivität«, die man »rückhaltlos verfolgen und der man alle anderen Aktivitäten unterordnen muß« (HOLMSTROM 1973, S. 52 und S. 2). Berufsarbeit in diesem Sinne bedeutet idealtypisch ein »voll beanspruchtes, strenges, vorgezeichnetes Lebensmuster, dessen Zielen alles andere erbarmungslos untergeordnet wird« (SLATER 1971, S. 72). Und »wieviel Arbeit auch immer man fertiggestellt hat – man hat doch ›nie genug getan‹« (HOLMSTROM 1973, S. 89).

Jene »protestantische Ethik«, die WEBER mit der Entwicklung des Kapitalismus in Zusammenhang gebracht hat, sie steht wesentlich auch hinter dieser Form der Berufsarbeit – und sie ist ihrem Innersten nach eine *asketische Ethik*, die statt einer spontan-bedürfnisgerichteten Arbeitsweise Disziplinierung, Bedürfnisaufschub, langfristige Kalkulation verlangt. Sie ist eine innere Haltung, die sich zunächst einmal auf die Art der Arbeitsweise bezieht, dabei gleichzeitig immer auch die umfassendere Lebensweise miteinbezieht. Sie verlangt nicht nur Selbstdisziplinierung, sondern ist ebenso auch mit einer grundsätzlichen *Individualisierung* des Lebens verbunden. Das beginnt bereits beim alltäglichen Arbeitsvollzug: Prämiert wird vor allem die individuelle Durchsetzung, die am persönlichen Erfolg ausgerichtete, gegen Sozialbeziehungen und -verpflichtungen möglichst abgeschottete Arbeitsweise – Egoismus statt Solidarität. So existiert in all den Berufsfeldern, wo Leistung individuell zugerechnet wird (beim Akkordarbeiter wie beim Verkäufer, beim Arzt wie beim Universitätsprofessor) eine eigentümliche Prioritätsskala, die dem einzelnen die Verhaltensregeln vorgibt: Was zählt, ist der individuell vorweisbare Erfolg. Alles andere – und mag es noch so wichtig sein für das Gelingen der eigentlichen Aufgabe, für sinnvolle Kooperation, für eine gemeinsame Verständigung über Zwecke und Ziele –, alles andere wird damit aus der Perspektive der eigenen Existenzsicherung zunächst einmal störend, Belästigung, »Zeitverschwendung«. Das bleibt nicht ohne Konsequenzen für die Art der inhaltlichen Aufgabenbearbeitung: Um selbst vorwärtszukommen, muß der Berufstätige sich auf ganz bestimmte Dinge konzentrieren und andere beiseiteschieben. Das aber, was er vernachlässigen muß, sind nicht bloß irgendwelche beiläufigen, unwichtigen Aspekte – es sind oft gerade die wesentlichen Bezüge der inhaltlichen Arbeit. Nehmen wir als Beispiel wieder die Universitätskarriere: Was gilt dort als Leistung, was wird honoriert – und welche Konsequenzen hat diese Art des Maßstabs für die inhaltliche Arbeit?

»Diese [hier vorherrschende] Definition von Arbeit bezieht sich nicht auf Lehre, Arbeit in Ausschüssen, Bürostunden, Telefongespräche mit Studenten, Herausgabe studentischer Arbeiten – sondern sie bezieht sich enger auf die *eigene* Arbeit.«

Wenn ein Fremder zufällig in den Korridor eines Universitätsgebäudes geriete, welchen Eindruck würde er dann bekommen? »Ein nackter senfgelber Tunnel, lang und düster von oben beleuchtet, gespensterartige Schatten werfend auf die Augen der ›Eindringlinge‹. Geschlossene Türen zur rechten und linken, an denen ein paar getippte Notizen angebracht sind, Seminarzeiten angebend, Umschläge, die Examensergebnisse enthalten, und ein schiefer Zettel, vor ein paar Monaten angebracht von jemand, der gerade einen Lehrstuhl bekommen hatte: ›Maschine defekt‹. Es könnte aussehen wie ein Platz, wo niemand lebt. Es ist der Platz, wo Professoren den Studenten zur Verfügung stehen sollen. Aber da Studenten, wenn auch unbeabsichtigt, dem Ausbau der professoralen Veröffentlichungsliste entgegenstehen, ist es genau der Platz, an dem Professoren eigenartig abwesend sind. Nur Tutoren, die noch nicht im Rennen um Lehrstühle sind, und ältere Professoren, die schon auf der anderen Seite des Rennens sind, antworten vielleicht auf ein Klopfen. Alle übrigen scheinen irgendwo verloren zu sein zwischen ihren verschiedenen Arbeitsplätzen (Institut, Fachbereich, Wohnung). Ihre Post holen sie oft im Morgengrauen oder am Abend, wenn das Geschäftszimmer geschlossen ist. Hin und wieder ist auf einem gedruckten Zettel die Anwesenheit eines Professors mittlerer Rangstufe angekündigt. Dann sammelt sich eine kleine Gesellschaft von Studenten an der Wand des Universitätskorridors. Sie haben ihre Namen auf einer Liste eingetragen, die die Zeit in 15-Minuten-Abschnitte unterteilt; und sie wiederholen vielleicht gerade noch einmal innerlich, was sie sagen wollen« (Hochschild 1975, S. 62f.).

Das Eingehen auf die Studenten, »eigentlich« doch wesentliche Aufgabe des Universitätsprofessors, wird immer weiter abgedrängt, weil es nach den individualistischen Reputationsregeln der Wissenschaft wenig honoriert wird – das sind die Konsequenzen im akademischen Bereich. Sind sie nicht ähnlich auch in anderen Berufsfeldern? Diese Art der Leistungszurechnung entwickelt vielfach eine Scheinlogik eigener Art, mit Maßstäben und Kriterien, die sich immer weiter vom eigentlichen Arbeitsziel entfernen. Sie verhindert vor allem auch die Möglichkeit solidarischer Beziehungen zu Kollegen und Klienten: Jeder muß selbst sehen, wie er zurechtkommt.

Aber nicht nur im beruflichen Arbeitsvollzug, *auch und gerade im Privatleben findet eine grundsätzliche Individualisierung statt.* Seit dem Aufkommen der modernen Berufsarbeit wird die Herauslösung des einzelnen aus den Bindungen an Familienverband, Sippe, Großfamilie immer stärker. Das hängt offensichtlich mit dem zusammen, was ich oben die stillschweigende »Normaldefinition« der Berufsarbeit genannt habe: Dem Berufstätigen bleibt kaum Raum, für seine eigene Person den Anforderungen der privaten Alltagsarbeit nachzukommen. Wie soll er da – mehr als nur sporadisch und oberflächlich – noch für andere Personen dasein, auf ihre Bedürfnisse eingehen können? Physische und psychische Bedürfnisse lassen sich nun einmal nicht beliebig rationalisieren, voll nach zeitökonomischen Prinzipien einteilen und organisieren. (Maschinen kann man an- und wieder abstellen, wie es gerade paßt. Aber Kleinkinder haben zunächst einmal ihren eigenen naturgebundenen Lebensrhythmus, der auf den Zeitplan der Eltern wenig Rücksicht nimmt; sie äußern häufig und lautstark ein Bedürfnis nach Nahrung, am Tag wie in der Nacht, am Werktag wie am Sonntag.) Die meisten Berufstätigen mögen es mehr oder minder gut schaffen, sich selbst von einem Arbeitstag auf den anderen über die Runden zu retten. Aber wie sollen sie unter diesen Bedingungen noch für andere Personen sorgen können – für die allumfassenden, spontanen, lebendigen Bedürfnisse von Kindern etwa oder für die Unterstützung älterer oder kranker Familienangehöriger? *Berufsarbeit als die individuelle Exi-*

stenzsicherung auf dem Markt steht ihrem innersten Prinzip nach solchen Ansprüchen einer sozialen, solidarischen Lebensweise grundsätzlich entgegen. Sie ist auf individuelle Durchsetzung, nicht auf Gemeinsamkeit und wechselseitige Unterstützung angelegt. Sie ist zugeschnitten auf den unabhängigen, freien Lohnarbeiter und nicht auf einen Menschen, dessen Leben in soziale Beziehungen und Verpflichtungen wesentlich eingebunden ist.

So gesehen ist die Berufsarbeit auch keineswegs gleichgültig gegenüber Familienstand, gegenüber Quantität und Qualität des Familienlebens. An der historischen Entwicklung läßt es sich unmittelbar ablesen: Die Industrialisierung, das heißt die Durchsetzung der beruflichen Arbeitsweise, hat eine tiefgreifende Veränderung des gesamten Familienlebens bewirkt. Zunächst hat sich die Kernfamilie verselbständigt, immer weiter aus umfassenden Familienbindungen und -verpflichtungen gelöst. Inzwischen geht dieser Prozeß noch weiter, greift schon in den Lebenskreis der Kernfamilie über: Die Zahl der Eheschließungen geht zurück, in allen Industrieländern ist ein deutlicher Geburtenrückgang zu beobachten. Diese Entwicklungslinien sind auch Ausdruck einer fortschreitenden Individualisierung der menschlichen Existenz. Vielfältige Bedingungen mögen dazu beitragen – aber nicht zuletzt auch die Art und Weise beruflicher Arbeit, denn deren geheime Spielregeln geben in bestimmter Weise dem Junggesellen den Vorzug: Dies Berufssystem ist zugeschnitten auf »den ehelosen Mönch, eventuell auch die Nonne, auf eine Art geschlechtslosen Lebens, in dem die Aktivitäten des Geistes sich mit Unterdrückung des Fleisches und Verleugnung des Körpers verbinden« (MEAD, zit. nach LOPATE 1968, S. 130). Idealbild und Norm der Berufsarbeit ist der »familienfreie Mann« (HOCHSCHILD 1975, S. 70), der »›selbstsüchtige‹ Belange wie die des persönlichen oder familialen Lebens heroisch den Anforderungen der Karriere opfert« (LAWS 1976, S. 36).

Besonders deutlich wird diese Familiendistanz, ja Familienfeindlichkeit der Berufsarbeit, wenn man wie HOCHSCHILD (1975) hineinschaut in das »Räderwerk der männlichen Karriere« und etwa den typischen Karriereverlauf im akademischen Bereich betrachtet. Da lassen sich alle möglichen Voraussetzungen, Schritte, Spielregeln ausmachen, von der Wahl der richtigen Universität bis zur Wahl des richtigen Forschungsthemas, von der Bindung an einen bekannten Lehrer und der Veröffentlichung in angesehenen Verlagen bis zu bekanntheitsfördernden Herausgeberaktivitäten und der Beteiligung in reputationsträchtigen Komitees. Die allererste Regel aber lautet, daß die entscheidenden Jahre der Biographie ganz der Karriere und ihren Anforderungen gewidmet sein müssen: »Am wichtigsten ist es, alle Energien in diese entscheidenden Jahre zu stecken, die nach dem Doktortitel kommen. In diesen zwanziger und dreißiger Jahren darf man nichts anderes vorrangig setzen. Man muß das beste Berufsangebot nehmen und dort hinziehen, egal wie die familiale oder soziale Situation ist« (Hochschild 1975, S. 49).

In diesem Grundmuster eines Karriereverlaufs spielen alle möglichen Aktivitäten eine Rolle, aber eine Seite bleibt ganz ausgespart: das ist das Familienleben dessen, der auf der Karriereleiter sich nach oben bewegt. Dieser »weiße Fleck« in der Biographie ist freilich kein Zufall, im Gegenteil: Für ein Familienleben ist eigentlich kein Platz in diesem geradlinig durchorganisierten Lebensmuster, es ist darin sozusagen nicht vorgesehen und nicht eingeplant. Die Tradition der Universität und die Familie, das sind zwei Pole, zwei Welten. Die Welt von Akademia ist weit weg von Windeln und Säuglingsgeschrei, von der Verantwortung für Kinder und der Freude mit Kindern; sie ist fern von den elementaren Ereignissen, den Höhepunkten und Krisen im menschlichen Lebenslauf. Dagegen die Familie – das ist immer schon das »andere«, was über die bloße Arbeitskraft hinausweist und an den Gesamtzusammenhang der menschlichen Existenz rührt; was als sperrig und störrisch sich erweist, weil es nicht voll sich planen und einpassen und durchrationalisieren läßt. Deshalb baut die Universität ihre Schranken auf gegen alles, was mit Familie zu tun hat:

Die Universität »ist bemüht, sich gegen die Wechselfälle der menschlichen Existenz abzuschirmen, die außerhalb ihrer Kontrolle liegen. Einige dieser Wechselfälle werden von der Familie aufgefangen: Geburt am einen Ende des Kreislaufs und Tod am anderen. Frühzeitige Pensionierung regelt das ›Problem‹ des Todes, und der Ausschluß von Frauen das ›Problem‹ der Geburt. (Wenn es nur möglich wäre, die Universität würde sich auch noch gegen andere Wunden im menschlichen Dasein absichern, so etwa gegen Krankheit, Geisteskrankheit oder die Depressionen nach einer Scheidung. Im Augenblick wird derartiges durch Beurlaubungen ferngehalten.) Die Familie ist in bestimmtem Sinne eine Institution aus vorindustriellen Zeiten und lebt einen eigenen, offeneren Zeitrhythmus, fern des ewigen Uhrwerks der industriellen Welt. Die Familie ist der Auffangplatz für jene Wechselfälle, die die Arbeitswelt abschiebt« (Hochschild 1975, S. 50).

Das also ist das Dilemma. Die »Normaldefinition« der Berufsarbeit läßt die wechselnden Stadien der menschlichen Existenz, die daran gebundenen Bedürfnisse und Beziehungen, Tätigkeiten und Verpflichtungen unberücksichtigt. Und doch gehört all das dazu, um das Überleben des Berufstätigen zu sichern, um erst recht auch das Überleben der aus dem einen oder anderen Grund nicht berufstätigen Personen zu gewährleisten, der Kinder und Alten, Kranken und Behinderten. Erforderlich ist dafür zunächst einmal private Alltagsarbeit für die Belange der eigenen Person, dann aber auch eine Verantwortung gegenüber anderen, gegenüber ihren physischen und psychischen Bedürfnissen. In der »Berufsgesellschaft« bleibt gerade für diese soziale Verantwortung kaum noch Zeit und Kraft. Unterstützungsbedürftige Personen werden aus der innerfamilialen Versorgung ausgelagert, in Krankenhäuser, Altenheime, Pflegeanstalten gebracht; und die Kinder werden vielfach erst gar nicht mehr geboren. Gerade dieser Geburtenrückgang ist vielsagend genug. Er ist offensichtliches Symptom dafür, daß angesichts der Anforderungen der Berufsarbeit einerseits, der privaten Alltagsarbeit andererseits immer mehr Berufstätige zuerst ans eigene Überleben denken – und weniger an das der Gesellschaft. *Der Verzicht auf Kinder, das ist in diesem Sinne kein blanker Egoismus, sondern eher rationales und systemgerechtes Verhalten. Es ist Anpassung an jene geheimen Spielregeln der Berufsarbeit, in denen für Alltagsarbeit – und erst recht für Alltagsarbeit für andere, d. h. Pflege und Erziehung von Kindern – kein Raum vorgesehen ist.*

Aber noch ist die Gesellschaft nicht gänzlich ausgestorben. Wie also wird ansonsten das Dilemma gelöst, wenn nicht durch Zölibat und Kinderlosigkeit allein? Auf durchaus bekannte Weise: Zahlreiche Tätigkeiten, die zur privaten Alltagsarbeit gehören, werden nicht vom Berufstätigen selbst erbracht, sondern nach außen abgegeben, an andere delegiert. Sie werden vielfach als bezahlte Dienstleistung – d. h. in wiederum beruflich organisierter Form – von anderen für ihn übernommen. Ob Haushälterin, Putzfrau oder Kindermädchen, ob Wäscherei, Imbißstube, Friseur oder Steuerberater – sie alle erfüllen in bestimmter Hinsicht die gleiche Funktion: Sie nehmen dem Berufstätigen bestimmte Arbeiten ab, die unter den Lebensbedingungen industrieller Gesellschaften notwendig sind (oder zumindest als notwendig gelten). Sie sparen dem Berufstätigen Zeit – und kosten ihn Geld.

2.4. *Die Arbeitsteilung zwischen Mann und Frau in der Kleinfamilie*

Da die Delegation in Form bezahlter Dienstleistungen den Geldbeutel angreift, erreicht für viele Berufstätige die Verfügbarkeit dieser Methode sehr rasch ihre Grenzen. Aber schließlich ist dies auch keineswegs die üblichste Methode der Problembewältigung. Für das oben skizzierte Dilemma – extensive Beanspruchung durch Berufsarbeit einerseits, Unausweichlichkeit der privaten Alltagsarbeit andererseits – hat die industrielle Gesellschaft bekanntlich ein anderes Lösungsmuster als vorherrschendes parat: *die auf geschlechtsspezifischer Arbeitsteilung basierende Kleinfamilie.* Ihr Grundprinzip ist einfach genug: *Die Aufgabe der Frau besteht wesentlich darin, »alle Energien des Mannes für die Berufsarbeit freizusetzen«* (WHYTE, zit. nach EPSTEIN 1971, S. 115). Entsprechend dieser Arbeitsteilung übernimmt den größten Teil der vom berufstätigen Mann nicht mehr einlösbaren Alltagsaufgaben gewöhnlich die Ehefrau, die selbst keine – bzw. nur eine zeitlich und karrieremäßig eingeschränkte – Berufsarbeit ausübt. Sie übernimmt den größten Teil der Haushaltstätigkeiten und der Kindererziehung, dazu (in unterschiedlichem, aber eher wachsendem Maß) einen Teil der Behördengänge und sonstigen amtsmäßigen Staatsbürgerpflichten. Sie übernimmt vor allem auch einen guten Teil dessen, was gewöhnlich nicht als »Arbeit« verstanden wird, aber doch ein zentraler Bestandteil der weiblichen »Rolle« ist und für die erfolgreiche Berufsarbeit des Mannes – wie sich immer wieder zeigt – eine wichtige Voraussetzung darstellt. Dazu gehören Eingehen auf den Mann und seine Sorgen, Zuhören und Verständniszeigen, emotionale Bestätigung und Bestärkung; nicht zuletzt auch ein Vermitteln in familialen Konflikten, Ausgleichen familialer Spannungen. Die Frau vor allem ist zuständig für liebevolle Zuwendung und freundliche Fürsorge, für die Herstellung eines Familienklimas der Entspannung und Geborgenheit. Diese Aufgabenzuweisung war lange Zeit sogar ausdrücklich im Familienrecht der Bundesrepublik verankert. Denn dort hieß es (bis zur Reform im Jahre 1977): »Es gehört zu den Funktionen des Mannes, daß er grundsätzlich der Erhalter und Ernährer der Familie ist, während es die Frau als ihre vornehmste Aufgabe ansehen muß, *das Herz der Familie zu sein.*« Was hier formuliert und als bindende Norm vorgeschrieben wurde, ist eine ganz bestimmte

Art der Arbeitsteilung. Es ist die Aufteilung der Welt in weibliche »Gefühlsarbeit« einerseits, männliche »Sacharbeit« andererseits. Die Soziologen der funktionalistischen Schule haben das die »expressive Rolle« der Frau genannt, im Gegensatz zur »instrumentellen Rolle« des Mannes.

Diese krasse Gegenüberstellung von instrumentell-männlicher und expressiv-weiblicher Rolle ist sicher eine zutreffende Beschreibung der gesellschaftlichen Realität, in der PARSONS gelebt hat, während er Grundelemente der funktionalistischen Theorie entwickelte. Denn das war genau die Zeit, in der in den USA – als Reaktion auf die Erfahrungen des Zweiten Weltkriegs – die Sehnsucht nach einer heilen Welt wiederauflebte, nach Gefühl und Geborgenheit in der Familie; es war jene Phase, die BETTY FRIEDAN zunächst im »Weiblichkeitswahn« (1963) so eindringlich beschrieb, später direkt mit den biographischen Erfahrungen jener Epoche in Zusammenhang brachte (FRIEDAN 1977). Aber so genau PARSONS' theoretisches Konzept die damaligen Zustände in den USA widerspiegelt, so wenig ist es deshalb universell gültig und für alle Gesellschaften zutreffend. Jenseits seiner amerikanischen Welt gibt es zahlreiche Epochen und Kulturen, die sich nicht bruchlos in das Ordnungsschema einer strikten Trennung von expressiven und instrumentellen Rollen einfügen lassen. Vor allem in vorindustriellen Gesellschaften waren diese »Rollen« sehr viel weniger deutlich gegeneinander abgehoben und voneinander getrennt, sie waren viel stärker verbunden in einer Art »Einheit von Arbeit und Leben«. Denken wir nur einmal an die Lebenssituation der Frauen in früheren Epochen: Viele Jahrhunderte lang haben die Frauen die harte Arbeit in Hof und Feld mitgeleistet, sie haben im mittelalterlichen Handwerksbetrieb mitgearbeitet und später im familieneigenen kleinen Laden. Sie haben schwerste Lasten geschleppt, den Pflug gezogen, den Acker umgegraben oder auf dem Markt mit den Produkten des Hofes gehandelt: All diese Tätigkeiten sind sicher eher der instrumentellen als der expressiven Rolle zuzurechnen. Die Zuweisung der Frau zum Emotional-Expressiven – das hat es nicht immer und überall gegeben (jedenfalls nicht in dieser scharfen Akzentuierung, die PARSONS postuliert hat). Diese Zuweisung ist viel eher eine Erfindung der Neuzeit:

Die oben beschriebene Auflösung traditionell eingespielter Sozialbeziehungen in Gemeinde, Nachbarschaft, erweiterter Familie, der zunehmende Zwang zu geographischer Mobilität und die daraus folgende Individualisierung, die wachsende Anonymität und Abstraktheit der Sozialkontakte im Beruf, ihr immer deutlicher instrumentell eingeschränkter und entpersönlichter Charakter und schließlich die immer weniger durch persönliche Bekanntschaft gemilderte Härte und Aggressivität der Geschäftsbeziehungen – all dies hat entscheidende Auswirkungen auf die Aufgaben der Frau in der Familie gehabt. So ist das, was wir heute »traditionelle Frauenrolle« nennen, in sehr viel geringerem Maß überhistorisch und allgemein verbreitet, als wir normalerweise annehmen. Vielmehr haben sich wesentliche Elemente dieser scheinbar »traditionellen« Frauenrolle erst mit der Entstehung der Industrialisierung herausgebildet. Es ist sicher kein Zufall, daß gerade im 19. Jahrhundert – im Zeitalter des sogenannten Biedermeier – eine massive Abschirmung und Abkapselung der Familie nach außen eingesetzt hat (WEBER-KELLERMANN 1974; Hausen 1978). Denn das ist genau die Zeitspanne, wo die Wirtschaft freigesetzt ist aus Feudalbindungen und Zunftbestimmungen, aber noch nicht den Schranken und Schutzbestimmungen des Sozialstaates unterworfen. Entsprechend hart sind oft die Gesetze des Überlebens im Konkurrenzkampf. Je mehr die Außenwelt nun als bedrohlich und brutal erlebt wird, desto mehr bildet sich eine Art Gegenmythos heraus, sehnsuchtsvoll Erlösung hoffend von der Frau: Sie wenigstens soll »voll und rein und schön« bleiben, um »im stillen, in sich befriedeten Sein die versöhnte Innerlichkeit des Gemütslebens« zu erhalten (RIEHL 1861, S. 60). Sie soll fern sein von Auseinandersetzungen und Kämpfen, um die »Vervollkommnung des Privatlebens« aufbauen zu können (MOHL 1844, zit. nach HAUSEN 1978, S. 179). In dem Maß, in dem der Mann hinaus muß in eine »feindliche Welt«, findet komplementär eine »sentimentale Auffüllung des innerfamiliären Bereiches« statt (WEBER-KELLERMANN 1974, S. 107). *Die Familie wird zu einer Gegenwelt, zum Hort von Innigkeit und Nähe; die Frau wird hochstilisiert zur Bewahrerin des Guten, Menschlichen, Schönen* (DAVIDOFF 1976).

»Ohne Weib wäre für jede feinfühlende Seele das heutige Leben nicht zu ertragen«; denn es ist das Weib, »das in der neuen Zeit die poetische Seite der Gesellschaft bildet . . ., weil das Weib heute, wie einst der griechische Bürger, den gemeinen Berührungen des Lebens entzogen, weil es den Einwirkungen des Rangsinnes, den Verderbnissen durch niedrige Beschäftigung, der Unruhe und Gewissenlosigkeit der Erwerbssucht nicht ausgesetzt, und weil von Natur schon das Weib mehr als der Mann gemacht ist, mit der höchsten geselligen Ausbildung den Sinn für Natürlichkeit und die ursprüngliche Einfalt des Menschen zu vereinen« (Gervinus 1853, zit. nach Hausen 1978, S. 171).

Das also sind die gesellschaftlichen und historischen Bedingungen, aus denen heraus im 19. Jahrhundert eine neue Vision sich entwickelt: die Familie als Zufluchtsort, die Frau als Friedensspenderin. Und wie ist es heute? Wie stark haben wir uns von solchen Vorstellungen distanziert, wie und wo sind sie in der hochindustriellen Gesellschaft präsent? Am deutlichsten ausgeprägt sind sie vielleicht in jenen Bereichen, in denen der berufliche Existenzkampf besonders unerbittlich tobt, in denen er zur ungezügelten Konkurrenz ums individuelle Überleben wird. Es ist sicher nicht zufällig, daß mir an dieser Stelle ein Abschnitt von Slater einfällt, der den Dschungel der amerikanischen Zivilisation beschreibt. Diese Schilderung ist nur ein paar Jahrzehnte nach jener Theorie von Parsons entstanden, die die »expressive« Rolle der Frau als überhistorisch und universell behauptete – aber wie anders ist das Bild, das hier entworfen wird! Unmittelbar sichtbar wird hier der Zusammenhang zwischen den Arbeits- und Lebensbedingungen einer Gesellschaft – und der »Frauenrolle«, die diese Gesellschaft erzeugt und verlangt:

»Die Männer haben den Moloch einer technischen und gesellschaftlichen Superstruktur geschaffen, der täglich gegen sie seine Schläge verteilt. Deshalb benutzen sie ihre Frauen gern als eine Art Beruhigungsmittel, um die Gewalt der Mächte abzumildern, die sie gegen sich selbst in Bewegung gesetzt haben. Das Lebensmuster der Vorstädte ist ein deutliches Beispiel: Die Männer fahren in die Stadt und nehmen dort am 20. Jahrhundert teil. Ihre Frauen dagegen haben die hoffnungslose Aufgabe, eine ziemlich pathetische Version von Hirtenleben in Szene zu setzen, die vom 19. Jahrhundert bestimmt ist. In ihrem Beruf sind die Männer mit ständigen Veränderungen und Umbrüchen konfrontiert. Sie müssen sie willig hinnehmen, ja sogar noch vorantreiben – egal wie bedrohlich und zerstörerisch dies scheint. Sie können nicht ausbrechen aus einem Prozeß, in dem sie täglich auf ihr eigenes Veralten und Überholtwerden zuarbeiten, und sie haben Angst. Solche Männer suchen in der Frau eine Insel der Ruhe in einem Meer von Veränderungen. Die Frau wird zu einer Art Erinnerungsstück, wie das bißchen Erde, das der Einwanderer aus dem Heimatland mitbringt und sich unters Bett legt« (Slater 1971, S. 74).

Diese Sätze Slaters machen noch einmal anschaulich, was ich vorher an theoretischen Überlegungen auszuführen versuchte. Hier wie dort geht es um eine bestimmte Art der Arbeitsteilung zwischen Mann und Frau, und hier wie dort wird schließlich derselbe Zusammenhang sichtbar: Jene zwei Lebensbereiche, die in der industriellen Gesellschaft sich immer weiter voneinander gelöst und gegeneinander verselbständigt haben – sie sind trotz aller scheinbaren Abgehobenheit immer noch unmittelbar aufeinander bezogen. Die Inhalte und Anforderungen der Bereiche »Arbeit« und »Familie« – genauer: Berufsarbeit und private Alltagsarbeit – sind gegensätzlich in vielem, aber genau dadurch sind sie auch *komplementär zueinander, ergänzen sich.* Die Gegensätze machen das Verhältnis diffizil und prekär, immer schon anfällig für Krisen und Konflikte. Aber in der Komplementarität liegt zugleich seine Bedeutung. Denn die gegenwärtige Berufsarbeit, dominant von ökonomischen Prinzipien bestimmt und nach technisch-funktionalen »Sachzwängen« durchorganisiert, bleibt stets auf eine andere Arbeitsweise angewiesen, die ihr Ergänzung, Unterstützung, Ausgleich bietet (Ostner 1978): auf eine stärker bedürfnisbezogene Arbeitsweise, die noch Momente von Sinnlichkeit und Sensibilität, von Spontaneität und Offenheit bewahrt. Das eben ist es, was der Arbeit in der Familie, der Arbeit der Frau zugewiesen ist. Die familiale Arbeit soll Auffangbekken sein für die täglich wiederkehrenden Bedürfnisse, für die periodisch auftauchenden Umbrüche, Krisen, Wechselfälle im menschlichen Dasein. Gerade weil sie Elemente besitzt, die auf den ersten Blick leicht »anachronistisch« erscheinen, gerade deshalb ist diese Arbeit unverzichtbar im Lebensgefüge industrieller Gesellschaften.

Wenn man diesen Zusammenhang auf eine kurze, griffige Formel bringen will, kann man vielleicht sagen, die vorherrschende Form der Berufsarbeit ist die des *»Anderthalb-Personen-Berufs«.* Denn die Berufsarbeit ist nach Quantität wie Qualität ihrer Anforderungen so organisiert, daß sie auf die Anforderungen der privaten Alltagsarbeit kaum Rücksicht nimmt; sie setzt damit stillschweigend voraus, *daß der Berufstätige die Zuarbeiten und Hilfsdienste anderer Personen in Anspruch nehmen kann.* Das eben ist in den meisten Fällen die Aufgabe der Ehefrau: Indem sie selbst nicht (oder nur in sehr eingeschränkter Form) berufstätig ist, bleibt sie aus der Perspektive der Berufsarbeit unsichtbar im Hintergrund; und doch kommt diese ihre »Hintergrund«-Tätigkeit unmittelbar der Berufsarbeit zugute. Denn die Alltagsarbeit, die die Frau leistet, schafft die tägliche Basis für Nahrung, Kleidung, Wohlbefinden des Mannes und fürs Aufwachsen der nächsten Generation; sie setzt den Mann frei von den Alltagssorgen und -belastungen, so daß er möglichst ungehindert den Anforderungen der Berufsarbeit nachkommen kann; sie soll »dem Mann eine reibungslos funktionierende Ausgangsbasis bereitstellen, wo er sich nach der Härte der Tagesarbeit zurückziehen und von wo er erfrischt und emotional gestärkt wieder von dannen ziehen kann« (RAPOPORT/RAPOPORT 1972, S. 221).

So kann man sagen, die geschlechtsspezifische Arbeitsteilung in der Familie ist die grundlegende Voraussetzung, damit Berufsarbeit in ihrer gegenwärtigen Form – mit all ihren Zwangsvorgaben von Zeit- und Kostenökonomie, mit ihren umfassenden Ansprüchen an Mobilität und Flexibilität, Weiterbildung und Überstundenbereitschaft – überhaupt funktionieren kann. Charakteristisch ist die gesellschaftlich-historische Verkoppelung von Berufsarbeit und familialer Alltagsarbeit, die *stillschweigende Rückbindung des Berufs an familiale Hintergrundarbeit.* »Hinter jedem erfolgreichen Mann steht eine Frau« (RAPOPORT/RAPOPORT 1972, S. 221). Wäre da nicht die gesellschaftliche Erfindung und Einrichtung der »Institution Ehefrau« – das heißt der Ehefrau, die im Hintergrund bleibt und für den Ablauf des Alltags sorgt –, »die erfolgreichen Männer . . . müßten alleinstehend und kinderlos bleiben« (ROSSI 1972, S. 351). An der Schilderung einer betroffenen Frau wird dieser Zusammenhang konkret sichtbar:

»Über viele Jahre hinweg bestand mein Hauptbeitrag zur Universität darin, Ehefrau eines Institutsvorstandes zu sein. Ich bewirtete – das heißt ›umwarb‹ – zukünftige Fakultätsmitglieder auf entgegenkommende Weise, damit sie gern mit meinem Mann zusammenarbeiten würden. Ich schützte meinen Mann von den täglichen Ärgernissen ab, die mit Haus und Heim und dem Aufziehen von vier Kindern verbunden sind. Wenn er im Sommer wegfahren mußte, um Forschungsarbeiten durchzuführen und aus sonstigen beruflichen Gründen, dann kämpfte ich allein mit den Aufgaben des Haushalts, den Vorbereitungen fürs Sommerlager der Kinder und den Verpflichtungen in Gemeindeleben und Kirche. Während der Jahre, wo er gleich nach dem Essen aufstand, um ins Labor zurückzukehren und dort ein schwieriges Experiment zu überwachen oder um in sein Arbeitszimmer unten im Haus zu gehen, während dieser Jahre war wiederum ich es, die all die Familienprobleme in die Hand nahm. So war er frei, sich ganz seiner Arbeit zu widmen, und er war äußerst erfolgreich, sowohl als Organisator wie als kreativer Forscher im Labor« (BERNARD 1964, S. 106f.).

Gemäß der Art von Arbeitsteilung, die in der gegenwärtigen Form der Berufsarbeit angelegt ist, liegt also die Hauptlast der privaten Alltagsarbeit üblicherweise bei der Ehefrau. Aber wie der Anfang des obigen Beispiels schon andeutet, geht die ungesehene Hintergrundarbeit, die die Frau leistet, oft noch ein Stück weiter: Sie umfaßt auch noch Tätigkeiten, die direkt in Zusammenhang mit der Berufsarbeit des Mannes stehen. Hier handelt es sich um eine Situation der »Zwei-Personen-Karriere« (PAPANEK 1973), das heißt um eine mehr oder weniger direkte *Einbeziehung der Ehefrau in die Berufskarriere des Mannes*. Das ist ein Grundmuster, das in vielfältigen, aber dem Kern nach ähnlichen Variationen vor allem bei »mittleren« und »oberen« Berufen beobachtbar ist: bei leitenden Angestellten ebenso wie bei Wissenschaftlern, bei selbständigen Juristen und Architekten, bei Künstlern und Pfarrern, Diplomaten, Politikern und höheren Offizieren (WHYTE 1971; EPSTEIN 1971, S. 113ff.; HOCHSCHILD 1969; KANTER 1977; KLEE 1979). Der Berufserfolg des Mannes hängt in solchen Fällen wesentlich davon ab, daß die Ehefrau ihm gewisse Folgeverpflichtungen und Zulieferarbeiten abnimmt, die häufig nach außen unsichtbar und fast immer unbezahlt bleiben.

Die Zwei-Personen-Karriere stellt eine »Kombination von formellen und informellen institutionellen Anforderungen dar, die beide Ehepartner betreffen, wobei aber nur der Mann bei der betreffenden Institution angestellt ist . . . Das typische Muster der Zwei-Personen-Karriere beginnt, wenn der Mann für eine bestimmte Berufsposition interviewt oder für eine höhere Universitätsstelle in Betracht gezogen wird. Dieser Prozeß heißt ›herausfinden, ob die Frau geeignet ist‹. Der wichtigste Aspekt dieser Eignung bezieht sich auf die soziale Mobilität: Wesentlich ist, ob die Frau einen bestimmten Lebensstil repräsentieren und entsprechend den Karriereverbesserungen ihres Mannes – jedoch nicht schneller oder langsamer – sich anpassen kann.

Tatsächlich beziehen sich die allgemeinsten Merkmale der Zwei-Personen-Karriere auf die Hierarchie- und Statusseite des Berufs des Mannes. Die Ehefrauen sind einbezogen in die institutionellen Zwänge, die zusammenhängen mit der Mobilität innerhalb der jeweiligen Organisation und mit Schikanen gegenüber den untergeordneten Organisationsmitgliedern. Es sind die Ehefrauen, die am unmittelbarsten betroffen sind von den institutionellen Anforderungen an Statusrepräsentation außerhalb der unmittelbaren Berufssphäre: also Haus, Konsumniveau, Freundschaftsbeziehungen, Kleider, Geselligkeit, Lebensart, Klubmitgliedschaften usw. Es ist natürlich kein Zufall, daß diese Zwänge dort am schärfsten sichtbar werden, wo die entsprechende Organisation oder Institution in einer sozialen Enklave arbeitet, also etwa bei Botschaften in Übersee, Garnisonsstädten, Universitätsstädten oder Orten, die weitgehend von einer Firma dominiert werden . . .

So sind zum Beispiel karitative und kommunale Betätigung, Bewirtung und Unterhaltung von Gästen, Veranstaltung von Kindergesellschaften usw. alles nominell freiwillige Aktivitäten, die jedoch mit Nachdruck erwartet werden. Eine Frau, die nicht daran teilnimmt, riskiert, der Karriere des Mannes zu schaden – ähnlich wie seine Karriere auch Schaden erleidet durch eine Frau, die zu viel trinkt, zu viel redet oder zu starke eigene Interessen und Ambitionen hat . . .

Über diese Statusdimensionen hinaus können die Frauen auch noch auf andere Weise in das Muster der Zwei-Personen-Karriere einbezogen sein. Viele Aktivitäten zielen darauf ab, dem Mann einen Wettbewerbsvorteil in der unmittelbaren Arbeitssituation zu verschaffen . . . Sie umfassen das Tippen und Redigieren von Manuskripten, Mitarbeit im Laboratorium, Aufnehmen von Notizen bei Vorlesungen und Tagungen, Teilnahme an Felduntersuchungen. Wenn man folgern kann aus der Häufigkeit, mit der Autoren ihrer Frau Dank und Anerkennung aussprechen – ohne sie hätte ich nie mit den Frauen der Gruppe X arbeiten können –, gibt es eine große Gruppe von paraprofessionellen Soziologinnen und Anthropologinnen in den USA. Sie veröffentlichen nicht selbständig und fungieren zumeist nicht als Mitautoren, und ihre professionelle Anerkennung bleibt zumeist informell und stellvertretend über den Ehemann vermittelt« (Papanek 1973, S. 90–99).

Nimmt man nun den Zusammenhang ernst, den ich hier mit der Formel vom »Anderthalb-Personen-Beruf« zu umreißen versuchte, behält man zudem noch die Beschreibung der »Zwei-Personen-Karriere« im Auge – dann freilich muß man die vorangehenden Überlegungen vielleicht an einem Punkt korrigieren. Kann man jetzt wirklich so einfach noch sagen, die gegenwärtige Berufsarbeit sei durch Familiendistanz, ja Familienfeindlichkeit gekennzeichnet? Von der einen Seite stimmt diese Charakterisierung natürlich immer noch. Aber auf der anderen Seite setzt die Berufsarbeit die Hintergrundarbeit in der Familie doch auch voraus. So gesehen ist in der Berufsarbeit geradezu etwas angelegt, was auf eine »stillschweigende Politik gegenüber der Familie hinausläuft« (Hochschild 1975, S. 67). In einem Gedankenexperiment läßt sich dies unschwer erkennen:

»Wenn alle anderen Bedingungen gleich wären, wer hätte dann die beste Chance, im gegenwärtigen Karrieresystem zu überleben – der Mann, der mit einer nicht-berufstätigen Ehefrau-und-Mutter verheiratet ist; oder der Mann, dessen Frau von neun bis fünf Uhr selbst berufstätig ist und dessen Kinder tagsüber anderweitig betreut werden; oder der Mann, der ebenso wie seine Frau halbtags arbeitet, solange die Kinder klein sind? Ich glaube, die Antwort liegt in folgendem Grundprinzip: (1) Je weniger die Familie ihn bei seiner Arbeit aktiv unterstützt oder (2) je mehr sie Anforderungen an seine Zeit und psychische

Energie stellt, die in Konkurrenz zum beruflichen Engagement geraten – desto geringer sind die Überlebenschancen im Karrierewettlauf. Das gilt insofern, als der Mann mit anderen Männern in Konkurrenz steht, deren Frauen entweder Hilfsdienste für sie übernehmen oder zumindest nicht Störungen in ihre Arbeit hineintragen. Wenn alle anderen Bedingungen gleich sind, gehen die Belohnungen der Universität an den familienfreien Ehemann« (HOCHSCHILD 1975, S. 67).

Das ist die vielleicht treffendste Formel, auf die man das subtile und vielschichtige Wechselverhältnis zwischen Beruf und Familie bringen kann: Die Berufsarbeit ist nicht so sehr zugeschnitten auf den »familienfreien Mann«, sondern genauer auf den *»familienfreien Ehemann«*. Idealtypisch gefordert ist eine Ehebeziehung, in der keinerlei Anforderungen und Ansprüche an den Mann herangetragen werden, im Gegenteil möglichst nur Entlastung und Befreiung von allen Alltagssorgen erfolgt. Dies freilich scheint eine sehr einseitige und eingeschränkte Ehebeziehung, und die Versuchung liegt nahe, sie als *andere, perfektere Version von Junggesellendasein* zu bezeichnen: Was für eine Art von Familienleben ist das schon, die hier als Normbild vorausgesetzt wird? Und die Männer, die dieser Norm sich tatsächlich unterwerfen: Welchen Anteil haben sie noch an dem, was in ihren Familien vorgeht, was den Alltag der Frauen und Kinder ausmacht? Ist die Familie hier überhaupt noch ein wichtiger Teil des männlichen Lebenszusammenhanges – oder ist sie eher eine bequeme Art von Dienstleistungsinstitution?

Provozierende Fragen, immer häufiger gestellt in der jüngeren Generation, von Männern wie Frauen. Sie sehen durchaus, was die traditionelle Arbeitsteilung bringt: auf der einen Seite ein komfortables, behagliches Dasein im Zivilisationswohlstand, von der Frau in Gang gehalten; auf der anderen Seite die volle, gradlinige Konzentration auf Berufsbelange, dem Mann zugewiesen. Doch genau dagegen wehren sie sich – aber warum? Darum geht es im nächsten Kapitel.

3. Männliche und weibliche »Normalbiographie«: Ihre Grundlinien sind vorgezeichnet durch die gegenwärtige Form der Berufsarbeit

3.1. *Wie die Berufsarbeit in das Leben der Berufstätigen eingreift*

Wir haben bisher gesehen, wie die umfassenden Anforderungen, die die Berufsarbeit an den Arbeitenden stellt, verlagert und aufgefangen werden durch die Arbeitsteilung zwischen Mann und Frau in der Kleinfamilie. Das bringt zwar Belastungen für die Familie, aber die Vorteile dieser Arbeitsteilung (so sie gelingt) scheinen offensichtlich: Die Berufstätigen stehen dann nicht im Konflikt zwischen privaten und beruflichen Anforderungen, werden nicht immer wieder abgelenkt und aufgerieben, sondern sie können alle Energien auf die berufliche Aufgabe konzentrieren, frei von Alltagsbelastungen ihr Wissen weiterentwickeln und ihre Fähigkeiten spezialisieren. Diese Spezialisierung ermöglicht wiederum eine fortschreitende Naturbeherrschung und enorme Steigerung der Produktivität: Der gesellschaftliche Reichtum wird gemehrt, das menschliche Dasein wird abgesichert gegen Naturkatastrophen und Mißernten, gegen Hunger und Krankheit. Die »Früchte« der beruflichen Spezialisierung kommen so allen gesellschaftlichen Gruppen zugute, sowohl denen, die in der Berufsarbeit stehen, wie denen, die die private Alltagsarbeit übernehmen.

Aber ist dies Lösungsmuster – die stillschweigende Verkoppelung von Beruf und privater Alltagsarbeit in der Kleinfamilie – tatsächlich so ausgewogen und perfekt abgestimmt, so »funktional«, wie es auf den ersten Blick den Anschein hat? Denken wir einmal zurück an jene Überlegungen, die am Ende des ersten Kapitels standen: Die Einseitigkeit der technischen Zivilisation, mit einer Form der Naturbeherrschung verbunden, die in vielen Bereichen schon zur Naturzerstörung führt, technisch-funktionale »Sachzwänge« erzeugend, die drastisch in menschliche Lebensformen und zwischenmenschliche Beziehungen eingreifen – diese Einseitigkeit kann auch gesehen werden als Ausdruck einer Arbeitsteilung, in der »männliche« Sacharbeit, »weibliche« Gefühlsnähe einander strikt gegenübergestellt sind. An dieser Stelle ist es, wo zum ersten Mal auch etwas von den anderen, den problematischen Seiten jener Arbeitsteilung sichtbar wird. Hier also müssen wir anknüpfen, genauer nach den Hintergründen fragen. *Warum* eigentlich liegt hier eine Ursache für die beschriebene Einseitigkeit, für das Vorherrschen ökonomischer Rationalität gegenüber bedürfnis- und personenbezogenen Anforderungen? Ich glaube, der entscheidende Ansatzpunkt liegt in folgendem:

Die Arbeitsteilung zwischen Männerwelt Beruf und Frauenwelt Familie führt mehr oder minder unausweichlich zu einer *eigenartig abgehobenen und eingeschränkten Lebensweise der Beurfstätigen;* sie schafft eine *Distanz gegenüber den Alltagsanforderungen, die auf der einen Seite zwar oft lästige Routine sind, aber auf der anderen Seite auch immer wieder erinnern an die elementaren Bedürfnisse und typischen Entwicklungslinien, die charakteristischen Krisen und »Zwischenfälle« der menschlichen Existenz.* Dies Abgehobensein, diese Distanz ist ablesbar am Erscheinungsbild der natürlichen und sozialen Umwelt, die von den Berufstätigen geschaffen wird. Denken wir einmal, wie es sein könnte, wenn nicht der »Anderthalb-Personen-Beruf« das vorgegebene Muster wäre:

Wenn die Architekten nicht den ganzen Arbeitstag auf Baupreise und Baupläne, Entwurf und Kalkulation konzentrieren müßten, statt dessen selbst auch den Haushalt in Gang halten, die Familienmahlzeiten zubereiten und für die Kindererziehung sorgen könnten – würden sie dann noch die Kinderzimmer auf Handtuchbreite reduzieren, die Küche schmal zusammendrängen, durch ungünstige Grundrisse oft den Arbeitsaufwand im Alltag vermehren; würden sie aus der eigenen konkreten Erfahrung nicht bessere Lösungen finden, selbst in den Grenzen der vom Auftraggeber beschränkten Finanzen? Wenn die Psychologen ihre Arbeitszeit nicht aufteilen müßten zwischen theoretischer Diskussion und empirischem Experiment im künstlich eingeengten Versuchsfeld, statt dessen mehr Zeit für die eigene Familie hätten, für Erziehung und Spiel mit den Kindern – würden dann nicht bestimmte Theorien frühkindlicher Entwicklung anders aussehen, mehr die Logik des Kindes in ihren eigenen Spielregeln entdecken, nicht vorgängig den Maßstab des Erwachsenen nehmen und dementsprechend das Kind als bloß »defizitär« beschreiben? Und, letzte der ketzerischen Fragen, denken wir an die Dichter und Denker, die die neuere Geistesgeschichte verzeichnet, etwa Fichte und Thomas Mann, Benn und Hugo von Hoffmannsthal: Wie wären ihre

Werke geworden, wenn nicht viele der »großen Männer« Frauen gefunden hätten, die bereitwillig Manuskripte abschrieben, das Familienleben regelten und die geschäftlichen Angelegenheiten übernahmen, derart die »Peinlichkeiten« des Alltags fernhielten und den Männern den Kopf für die Phantasie freihielten; wenn von den übrigen nicht viele von vornherein ehelos geblieben wären oder bald Frau und Familie verließen, häufig von Haushälterin oder Freundin oder weiblicher Verwandten versorgt – hätte die Philosophie, Literatur, Kunst dann vielleicht einen anderen Verlauf genommen, etwa weniger esoterisch und von Alltagsbezügen entfernt, oder bestimmte Grundthemen menschlicher Erfahrung direkter und unmittelbarer einbringend?

In solchen Fragen blitzt eine erste Vorstellung davon auf, warum die Arbeitsteilung zwischen Beruf und privater Alltagsarbeit auch ihre Kehrseite hat, warum sie beiträgt zur einseitigen und bedürfnisfernen Gestaltung der Welt, in der wir leben. Das liegt entscheidend auch daran, daß in der Berufsarbeit bestimmte Grundmuster vorgegeben sind für Lebensentwurf und innere Entwicklung, für Fähigkeiten und Ansprüche, Maßstäbe und Situationsdeutungen. Diese Seite der Arbeitsteilung zwischen Beruf und Alltagsarbeit, ihre *Widerspiegelung in der Persönlichkeit der Berufstätigen,* soll im folgenden gezeigt werden.

Zunächst einmal ist die Berufsarbeit ein *Lernprozeß,* wo inhaltliche und soziale, kognitive und emotionale Fähigkeiten eingeübt werden. Je nach Arbeitsplatz ist die Skala der Lernmöglichkeiten breit oder aufs engste begrenzt; je nach Arbeitsplatz werden unterschiedliche Seiten der Person gefordert und durch ständige Praxis trainiert – so etwa manuelle Geschicklichkeit oder physische Kraft, schnelle Auffassung oder präzise Wahrnehmung, manchmal Kooperationsbereitschaft, manchmal Selbständigkeit und Selbstbewußtsein. Berufsarbeit in diesem Sinne ist Entwicklung bestimmter Fähigkeiten und Fertigkeiten, zum Teil aufgabenspezifisch, zum Teil die ganze Person einbeziehend. Gerade diese letztere Seite ist immer wieder angesprochen worden von der traditionellen Berufspädagogik, die idealisierend Beruf vor allem unter Gesichtspunkten von »Persönlichkeitsentwicklung« und »Reifeprozeß« diskutiert.

Doch in den klassischen Schriften, noch vom alten »Berufsethos« geprägt, bleiben andere Dimensionen der Berufsarbeit eigentümlich unbeachtet. Erst in neueren Arbeiten

(z. B. Beck/Brater 1978; Beck u.a. 1980) wird herausgestellt, daß Berufsarbeit auch einen Sozialisationsprozeß durchaus anderer Art bedeutet. Denn die Arbeitenden lernen nicht nur Fachkenntnisse und Spezialwissen. Sie müssen gleichzeitig auch lernen, wie man dies Wissen – und sich selbst – marktgerecht präsentiert und anbietet. Sie üben sich ein in die geheimen Spielregeln einer Arbeit, die nach Markt- und Tauschgesetzen funktioniert. Die sind von Berufsfeld zu Berufsfeld verschieden – und letztlich doch so lächerlich ähnlich: das devote Lächeln gegenüber dem Vorgesetzten, den man nicht ausstehen kann; die beflissene Höflichkeit, um die Kundin zum Kauf einzustimmen; der leise Betriebsklatsch, mit dem gezielt Fehlinformationen verbreitet werden; all die kleinen Tricks gegenüber Kollegen und subtilen Strategien im Verhältnis zum Chef, all die legalen und weniger legalen Manöver im Kampf um Marktanteile, Verkaufszahlen, Klienten.

Es wäre zu einfach, solche Verhaltensweisen nur als Äußerung bestimmter Persönlichkeitsmerkmale zu sehen. Denn dann bliebe ja der Zusammenhang von »Arbeit und Persönlichkeit« (Groskurth 1979) außer acht, die Einbindung der vielen einzelnen Verhaltensweisen in den allgemeinen Bedingungsrahmen der Berufsarbeit. Hier herrscht das Grundprinzip ökonomischer Rationalität, die Logik individueller Durchsetzung. Daran gemessen sind die Tugenden der Solidarität (Aufrichtigkeit, Offenheit, Hilfsbereitschaft) vielfach »deplaziert«. Sie scheinen eher unangemessen, irritierend, ein wenig naiv und weltfremd – und sind es ja auch, in bestimmtem Sinne, wenn man allein von den Gesetzen der Selbstbehauptung her denkt. Im Berufsalltag gibt es genug Situationen, wo sie dem widersprechen, was das Interesse an der eigenen Existenzsicherung gebietet. Dagegen eine gewisse Portion »Realismus« – man kann auch sagen Rücksichtslosigkeit, Verstellung, Schönfärberei, Opportunismus –, je nach Berufsfeld manchmal sehr viel, manchmal nur mäßig davon, das ist es, was insgesamt eher weiterbringt und dem Überleben dient.

Berufsarbeit bedeutet zunächst also eine *Entwicklung* der Person in ihren Fähigkeiten und Fertigkeiten. Das haben – aus recht gegensätzlichen Perspektiven – die klassischen berufspädagogischen Schriften wie neuere berufskritische Arbeiten herausgestellt. Aber daneben gibt es noch eine andere Seite, in der bisherigen Diskussion vernachlässigt und doch für unseren Zusammenhang vor allem entscheidend. Hier wird nicht mehr die Berufsarbeit allein betrachtet, sondern in der Gegenüberstellung mit anderen Arbeitsweisen und Lebensbereichen. Und so gesehen bedeutet die Berufsarbeit immer auch ein *Abschneiden individueller Entwicklungen und Fähigkeiten,* sie verlangt eine tiefgreifende Einengung und Einseitigkeit des Lebens. Denn alles, was nicht zur Berufsarbeit gehört, wird unter dem Druck der beruflichen Anforderungen tendenziell störend. Verdrängt werden müssen deshalb viele konkret-sinnliche Lebensäußerungen – Momente wie Spontaneität, Gefühl, Neugierde, Phantasie (sofern sie nicht unmittelbar berufsbezogen verwertet werden). Immer wieder aufgeschoben werden muß die Entwicklung eigener, breiter angelegter Interessen und Fähigkeiten, die den Rahmen der beruflich geforderten Kenntnisse sprengen. Und abgegeben werden muß schließlich auch die private Alltagsarbeit, zumindest zu einem großen Teil. Das freilich mag zunächst mehr wie angenehme Entlastung, kaum wie schwerwiegende Einengung erscheinen (wer läßt sich nicht gern vom Wohnungsputz befreien?). Aber wir vergessen dabei, daß dadurch auch eine wesentliche Dimension von alltäglichen Anschauungen und Erfahrungen verschlossen bleibt. Denn die private Alltagsarbeit beinhaltet nicht nur lästige Pflichten, sondern vor allem auch bedürfnis- und personenbezogene Tätigkeiten, die noch einigermaßen konkret und ganzheitlich sind. Gemüsegarten, Kuchenbacken, der Umgang mit Kindern – all das kann durchaus Spaß und Entspannung, Abwechslung, Phantasie, unmittelbare Bestätigung bedeuten (vor allem, wenn es nicht die ausschließliche Beschäftigung ist und in Isolation und Abhängigkeit zwingt), aber es paßt nicht zusammen mit den Anforderungen der Berufsarbeit. Die »andere« Seite des Lebens – die, die jenseits der Berufsarbeit liegt – wird allmählich abgedrängt.

So gesehen ist *Berufsarbeit immer auch ein Einüben in Verzichtleistungen aller Art:* Verzicht auf viele Hoffnungen, Ansprüche, Pläne, die sich nicht mit der geradlinigen Berufsbiographie vereinbaren lassen, Verzicht auf viele Gefühle und Gespräche, Bindungen und Beziehungen, auf Erfahrungen der Nähe und Vertrautheit. Sie ist Einpassung in ein Leben, das in wesentlichen Bereichen einseitig ist, bedürfnisfern, möglichst rational durchorganisiert. Die Maßstäbe ökonomischer Rationalität greifen allmählich auch ins persönliche Leben über, schaffen dort eigenartige Verkehrungen, seltsame Brechungen, in denen das Ich teilweise ein Anhängsel des Berufserfolgs wird. Betrachten wir wieder die akademische Karriere, die Hochschild beschreibt:

»Das Karriere-Ich erfährt die Zeit als geradlinig und die Karriere als abgemessene Linie, die anderen Teil des Ichs als ihre Anhängsel. Die Zeit objektiviert sich im akademischen Lebenslauf, der länger wird mit jedem Aufsatz und Buch, aber nicht mit einem Gemüsegarten oder einer Urlaubsreise, mit einer politischen Versammlung oder einem Kind. Die vielfältigen Begabungen, die in der eigenen Person angelegt sind, werden ungefähr so betrachtet wie eine Geldanlage in einem Unternehmen, das von Anfang an etwas abseitig ist. Was für den Garten gewonnen wird, ist ein Verlust für den akademisch verwertbaren Lebenslauf. Für das Karriere-Ich gewinnen beiläufige Vergleiche mit Kollegen, die im gleichen Feld arbeiten, sofort die Dimension eines Wettkampfs: Sein Aufsatz ist vor meinem erschienen. Was für ihn gut ist, ist für mich schlecht. Solche Vergleiche werden zu Riesen, die das Bewußtsein bestimmen, während der Rest der Welt und des Ichs in der Erfahrung zwergenhaft zusammenschrumpfen« (Hochschild 1975, S. 62).

Wenn man diese Verwobenheit von beruflicher und privater Existenz sieht, dann bedeutet die Berufsarbeit offensichtlich viel mehr als nur starke zeitliche Beanspruchung. Über das bloß Quantitative hinaus setzt sie weit einschneidendere Normen, gibt immer auch ganz bestimmte qualitative Bedingungen vor. Weil Beruf aufreibt, auffrißt, immer vorrangig bleiben muß, deshalb wird allmählich auch zurückgedrängt, was die innere Fähigkeit und Bereitschaft ausmacht für Ruhe, Geduld, Gelassenheit, für Gefühle, Zuhören, Helfen. Berufsarbeit ist im allgemeinen nicht das Klima, in der derlei Qualitäten gedeihen. Aber auf der anderen Seite *kann das Leben auch nicht einfach aufgespalten werden in zwei völlig getrennte Bereiche, hier Verhalten am Arbeitsplatz, dort private Existenz.* Vielmehr findet immer schon ein Austausch- und Wechselprozeß statt, der, weil der Lebensunterhalt auf dem Spiel steht, oft recht einseitig verläuft: Was unter dem Druck der Berufsarbeit gelernt wird – oft anfangs sehr widerstrebend, weil es den unmittelbaren Maßstäben, Normen, Erwartungen der Betroffenen widerspricht –, das schlägt am Ende doch bis ins persönliche Leben durch, manchmal noch von Zweifel und Zögern begleitet, manchmal auch recht drastisch und ungebrochen. (Ins Extrem getrieben läßt sich dieser Lernprozeß an jenen typischen Berufspersönlichkeiten ablesen, die uns in Karikaturen, aber manchmal auch in der Wirklichkeit begegnen: homo sapiens in der Spezialausgabe »Beamter«, »Unternehmer«, »Verwaltungsfachmann«, »Jurist« – im vieljährigen Fachdenken vertrocknet und einseitig, borniert und engstirnig geworden.) So wird die Persönlichkeit schließlich gezeichnet von den Vorgaben der Berufsarbeit: Nicht nur, daß im Berufsalltag die marktgerechten Fähigkeiten vorrangig betont und entwickelt werden – *auch im Privatleben werden die »anderen«, die eher konkret-sinnlichen, bedürfnis- und personenbezogenen Qualitäten allmählich beiseite gedrängt und unterdrückt.* Die gegenwärtige Form der Berufsarbeit bedeutet, so gesehen, eine drastische Vereinseitigung und Verengung der Interessen, Fähigkeiten, Ansprüche und Bedürfnisse des Berufstätigen, eine Festlegung auf Verhaltensmuster des Konkurrierens und Kalkulierens und Verdrängung konkret-sinnlicher Qualitäten, eine weitgehende Einpassung der persönlichen Biographie, des subjektiven Lebensrhythmus in berufliche Anforderungen und Zwänge.

Natürlich trifft diese Beschreibung nicht auf alle Berufstätigen in gleichem Maße zu; natürlich schieben sich immer wieder Risse, Brüche, Konflikte in das Verhältnis von Berufsvorgaben und individueller Biographie. Denn die Anforderungen, die quantitativen und vor allem auch qualitativen Zwänge der Berufsarbeit sind zunächst einmal nicht mehr und nicht weniger als eine Norm, eine von offiziellen und inoffiziellen Sanktionen gestützte Aufforderung, ein Kodex von vorgegebenen Regeln. Es ist wie mit den Zehn Geboten, die das Handeln aller Christen anleiten sollen, aber damit noch keineswegs ihr tatsächliches Verhalten im Alltag beschreiben. Genauso ist auch das tatsächliche Verhalten der Berufstätigen nicht unmittelbar identisch mit den Normen, die die Berufsarbeit vorgibt. Aber wie den sündigen Christen später das Fegefeuer, so erwartet den widerspenstigen Berufstätigen seine Strafe schon im irdischen Bereich: Ausbleiben der Beförderung, Minderung der Karrierechancen, Schmälerung der Lohntüte. Sicherlich mag es Berufsfelder geben, in denen die Konkurrenz- und Leistungszwänge weniger drastisch durchschlagen. Sicherlich gibt es immer wieder Berufstätige, die – ob aus individuell-persönlichen Gründen oder aufgrund bestimmter Gruppenzugehörigkeit – sich derartigen Zwängen eher entziehen. Aber die Grundgesetzlichkeit dieser Berufsarbeit, die private Alltagsarbeit möglichst zurückdrängt, bleibt dennoch erhalten. Je mehr der einzelne aus Konkurrenzstrategien sich heraushält und den Profilierungszwängen sich verweigert, je mehr er an

Familien- und Freundschaftsbeziehungen, an Politik, Kultur und sonstigen persönlichen Interessen festhält, statt eindimensional der Berufsarbeit sich zu verschreiben – desto eher wird er im Beruf zum »Versager«.

Auf diese Weise setzt sich die Norm der Berufsarbeit immer wieder auch *real* in der Biographie des Arbeitenden durch: Was in andere Lebensbereiche hineinführt und breitere Perspektiven eröffnen könnte, was vielleicht aber auch Hindernisse aufwirft und dem Funktionieren des Alltags sich nicht reibungslos einpaßt, muß in den meisten Fällen aus der persönlichen Biographie ausgelagert werden. So werden kulturelle Interessen, karitative Betätigung und kommunales Engagement häufig an die Ehefrau delegiert. Und was sie nicht übernehmen kann, wird – gemäß der inneren Logik der Berufsgesellschaft – den ständig zunehmenden Gruppen beruflicher Experten überlassen. Die Entscheidungen im politischen Bereich kann man bestenfalls noch passiv verfolgen, aber kaum aktiv sich daran beteiligen und dafür engagieren: Der »Zerfall der bürgerlichen Öffentlichkeit« (HABERMAS 1962) ist hier schon mitangelegt. Erst recht die Kranken, die Behinderten, die Alten, zum Teil auch die Kinder – alles was irgendwie »problembeladen« ist, mit Schwierigkeiten verbunden ist, wird aus dem unmittelbaren Erfahrungsbereich des Alltags verbannt und ins Getto beruflicher Spezialbearbeitung abgeschoben. Aber dieses Auswuchern beruflichen Spezialistentums ist ein durchaus ambivalenter Vorgang: Auf der einen Seite mag in vielen Fällen (keineswegs in allen) eine gezieltere, deshalb auch effektivere Problembearbeitung möglich werden; aber auf der anderen Seite wird damit auch eine Verarmung unserer täglichen Anschauungen und Erfahrungen in Gang gesetzt, wir entfernen uns immer weiter von den elementaren Gegebenheiten und »Zwischenfällen« der menschlichen Existenz. Diese Abschottung läßt wiederum unsere Bewußtseins- und Reaktionsformen nicht unberührt: Je größer die Distanz zu den sozialen Problemen, desto größer oft auch unsere innere Verhärtung ihnen gegenüber, unsere Rigidität und Intoleranz. Das Bild der amerikanischen Zustände, das SLATER zeichnet, paßt mit gewissen Variationen auf die industrielle Zivilisation im allgemeinen.

»Unsere Vorstellung, die Alten, Geisteskranken, Zurückgebliebenen und Schwachen seien in Versorgungsanstalten unterzubringen, diese Vorstellung basiert auf einem Denkmodell, das man als ›Glauben an die Wasserspülung‹ bezeichnen könnte. Es ist die Annahme, daß unerwünschte Dinge, unerwünschte Schwierigkeiten, unerwünschte Komplexitäten und Hindernissen verschwinden werden, wenn sie aus unserem Gesichtsfeld entfernt werden ... Wir werfen die Alten und Geisteskranken in Anstaltslöcher, wo sie nicht gesehen werden können. Unser Zugang zu sozialen Problemen ist bestimmt von dem Gedanken, sie außer Sichtweite zu bringen: aus dem Auge, aus dem Sinn ... Unsere Sozialbemühungen haben dazu geführt, daß die Probleme, die unserer Gesellschaft zugrunde liegen, weiter und weiter aus Alltagserfahrung und Alltagsbewußtsein entfernt werden; entsprechend verfügt der Großteil der Bevölkerung auch immer weniger über das Wissen, die Übung, die Mittel und die Bereitschaft, um damit umgehen zu können ...

Vor dem Ersten Weltkrieg hatte das Bibelwort ›Die Armen sind immer unter uns‹ noch eine wörtlichere Bedeutung. Die Armen waren sichtbar und überall gegenwärtig. Geisteskrankheit war nicht etwas Seltsames, das im Lehrbuch stand, sondern der Nachbar oder Dorfsonderling, den jeder kannte. Die Alten gab es in jedem Haus. Jeder hatte gesehen, wie Tiere geschlachtet wurden, und er wußte, was er aß, wenn sie auf den Tisch kamen. Krankheit und Tod gehörten zur unmittelbaren Erfahrung von Jedermann.

Heute dagegen ist das Buch der Erfahrungen voll von leeren und geheimnisvollen Seiten. Die berufliche Spezialisierung und Revierzuweisung übt eine Art Zensur aus über das, was wir wissen von der Welt und den Zusammenhängen, in denen wir leben. Und wenn wir mit irgend etwas in unmittelbare Berührung kommen, das nicht ins übliche Muster unserer gesäuberten Existenz paßt, dann fühlen wir spontan ein Verlangen, es wegzuspülen, wegzubomben, ins Gefängnis zu werfen. Aber ein klein wenig empfinden wir auch Langeweile und Unbehagen an der geordneten Chrom-und-Porzellan-Leere unseres Lebens, aus dem soviel Leben bereits entfernt ist« (SLATER 1971, S. 15f.).

Diese Beschreibung der industriellen Zivilisation, die SLATER entwirft, trifft am genauesten offensichtlich auf den Berufstätigen zu, der irgendwo an Schreibtisch oder Fließband oder Registrierkasse beschäftigt ist; dagegen ein Stück weiter davon entfernt ist immer noch die Ehefrau-und-Mutter, die über die private Alltagsarbeit stärker in menschliche Bedürfnisse und Beziehungen eingebunden ist. Das ist also die Zwangslage, in der der Berufstätige sich befindet: Je mehr er an andere delegiert, desto ungestörter kann er sich zwar der Berufsarbeit widmen – aber nur um den Preis, daß das unmittelbare Leben immer mehr zu einem »Störfaktor« seiner Berufsarbeit wird. Er kann sich zwar von vielen »Belastungen« befreien – aber in gleichem Maß verliert er auch eine ganze Dimension von Anregungen und Erfahrungen, wird sein Leben in bestimmtem Sinne oberflächlich, leer, steril. Wenn er sich der inneren Logik der Berufsarbeit nicht ein Stück widersetzt – was einiges an

Mut, Energie und Statusverzicht kostet –, dann wird auch seine Privatexistenz immer ärmer: immun gegen konkret-sinnliche Bedürfnisse, abgeschottet gegen mitmenschliche Ansprüche und spontane Lebensäußerungen. Der Erfolg im Beruf wird erkauft mit einem Verlust an Sensibilität, an persönlicher Betroffenheit und sozialem Engagement. Denn das ist die letzte Konsequenz dieser Form von Berufsarbeit: Die ganze Person des Berufstätigen, nicht bloß seine zeitlich begrenzte Arbeitsleistung, wird im Extremfall vereinnahmt.

3.2. *Berufsarbeit und die Folgen für Männer*

Bisher habe ich aufzuzeigen versucht, wie die Berufsarbeit der Biographie der Berufstätigen ihren Stempel aufdrückt. Die Einseitigkeit, Alltagsabgehobenheit, Bedürfnisferne, die in der inneren Logik der Berufsarbeit angelegt ist, sie betrifft zunächst einmal alle Berufstätigen, gleich welchen Geschlechts, sie ist als Anforderung berufstätigen Männern wie berufstätigen Frauen vorgegeben. Aber vor dem Hintergrund dieser Überlegungen müssen wir nun auch den nächsten, konkreteren Schritt tun: nicht mehr nur die allgemeinen Anforderungen der Berufsarbeit sehen, sondern vor allem auch *ihren unterschiedlichen Stellenwert, ihre charakteristisch eigene Ausprägung im Lebenszusammenhang von Männern und Frauen.* Denn nur auf sehr abstrakter Ebene gibt es »die« Berufstätigen, konkret handelt es sich immer um Berufstätige des einen oder anderen Geschlechts, und die stehen in je unterschiedlicher Beziehung zur Berufsarbeit. Das hat freilich nichts mit dem »Wesen« von Mann und Frau zu tun, vielmehr *mit der Berufsarbeit selbst, mit ihrer gegenwärtigen Form, in die immer schon die Nähe zum einen, die Distanz zum anderen Geschlecht eingelassen ist.* Denn wir haben ja gesehen, wie die Berufsarbeit die Arbeitsteilung zwischen (Ehe-)Mann und (Ehe-)Frau unter der Hand voraussetzt, wie sie zugeschnitten ist auf den berufstätigen Mann mit Ehefrau im Hintergrund. Das aber heißt doch, im Grundmuster selbst ist nicht Gleichgültigkeit gegenüber dem Geschlecht des Arbeitenden vorgegeben, sondern eine bestimmte Form der »Parteilichkeit«, der *massiven Parteilichkeit zugunsten des Mannes.* Hier schon werden die unterschiedlichen »Normalbiographien« vorgezeichnet, die männliche Biographie mit der Berufsarbeit verknüpft, die weibliche davon abgerückt. Der eine Lebenszusammenhang eng mit Berufsarbeit verbunden, der andere vorgängig auf private Alltagsarbeit zugeschnitten: Was folgt daraus nun für die Betroffenen, für Männer und für Frauen, für Frauen, die im Hause arbeiten und für die, die berufstätig sein wollen oder müssen? Welche unterschiedlichen Chancen und Grenzen, Regeln und Sanktionen, welche Risiken und Konfliktsituationen sind typisch für diese Gruppen?

Beginnen wir bei den Männern. Sie sind die »Begünstigten« einer Berufsarbeit, die auf den berufstätigen Mann mit Ehefrau im Hintergrund zugeschnitten ist. Aber diese Begünstigung wird natürlich nur dann wirksam, wenn tatsächlich eine Ehefrau vorhanden ist, die die private Alltagsarbeit abnimmt. *Der männliche Berufstätige braucht eine Frau, die bereitwillig die traditionelle Frauenrolle übernimmt* – das ist die »Männerseite« der beruflichen Anforderungen, die Grundregel, die den Männern vorgegeben ist. Auf den ersten Blick scheint es nicht allzu schwierig, dieser Regel nachzukommen – immerhin haben die meisten Männer, die wir heute in der Berufswelt sehen, diese Anforderung einigermaßen erfolgreich bewältigt –, aber bei näherer Betrachtung zeigt sich, daß in diesem Modell auch einige Risiken, Unwägbarkeiten, mögliche Konfliktsituationen enthalten sind:

Da sind diejenigen Männer, die keine Frau haben, die nicht heiraten wollen oder keine Frau finden oder die Frau verloren haben: Was ist mit den Junggesellen, den Verwitweten, den Geschiedenen? Sie alle entsprechen jener Grundregel nicht; und sie müssen in vielen Fällen dafür mit beruflichen Nachteilen rechnen. Das ist vor allem in jenen Berufsfeldern der Fall, die vom Muster der »Zwei-Personen-Karriere« bestimmt sind, wo also für die Karriere des Mannes gewisse Hilfsdienste der Ehefrau praktisch unerläßlich sind (Papanek 1973). Ein typisches Beispiel ist der Karriereverlauf im akademischen Bereich. Gerade hier gibt es häufig die Ehefrau, die als unbezahlte Sekretärin-Hilfsautorin-Assistentin im Hintergrund tätig ist. Sie hat vielleicht sogar im selben oder ähnlichen Fach wie der Mann ihr Examen gemacht, dann aber angesichts der Schwierigkeiten einer »doppelten« Stellensuche auf eigene Berufstätigkeit verzichtet. Durch ihre Arbeitszeit und ihr Wissen trägt sie nun zur »Produktivitätssteigerung« des Mannes bei. Der Junggeselle muß sehen, wie er als einzelner gegen solche Team-Arbeit ankommt.

»Geistige Produktivität wird oft diskutiert, als sei sie ein Geschenk des Himmels für die wenigen Auserwählten, völlig abgehoben von der Familiensituation oder sozialem Hintergrund. Aber wenn wir den Sozialzusammenhang männlicher Produktivität näher betrachten, dann entdecken wir oft ungenannte Frauen und ein paar jüngere Männer, die ›den Produktiven‹ füttern mit Hinweisen, Computerauszügen, Bibliotheksbüchern und warmen Mahlzeiten.« Das Ganze funktioniert als kleines Familienunternehmen, etwa wie die Zweigstelle in einem größeren Betrieb, aber nicht jeder hat die Chance, in solch ein Unternehmen einzusteigen: »All die getippten Schreibmaschinenseiten, die korrekturgelesenen Zeilen, die trostspendenden Stunden – wenn man alle anderen Bedingungen gleichsetzt, dann ist es wohl am ehesten der traditionelle Mann, nicht etwa der mit einer emanzipierten Frau, der zum Leiter eines solchen Zweigbetriebs aufsteigt« (HOCHSCHILD 1975, S. 67f.).

Aber nicht nur die Karrieremöglichkeiten sind es, die alleinstehenden Männern manchmal entgehen. Auch ihr Privatleben ist betroffen: Auf Kinder müssen sie verzichten. Das scheint bei den Junggesellen so offensichtlich, daß es banal klingt; und doch hat dieser Verzicht nicht so sehr etwas mit biologischen Gründen zu tun (schließlich gibt es auch die Möglichkeit der Adoption), er ist viel eher die »selbstverständliche« Konsequenz einer Berufsarbeit, die für private Alltagsarbeit keinen eigenen Raum läßt. Das wird drastisch sichtbar an der Situation der geschiedenen oder verwitweten Männer, die zwar Kinder, aber keine Ehefrau haben (AYCK STOLTEN 1978, S. 144ff.). Sie müssen die Kinder bei der ehemaligen Ehefrau oder bei einer Großmutter lassen, im weiteren Familienkreis nach Unterbringungsmöglichkeiten suchen oder schlimmstenfalls die Kinder ins Heim bringen – kurz, sie müssen sich vom Kind trennen, auf die alltägliche Beziehung verzichten. Aber dieser Preis scheint immer mehr Männern zu hoch: In den USA hat sich die Zahl der Kinder, die nach der Scheidung beim Vater leben, in den letzten zehn Jahren verdreifacht (ROSENTHAL/KESHET 1978, S. 467), und in der Bundesrepublik gibt es ähnliche Trends. (HEIL 1979). Wo aber die Väter, statt auf die Nähe zum Kind zu verzichten, lieber selbst die Pflege- und Erziehungsaufgaben übernehmen, kommt es zu einem massiven Einschnitt in ihrem Leben (GEORGE/WILDING 1972; KESHET/ROSENTHAL 1978; ROSENTHAL/KESHET 1978). Besonders betroffen ist die Berufsperspektive: Die Väter verzichten typischerweise auf Beförderungen, die eine stärkere Trennung vom Kind bedeuten könnten, schränken ihre Arbeitszeit ein und suchen solche Arbeitsplätze, die mit den Anforderungen der Kinderarbeit am besten vereinbar sind. Nicht wenige erfahren sozialen Abstieg, manche müssen sogar ganz den Beruf aufgeben und von der Sozialfürsorge leben. All diese Probleme sind nicht neu – aber sie sind neu für *Männer:*

»Was diese Väter an Konflikten zwischen Beruf und Kinderbetreuung erfahren, ist ähnlich dem, wovon alleinstehende Mütter häufig berichten. Männer, die während ihrer Ehe erwarteten, daß die Familie sich nach den Anforderungen ihrer Arbeit richten solle, finden sich plötzlich in einer Situation, wo sie koordinieren und hin- und herjonglieren müssen mit den verschiedenen Zeitplänen von Beruf und Kinderbetreuung« (ROSENTHAL/KESHET 1978, S. 468).

Aber auch wenn keine Kinder vorhanden sind: Bestimmte Schwierigkeiten erfahren viele Männer, die bereits verheiratet waren, aber dann mit einem Mal allein dastehen. Zwar hat es der Mann in diesem Fall immer noch besser als die verwitwete oder geschiedene Frau, die bisher nur in der Familie tätig war, denn er kann immerhin mehr oder minder geradlinig seinen bisherigen Lebensweg fortsetzen. Aber sichtbar wird plötzlich, was die Frau in die familiale Arbeitsteilung eingebracht hat: Die familiale Hintergrundarbeit – bisher weitgehend selbstverständlich ihm abgenommen – wird zum Problem, das Funktionieren des Alltags ist nicht mehr garantiert. Und das Nichtzurechtkommen mit den außerberuflichen Lebensnotwendigkeiten ist um so stärker, je deutlicher ausgeprägt die innerfamiliale Arbeitsteilung war. Schlimmstenfalls freilich stehen dem Mann immer noch Ausweichmöglichkeiten zur Verfügung. Das Muster der gewohnten Arbeitsteilung wird wieder aufgenommen, wenn auch mit veränderter Besetzung. Wieder ist es eine Frau – Mutter, Schwester, Freundin, Hausangestellte, eines Tages wahrscheinlich wieder eine Ehefrau –, die die Last der privaten Alltagsarbeit übernimmt. Wieder ist es schließlich der Mann, der – derart entlastet – auf die beruflichen Anforderungen sich konzentrieren kann.

Dann gibt es eine zweite Gruppe von Männern, diejenigen, die zwar eine Frau gefunden haben, aber dennoch nicht von der Alltagsarbeit entlastet sind. Vielleicht ist ihre Frau schwer erkrankt; vielleicht haben sie sich aber auch in die »unpassende« Frau verliebt, das heißt in eine Frau, die fest mit ihrer Berufsarbeit verbunden ist und nicht bereit, sie einzutauschen gegen ein Hausfrauendasein im Hintergrund. Das alles sind »Zwischenfälle« der einen oder anderen Art, nicht vorgesehen im Grundmuster gegenwärtiger Berufsarbeit, das geradlinig auf innerfamiliale Arbeitsteilung spekuliert. Was aber soll der Mann tun, der unglücklicherweise betroffen ist: Die kranke Ehefrau verlassen (eine wenig moralische Lösung); oder bei ihr bleiben und die Alltagsarbeit weitgehend selbst übernehmen (die Schwierigkeiten im Beruf sind vorauszusehen)? Von der geliebten, aber unbequem selbständigen Frau sich trennen; oder zusammenbleiben und vielleicht täglich über die Verteilung der Haushaltspflichten streiten; oder partnerschaftliche Arbeitsteilung versuchen, dafür berufliche Nachteile in Kauf nehmen? Am Ende ist der Mann vielleicht der Dumme, der zwischen allen Stühlen sitzt, es niemand mehr recht macht: einerseits noch im traditionellen Muster befangen (gemessen an den Ansprüchen der Partnerin), und andererseits schon aus der Rolle, der Männerrolle fallend (dies in den Augen der Vorgesetzten und Kollegen).

Wahrscheinlich kommt es nicht sehr häufig vor, daß die Ehefrau arbeitsunfähig wird und den Haushalt nicht mehr selbst versorgen kann. Aber immer häufiger werden doch diejenigen Fälle, wo die Frau, durch Ausbildung und Beruf selbständig geworden, diese Selbständigkeit nicht für die Rolle der Ehefrau aufgeben will. Damit sind die Konflikte, die Krisensituationen schon voraussehbar, und zwar Beruf wie Privatleben betreffend. Denn Berufsarbeit ist noch immer zuprogrammiert auf die innerfamiliale Arbeitsteilung zwischen Mann und Frau. Das ist der Normalfall, den sie voraussetzt, erwartet, belohnt. Wer als Mann abweicht und dagegen verstößt – ob aus eigenem Entschluß, ob durch Einbruch äußerer Umstände –, der muß mit Sanktionen und Strafen rechnen, mit spürbarem Wettbewerbsnachteil im Berufsalltag. Wer aber dem traditionellen Grundmuster sich einfügen will, der hat oft zu Hause Widerstand zu erwarten, muß im Privatleben Anklagen hören, Auseinandersetzungen führen, über den täglichen Kleinkram streiten. So oder so, das Dilemma ist gegenwärtig, und beide sind davon betroffen, der Mann ebenso wie die Frau. Denn das Grundmuster gegenwärtiger Berufsarbeit, so wird hier deutlich, begünstigt nicht eigentlich den Mann – *es begünstigt den traditionellen Mann, versorgt durch eine traditionelle Ehefrau.* Der Mann ist nur so lange im Vorteil, wie er diesem Grundmuster sich einfügt. Sobald er daraus ausbricht, wird Zurücksetzung erfahren.

Aber vergessen wir nicht, dies alles sind Ausnahmefälle. Immer noch leben die meisten Männer mit Ehefrau (vielleicht auch Freundin) zusammen, und immer noch übernehmen die meisten Frauen (mehr oder minder bereitwillig) die Hauptlast der Alltagsarbeit. Hier wird der Normalfall noch eingehalten, den die Berufsarbeit stillschweigend voraussetzt. Aber was bedeutet das nun für die Männer? Im Berufsleben sind sie offensichtlich im Vorteil; sie können sich ganz auf die Berufsarbeit konzentrieren, damit dem Erfolg näher kommen. Aber es könnte sein, daß sie dafür vielleicht bestimmte Risiken im Privatleben eingehen, die erst im Lauf der Jahre spürbar werden: Verzicht auf Familienleben, Verzicht auf dauerhafte Gemeinsamkeiten mit der Frau. Denn je mehr das traditionelle Grundmuster durchgehalten wird, desto mehr leben Mann und Frau auch in einer anderen und je eigenen Welt, an der der andere kaum teilhat; hier vorrangig Geschäfte und Marktdenken, dort mehr Gefühle, Fürsorglichkeit, Abhängigkeit. Der Mann kann zwar auf emotionale Unterstützung durch die Frau rechnen. Aber wenn er vor schwerwiegenden beruflichen Entscheidungen steht, vielleicht auch in finanziellen Problemen steckt, wenn er dafür nüchternen Rat braucht, dann muß er sich eher an andere wenden, an Männer (Freunde, Kollegen) als an die eigene Frau. Ähnliches geschieht, wenn der Mann berufliche Erfolge hat (wozu ja gerade auch die innerfamiliale Arbeitsteilung beiträgt): Je mehr der Mann auf der Karriereleiter nach oben steigt, damit neue Fähigkeiten erwirbt und neue Erfahrungen macht, desto mehr entfernt er sich von der Frau, die für die alltäglich wiederkehrenden Bedürfnisse sorgt und im immer gleichen Erfahrungskreis befangen bleibt. Dann kommt es leicht zu der Situation, in der der Mann die Frau hinter sich zurückläßt, über sie hinauswächst; sie wird für ihn langweilig, er beginnt sich einsam zu fühlen neben ihr. Diese Prozesse des allmählichen Auseinanderlebens laufen meist leise ab, vor der Umwelt sorgsam verborgen. Da gibt es die verschiedenen Formen des Ausweichens, die Männer seit Generationen erproben – alle Energien auf Karriere oder Hobby werfen; eine Freundin suchen, eine Art »Nebenbeziehung« aufbauen; im spektakulärsten Fall die Ehefrau verlassen und mit einer anderen, meist jüngeren ein neues Leben versuchen –, unterschiedliche Verhaltensweisen je nach Temperament, individueller Veranlagung, äußeren Umständen, und doch alles Lösungsformen, um die Misere ehelicher Beziehungslosigkeit erträglich zu machen. Sie alle weisen darauf hin, daß die traditionelle Arbeitsteilung den Männern nicht nur Vorteile bringt. Es sind freilich nur indirekte Belege. Aber schon gibt es in der jüngeren Generation immer mehr Männer, die sich nicht mehr bloß »arrangieren« wollen in der einen oder anderen Form, sondern offen und engagiert gegen jene Arbeitsteilung sich äußern.

»Die Beziehung zwischen den Geschlechtern ist eingerichtet als Beziehung von Gegensätzen, schlimmer, als eine von Fremden, nie Übereinkommenden ... In einem alten Film hieß es: ›Ein Mann ohne eine Frau ist ein Toter‹. Ich glaube, daß viele Männer *mit* Frauen auch Tote sind, weil sie sich an die Kommunikationsform halten, die zwischen Mann und Frau stattfinden muß: Tödlich ist die Spaltung in Berufs- und Privatleben. Der Mann kommt nach Hause, fällt in ein Nichts, was vordergründig wie Feierabendruhe aussieht, aber dem Mann keine echte Regeneration seiner Kräfte vergönnt. Denn er verehrt nicht, was die Frau macht und ihm zur Beruhigung allabendlich anbietet. Ihre Tätigkeit des Putzens und Kinderbetreuens ist für ihn eine notdürftige Reproduktion, auf die er hinabschaut. Frauenarbeit – bedauerliche Restäußerung einer ganzen Welt, die der des Mannes einstmals ebenbürtig war ... Der Mann muß in unmittelbarer Nähe eines Menschen leben, der ihn nicht beeinflußt und befruchtet, der ihn nicht laben, erziehen und stärken kann ... Das wirkt sich für den Mann beschwerend und hemmend aus: ›Klotz am Bein‹. ›Meine Frau versteht mich nicht!‹ Der Mann versteht nichts von den Problemen der Frau. Die Welt der Frau erfährt er als Last« (Pilgrim 1978, S. 39f.).

Schließlich kann die Frau als Hausfrau ihre Existenz nicht selbständig sichern, sondern ist immer angewiesen auf das Einkommen des Mannes. Weil sie – und nicht nur sie, auch die Kinder – an diesem Punkt voll vom Mann abhängig ist, deshalb hat sie auch ein unmittelbares Interesse daran, daß der Mann im Beruf sich behauptet und vorankommt. Das aber hat Konsequenzen, die unmittelbar auf den Mann zurückschlagen. Denn vorgängig sind damit Konfliktsituationen eingebaut, die immer dann aktuell werden, wenn der Mann aus den vorgegebenen Erwartungen und Zwängen der Berufsarbeit ausbrechen möchte. In solchen Fällen werden die Frauen oft eher zureden zum Anpassen und Durchhalten – als zu Auflehnung und Widerstand. Denn jeder Zweifel, jeder Ausbruchsversuch bedeutet unmittelbare Gefährdung ihrer Existenz. Das ist es, warum Frauen oft eher konservativ sind als kritisch; warum sie – trotz der bedürfnis- und personenbezogenen Fähigkeiten, die in der Hausarbeit angelegt sind – manchmal insensibel sind für das alltägliche Leiden des Mannes, für seine Skrupel und Magengeschwüre, warum sie die Augen verschließen gegenüber Inhalt und Konsequenzen seiner Arbeit. *In gewissem Sinne wird die Frau so zur »Komplizin der Berufsarbeit«. Da-*

hinter steht ökonomische Abhängigkeit, die Fragen erstickt, Zweifel nicht zuläßt.

»In doppelter Weise stärkt die familiale Rolle der Frau die Autorität des Bestehenden. Als abhängig von der Stellung und vom Verdienst des Mannes ist sie darauf angewiesen, daß der Hausvater sich den Verhältnissen fügt, unter keinen Umständen sich gegen die herrschende Gewalt auflehnt, sondern alles aufbietet, um in der Gegenwart vorwärtszukommen. Ein tiefes ökonomisches, ja physiologisches Interesse verbindet die Frau mit dem Ehrgeiz des Mannes . . . Nicht allein durch die Sorge um die Familie selbst, sondern auch durch die beständig ausgesprochene und stumme Mahnung der Frau wird der Gatte dem Bestehenden verhaftet, und die Kinder erleben in der mütterlichen Erziehung unmittelbar das Einwirken eines der herrschenden Ordnung ergebenen Geistes« (Horkheimer 1968, S. 351f.)

So gesehen ist das Grundmuster der traditionellen Kleinfamilie immer schon von einer tiefgreifenden Ambivalenz bestimmt. Denn die Arbeitsteilung zwischen Mann und Frau bringt nicht nur Entlastung; sie bedeutet auch eine grundsätzliche Asymmetrie der Lebensbereiche, unterschiedliche Erfahrungsmöglichkeiten, Lernchancen, Abhängigkeiten; sie bedeutet im Idealfall Ergänzung – aber unter dem Druck der Alltagsbedingungen eher Distanz, vielleicht sogar Verständnislosigkeit, Beziehungsverlust. Der Mann hat dann zwar die traditionelle Frau, die ihn von der Alltagsarbeit befreit; aber er hat nicht die Frau, die ihm Partnerin und Gefährtin ist. Erfolg im Beruf ist die eine Seite der innerfamilialen Arbeitsteilung – Entfremdung im Privatleben vielleicht die Kehrseite.

Das sind Risiken, die die Beziehung zur Ehefrau betreffen. Was aber sind die Folgen jener Arbeitsteilung *für den Mann selbst, sein Lebensgefühl, seine Lebenszufriedenheit?* Wie empfindet er die Distanz zum Familienalltag, die ihm auferlegt wird, die Konzentration auf berufliche Belange und das Beiseite-Schieben-Müssen außerberuflicher Bedürfnisse und Beziehungen? Erfährt er dies als Einseitigkeit, als Verzicht persönlich bedeutsamer Erfahrungsdimensionen und Lebensbereiche?

Ich wollte diese Frage zunächst offenhalten. Denn jede Antwort schien schwierig, ja, gefährlich: Die einschlägige Literatur über »Männerrollen und Männerleben« (vgl. Harrison 1978 a), zum größten Teil aus dem angelsächsischen Bereich stammend, ist oft nicht »empirisch abgesichert« und neutral distanziert, eher von Engagement und bewußter Parteinahme gezeichnet. Kein sicheres Terrain also, eher offen für Kontroversen, voll von Standpunkten und Gegenstandpunkten – aber deshalb auch gekennzeichnet von Aufbruch und Bewegung, von unmittelbarer Betroffenheit; sicher oft anregender und lebendiger als das, was die standardisierten Fragebögen und abstrakten Theoriesysteme an Resultaten uns bescheren. Aber das Problem bleibt dennoch: Wie damit umgehen – als Frau noch dazu, also ausgeschlossen von der Primärerfahrung solcher Fragen?

Und dann sah ich doch, ich würde mich nicht einfach zurückziehen können hinter das Schutzschild der »wissenschaftlichen Neutralität«. Denn der Bereich dieser Fragen ist viel zu wichtig für den Zusammenhang, um den es hier geht, als daß er einfach könnte ausgeklammert werden. Da fehlt sonst das Eigentliche, das Kernstück. Und dann half mir auch ein anderer Gedanke weiter: wie oft haben doch Männer über Frauen geschrieben, recht unbekümmert drauflos, ohne lang von Bescheidenheit oder Selbstzweifel sich hemmen zu lassen; und das alles auch noch mit wissenschaftlichem, ja philosophischem Anspruch – Fichte und Freud, Schopenhauer und Scheler, um ein paar nur zu nennen. So will ich jetzt einmal den umgekehrten Versuch wagen – als Frau über Männer schreiben, über ihre Erfahrungen und Konflikte, Hoffnungen und Enttäuschungen. (Kann sein, daß manches nicht zutrifft; Kritik und Widerspruch sind zugelassen.) Beginnen wir also:

Mein spontaner Eindruck war der, daß – zumindest auf den ersten Blick– sehr viele Männer doch recht gut zurechtkommen mit dem, was die Berufsarbeit ihnen abverlangt. Und das ist ja auch kaum erstaunlich. Denn denken wir doch an die Art der Sozialisation, die Männer von frühester Kindheit an durchmachen, die ganz bestimmte Denkstile und emotionale Grundhaltungen vermittelt. Personen- und bedürfnisbezogene Elemente werden hier zurückgedrängt gegenüber leistungs- und erfolgsbezogenen, sachlich-nüchternen Momenten. Untersuchungen des Sozialisationsprozesses machen immer wieder deutlich, wie wenig beim Jungen diejenigen Fähigkeiten, Orientierungen, Verhaltensweisen gefördert werden, die für die Arbeit in der Familie wichtig sind – wie unter der Hand und sehr deutlich dagegen diejenigen Momente betont werden, die der Berufsarbeit entgegenkommen (Beck-Gernsheim 1976). So kann man sagen, daß die männliche Sozialisation auf die Einseitigkeit der männlichen Normalbiographie schon vorbereitet. Die Pubertät ist eine Zwischenphase, wo gewisse Freiräume zugestanden sind (Lehr- und Wanderjahre, Flegelzeit, Jugend- und Studentenunruhen), aber danach gibt es kaum eine Wahl, kaum eine sozial akzeptable Alternative: Im männlichen Lebenszusammenhang ist Beruf das selbstverständliche, das vorgezeichnete Lebensmuster.

Wenn wir also annehmen, daß die meisten Männer mit den biographischen Folgen ihrer »Berufsrolle« sich ganz gut arrangiert haben, dann paßt das durchaus auch mit dem Bild zusammen, das wir aus gängigen empirischen Daten gewinnen. Denn Fragebogentests zeigen immer wieder, daß Männer ihren seelischen Zustand insgesamt erheblich günstiger schildern als Frauen. Und statistische Untersuchungen zeigen uns, daß Männer seltener als Frauen seelisch bedingte körperliche Symptome aufweisen (RICHTER 1974, S. 32ff.). Glaubt man derartigen Erhebungen, dann ist der Zustand der Männer beneidenswert, der der Frauen vergleichsweise bedauernswert. Aber stimmt dies Bild wirklich?

Dagegen spricht zunächst einmal meine eigene Erfahrung. Ich kenne Männer, und nicht wenige, die betroffen sind vom alltäglichen Funktionieren im Beruf, die zutiefst darunter leiden, nur keinen Weg sehen, um all dem zu entkommen. Und dann wissen wir doch, wie fragwürdig jene quantitativen Erhebungen sind, wenn sie subjektive Erfahrungen wiedergeben sollen. Oft zeigen die Antworten nicht so sehr den wirklichen inneren Zustand auf, sondern passen sich an an das, was in unserer Gesellschaft, gemäß den gängigen Verhaltensvorschriften, erwartet wird, als richtig und angemessen gilt (RICHTER 1974, S. 36ff.). So muß, jetzt gerade erst recht, die Frage heißen: »Sind Männer wirklich seelisch bzw. psychosomatisch gesünder als Frauen? Oder . . . sind Männer etwa im Durchschnitt sogar kränker, und unterdrücken sie nur ihr Leiden?« (RICHTER 1974, S. 39).

Hier ist es, wo wir wieder nach den Konsequenzen der Berufsarbeit fragen müssen. Aber diese Berufsarbeit ist nichts, was isoliert und unverbunden im sozialen Raum existiert; sie steht vielmehr in engem, unmittelbarem Zusammenhang mit jener »Männerrolle«, deren Kernstück sie ist. Die Anforderungen der Berufsarbeit durchdringen und bestimmen die »Männerrolle«, grundlegend und umfassend bis in die privatesten Bereiche. Denn was im Beruf gilt und dem Mann ständig abverlangt wird, was in der männlichen Sozialisation von früh an vorbereitet wird – das kann auch nicht einfach abgeschüttelt und abgeschnitten werden, sobald der Mann aus Fabrik oder Büro nach Hause kommt. Unabhängigkeit, Stärke, Selbstsicherheit sind ihm vorgeschrieben: Sie spiegeln wider jene »innere Logik« der Berufsarbeit, die ich oben kurz angedeutet habe, die wir jetzt auch als Anforderungen ans männliche Arbeitsvermögen sehen können.

Diese, die in die »Männerrolle« umgesetzten Folgen der Berufsarbeit sind wohl die eigentlich einschneidenden. Denn der Mann, der dem herkömmlichen Stereotyp von »Männlichkeit« zu folgen sucht, er ist im Grunde ständig überfordert (Richter 1976, S. 58ff.). Er soll Anzeichen von Unzulänglichkeit, Mißerfolg, Abhängigkeit verbergen (und ist doch gerade in der Berufswelt vielfach mit einer Situation konfrontiert, wo er anderen untergeordnet und von ihnen abhängig ist, wo er kontrolliert, zurechtgewiesen, beiseite gedrängt und übergangen wird). Er soll Bedürfnisse nach Anlehnung, Annäherung, Wärme zurückdrängen, Trostbedürftigkeit und Empfindungen der Schwäche leugnen. Statt allen Seiten des menschlichen Lebens sich zu öffnen und zuzugeben, daß darin stets Höhen und Tiefen enthalten sind, daß auch ihm Unsicherheit und Unzulänglichkeit nicht fremd sind – statt dies einzugestehen, muß der Mann möglichst ein Hochglanzporträt seiner selbst zur Schau tragen, vor anderen, aber schließlich auch vor sich, im Beruf, aber am Ende zwanghaft auch in der Familie. Die Disziplinierung nach außen setzt sich auch nach innen fort. All das kann je nach Umständen aufgefangen werden, vielleicht durch eine Berufsposition, die relativ viel Freiraum läßt, vielleicht durch eine stabile Ehebeziehung, vielleicht durch ein Hobby, in dem man aufgeht und sich eine Eigenwelt schafft, wo die anderweitig verdrängten Bedürfnisse zu ihrem Recht kommen. Aber in vielen Fällen erzeugen die Rollenzwänge der Männerexistenz, so eng an die gegenwärtige Form der Berufsarbeit gebunden, einen enormen Leidensdruck. Der aber darf, gemäß dem gängigen Männerbild, wiederum nicht offen eingestanden werden: Es ist »die Krankheit des Mannes, der nicht leiden darf« (Richter 1974, S. 39). Deshalb wird verdrängt – und auf andere Weise ausagiert: etwa in Form bestimmter Herrschafts- und Machtansprüche in der Familie, oder über körperliche Symptome, die bis hin zur Herzneurose, ja zum Herzinfarkt reichen können.

An der Oberfläche eine zufriedene, erfolgreiche Existenz, darunter oft ein enormer Leidensdruck, der nicht einmal zugegeben werden kann – beides gehört offensichtlich zu den Folgen jener Berufsarbeit, die den Männern alternativlos zugewiesen ist. Rückt so erst einmal auch die »Negativseite« in den Blick, dann erinnert man sich plötzlich auch an objektive Daten, die sie nur zu gut bestätigen: Die im Durchschnitt geringere Lebenserwartung des Mannes paßt genau hierher (siehe HARRISON 1978 b). Und jetzt müssen wir auch daran denken, daß, im unmittelbaren Anschluß an die bald unübersehbare Veröffentlichungsflut zur »Frauenrolle«, nun immer mehr Arbeiten kommen, die sich kritisch mit der »Männerrolle« auseinandersetzen, weil sie Zerstörung und Selbstzerstörung darin angelegt sehen (z. B. PILGRIM 1978; RICHTER 1974; THEWELEIT 1977; als Übersicht über die angelsächsische Literatur siehe HARRISON 1978 a). Und denken wir auch an die gebrochenen »Helden« der sogenannt schönen Literatur, von einem Gefühl der Leere, der Sinnlosigkeit, des Überdrusses bestimmt; dabei spielt oft auch der Berufsalltag eine Rolle, weil er nicht fordert und nicht ausfüllt, weil selbst die Konkurrenzgefechte am Ende schon nach fest eingefahrenen Spielregeln verlaufen und kein Moment der Spannung mehr enthalten.

»Die Firma ist gutartig, das Betriebsklima im wesentlichen heiter, die Angestellten sind großenteils nett. Die Büros, insbesondere die Empfangsräume und Vorzimmer wirken hell und farbenfroh, mit viel Orange und Seegrün. Kleine Festlichkeiten sind in den Büros an der Tagesordnung. Die gesetzlichen Feiertage werden strikt eingehalten, und wer einen freien Tag braucht, nimmt unbezahlten Urlaub. Oft hat unser Wochenende drei oder gar vier Tage. (Ich ertrage diese langen Wochenenden nicht mehr, ich weiß nicht, wie ich sie überstehe. Vielleicht muß ich noch Skilaufen lernen.)

Alle vierzehn Tage bekommen wir aus der Lohnbuchhaltung einen maschinell ausgefüllten Scheck aus festem Papier (Pappe kann man es nicht nennen, dazu ist es nicht dick genug) mit hübschen rechteckigen Löchern, auf dem in kleiner schwarzer Blockschrift vermerkt ist, dieser Scheck dürfe weder gefaltet, gelocht, geknickt, geheftet oder sonstwie beschädigt werden. (Er darf nur eingelöst werden.) Ohne diese Mahnung wäre ich nie auf einen anderen Gedanken gekommen, doch jetzt gerate ich manchmal in Versuchung. Wenn ich etwa alle vierzehn Tage den unbedruckten Umschlag aufmache und stumpf die Löcher, Zahlen und Wörter auf diesem Lochkartenscheck betrachte, ohne jemals den erhofften ungeheuerlichen Fehler zu meinen Gunsten zu entdecken, so frage ich mich: was geschieht wohl, wenn ich diesen Scheck falte, loche, knicke, hefte oder sonstwie beschädige? (Schließlich ist es mein Scheck – oder? Oder?) Was würde wohl geschehen, wenn ich vorsätzlich und mit voller Absicht ungehorsam wäre?

Ich weiß, was passieren würde: nichts. Nichts würde passieren. Und dieses Wissen ist niederdrückend. Ein Mädchen unten im Haus, mir völlig unbekannt (vermutlich ebenfalls mit schlechtem Teint), drückt irgendwo ein paar Tasten. Damit ist alles wieder im Lot, mein Ungehorsam wie nie gewesen. Mein Aufmucken würde verschluckt wie Regen vom Ozean und keine Spur hinterlassen. Nicht einmal ein Kräuseln der Oberfläche könnte ich bewirken.

Ich meine, für jemand wie mich ist es nahezu unmöglich, noch aufzubegehren und damit etwas Bleibendes auszurichten. Die Macht, Unordnung zu stiften, die ich als Kind besaß, habe ich verloren; ich kann meine Umgebung nicht mehr verändern, noch merklich aufstören. Machte ich den Versuch, man würde mich blitzschnell rausschmeißen und vergessen. Ich würde abgelegt . . .

Die Firma erwartet auch für dieses Jahr gute Erträge. Es geht aufwärts, und in vieler Hinsicht sind wir auf unserem Gebiet führend. Den neuesten Daten zufolge ist alles noch größer und noch besser als im vergangenen Jahr.

Wir haben jetzt neunundzwanzig Niederlassungen, zwölf im Inland, zwei in Kanada, vier in Südamerika und elf in Übersee. Früher gab es auch auf Kuba eine, doch die ging verloren. Im Jahresdurchschnitt verzeichnet die Firma drei Selbstmorde: alle zwölf Monate bringen sich zwei Männer um, meist aus dem Kreis der Abteilungsleiter, fast immer mit einer Schußwaffe. Eine weibliche Angestellte, höchstwahrscheinlich ledig, getrennt lebend oder geschieden, besorgt es mit Schlaftabletten. Unsere Gehälter sind gut, der Urlaub großzügig bemessen.

Unsere Angestellten sind an ein angenehmes Leben gewöhnt und sehr anfällig für Nervenzusammenbrüche. Im allgemeinen haben sie Geschmack und erfreuen sich eines hohen Lebensstandards. Wir sind gebildet und stehen weit über dem Durchschnitt, was Leistung und Intelligenz angeht. Alle geben ihr Geld aus, sparen tut keiner. Die Zahl der Nervenzusammenbrüche ist nicht so leicht auszumachen wie die der Selbstmorde, denn Nervenzusammenbrüche erkennt man nicht ohne weiteres, auch lassen sie sich vertuschen . . .

Wir kommen zur Arbeit, machen Mittagspause, gehen heim. Wir stolzieren herein, stolzieren hinaus, wechseln den Partner, streunen herum, machen Männchen für einen freundlichen Klaps auf den Kopf und schlendern heim, bis wir allesamt tot umfallen. Kann ich, so frage ich mich hin und wieder und je nachdem, wie gut oder schlecht ich gerade mit Green im Büro stehe, oder daheim mit meiner Frau, oder mit meinem zurückgebliebenen Sohn, oder mit meinem anderen Sohn, oder mit meiner Tochter, mit der farbigen Putzfrau, oder der Pflegerin meines zurückgebliebenen Sohnes, kann ich, so frage ich mich, wirklich gar nichts anderes tun? Kann ich den wenigen Jahren, die mir in diesem Leben noch bleiben, wirklich nicht mehr abgewinnen als dies?

Und die Antwort lautet selbstverständlich jedesmal: . . . Nein!

Denn ich habe ja meine Stellung, bekomme mein Gehalt, habe was zu lachen und kann wohl immer, wenn mir der Sinn danach steht, das eine oder das andere Mädchen in mein Bett locken; denn Nachbarn und Kollegen mit kleinerem Gehalt, blasserer Persönlichkeit und unansehnlicheren Frauen schauen zu mir auf und beneiden mich; denn es sieht wirklich so aus, als hätte ich alles, was ich mir wünsche . . .« (HELLER 1977, S. 13–25).

Ein Dasein im Bereich der mittleren Chefetage, wohlgepolstert, gut bezahlt und doch voll von alltäglichen Schrecken. Die Anatomie der Männerkarriere, die HELLER vorführt, bringt gleichermaßen Resignation wie Verzweiflung zutage. So deutet sich für die Ausgangsfrage – wie der Mann selbst die Einseitigkeit der Berufsarbeit erlebt – am Ende doch eine erste Antwort an. Denn so sehr die Einpassung auch von früh an vorbereitet wird, sie ist offensichtlich doch nie voll gesichert. Je nach individuellem Lebenslauf und generationstypischen Erfahrungen bleiben mehr oder weniger starke Ambivalenzen zurück, gewisse Fragen und Zweifel, für manche Männer alltäglich und schmerzhaft gegenwärtig, für andere erst unter dem Druck bestimmter Ereignisse spürbar werdend. Was lange Zeit vielleicht ein untergründiges Gefühl des Ungenügens, der Leere, der Sinnlosigkeit bleibt, unter dem gesellschaftlichen Zwang des »Funktionierens« immer wieder verdrängt wird – das alles kann plötzlich aufbrechen und virulent werden in einer biographischen Schlüsselsituation, wo die Frage nach dem Sinn eines ganz vom Beruf bestimmten, ganz auf Beruf reduzierten Lebens sich unabweisbar stellt. Ob »midlife crisis«, plötzliche Krankheit, Tod eines nahen Menschen, ob Scheidung oder der Schock der Arbeitslosigkeit – all das sind Ereignisse, die an die Grenzpunkte der Existenz erinnern, die Einbindung in den Alltag durchbrechen, die Einengung der Berufsarbeit vielleicht zweifelhaft machen.

Hier objektive Zwänge der Berufsarbeit, dort ihre Widerspiegelung im subjektiven Erleben: Der Zusammenhang zwischen diesen beiden Seiten bleibt immer vielschichtig. Jeder Versuch, eine einheitliche Formel zu finden, verkürzt, ja, verfälscht die Bezüge. Das wird unmittelbar deutlich, wenn wir ein Beispiel herausgreifen, etwa die Männer der jüngeren Generation. Sie wachsen im Wohlstand auf, aber gleichzeitig auch unter zunehmendem äußeren Druck (Leistungskonkurrenz in der Schule, Studienbeschränkungen, drohende Arbeitslosigkeit usw.). Sie reagieren ganz unterschiedlich auf diese zwiespältige Situation. Da gibt es die, die – jetzt erst recht! – sich einpassen und anpassen, um ja den Weg nach oben zu machen. Aber auf der anderen Seite stehen auch viele, die die volle Konzentration auf Berufsarbeit nicht mehr mitmachen wollen oder können, die sich den festgeschriebenen, festgefahrenen Spielregeln der männlichen Normalbiographie zumindest ein Stück weit entziehen: Flucht ins Hippie-Dasein, Alternativ-Existenz in Wohngemeinschaft oder Landkommune, ein paar Monate Indien-Trip oder sonstige Weltreise, ein paar Jahre als Entwicklungshelfer draußen; und es steigt die Zahl der Nicht-Seßhaften unter den Jugendlichen, der Drogenabhängigen, der Selbstmorde . . . All diese Abweichungen vom Normalmuster, je nach Schichtzugehörigkeit unterschiedlich sich äußernd, sind Anzeichen dafür, daß bei bestimmten Gruppen der jüngeren Generation sich neue Einstellungen zu entwickeln beginnen, eine stärkere Sensibilität für die »Rollenzwänge« der Männerexistenz, für die Einseitigkeit der Leistungserwartungen und Karriereziele, ein Bedürfnis nach Abkehr von Männerritualen und Machtphantasien.

»Jeder Mann erleidet das gleiche. Er wird in einem personenzerstörenden Streß verschlissen. Jeder hat eine Kontrollbehörde oder -figur über sich, eine Apparatur um sich. Besonders verrückt empfindet der Mann seinen Aufstiegszwang. Das Arbeitsleben des Mannes ist der Hierarchie unterworfen, das heißt, der Arbeitsbereich ist einem Weihnachtsbaum entsprechend aufgebaut. Der Mann muß immer nach oben zu einer Spitze streben. Selbstverständlich bleibt er dabei auf einem der unteren Zweige sitzen, sich grämend, daß er die über ihm existenten Positionen nicht erklommen hat. Der Zwang zur Spitze verletzt den Mann . . . Er hat ein miserables Selbstgefühl oder Magengeschwüre . . . Wenn der Mann frei werden will, muß er im Zentrum seiner Arbeit vieles verändern« (PILGRIM 1978, S. 126).

Nun gibt es gerade in jüngster Zeit auch einige empirische Untersuchungen, die sich mit der Familieneinstellung der Männer beschäftigen (die ja in bestimmtem Sinne durchaus als Kehrseite der beruflichen Einbindung gedeutet werden kann). Aber selbst diese empirischen Ergebnisse zeichnen ein eigenartig ambivalentes, vielleicht sogar widersprüchliches Bild. Auf der einen Seite scheinen die Männer durchaus einverstanden mit der Distanz zu den Tagesproblemen von Haushalt und Kindererziehung, die die innerfamiliale Arbeitsteilung ihnen ermöglicht. Die Bequemlichkeiten diese Arrangements wissen sie offensichtlich zu schätzen:

»Die Zufriedenheit der meisten Männer mit ihrer Ehe ist zum Teil Zufriedenheit mit der bestehenden Arbeitsteilung. Die Ehe bietet nicht nur Gemeinsamkeit und Schutz, sie bietet auch häusliche Versorgung – eine Leistung des gegenwärtigen Arrangements, deren Wert die Männer spätestens dann, wenn sie in Frage gestellt wird, außerordentlich hoch einschätzen . . . Aufs Ganze gesehen, lehren die Auskünfte der Väter über sich selbst, daß sie die Vaterrolle faktisch als Nebenrolle einstudieren. Das Pathos der Ernsthaftigkeit bei den allgemeinen Betrachtungen hat keine Entsprechung im persönlichen Verhalten . . . In der Praxis scheint die Vaterschaft weder mit großen persönlichen Anstrengungen noch mit besonderem Engagement verknüpft« (PROSS 1978, S. 100 und S. 135).

Aber kann es überhaupt erstaunen, daß die Männer die alltägliche Entlastung bereitwillig erwarten und hinnehmen – ist das denn nur individuelle Bequemlichkeit, oder ist es nicht auch die »logische«, notwendige Konsequenz der Anforderungen, mit denen der Berufsalltag ständig konfrontiert? Zu fragen ist deshalb nicht nur, ob die Männer – angesichts der Zwänge, unter denen sie vielfach stehen – ganz gern sich versorgen lassen. Wichtig ist vielmehr, ob sie in diesem Wechselspiel von beruflicher Einspannung und familialer Entlastung nicht manchmal doch etwas vermissen, die »andere Seite«, intensivere Familienbeziehungen und Sozialbindungen. Und hier allerdings deutet sich ein anderes Bild an. Nehmen wir zunächst noch einmal die obige Untersuchung: Selbst sie findet, daß die Antworten der Männer doch einen »Vorrang der Familie vor dem Beruf« erkennen lassen.

»Der Beruf steht wenigstens partiell in ihrem [der Familie] Dienst. Wenn Berufsqualifikationen als wichtiger angesehen werden als Familien- oder Partnerschaftsqualifikationen, so ist diese Priorität als Anerkennung einer Notwendigkeit zu verstehen, nicht als Präferenz. Wichtig im Sinn von ›gewünscht‹ sind zuerst Partnerschaft und Familie« (PROSS 1978, S. 62f.).

Andere empirische Untersuchungen weisen noch stärker in diese Richtung. Sie stellen eine deutliche Hinwendung zum familialen Bereich fest, vor allem bei den jüngeren Männern (LEHR 1978), und einen »Trend zu mehr Weichheit, mehr Gefühlswärme und mehr Anhänglichkeit« (RICHTER 1978, S. 47). In den USA scheint es durchaus ähnliche Entwicklungen zu geben (PLECK 1979). Dies geht etwa aus Nachfolge-Experimenten hervor, die auf die klassisch gewordene Untersuchung zum »Motiv der Erfolgsvermeidung« (HORNER) folgten. Hier zeichnen sich deutliche Einstellungsverschiebungen gerade bei den männlichen Studenten ab: Wurden Themen wie »Leistung« und »Erfolg« Mitte der sechziger Jahre noch weitgehend selbstverständlich bejaht, so werden sie Anfang der siebziger Jahre viel stärker in Zweifel gezogen, ja erfahren geradezu eine negative Wertung (HORNER 1975). Ein neuer Trend deutet sich offensichtlich an – eher Stärkung der Familienbindungen als eindimensionales Aufgehen in Berufs- und Karrierezielen –, und Newsweek macht sogar eine Titel-Geschichte daraus: »How Men are Changing« (16. Januar 1978). Auf ein wachsendes Familieninteresse weisen schließlich auch die Zahlen, wonach zunehmend mehr Männer nach der Scheidung selbst die Versorgung und Erziehung der Kinder übernehmen, statt sie nach traditionellem Muster der Mutter zuzuweisen (HEIL 1979; ROSENTHAL/KESHET 1978, S. 467; ROWE 1978, S. 91). Bei den Männern der jüngeren Generation – die beginnen, die traditionellen Rollenzuweisungen in Zweifel zu ziehen – kommt zum Teil wohl ein Gefühl davon auf, daß der Umgang mit und die Sorge für das Kind ein wesentlicher Erfahrungsbereich ist, wovon sie nicht länger ausgeschlossen sein wollen. Die folgende Aussage ist sicher nicht »repräsentativ« im statistischen Sinne – aber sie drückt anschaulich aus, was als neue Grundstimmung in bestimmten Gruppen sich anbahnt:

»Es ist mir nicht gleichgültig, wie die kommenden Menschen aufwachsen. Ich will nicht mehr von der Formung der jeweils neuen Generation – dem wichtigsten Prozeß, den jede Gesellschaft zu verantworten hat – ausgeschlossen sein. Ich lasse mir auch nicht mehr die angebliche Notwendigkeit der ersten drei Jahre ausschließlicher Mutter-Kind-Beziehung einreden, ich will heran an das Kind von Anfang an. Ich will sein Mitmensch sein ... Kinder sollen in meinem Leben dabeisein, und ich will in ihrer Nähe sein. Es geht nicht um einen Rollentausch, auf daß ich mich als Hausmann nur noch mit Kindern beschäftige, wie es die ›alte‹ Hausfrau tut. Es geht um die Kommunikation weiblicher *und* männlicher Menschen mit Kindern« (PILGRIM 1978, S. 96).

Die Begegnung mit dem Kind bekommt hier eine neue Qualität. Es geht nicht mehr darum, wie in der traditionellen Vaterrolle dem Kind Vorbild und Lehrer zu sein. Statt dessen wird hier das Kind zum Vorbild, seine Spontaneität, Offenheit, konkrete Sinnlichkeit – für den Mann längst verschüttete Verhaltensweisen, seiner »Männerrolle« zum Opfer gefallen, im Zusammensein mit dem Kind vielleicht von neuem gewinnbar.

»Das Kind gibt mir Rollenfreiheit. Es lebt mir rollenloses Verhalten vor ... Das Kind ist spontan und ganz, fühlt, denkt und handelt offen. Alle Ebenen sind bei ihm noch gleich stark ausgeprägt. Es drückt sich zärtlich aus. Es tut, was es sagt. Es ist unvoreingenommen, es verhält sich unzensiert. Das zu erleben und für sich ebenfalls zuzulassen, ist für den Mann eine Erlösung. Das Rollenleben des Mannes ist eine unaufhörliche Lüge. Der Mann darf nicht machen, was er will, nicht sagen, was er weiß, nicht zu dem stehen, was er fühlt. Das Kind merkt die Lügen des Mannes und gewöhnt sie ihm ab ... ›Rollenverhältnis‹ heißt auch, daß die Verhältnisse unter Menschen in einem bestimmten Interessenabschlag geregelt sind: Absichten, Einflußnahmen, Forderungen, Darstellungen. Beim Kind kann der Mann Pause machen von all dem« (PILGRIM 1978, S. 108).

Solche Sätze scheinen auf den ersten Blick vielleicht wie eine naive Utopie, wie Elemente einer nostalgischen Sehnsucht, die idealisiert ans Kind herangetragen wird. Unsere spontane, nüchterne Alltagserfahrung zeichnet uns ein ganz anderes Bild von dem, was Kinder bedeuten. Da ist wenig vom Pathos der »Rollenfreiheit« zu spüren, viel eher aber vom Gegenteil, von Einschränkungen aller Art: weniger individuelle Entscheidungsfreiheit, weniger Spontaneität und Variabilität im Tagesablauf, weniger Freizeit, weniger Geld, weniger Wohnraum. Statt uns zu befreien, zwingen uns Kinder noch eine Art »Selbstdressur« auf (BRÜCKNER 1973, S. 48).

Das alles stimmt. Aber daß es dennoch auch jene andere, scheinbar »utopische« Seite gibt – das läßt sich sehr gut zeigen an den Ergebnissen der früher schon erwähnten Untersuchung, wo es um Männer geht, die nach der Scheidung die Sorge für die Kinder übernehmen. Diese Väter müssen zwar mit Schwierigkeiten aller Art kämpfen, weil Beruf und Kinderbetreuung kaum zu vereinbaren sind. Aber sie machen dabei auch eine »zweite Sozialisation« durch, »neue Entwicklungen in ihrer Persönlichkeit«, eine Art »inneres Wachstum«, was Arbeitseinstellung und persönliche Beziehungen betrifft (ROSENTHAL/KESHET 1978, S. 465, S. 475f.). Denn sobald sie mit der Kinderbetreuung gut zurechtkommen und sich sicher darin fühlen, »bringt das Belohnungen für sie, die mit der beruflichen Zufriedenheit zu konkurrieren beginnen, und auf diese Weise wird die Vorrangstellung der Berufsrolle ... zurückgedrängt ... Die Elternrolle, während der Ehe meist nach den Berufspflichten kommend, wird nun zu einem legitimen Aufgabenbereich, der ebenso großen Stellenwert wie die Anforderungen der Arbeit besitzt« (ebd., S. 470f.).

»Um die emotionale Bindung zwischen sich und den Kindern zu erhalten, muß der Vater eine Sensibilität den Kindern gegenüber entwickeln. Während er das tut, ist er wiederum konfrontiert mit ihren Abhängigkeitsbedürfnissen, ihren Gefühlen der Machtlosigkeit, ihrer

Emotionalität und Irrationalität. Aber er darf darin nicht nur Bedürfnisse sehen, die seine Kinder unterdrücken, sondern er muß darin auch Elemente sehen, die er selbst unterdrücken mußte in seiner eigenen Kindheit, als er die Fassade der Männlichkeit erwarb. Indem er sich mit seinen Kindern identifiziert, durchlebt er diese Gefühle noch einmal; indem er seine Stärke als Erwachsener erkennt, hat er eine Möglichkeit, mit diesen Gefühlen auf eine neue und bessere Weise fertig zu werden ... So ... kann die Verantwortung für die Kinder und die damit verbundenen Anforderungen zu einem wichtigen Kristallisationspunkt in der eigenen Entwicklung [der Väter] werden« (KESHET/ROSENTHAL 1978, S. 18).

Im täglichen Umgang mit dem Kind wird den untersuchten Vätern bewußt, wieviel Verzicht die strikte, ausschließliche Konzentration auf die Berufsrolle fordert. Und nicht noch einmal wollen sie sich einbinden lassen in einen derart engen Lebensrhythmus: Wenn sie neue Beziehungen zu Frauen eingehen, sind sie zwar gern bereit, die Haushaltsverantwortung mit der neuen Frau/Freundin zu teilen; doch geradezu eifersüchtig wachen sie darüber, daß sie selbst die wichtigste Bezugsperson für die Kinder bleiben und durch das Auftauchen einer Frau nicht in die alte, kinderferne Männerrolle zurückgedrängt werden (ROSENTHAL/KESHET 1978, S. 483ff.). So kann man schließlich sagen, an den Ergebnissen dieser Untersuchung wird real sichtbar, was oben zunächst pathetische Forderung schien: In der Verantwortung für das Kind entdecken und entwickeln die Väter auch sich selbst. Ansatzpunkte einer neuen Identität formen sich heraus – offener für Gefühle, distanzierter von den Verhaltensvorschriften und Verhaltensbeschränkungen der Männerrolle.

»Ich mußte den Gedanken aufgeben, ein Wissenschaftler zu sein, der die ganze Nacht in der Bibliothek sitzt. Andere Männer in meiner Abteilung machten das, und sie hatten auch eine Familie. Aber bald kam ich nur noch ins Institut, wenn ich Lehrveranstaltungen hatte und wenn ich sonstige Arbeiten machen wollte während der Zeit, wo [der Junge] nicht bei mir war. Ich fand es dann auch schön, zu Hause zu sein. Schließlich wird er ja heranwachsen und ich hätte vielleicht all das verpaßt, während doch die Bibliothek immer da sein wird« (Interview-Auszug aus ebd., S. 469).

An vielen Stellen also Anzeichen für ein sich veränderndes Bild: nicht mehr der Mann, der bloß geradlinig auf Beruf und Durchsetzung hin orientiert ist; vielmehr ein Mann, der allmählich auch weichere, ja »weiblichere« Züge entwickelt, mehr den außerberuflichen Lebensbereichen sich öffnet. Eines jedenfalls wäre dann deutlich: Die männliche »Normalbiographie« wird zunehmend als Einengung, als Einseitigkeit erfahren. Aber noch ist offen, was daraus folgt. Auf der einen Seite die Bereitschaft zu stärkerem Familienengagement, auf der anderen die Zwangsvorgaben der Berufsarbeit, die dagegen stehen: Was ist stärker? Was wird durchgesetzt, was wird allmählich aufgerieben?

3.3. *Berufsarbeit und die Folgen für Frauen*

3.3.1. *Die nicht-berufstätigen Frauen*

Die »Normaldefinition« der Berufsarbeit ist zugeschnitten auf den berufstätigen Mann, entlastet durch die traditionelle Ehefrau im Hintergrund. Was dies Grundmuster für die Männer bedeutet – welche Art von »Normalbiographie« es ihnen vorschreibt, welche Konflikte und Verzichtleistungen darin enthalten sind –, davon haben wir bisher gesprochen. Jetzt aber geht es um die Kehrseite jener Arbeitsteilung: die Beschränkung auf private Alltagsarbeit, die den Frauen zugewiesen wird. Das Dasein als »Nur-Hausfrau« kommt ja nicht irgendwie zufällig zustande, sondern ist die notwendige Ergänzung der Berufsarbeit, ihre gewissermaßen spiegelbildliche Verlängerung im weiblichen Lebenszusammenhang. Was also bedeutet diese Art der Arbeitsteilung für die nicht-berufstätigen Frauen?

Über diese Frage ist unendlich viel schon geredet, geschrieben, diskutiert und gestritten worden, in wissenschaftlichen Untersuchungen, Fernsehsendungen und Zeitschriften, vor allem aber auch in den Alltagsgesprächen. Und fast immer ist das Reden darüber von persönlichem Engagement begleitet, oft auch von Enttäuschung und Vorwurf, Anklage und Verteidigung. Männer und Frauen, Mütter und Töchter, Freundinnen und Schwestern haben sich an diesen Fragen wundgerieben und sich darüber entzweit. Wieviel Naivität braucht man eigentlich, um sich noch mal daran zu wagen? Vielleicht gibt es einen Weg: zugleich Unparteilichkeit und Betroffenheit, die Distanz der Wissenschaft und die Unmittelbarkeit der Eigenerfahrung zu verbinden. Das ist es, was ich im folgenden versuchen will.

Auf den ersten Blick erscheint die Lebenssituation der nichtberufstätigen Frauen gerade als Gegenstück zu der der berufstätigen Männer. Diese Frauen sind sicherlich frei von vielen Restriktionen, die in der Berufsarbeit angelegt sind. Sie sind nicht den Konkurrenzstrategien und Profilierungszwängen im Kollegenkreis ausgesetzt. Sie können sich ihre Zeit selbständig einteilen. Sie haben – bei den zahlreichen technischen Erleichterungen im Haushalt – genug Zeit zur freien Verfügung. So betrachtet ist in der Hausfrauenexistenz zunächst einmal ein erheblicher Freiraum vorhanden. Aber unter den industriellen Lebensbedingungen sind in der privaten Alltagsarbeit immer auch schon andere Momente enthalten – *Momente, die die Chancen des Freiraums weitgehend zunichte machen:*

In einer Gesellschaft, die nach den Grundprinzipien ökonomischer Rationalität organisiert ist, bedeutet das Hausfrauendasein eine Art Randexistenz, deren Geringschätzung alltäglich erfahrbar ist. Es heißt Abgeschobensein in die Isolation des Privaten, enge Wohnung, sterile Neubausiedlung im Grünen; und die Kontaktmöglichkeiten auf andere Hausfrauen begrenzt, die selbst wieder im Zirkel zwischen Kindern und Küche sich bewegen. Diese Situation erzeugt Konkurrenzgefühle und Profilierungszwänge eigener Art: Es ist der neidische Vergleich mit der Nachbarin, der stille Wettbewerb um das klügste Kind, die sauberste Wohnung – das angestrengte Bemühen um ein Produkt, das der Umwelt die Wichtigkeit des eigenen Tuns demonstriert. Die Beweglichkeit der Zeiteinteilung ist drastisch begrenzt durch die vorgegebenen Markierungen des Tagesablaufs: Mahlzeiten, Arbeitszeit des Mannes, Schulstunden der Kinder, Öffnungszeiten der Geschäfte, Sprechstunden bei Arzt, Lehrer, Erziehungsberatung usw. Was dazwischen an Zeit bleibt, ist in kleine Abschnitte zerhackt, die zu kurz sind zu sinnvoller eigener Betätigung. Darüber hinaus gibt es zahlreiche unvorhersehbare Ereignisse, die in den Tagesablauf der Frau einbrechen – ein Kind verletzt sich, das andere hat Hunger, der Mann muß Überstunden machen und kommt später nach Hause –, die eine eigenständige, zielbewußte Planung ihrer Aktivitäten nicht zulassen. *Auch die Beschränkung auf private Alltagsarbeit bietet deshalb kaum Raum zu breiter Entwicklung und Entfaltung von Fähigkeiten; auch in der Einseitigkeit und Ausschließlichkeit der Familienbindung ist eine drastische Verengung möglicher Erfahrungsbereiche angelegt.* Das eben ist ja der Grund, warum Frauen – von der bürgerlichen Frauenbewegung des 19. bis zur »women's lib« des 20. Jahrhunderts – immer wieder ein »Recht auf Beruf« fordern: Sie wehren sich gegen die lebenslange Beschränkung aufs Getto der Kleinfamilie, gegen eine immer stärker mechanisierte und immer abstrakter werdende Hausarbeit als »Lebensinhalt«.

Dieser Protest wird verständlicher noch, wenn wir genauer betrachten, was eigentlich die Arbeit in der Familie verlangt: *Die Aufgabe der Frau besteht wesentlich darin, ständig bereit und verfügbar zu sein für die anderen, für die Bedürfnisse von Mann und Kindern.* Deshalb ist es so schwer – selbst wenn einmal Zeit bleiben sollte –, noch eigene Interessen, eigene Aktivitäten zu entwickeln: Dazu wäre gerade jene Selbständigkeit, jene Unabhängigkeit erforderlich, die im Hausfrauendasein ständig negiert werden muß (Ostner 1978).

»Die Sorge für die physischen und psychischen Bedürfnisse der Familienmitglieder verlangt von der Frau immer wieder Zurückstellen der eigenen Person, Verzicht auf die Entwicklung eigener Wünsche und Bedürfnisse: ihr Verhalten ist stets auf andere Personen bezogen, durch deren Bedürfnisse definiert. In der lebenslangen Eingebundenheit in Hausarbeit sind damit stets auch emotionale Abhängigkeit und Angewiesenheit auf soziale Anerkennung angelegt, größere Ängstlichkeit, Unsicherheit und geringeres Selbstwertgefühl von Frauen. Selbstbewußtsein, Selbstfindung und -wahrnehmung sind strukturell erschwert« (Beck-Gernsheim/Ostner 1978, S. 274; ausführlicher Ostner 1978).

Die Identität der Frau bezieht sich nicht aus dem, was sie selbst ist und leistet – sondern viel eher daraus, was sie für und durch die anderen ist. Das mag abstrakt klingen, schlägt aber in vielen unmittelbar erfahrbaren Ereignissen sich nieder. Da ist der Name, übernommen von der Familie des Mannes; der Sozialstatus, abgeleitet von der Berufsposition des Mannes; die Lebensplanung, vor allem geprägt durch die verschiedenen Phasen des Familienzyklus (Geburt, Heranwachsen und Aus-dem-Haus-Gehen der Kinder). Die Frauen- und Mutterrolle ist nie als Ich definiert, sondern immer umgekehrt: als Aufopferung, Selbstlosigkeit, Selbstzurücknahme. Es sind die immer wiederkehrenden Worte, mit denen Frauen ihre Aufgabe charakterisieren: »Ihm eine gute Frau sein« (Benard/Schlaffer 1978, S. 71). Das klingt gut und schön und edel im idealisierenden Mythos, dichterisch überhöht und ausgeschmückt: »Daß sie sich ganz vergißt und leben mag nur in andern« (Schiller). Aber es ist eine Situation, die den dominanten Grundprinzipien industrieller Gesellschaften völlig entgegengesetzt ist, welche stets doch individuelle Durchsetzung verlangen und prämieren. Der weibliche Lebenszusammenhang wird zu einer Art anachronistischer Nische im Leistungs- und Konkurrenzkampf der Industriegesellschaften. Die Frauen spüren diesen Widerspruch, können ihn aber nicht selbstbewußt begreifen und in eigene Ziele umsetzen. So schlägt er vielfach um in Passivität, Resignation, Minderwertigkeitsgefühle (BIRNBAUM 1975), in eine Grundstimmung der Unwirklichkeit, des Lebens aus zweiter Hand. Im äußeren Komfort bleibt eine innere Leere zurück: das »Problem ohne Namen« (FRIEDAN 1963), kaum in Worte zu fassen, noch weniger verständlich zu machen für andere.

»Wenn ich bei mir selbst bin, bin ich nichts. Ich weiß nur von meiner Existenz, weil ich von Menschen gebraucht werde, die wirklich sind, mein Mann und meine Kinder. Mein Mann geht hinaus in die wirkliche Welt . . . Ich bleibe in der imaginären Welt des Hauses, erledige Aufgaben, die ich zum großen Teil selbst erfinde und die niemandem etwas bedeuten außer mir selbst . . . Ich scheine eingebunden zu sein in eine Art von rätselhaftem Geschehen« (TAX 1970, zit. nach ZARETSKY 1977, S. 69).

Die innerfamiliale Arbeitsteilung – der Mann als Ernährer, die Frau als Familienmutter – wird häufig als eine Art Kooperationsvertrag dargestellt, der beiden Eheleuten Rechte wie Pflichten zuweist. Das hat, so scheint es dann leicht, nichts mit Unterordnung oder Ungleichheit zu tun, bedeutet im Gegenteil wechselseitige Ergänzung und gleichberechtigte Partnerschaft. Aber aus den bisherigen Überlegungen deutet sich schon an, warum dies Bild zu harmonistisch ist. *Es unterstellt eine gleichmäßige Verteilung der Ressourcen, der Chancen und Abhängigkeiten: Aber die gerade ist in Wirklichkeit nicht gegeben. Denn wie auch immer die subjektive Einstellung, Bereitschaft, Motivation der Betroffenen ist: objektiv ist in die traditionelle Ehe ein Machtgefälle eingelassen, das den Mann begünstigt* (BENARD/SCHLAFFER 1978). Nehmen wir zunächst die Worte einer betroffenen Frau:

»Es gibt einen ganz realen, strukturellen Unterschied zwischen der Rolle der Frau und der des Mannes in der Familie – davon kann man nicht loskommen. Die Rolle der Frau ist der des Mannes *strukturell* untergeordnet, egal wie gleich oder ungleich sie als Individuen zueinander stehen mögen. Frauen sind in der Position der Ehefrau und Mutter. Das aber ist genau im Gegensatz zur Position von jemand, der eigenen Plänen folgt. Eine Ehefrau und Mutter muß viel Zeit damit zubringen, der Familie zu dienen . . . in der Rolle der Dienerin zu sein. Und wer dient – der kann zu jeder Zeit gerufen werden« (Zitat aus einem Interview, HOLMSTROM 1973, S. 82).

Diese vorgängige Ungleichheit der Ressourcen beginnt bei den handfest-materiellen Dingen. Es ist der Mann, der (»für seine Arbeit«) das Geld bekommt. Wieviel davon behält er, wieviel gibt er weiter? (Noch immer gibt es Ehefrauen, die nicht einmal wissen, wieviel der Mann wirklich verdient.) Dann kommt die Frage, was mit diesem Geld zu machen sei. Da es ja »sein« Geld ist, scheint es vielfach auch legitim, daß seine Wünsche stärker im Vordergrund stehen und eher berücksichtigt werden. Hier wird schon sichtbar, wie leicht die ökonomische Abhängigkeit der Frau auch in soziale umschlägt. Weil der Mann die materielle Existenzsicherung besorgt, muß seine Arbeitszufriedenheit und Arbeitsfähigkeit in jedem Fall erhalten bleiben. Deshalb sind es häufig seine Wünsche, die am Ende den Ausschlag geben, egal ob es nun um Wohnort, Feierabendgestaltung, Ferienziel oder Fernsehprogramm geht. Deshalb kann der Mann den anderen Familienmitgliedern Anpassung abverlangen (ein Abend reserviert fürs Kegeln, der Samstagnachmittag für Fußball). Die Frau dagegen ist viel weniger autonom, ist in ihrem Aktionsradius abhängig von der Zustimmung oder Ablehnung des Mannes (darf sie den Volkshochschulkurs belegen, am Wochenende die Freundin besuchen?).

»Die Arbeit des Mannes verleiht ihm in der Beziehung Status und Ansprüche auf Rücksichtnahme und Besserstellung; oft identifizieren sich Frauen so stark mit dem Beruf der Männer, daß sie deshalb auf Schutz und Rechte verzichten. Dieser Verzicht ist durchaus rational, da eine Beeinträchtigung der Karriere des Mannes schließlich auch die Frau und die Familie trifft . . . Geldstrafen für Gattenmißhandlung werden letzten Endes vom Familieneinkommen abgezogen, Funkstreifeneinsätze schaden dem sozialen Ansehen der ganzen Familie, Status und Lebensstandard auch der Frau hängen vom beruflichen Fortkommen des Mannes ab. Die Möglichkeit eines Rekurses auf ihre formalen Rechte ist der Frau daher in vielen Fällen effektiv versperrt« (BENARD/SCHLAFFER 1978, S. 74).

»Frauen, insbesondere Hausfrauen, akzeptieren den Mann in der Regel als Vermittler zur Öffentlichkeit und damit als Stellvertreter der gesellschaftlichen Autorität. Auch in der Beziehung neigen sie dazu, die vom Mann aufgestellten Regeln und Normen kritiklos zu akzeptieren . . . Die Isolierung im Haushalt schränkt ihre Möglichkeit, das eigene Realitätsbild von anderen bestätigen zu lassen, häufig drastisch ein, so daß der Mann, der mit der ›Außenwelt‹ in viel intensiverem Kontakt steht, seinen Einschätzungen und Werturteilen die Normalität bescheinigen kann. Er ist in der Lage, der Frau selbst Zweifel an der Richtigkeit ihrer Wahrnehmungs-, Interpretations-, Verhaltens- und Reaktionsformen einzuflößen, wenn ihre sozialen Kontakte begrenzt genug sind, daß sie keine Korrektur- und Vergleichsmöglichkeiten hat« (ebd., S. 72 und S. 77).

»Die Beratungsstelle wird regelmäßig von Frauen aufgesucht, die wissen wollen, ob sie ›allein einen Ausflug machen dürfen‹, ob ihnen der Mann verbieten darf, aus dem eigenen Gehalt eine Zeitschrift zu abonnieren, ob sie ohne Einwilligung des Mannes ihre Enkelkinder oder Eltern besuchen oder mit einer Freundin in ein Kaffeehaus gehen dürfen« (ebd., S. 73).

Der Mann bekommt über den Beruf also nicht nur ein eigenständiges Einkommen, sondern auch eine Vermittlerfunktion zur Außenwelt, Zugang zu Informationen und Sozialkontakten, damit eine Autorität und Definitionsmacht, die ihm in familialen Entscheidungsprozessen zugute kommt; die Frau dagegen ist qua Arbeitssituation zunächst einmal auf den Privatraum der Familie verwiesen. Das ist das Grundmodell der traditionellen Ehe, gefiltert sicherlich durch die je individuellen Bedingungen: Berufsposition des Mannes, Ausbildungsniveau und Herkunftsmilieu der Partner, Kinderzahl, finanzielle Verhältnisse usw. Aber *typisch ist eben doch eine Ungleichheit der Ressourcen* (etwa in bezug auf Zeiteinteilung und Freizeitgestaltung, Bestimmung von Wohnort und Tagesrhythmus, in bezug auf ökonomische und soziale Abhängigkeit, Autoritätsstellung, Fähigkeitsentwicklung, Selbstbewußtsein), *die dem Mann einen Vorsprung sichert und ein Moment der Spannung in die Ehe bringt.* Das wird auf den verschiedensten Ebenen des Ehealltags spürbar:

– *Die Frau kann nicht von »gleich zu gleich« mitdiskutieren und eigene Wünsche artikulieren.* Doch auch sie hat eigene Bedürfnisse, nicht unbedingt mit denen des Mannes zusammenfallend. Aber was kann sie im Konfliktfall tun? Sie kann entweder ihre Vorstellungen und Wünsche zurücknehmen und sich immer mehr denen des Mannes anpassen, das heißt sich selbst aufgeben. Das führt, über Jahre und Jahrzehnte betrieben, immer mehr in eine Form des Persönlichkeitsverlustes, die anfänglich oft in psychosomatischen Beschwerden sich äußert, mit innerem Rückzug in Frigidität sich verbindet, aber auch zu massiven Zuständen der Depression und Apathie führen kann – jene Art von »Hausfrauensyndrom«, die Ärzten und Psychotherapeuten wohlbekannt ist (RICHTER 1972; BENARD/SCHLAFFER 1978).

Versucht die Frau aber, ihre eigenen Vorstellungen durchzusetzen – etwa entgegen den Wünschen des Mannes eine eigene Berufstätigkeit aufzunehmen –, so wird sie häufig auf massiven Widerstand stoßen: Der Mann versteht ihr Verhalten als Auflehnung und Rebellion, bezieht es unmittelbar auf seine Person, als Angriff auf seine patriarchalische Autorität. Diese Deutung wird dann noch einmal theoretisch überhöht, mit der Definitionsmacht der Wissenschaft legitimiert, wenn aus einem solchen Konfliktfall heraus die Frau psychotherapeutische Beratung und Hilfe sucht: Hier wird ihr Verhalten nicht selten als »Ablehnung der weiblichen Rolle« interpretiert, als »Abweichung« und »pathologisch« etikettiert. Damit ist die Frau vollends verunsichert und hilflos geworden – fügt sich schließlich ein, zurück auf den richtigen Weg, zurück in Anpassung und Unterordnung (Chesler 1974; Burgard 1978).

Bleibt schließlich eine andere Alternative: die eigenen Wünsche nicht offen äußern, sondern »hintenrum« durchzusetzen versuchen. Hierher gehört das ganze Repertoire sogenannt »weiblicher« Listen und subtiler Strategien – Schmeicheln und Schmollen, Kopfweh und Zärtlichkeitsbeweise –, am besten bekannt durch jene Frauentypen, die die Romane und Dramen des 19. Jahrhunderts porträtieren. Aber alles nicht Eigenschaften »der« Frau, qua Natur und Wesen, sondern viel eher ihrer sozialen Stellung im Gefängnis der patriarchalisch-traditionellen Ehe (Benard/Schlaffer 1978): Reaktionsweisen, um angesichts drückender Abhängigkeit sich ein Stück Eigenleben zu wahren. Immer Zeichen und Signale, mehr oder weniger verschleiert, die Kunst des Versteckspiels und der Umwege, die ernste Absicht hinter Kokettsein verbergend: Welche Art von Persönlichkeit wurde (wird) hier gefördert?

»Von zartem Alter an werden Frauen in der schwierigen Kunst sexueller Herausforderung erzogen. Ihnen wird beigebracht, sich attraktiv, begehrenswert und anziehend zu machen; wie sie stehen und sprechen, sich kleiden und sich verhalten müssen, um verführerisch zu sein. Mode, Kosmetik, Parfüms, eine ganze Welt von Herstellern und Beratern ist entstanden, um den Frauen zu helfen, wie sie aufreizend und verführerisch wirken nach den von den Männern gesetzten Standards der Zeit« (Safilios-Rothschild 1977, S. 43).

Hierher, zu den indirekten Methoden, gehört vor allem auch die ganze Skala im Spiel der sexuellen Herausforderung – erst um den Mann »einzufangen«, so Status und Versorgung zu erlangen; später, um sein Interesse wachzuhalten, ihn weiter gefügig zu machen. Das ist am Ende dann die »Rache des Opfers« (ebd., S. 41): Der Mann wird zum Objekt gemacht, damit die Frau Wünsche und Ansprüche durchsetzen kann.

». . . Wenn Männer und Frauen drastisch ungleich sind in ihren Chancen und die Frauen eine eindeutig untergeordnete . . . Stellung haben, dann werden sie zwangsweise auch psychologisch ungleich. Dann sind Männer und Frauen unfähig, einander zu verstehen und sich als Menschen aufeinander zu beziehen. Statt dessen versuchen sie, einander als Objekt zu benutzen und wollen jeder für sich das Spiel gewinnen, das manchmal ›Kampf der Geschlechter‹ genannt wird – Austausch von Sexualität gegen Bindung und Sicherheit . . . Wo immer Frauen kaum direkten Zugang zu Geld, Ansehen und Macht besitzen, da sind sie nicht nur versucht, sondern sogar gezwungen, Sexualität als ihre einzige Waffe, ihre einzige Ressource einzusetzen. Nur indem sie Sexualität als Instrument benutzen, können sie den sozialen Abstand zwischen sich und den Männern verringern und Zugang zu Geld, Ansehen, manchmal auch Macht gewinnen« (ebd., S. 3 und S. 47).

– Im Alltag der ehelichen Machtverteilung sind die Frauen also nicht nur wehrlose Opfer. Im Gegenteil, sie entwickeln oft Strategien eigener Art. *Sie wehren sich – auf ihre Weise: nicht mit physischer Gewalt, aber mit vielfältigen Formen der Unterdrückung des Mannes im täglichen Kleinkrieg.* Das beginnt zum Teil mit Ordnungstrieb und Putzwut, setzt sich fort in kleinlicher Nörgelei, ständiger Unzufriedenheit, eskalierend manchmal bis zur harten Tyrannei. In der Abhängigkeit der Frauenrolle können viele Interessen, Bedürfnisse, Ziele nicht selbständig durchgesetzt werden, sondern nur über Mann oder Kinder vermittelt. Wo dies nicht gelingt – etwa der Mann nicht die große Karriere schafft, der Sohn nicht die Schulerfolge, die Tochter nicht die »gute Partie« –, da kommen Enttäuschung und Verbitterung auf, verstärkt noch durch aufgezwungene Passivität, das Gefühl, selbst nichts ändern zu können, nur hilflos im Käfig zu sitzen. Unter diesen Bedingungen werden die unausgelebten Wünsche, unerfüllten Hoffnungen leicht gegen Mann und Kinder gewandt. In der Enge der Privatwelt, der Monotonie des Haushalts entwickelt sich das, was Karikaturen und Witze immer wieder beschreiben: Xantippe, der weibliche Drachen, die bösartig jeden Tag wieder ihr schreckliches Regiment führt; die die Macht an sich reißt – und doch immer nur Teilerfolge erzielt, weil all ihre Aktivität eingezwängt bleibt in den Binnenraum der Familie.

»Die Bedürfnisdeckung der Familie, doch eigentlich der Sinn des Hauswesens, wird hier geradezu zu einer Störung der Bedürfnisbefriedigung. Der Mann kann nicht ausgehen, weil das Gekochte gegessen werden muß, der Sohn kann keine Schularbeiten machen, weil alle Möbel aufeinanderstehen. Die Mutter selbst kann sich nicht sauber und nett kleiden, weil sie das Frischgebügelte schonen will, Vernunft wird Unsinn, Wohltat Plage. Am unbefriedigtsten bleibt die Hausfrau selbst. Die andern flüchten schließlich in die Kneipe, auf den Sportplatz, ins Kino. Die wütige Hausfrau aber muß zu Hause bleiben, denn es gehört mit zu ihrer Religion, daß man die Wohnung nicht allein lassen darf« (Rühle-Gerstel 1932, S. 251).

– Durch die Beschränkung auf den Innenraum, vor allem auch durch die darin angelegte Unselbständigkeit, verliert die Frau leicht den Bezug zur Außenwelt, zu Politik, Beruf usw. *Was die »instrumentellen« Fähigkeiten betrifft, bleibt sie meist hinter dem Mann zurück – und das hat negative Konsequenzen für beide.* Ihm fehlt ein ebenbürtiger Partner; sie spürt ihr Nichtwissen (»Davon verstehst du nichts«), schämt sich deswegen, wagt am Ende nicht mehr, eine Meinung zu haben. Beide also sind betroffen – aber *ihr Verlust ist eindeutig größer.* Denn der Mann kann sich immer noch Diskussionspartner anderswo suchen, bei Kollegen und Klubkameraden, in den Männerbündnissen verschiedenster Art (vielleicht auch bei der netten jungen Sekretärin). Wo aber findet die Frau Möglichkeiten des Lernens, um nicht vollends in ihren Wissenslücken steckenzubleiben? Wo findet sie Ansprache und Bestätigung, um wieder ein wenig Selbstsicherheit zu gewinnen? Sicher gibt es die Angebote der traditionellen Bildungsinstitutionen, Volkshochschule und Konzertabend, Kirchenchor, Sprachlehrgang im Radio. Und all die Buchhandlungen, Museen, Kunstgalerien: Sind sie nicht für jedermann offen? Aber was dort geboten wird, ist meist sehr fern vom Alltag der Frauen, aufgesetzt eher und fremd, nicht beziehbar auf die eigene Situation. Davon können sicherlich diejenigen Frauen Gebrauch machen, die schon eine solide Portion Wissen und kulturelle Interessen mitbringen; also diejenigen, die qua Ausbildung und Sozialschicht am meisten privilegiert sind. Die anderen aber – und das sind gerade diejenigen, die am meisten verunsichert sind –, sie scheuen eher zurück vor den klassischen Bildungsangeboten; sie werden vielleicht passiv aufnehmen, aber kaum selbständig damit umgehen, sich selbst daran weiterentwickeln. Auf der anderen Seite gibt es natürlich auch eine Vielzahl von praktischen Kursen (Basteln und Töpfern und Blumenstecken). Aber die sind letztlich wieder Verlängerung und Ausschmückung der Hausfrauenexistenz: Fortsetzung des alltäglich Praktizierten auf gehobenem Niveau. Da bricht nichts eigentlich anderes, Neues ein, nur die Innenwelt wird kultiviert, die Außenwelt bleibt noch immer draußen (und weiterhin heißt es: »Davon verstehst du nichts«).

»Bei eines Strumpfes Bereitung
sitzt sie im Morgenhabit,
er liest in der Kölnischen Zeitung
und teilt ihr das Nötige mit.«
(WILHELM BUSCH: Kritik des Herzens,
zit. nach WEBER-KELLERMANN 1974, S. 11.)

Ungleich die Welt der alltäglichen Erfahrung, die Chance der Fähigkeitsentwicklung – über Beruf versus Familie werden Männer und Frauen getrennt. Am Ende manchmal Entfremdung, Gesprächslosigkeit, Beziehungslosigkeit. Und nicht selten der Fall, daß der Mann die Frau »überholt«, eines Tages vielleicht sogar verläßt. *Das ist nicht einfach Zufall oder Schicksal oder bloß individuelle Schuld: Es ist die letzte Konsequenz einer Arbeitsteilung, die Chancen und Abhängigkeiten ungleich verteilt.*

»Wo die Ehe als ›komplementärer‹ Tausch von Verantwortungen und Leistungen betrachtet wurde, kann die Frau – deren Entwicklungsfeld dadurch sehr eingeschränkt ist – in späteren Jahren ›überflüssig‹ werden. Die gewissenhafte Erfüllung ihrer Pflichten führt nur dazu, daß sie von den Entwicklungen des Mannes überholt und zurückgelassen wird« (BENARD/SCHLAFFER 1978, S. 81).

Solche Eheverläufe, an deren Ende innere Entfremdung, manchmal auch äußere Trennung steht, sind allen Therapeuten bekannt. Und praktisch immer ist es die Frau – als die Abhängigere –, die am stärksten betroffen ist. Denn der Mann kann noch immer aktiv nach Ausweichmöglichkeiten suchen; sie aber kann es nicht. Nehmen wir zwei Protokolle aus einer Beratungsstelle für Frauen:

»Frau R., Gattin eines Schriftstellers, kommt in die Beratung. Sie spricht leise und monoton, redet von Angstgefühlen, vom Alleingelassenwerden und vom ›unnütz sein‹. Ihr Mann hat sie immer viel allein gelassen, auf seinen Reisen nahm er sie nie mit, wegen der Kinder; er verlangte, daß sie sich ›ganz ihnen widme‹. Das hat sie auch getan; sie war nie berufstätig. Jetzt sind die Kinder erwachsen, und sie hat das Gefühl, ihren Lebensinhalt verloren zu haben. Die Abwesenheit des

Mannes fällt ihr jetzt verstärkt auf, sie fühlt sich völlig allein gelassen. Zum Beispiel war er im Sommer zwei Monate weg, um ›Urlaub von der Familie‹ zu machen und ›neue Ideen und Anregungen zu bekommen‹. Die Frau ist depressiv, sie war beim Nervenarzt und bekam dort leichte Medikamente verschrieben. Sie weiß, daß das Problem kein medizinisches ist, sondern daß sie ihr eigenes Leben leben muß. Sie möchte eigene Aktivitäten haben, schafft das aber nicht. Es werden ihr einige Vorschläge karitativer Organisationen, in denen sie sich betätigen könnte, gemacht. Sie stimmt diesem Vorschlag zu, scheint aber nicht sehr motiviert. Sie hofft, mit ihrem Mann gemeinsam etwas unternehmen zu können . . .

Frau U. . . . war damit beschäftigt, vier Kinder und einen Haushalt zu versorgen, während ihr Mann seine Karriere als Jurist aufbaute. Jetzt, nach 33 Jahren Ehe, ist sie 53 Jahre alt und der Mann findet, daß die Frau seinem derzeitigen Niveau nicht mehr entspricht, und möchte daher eine andere. Es kam zu einer tätlichen Auseinandersetzung, bei der er Frau U. schlug, um sie zu zwingen, die eheliche Wohnung zu verlassen. Vorher wollte er sie noch veranlassen, ein Schriftstück zu unterzeichnen, in dem sie auf alle rechtlichen und finanziellen Ansprüche verzichtet« (BENARD/SCHLAFFER 1978, S. 81f.).

Was ich hier dargestellt habe, ist die innere Struktur der traditionellen Ehe, aus der Perspektive der Folgen für die Frau. Der Mann Ernährer, die Frau zu Hause: auf den ersten Blick ein Verhältnis wechselseitiger Ergänzung, bei näherer Betrachtung aber ungleiche Verteilung der Chancen und Abhängigkeiten, der Risiken und Ausweichmöglichkeiten. Das heißt nicht, ganz sicher nicht, daß in allen Ehen dieser Art die Frauen »Opfer« sind, ungeachtet, unselbständig, unglücklich. Natürlich gibt es Familien, wo Frauen sich wohl fühlen und ausgefüllt sind in dieser Art von Lebenszusammenhang; etwa weil es ihrer Erziehung und Einstellung entspricht, weil sie vom Ehemann Anerkennung und Verständnis erfahren, weil über Nachbarschaft, Familie, Freundeskreis ein enges Netz von Sozialbeziehungen besteht und weil sie (durch Ausbildung, finanzielle Verhältnisse, Haushaltshilfen begünstigt) außerhäusliche Interessen und Aktivitäten wahrnehmen können. *Aber ein solcher Verlauf ist heute die Ausnahme, nicht die Regel;* typisch sind Isolation der Kleinfamilie und Schlafstädte im Grünen, wenig Begegnungsmöglichkeiten bietend, das eine Einkommen nur knapp ausreichend für eine mehrköpfige Familie, dazu Konsumdruck, der ständige Geldprobleme erzeugt, dann noch Konflikt zwischen Kinderaktivität und Ruhebedürfnissen der Erwachsenen, durch beengte Wohnverhältnisse verschärft. Unter diesen, den »alltäglichen« Bedingungen geht die innerfamiliale Arbeitsteilung in der Regel zu Lasten der Frau: Sie ist es, die von den Folgeproblemen am meisten betroffen ist. Dies Grundmuster mag dort latent bleiben, vielleicht kaum spürbar werden, wo die Ehebeziehung außerordentlich glücklich ist; das heißt, die Ungleichheit der Positionen von Mann und Frau, sozial vorgezeichnet, kann im individuellen und besonders begünstigten Fall überlagert werden durch selbstverständliche Übereinstimmung der Wünsche, Bedürfnisse, Interessen. Aber anders sieht es schon aus in den durchschnittlich zufriedenen/durchschnittlich unzufriedenen Ehen, gekennzeichnet durch kleine Streitigkeiten um die Banalitäten des Alltags und periodisch auftretende Auseinandersetzungen, in denen größere Gegensätze aufbrechen. Hier, in den Konfliktsituationen, kommt der »Ressourcenvorteil« des Mannes zum Tragen. Ihre krassesten Folgen zeigt die Ungleichheit, die in die traditionelle Arbeitsteilung eingelagert ist, freilich erst dort, wo mögliche Konflikte nicht mehr aufgefangen werden durch spontane Liebe und Zuneigung, auch nicht mehr abgemildert durch Formen der wechselseitigen Gewöhnung; wo statt dessen die Beziehung zwischen Mann und Frau längst schon zerrüttet ist, nichts anderes mehr als ein erbitterter Krieg im Privaten. *Hier, am anderen, unglücklichen Ende des Kontinuums zeigt sich am unverhülltesten, welche Risiken die traditionelle Arbeitsteilung für die Frau bringt*; wie sie dadurch abhängig und schutzlos wird, viel eher als der Mann ausgeliefert Repressalien und Drohungen, vielen Arten von Willkür, Demütigung, physischer Gewalt (MARTIN 1978, darin besonders MARSDEN 1978; BENARD/SCHLAFFER 1978).

Aber das heißt eben *nicht*, es seien nur die wenigen Extremfälle – bedauerlich, aber untypisch in ihrer Art –, wo die Frauen das größere Risiko tragen. Denn zunächst einmal ist die Zahl solcher »Extremfälle« viel größer, als im allgemeinen angenommen wird (MARTIN 1978; BENARD/SCHLAFFER 1978). Es gibt verschiedene Erscheinungsformen von Gewalt in der Ehe, und viele davon bleiben unentdeckt: weil die Opfer Angst haben oder sich schämen, weil die Umwelt gleichgültig ist, weil der Privatbereich abgeschirmt ist gegen Einblicke von außen, weil rechtliche Bestimmungen hier vielfach wirkungslos bleiben. Darüber hinaus sind in bestimmtem Sinne alle Frauen, die die familiale Hintergrundarbeit übernehmen, von den Risiken dieser Arbeitsteilung betroffen – selbst diejenigen, die im gegenwärtigen Arrangement volle Zufriedenheit finden. In welchem Sinne sie alle betroffen sind, das zeigt sich, wenn wir den Verlauf der weiblichen Normalbiographie genauer betrachten; wenn wir anschauen, wie, bedingt durch die Zuweisung zu Ehe und Familienarbeit, an ganz bestimmten Punkten typische Brüche und Konfliktsituationen in diese Biographie eingebaut sind:

1. Beginnen wir mit *Kindheit und Jugend*. Der Junge bereitete sich aufs Erwachsensein vor, indem er Berufswünsche entwickelt, erst spielerisch und häufig wechselnd, dann immer entschiedener und bestimmter. Was aber geht in dieser Zeit im Mädchen vor, wenn die traditionelle Arbeitsteilung es für Ehe und Familie bestimmt? Auch hier mag es ein paar Berufswünsche geben, gedacht für die »Übergangszeit« oder als Rückversicherung gegen Schicksalsschläge. Aber die Hauptaufgabe ist doch die Ehe: Wie kann das junge Mädchen sich darauf vorbereiten, wo so viel, ja fast alles doch abhängt vom Mann, dem noch unbekannten? Der Mann, erst in Träumen existierend, steht doch schon im Mittelpunkt, bestimmt die Gedanken des Mädchens: Wer ist er, wie ist er, was wird er bringen? Schauen wir uns dazu die Lebenserinnerungen von AGATHA CHRISTIE an, Beschreibung einer Jungmädchenzeit um die Jahrhundertwende:

»Das aufregend Schöne im Dasein eines Mädchens – einer Frau in ihrer embryonalen Phase – bestand darin, daß das Leben ein so wunderbares Glücksspiel war. Man wußte nicht, was die Zukunft bringen würde. Man brauchte sich nicht den Kopf darüber zu zerbrechen, was man tun oder sein sollte – die Biologie würde das entscheiden. Man wartete auf *den Mann*, und wenn dieser Mann kam, würde er das ganze Leben verändern. ›Vielleicht werde ich einen Diplomaten heiraten . . . Ich glaube, das würde mir gefallen, zu reisen und fremde Länder kennenzulernen . . .‹ Oder: ›Einen Seemann würde ich nicht heiraten wollen; wir müßten an der Küste leben.‹ Oder: ›Vielleicht heirate ich einen Brükkenbauer oder einen Forscher.‹ Die ganze Welt stand dir offen – nicht dem, was deiner Wahl entsprechen mochte, sondern dem, was das Schicksal dir bringen würde. Alles war möglich: es konnte sein, daß du einen Trunkenbold heiraten und sehr unglücklich werden würdest, aber das erhöhte nur noch das Gefühl erregender Spannung. Und man heiratete ja auch nicht einen Beruf, sondern einen Mann. Wie die alten Kinderfrauen, Gouvernanten, Köchinnen und Hausmädchen zu sagen pflegten: ›Eines Tages kommt der Richtige.‹ . . .

Der Richtige. Man drückte es manchmal auch eleganter aus: ›Der Mann, den das Schicksal dir bestimmt hat.‹ . . .

In einer Beziehung war der Mann unangreifbar: er war der Herr des Hauses. Wenn eine Frau heiratete, akzeptierte sie seine Lebensweise und die Stellung, die er in der Welt einnahm. Das scheint mir eine gesunde Grundlage für eine glückliche Zukunft zu sein. Wenn du dich mit dem Leben deines Zukünftigen nicht abfinden kannst, nimm den Job nicht – mit anderen Worten, heirate diesen Mann nicht. Da haben wir zum Beispiel einen Textilgroßhändler; er ist Katholik, er zieht es vor, am Stadtrand zu wohnen, er spielt Golf, und er verbringt seinen Urlaub gerne am Meer. *Das* heiratest du. Entschließe dich, an all dem Gefallen zu finden. So schwer wird es schon nicht sein« (CHRISTIE 1978, S. 126–130).

Bei AGATHA CHRISTIE liest es sich spannend und amüsant. Die Jungmädchenzeit als eine Art Spiel, aufregend und voller Fragezeichen, alle Möglichkeiten noch offen, Ausgang noch ungewiß: Stoff genug zum Träumen und Fabulieren. Aber vergessen wir nicht, das sind die Lebenserinnerungen einer Frau, die unter glücklichen Umständen aufwuchs, privilegiert durch Herkunftsmilieu und Familie. Ihr eigenes Leben verlief durchaus nicht ganz in jenen konventionellen Mustern, die die obigen Sätze erwarten lassen. Entgegen den Jungmädchenträumen, entgegen bereitwilliger Anpassung ihrerseits brachte ihre erste Ehe nicht das dauerhafte Glück, sondern endete in Scheidung (ein skandalöses Ereignis zu jener Zeit); sie heiratete dann ein zweites Mal, und zwar einen erheblich jüngeren Mann (was wiederum den gängigen Konventionen widersprach), begleitete ihn auf seinen beruflichen Reisen in ferne Länder – und baute sich gleichzeitig eine weltweit bekannte Schriftstellerkarriere auf.

Sie selbst also hat es vermocht – dank der erheblichen Selbständigkeit, die sie besaß – nach dem Schicksalsschlag der Scheidung ein neues, diesmal glücklicheres Leben zu beginnen. Was aber ist aus den anderen Frauen geworden, die durch die individuellen Umstände weniger begünstigt waren? Diese Frage verweist zurück auf die Bedingungen, die die Arbeitsteilung zwischen den Geschlechtern dem heranwachsenden Mädchen vorgibt: statt klar umrissener Pläne ein Phantasiereich vager und immer wieder wechselnder Träume; nicht Entwicklung zu eigener Identität, sondern Offenheit und Diffusheit, Bereitsein für den Mann, Anpassung an ihn, der das »Schicksal« ist. Die traditionelle Arbeitsteilung bestimmt das Mädchen zu Abwarten und Passivität.

Liest man diese Stichworte, so wird ein Eindruck immer stärker. Was hier beschrieben wird, das ist *beim Mädchen doch nicht eigentlich Erwachsenwerden – sondern viel eher Hinauszögerung und Verlängerung der Kindheit.* Dieses Grundmoment der weiblichen Biographie ist freilich nicht zufällig, auch nicht zurückführbar auf ein »Wesen« der Frau, sondern ist die gewissermaßen logische Konsequenz einer Arbeitsteilung, die die Frau aufs Familiendasein verweist. »Ein Mädchen ... reifte nicht wie der sturm- und drangbewegte Jüngling zur Persönlichkeit, sondern zur Ehefrau – oder es hatte seine Bestimmung verfehlt« (KÖNNECKER 1978, S. 8).

Und heute? Sicher sind die Kontraste zwischen männlicher/weiblicher Jugendphase nicht mehr so kraß wie vor einigen Jahrzehnten. Aber solange die alte Arbeitsteilung zwischen Mann und Frau, zwischen Beruf und Familie existiert, bleibt auch das Grundproblem erhalten. Wir stoßen immer wieder darauf, z. B. in der Phase der Berufswahl, die noch immer typische Unterschiede zwischen Jungen und Mädchen erkennen läßt (BECK-GERNSHEIM 1976, S. 89 ff.).

»... der heranwachsende Junge ist relativ unabhängig von seiner zukünftigen Frau und Familie, wenn er daran geht, seine Pläne für eine berufliche Karriere zu machen. Das heranwachsende Mädchen dagegen ist gezwungen, die Planung des zukünftigen Berufs sehr viel vorläufiger und flexibler zu gestalten, da sie ja noch nicht weiß, was für einen Ehemann sie haben wird, wie seine Pläne in bezug auf Beruf und Wohnort sein mögen, wie er zu ihren Berufsplänen eingestellt ist und ob sie früh, spät oder nie heiraten wird oder einmal sich scheiden läßt« (GARAI/SCHEINFELD 1968, S. 222f.).

Über die traditionelle Arbeitsteilung, die die Frau auf Ehe und Familie verweist, ist in die weibliche Normalbiographie demnach immer schon ein Moment der Unbestimmtheit und Unsicherheit eingelassen, das eine Art »Chamäleon«-Verhalten verlangt (vgl. ROSEN/ANESHENSEL 1976). Denn fest umrissene Bedürfnisse und Ambitionen – das ist eigentlich nicht »weiblich«, weil nicht mehr genug offen für den Mann. Statt dessen anpassungsfähig in Vorlieben und Interessen – das ist die ideale Frau, die dem künftigen Mann Übereinstimmung garantiert. Jetzt sehen wir deutlicher, was die traditionelle Arbeitsteilung für die Frau bedeutet: *Nicht erst in der Ehe, sondern längst schon vorher beginnt die ungleiche Verteilung von Chancen und Abhängigkeiten. Die Frau ist in einem fundamentalen Sinne vom Mann abhängig, bevor sie ihn überhaupt kennt.* Ihre Entscheidungsmöglichkeiten, nicht die seinen, werden durch die Ehe von früh an eingeschränkt. Das aber bleibt natürlich nicht ohne Konsequenzen für die Macht- und Autoritätsverteilung in den Jahren nach der Heirat: Wie soll die Frau, die vor der Ehe eher vagen Träumen nachhängt, als handfest eigene Ziele entwickelt – wie soll sie später in der Ehe mehr Selbständigkeit, mehr Entschiedenheit gewinnen? Nein, da kommt kein plötzlicher Umbruch. Die Jahre an der Seite des Mannes bringen viel eher eine Fortsetzung dessen, was in Kindheit und Jugend vorbereitet wurde: wieder eine bestimmte Form des Abwartens, jetzt von Geburt und Heranwachsen der Kinder bestimmt.

»Die Erziehung der Frau vollzieht sich in Etappen, die sie immer mehr in ihrer Entwicklungsfähigkeit einschränken, zugleich aber in Form positiver Vorstellungen erscheinen. Die Ehe erscheint als Befreiung von der Bevormundung der Eltern, die Geburt von Kindern als Schaffung eines echt weiblichen Wirkungskreises, das Erwachsenwerden dieser Kinder wiederum bringt die Hoffnung auf mehr Freizeit usw. Diese Möglichkeiten liegen immer in der Zukunft, nie in der Gegenwart; sie bestehen nicht aus Alternativen, die zu verfolgen sind, sondern aus Gelegenheiten, die eine Eigendynamik besitzen und passiv herbeigehofft werden müssen (Frauen warten auf ›den Richtigen‹, sie ›erwarten ein Kind‹ etc.). Die Hoffnungen sind so übersteigert, daß Enttäuschungen gewiß sind« (BENARD/SCHLAFFER 1978, S. 68).

2. Nach den ersten Ehejahren kommt die *Zeit, wo die Kinder selbständiger werden, schließlich das Elternhaus ganz verlassen.* Das ist die eigentlich kritische Phase im weiblichen Lebenszusammenhang. Denn es ist ja heute viel mehr die Mutterrolle als die Hausarbeit im engeren Sinne, die im Vordergrund steht. Es ist die Beziehung zum Kind, nicht das Kochen und Putzen und Waschen, was die Frauen als befriedigend erleben, was ihrem Dasein den eigentlichen Sinn gibt und ihren Tagesablauf vor allem bestimmt. Über Jahre hinweg haben sie ihre Anstrengungen und Erwartungen wesentlich auf die Erziehungsaufgabe gerichtet. Was aber geschieht, wenn die Kinder dann aus dem Haus sind: Wie wird dieser Bruch im Zeitablauf des Alltags, in den Orientierungen und Bedeutungsschwerpunkten des Bewußtseins erlebt, wie wird er ertragen?

Einige Frauen »werden in mittleren Jahren buchstäblich aus dem Heim getrieben, wenn die Kinder erwachsen sind. Sie finden sich selbst plötzlich emotional bankrott im leeren Haus ... Von der Frau wird erwartet, allwissend und allzuständig zu sein, d. h. geduldig für alle und alles da zu sein. Sie wird Gegenstand der Abhängigkeit ihrer Kinder, während sie gleichzeitig daran arbeiten muß, deren Abhängigkeit von sich selbst zu verringern und schließlich aufzulösen, gleich mit welchen Gefühlen sie dafür bezahlen muß. Jeder Versuch, durch ›intellektuelle‹ Beschäftigungen eine Kontinuität mit dem Selbst-Image vorehelicher

Zeiten aufrechtzuerhalten, würde ihr den Vorwurf einbringen, ihre familiären Verpflichtungen zu vernachlässigen. Aber nachdem die Kinder älter geworden sind, fühlt sie sich von der Berufswelt ausgeschlossen ... Ist sie eine ›gute‹ Ehefrau und Mutter, dann wird ihr Los in den mittleren Jahren unweigerlich hart sein ... [Man] erwartet von der Frau beides: eine hervorragende Mutter und Ehefrau zu sein, zugleich aber auch ein sozialbewußtes Wesen, das sich mit einem Bein einen Stand in der Gesellschaft sichert, um am Ende der mittleren Jahre ein neues Leben beginnen zu können – ein Leben ohne vollen Einsatz in der Familie. Nach meinen Erfahrungen in der psychotherapeutischen Praxis möchte ich bezweifeln, ob die heutige Frau der mittleren Jahre schon zu einer solchen Metamorphose imstande ist« (PREUSS 1973, S. 23f.).

Indem die weibliche Normalbiographie auf die Arbeit in der Familie zugeschnitten ist, ist die Diskontinuität, der Bruch schon vorprogrammiert. Denn »die Familie« ist ja nichts, was über die Jahre hinweg gleichbleibt, sondern sie verändert sich, und zwar drastisch: Erst sind es die Kinder, die mit ihren lebhaften Ansprüchen und Bedürfnissen die Frau voll in Atem halten; und dann sind mit einem Mal nur noch zwei Erwachsene zu versorgen. Im gleichen Maß, wie die Familie sich verändert, so verändert sich auch der tägliche Aufgabenkreis der Frau. Wie und mit welchen Folgen der Bruch sie trifft, hängt wesentlich ab von den individuellen Begleitumständen, also etwa Bildungsniveau, Schichtzugehörigkeit, Kinderzahl; wird nicht zuletzt dadurch bestimmt, mit welcher Intensität die Frau sich vorrangig auf die Mutterrolle konzentriert hat, wie breitgelagert die Interessen und Aktivitäten sind, die sie darüber hinaus verfolgt hat. Auch institutionelle Bedingungen spielen eine Rolle, z. B. Maßnahmen zur Wiedereingliederung ins Berufsleben oder Möglichkeiten außerfamilialer Betätigung für die nicht-berufstätige Frau.

Die Diskontinuität, die im Dasein für die Familie angelegt ist, trifft also nicht alle Frauen gleichermaßen schwer. Aber sie trifft sie um so stärker, je intensiver und ausschließlicher sie sich der Mutterrolle widmeten. Gerade die besonders gewissenhaften Mütter sind in den mittleren Jahren – den sogenannt besten, wie es beim Manne heißt – anfällig für Depressionen und Gefühle von Minderwertigkeit (BERNARD 1971, S. 158; BIRNBAUM 1975), die sich häufig in psychosomatische Beschwerden umsetzen. *Es sind die »Wechseljahre«, aber sicher nicht nur im biologischen Sinne: Was sich vor allem ändert, ist der tägliche Aufgabenkreis, der Sinn und Zweck des eigenen Tuns. Die Frau, bisher vor allem im Dasein für andere geübt, ist mehr und mehr mit sich selbst konfrontiert.* Das ist es, was ihr zu schaffen macht. Und die Frage ist, ob sie es schaffen kann.

»Von den älter werdenden Kindern immer weniger benötigt, werden die (berufslosen) Frauen einsamer. Außer dem Ehemann bietet sich eines Tages niemand mehr von selbst an, den Sinn ihres Wirkens durch anregenden Austausch oder durch Erfolgsbestätigungen zu sichern. Verfügen sie nicht spontan über spezielle Interessen oder mißlingt es ihnen, sich aktiv kompensatorische menschliche Kontakte zu eröffnen, können depressive Empfindungen von Leere, Minderwertigkeit und Sinnlosigkeit leicht überhandnehmen« (Richter 1972, S. 38).

3. Im Ehealltag ist es die Aufgabe der Frau, durch familiale »Hintergrundarbeit« den Mann für die Anforderungen der Berufsarbeit zu entlasten. Das ist die Arbeitsteilung, dic die traditionelle Kleinfamilie kennzeichnet. *Was aber geschieht, wenn diese Arbeitsteilung eines Tages zusammenbricht – durch Auflösung der Ehe, durch Scheidung oder Tod?*

Anders als der Mann, der in diesem Fall immer noch einigermaßen geradlinig seinen bisherigen Lebensweg fortsetzen kann, ist die nicht-berufstätige Frau sehr viel unmittelbarer und direkter betroffen. Das Ende der Ehe, das ist für sie oft ein Einbruch im eingespielten Lebensmuster (vor allem, wenn keine Kinder zu versorgen sind). *Ihr Part in der innerfamilialen Arbeitsteilung wird plötzlich obsolet:* Die Hausfrauenexistenz ist ihrem Kern nach immer auf andere bezogen. Je enger und ausschließlicher die Bindung an den Ehemann war, je mehr über ihn der Bezug zur Außenwelt sich vermittelte – desto spürbarer ist die Isolation, wenn die Frau allein zurückbleibt. Und häufig verändern sich auch – mehr oder minder drastisch – die finanziellen Voraussetzungen des gewohnten Lebensstandards: Die ökonomische Versorgung ist nicht mehr im bisher selbstverständlichen Maß garantiert. Auch das ist ein Problem, das für Männer sich in dieser Form nicht stellt. Denn egal, ob sie noch im Beruf stehen oder schon pensioniert sind, nach dem Tod der Frau laufen die monatlichen Bezüge in jedem Fall weiter. Die Frau aber, die den Mann verloren hat, muß auskommen mit der Witwenrente; und die ist – wie das Bundesverfassungsgericht erst 1978 wieder als rechtens bestätigt hat – in der Bundesrepublik festgesetzt auf 60 Prozent der Rente des verstorbenen Ehemannes. Nicht viel mehr als die Hälfte dessen, was dem Mann als materielle Existenzgrundlage zugestanden ist – das ist es, was die Frau am Ende der Ehe erwartet.

Kann man da immer noch sagen, die innerfamiliale Arbeitsteilung sei eine »gleichmäßige« Verteilung von Rechten und Pflichten?

Nun wäre es ja naheliegend, daß nach einer gewissen Zeitspanne auch die Frau wieder zum gewohnten Muster der Arbeitsteilung zurückkehrt: daß sie wieder heiratet und im Rahmen einer neuen Partnerschaft die alten Aufgaben der familialen »Hintergrundarbeit« übernimmt. Aber auch da stößt die Frau auf sehr viel mehr Schwierigkeiten als im Vergleichsfall der Mann. Denn ältere Männer finden häufig sehr viel jüngere Frauen, ältere Frauen aber bleiben viel eher allein, wenn sie einmal den Partner verloren haben; noch immer ist ja der Altersvorsprung des Mannes der gesellschaftliche Normalfall. Auch von daher ist zu verstehen, was die empirischen Zahlen anzeigen: daß geschiedene Männer häufiger eine neue Ehe eingehen als geschiedene Frauen (Frieze u. a. 1978, S. 143).

Unter diesen Umständen scheint die Rückkehr ins Berufsleben oft der einzige Ausweg. Aber auch der ist oft versperrt, gilt doch nach den Erwartungen der Betriebe die Frau in mittleren Jahren häufig schon als zu alt; dies ist gerade in den typisch weiblichen Berufsfeldern der Fall – wie etwa Sekretärin, Verkäuferin, Stewardeß –, die offen oder versteckt Aussehen, Charme, Jugendlichkeit zur wesentlichen Einstellungsbedingung machen. Hinzu kommt, daß fast immer die Frau selbst schlecht vorbereitet ist für eine solche Situation: Je früher und intensiver sie, den Regeln der innerfamilialen Arbeitsteilung gehorchend, die eigene Berufsarbeit zugunsten des Mannes zurückgestellt hat, desto ungünstiger sind nun die Voraussetzungen, um unter einigermaßen akzeptablen Bedingungen ins Berufsleben zurückzukehren.

In diesem Sinne sind es besonders die nicht-berufstätigen Frauen, die betroffen sind von den Konsequenzen jener innerfamilialen Arbeitsteilung, die die gegenwärtige Berufsarbeit nahelegt. Denn die primäre Lebenssphäre des Mannes, die berufliche Arbeit, wird von familialen Veränderungen nur indirekt berührt. Für die Frau dagegen bedeutet die Auflösung der Ehe die Umkehrung ihres Aufgabenbereichs – die plötzliche Zuweisung zu jener Berufsrolle, die sie im Rahmen der innerfamilialen Arbeitsteilung bisher zurückgestellt hat. Der Mann kann aufbauen auf dem, was er in die innerfamiliale Arbeitsteilung eingebracht hat – die berufliche Leistung behält ihren Wert. Die Investitionen aber, die die Frau für die innerfamiliale Arbeitsteilung erbracht hat – die Last der privaten Alltagsarbeit –, all dies zählt nicht, zahlt sich nicht aus, wo allein nach beruflichen Erfolgen gefragt wird. *Die Frau kann nicht aufbauen, sondern muß praktisch von vorn anfangen.* Ihre soziale, aber auch ihre materielle Existenz wird durch den Verlust des Partners gefährdet.

»Wenn eine Frau so hochmütig ist, daß sie lieber verhungert, als sich zu unterwerfen, dann soll sie ihren Willen haben . . . Wenn eine Frau, die sich nicht selbst erhalten kann, lieber ihren Mann verläßt, als sich ihm zu unterordnen, dann laßt sie von der Wohlfahrt leben oder verhungern im Namen Gottes; denn in diesen Fällen sagt das Gesetz, sie hat es ihrer Eigenwilligkeit zu verschreiben.« Gerichtsverhandlung England, 17. Jahrhundert.

»Frau M. ist seit zwanzig Jahren mit einem Notar verheiratet und war immer im Haushalt. Ihr Mann ist sehr streitsüchtig und brutal. Sie ist am Rande eines Nervenzusammenbruchs, hat aber Angst vor der Scheidung, weil sie sich keine neue Existenz mehr aufbauen kann. Es wird ihr geraten, ihrem Mann so gut wie möglich aus dem Weg zu gehen und vorsichtig mit ihm umzugehen.« Protokoll aus einer Beratungsstelle für Frauen, Wien 1978. (Beide Zitate aus BENARD/SCHLAFFER 1978, S. 80f.)

Unterschiedliche materielle Bedeutung der Ehe für Männer und Frauen, damit verbunden unterschiedliche Abhängigkeit vom Fortbestand der Beziehung: Dies Ungleichgewicht weist den Frauen von vornherein die schwächere Position zu. Die Folgen können wir auf den verschiedensten Ebenen beobachten. Da ist das subjektive Erleben der Frauen, häufig bestimmt von extremer Angst vor möglichem Partnerverlust, ein »Trauma der Mannlosigkeit« geradezu (BENARD/SCHLAFFER 1978, S. 68); Alleinsein wird gleichgesetzt mit Ohnmacht und Minderwertigkeit. Solche Vorstellungen sind wiederum richtungweisend für das alltägliche Verhalten. Es entwickelt sich daraus die Bereitschaft zum Hinnehmen und Dulden, zum Ausharren selbst unter entwürdigenden Bedingungen: lieber immer wieder Demütigung, Streit, die Erfahrung körperlicher Gewalt – als Scheidung und Alleinsein; lieber das Gewohnte, in das einzufügen man schon gelernt hat – als eine ungewisse, unvorstellbare Zukunft, die man gar nicht zu bewältigen wüßte. Alternativen gibt es nicht.

Aber wo heute doch die Scheidungszahlen ständig zunehmen; wo in der Mehrzahl der Fälle die Frauen es sind, die die Scheidung einreichen – spricht das nicht gegen die Deutung, die ich hier gegeben habe, die Frau eher zu ständigen Opfern bereit als zu aktivem Ausbruch?

An diesem Punkt dürfen wir nicht vergessen, daß das klassische Modell der innerfamilialen Arbeitsteilung heute nicht mehr so verbreitet ist wie früher, zumindest nicht mehr in seiner Reinform. Mehr Frauen als je zuvor sind auch nach der Heirat noch berufstätig, halbtags wenigstens, oder scheiden nur für ein paar Jahre aus dem Erwerbsleben aus. Diese Frauen sind sicher nicht so abhängig wie die Ehefrau traditioneller Prägung, die ganz aufs Familiendasein beschränkt blieb. Und diese, die mehr oder minder ins Berufsleben noch integrierten Frauen sind es wahrscheinlich auch, die nüchtern Bilanz ziehen, wenn die Ehe ihren Erwartungen nicht entspricht, und am ehesten dann die Scheidung einreichen. Es ergibt sich schließlich eine Art Verbreitungseffekt auch auf die nicht-berufstätigen Frauen, denen die Möglichkeit des Ausbruchs aus der Ehe (statt des passiven Erduldens) so mehr zu Bewußtsein kommt.

Das scheinbar so perfekte Lösungsmuster – die stillschweigende Verkopplung von Berufsarbeit des Mannes und familialer Hintergrundarbeit der Frau – zeigt bei näherer Betrachtung also erhebliche Brüche und Risiken. Denn dies Lösungsmuster setzt den Idealtyp der lebenslang bestehenden Ehe voraus. Aber die Realität sieht häufig anders aus: Immer mehr Ehen werden durch Scheidung beendet; nicht wenige Ehen werden aufgelöst durch den frühzeitigen Tod eines Partners. *In all diesen Fällen liegt die Last des Risikos vor allem bei der Frau:* Weil sie für die Arbeit in der Familie zuständig ist, ist es ihr Part der Arbeitsteilung, der von innerfamilialen Veränderungen am stärksten betroffen ist, der am ehesten außer Balance gerät – und der gleichzeitig am wenigsten die Chance hat, im Rahmen der eingespielten Lösungsmuster wieder aufgefangen, wieder »repariert« zu werden. Die der Frau zugewiesene Position ist stets vermittelt und abhängig vom Mann: *Die innerfamiliale Arbeitsteilung* – hier Beruf, dort private Alltagsarbeit – *garantiert nur so lange Lebensaufgabe und Versorgung für die Frau, wie die Ehe besteht.*

3.3.2. *Die berufstätigen Frauen*

Die gegenwärtige Form der Berufsarbeit verlangt volle Konzentration auf die beruflichen Anforderungen, setzt damit die innerfamiliale Arbeitsteilung voraus, bei der der Mann als »Ernährer« entlastet wird durch die familiale Hintergrundarbeit der Frau. Das ist das Grundmodell, das ich bisher skizziert habe. Aber offensichtlich gibt es doch eine Gruppe, die nicht in dies Modell hineinpaßt. Das sind die berufstätigen Frauen: Einerseits stehen sie unter den beruflichen Anforderungen, sollen darauf mit voller Kraft (ungehindert durch andere Verpflichtungen) sich konzentrieren. Auf der anderen Seite fehlt ihnen aber ganz offensichtlich jene Ehefrau, die die private Alltagsarbeit abnimmt, damit für berufliche Aufgaben verfügbar macht. Nicht von den täglichen Routinetätigkeiten entlastet (wie viele der berufstätigen Männer), aber auch nicht voll mit diesen Tätigkeiten beschäftigt (wie die Frauen, die im Hause arbeiten) – die berufstätigen Frauen sind weder hier noch dort richtig einzuordnen: *Sie sind von vornherein die »Problemgruppe«, die »Abweichler«,* die tradierte Arbeitsteilung zwischen den Geschlechtern aufbrechend. Was aber heißt das für sie: Wie gehen sie mit dieser Situation um, wie – wenn überhaupt – können sie sie bewältigen? *Wie wirkt sich ihre Zwischenstellung aus, im Beruf wie im Privatleben, welche Belastungen und Spannungen – vielleicht auch Chancen – sind damit verbunden?*

Der naheliegendste Weg wäre natürlich, die bestehende Arbeitsteilung voll umzukehren. Wenn der berufstätige Mann durch die Ehefrau von den Routinetätigkeiten des Haushalts entlastet wird, dann müßte die berufstätige Frau einen »Hausmann« finden, und auch sie könnte voll den beruflichen Anforderungen sich widmen. Aber das ist, wir wissen es alle, unter den gegebenen gesellschaftlichen Bedingungen reine Utopie. Denn was für die Männer ein weitgehend selbstverständliches Lösungsmuster, das ist (in der entsprechenden Umkehrung) für Frauen praktisch kaum durchführbar: Wie viele Männer gibt es denn, die als Hausmänner bereitwillig um Essen und Putzen und Waschen sich kümmern, die auch noch geduldig zuhören, liebevoll unterstützen, emotional bestärken können und wollen? Schon hier also, am zentralen Ausgangspunkt, können wir sehen, wie die Berufssituation für Frauen sich grundsätzlich anders – und schwieriger – stellt als für Männer; wie die Anforderungen der Berufsarbeit, scheinbar unabhängig vom Geschlecht der Arbeitenden geltend, im weiblichen Lebenszusammenhang doch andere, problematischere Bedeutung besitzen.

»Das Engagement, das ein Unternehmen von Mitarbeitern verlangt, die ... für Führungspositionen vorgemerkt werden möchten, bringt traditionellerweise ein junger Mann mit, der schon vorher eine diesbezügliche Bildung und Ausbildung erworben hat, der sich damit abfindet, daß seine Karriere an erster Stelle kommen wird und seine Frau und seine Kinder sich entsprechend anpassen müssen, der bereit ist, so viele Überstunden zu machen, wie seine Arbeit erfordert, der kurzfristig verreisen kann – und der eine Frau braucht, die zu Haus mit allem fertig wird. Mit diesem jungen Mann konkurriert die engagierte junge Frau« (Hennig/Jardim 1978, S. 114f.).

Wenn aber die Entlastung durch einen »Hausmann« kaum in Frage kommt, so ist die als nächstes sich anbietende Alternative die, zumindest zusätzlichen Belastungen aus dem Wege zu gehen. Das aber heißt – gemessen am Grundmuster der innerfamilialen Arbeitsteilung – nichts anderes als Verzicht auf Ehe, auf Familie: Wenn die Frau schon selbst nicht entlastet wird, dann muß sie wenigstens dafür sorgen, daß sie nicht noch Entlastungsfunktionen für den anderen, den Ehemann zu übernehmen hat. Das ist ein Lösungsmuster, das zum Teil tatsächlich praktiziert wird. Denn in den hochindustrialisierten Ländern mit hoher Frauenerwerbstätigkeit sinken Heiratshäufigkeit und Geburtenziffern, und der Zusammenhang zur Berufsarbeit ist durchaus nachweisbar. So schieben schon in den Berufen mit mittlerem Ausbildungsniveau junge Frauen die Heirat häufig auf, um noch ein paar Jahre länger berufstätig bleiben zu können (Weltz u. a. 1978); und erst recht in den hochqualifizierten Berufen ist die Entscheidung gegen Ehe und Kinder eine nicht seltene Strategie, um dem Dilemma von Berufsanforderungen und Familienanforderungen zu entkommen (siehe Kapitel 4).

Trotzdem ist der Verzicht auf Familie nicht die am meisten verbreitete Lösungsform. Die meisten Frauen wollen lieber Beruf und Familie verbinden, als der Berufstätigkeit die Familienpläne zu opfern. Dahinter stehen wohl verschiedene Bedingungen. Da sind zum einen die Frauen der mittleren und älteren Generation, die stark noch die traditionell weibliche Sozialisation erfahren haben, vorrangig ausgerichtet auf Heirat; ihr Aufwachsen, ihre Erwartungen, Hoffnungen, Lebenspläne wurden bestimmt vom »Leistungsziel Ehe« (Gipser 1975). Aber auch bei der jüngeren Generation sind es nur bestimmte – allerdings an Bedeutung zunehmende – Gruppen, die die Ehe, dies »Herzstück« der weiblichen Normalbiographie, auf Dauer ablehnen. Denn wie auch immer sie zur traditionellen Frauenrolle stehen, sie sind doch eingebunden in eine Gesellschaft, die ganz bestimmte Bedingungen vorgibt. Und zu diesen Bedingungen gehört, daß es hier und heute noch immer die Ehe ist (bzw. die nicht standesamtlich beglaubigte, aber dauerhafte Partnerschaft zwischen einem Mann und einer Frau), die am ehesten Vertrautheit und Nähe, Zärtlichkeit und Gemeinsamkeit verspricht; Intimität ist, unter den gegenwärtigen gesellschaftlichen Bedingungen, weitgehend für den Binnenraum der Zweierbeziehung reserviert.

Was aber geschieht nun, wenn berufstätige Frauen die dritte – die verbreitetste – Lösungsform wählen: Wenn sie heiraten – und weiter berufstätig bleiben? Praktisch alle vorliegenden Untersuchungen kommen zu einem ähnlichen Ergebnis. Demnach wird in Familien, in denen beide Partner berufstätig sind, die private Alltagsarbeit nicht etwa gleichmäßig verteilt – vielmehr liegt typischerweise die Hauptlast bei der Frau. So gesehen sind berufstätige Frauen, sofern sie verheiratet sind, *doppelt* benachteiligt gegenüber den Männern: Nicht nur, daß sie selbst kaum entlastet werden – sie müssen auch noch Entlastungsfunktionen für den anderen, den Ehemann übernehmen.

Die Unausgewogenheit der innerfamilialen Arbeitsteilung (die oft kaum eine Arbeits*teilung* zu nennen ist), die größere Belastung der Frau durch familiale Aufgaben – das ist das charakteristische Ergebnis aller Studien, die Familien mit berufstätigen Frauen untersuchen. Dies Ergebnis zeigt sich nicht nur in den westlichen Industrienationen (z. B. MICHEL 1971; PROSS 1973), sondern ebenso auch in den sozialistischen Staaten (KÖHLER-WAGNEROVA 1974; PROSS 1973; SOKOLOWSKA 1973). Es zeigt sich in repräsentativen Untersuchungen, die alle Bevölkerungsschichten erfassen (PROSS 1973, 1978) – und es zeigt sich auch dort, wo es um Familien am oberen Ende der Berufshierarchie geht. Denn selbst dort, wo beide Partner einen qualifizierten bis hochqualifizierten Beruf ausüben, hält sich – in mehr oder minder modifizierter Form – die traditionelle Arbeitsteilung noch durch (siehe Kapitel 4): Die private Alltagsarbeit ist letztlich als Verantwortungsbereich der Frau definiert. Wenn die Frau Unterstützung ihrer Berufsarbeit durch den Mann erfährt, dann in dem Sinne, daß er sie bei Berufsproblemen ermutigt, in finanziellen Angelegenheiten berät und auch sonst auf verschiedene Weise Kooperationsbereitschaft zeigt. Aber kaum je wird der Mann jene familiale »Hintergrundarbeit« leisten – Einkaufen, Kochen, Nähen, Kindererziehung usw. –, die die eigentliche Umkehrung der traditionellen Arbeitsteilung wäre. »Wenn nur der Mann eine Karriere verfolgt, kann seine Frau die familiale ›Rückendeckung‹ liefern; aber in Familien, wo beide Partner berufstätig sind, kann der Mann meist nicht diese Art einer völligen Umkehrung der traditionellen Rollen übernehmen« (Rapoport/Rapoport 1972, S. 22).

Wir können an dieser Stelle zwar sagen, die Männer der jüngeren Generation übernehmen weitaus mehr Aufgaben im Familienalltag, als es ihre Väter je taten. Aber wir können mit gleicher Berechtigung sagen, wenn wir nur den Vergleichsmaßstab wenden: Auch diese jüngeren Männer übernehmen *immer noch weniger* Aufgaben als ihre Frauen. Und diese, die zweite Perspektive, scheint mir an dieser Stelle interessanter. Denn es drängt sich doch die Frage auf: *Warum* eigentlich werden im familialen Bereich nicht stärker noch Verschiebungen und Veränderungen ausgelöst? *Warum* versuchen Männer und Frauen, wenn sie beide berufstätig sind, nicht ganz neue Formen der Arbeitsteilung, wo sie wirklich gleichgewichtig für Haushalt und Familie zuständig sind?

Eine Erklärung ist sicher die, daß es an den traditionellen Rollendefinitionen liegt, die Männer und Frauen von frühester Kindheit an aufgenommen, dann immer weiter verinnerlicht haben. Es wären also die alten Leitbilder von »Männlichkeit« und »Weiblichkeit«, die, selbst bei Veränderung vieler äußerer Bedingungen, noch immer weiterexistieren in den Personen, ihre Hoffnungen, Ansprüche, Lebenserwartungen bestimmen und neue Lebensformen verhindern. Deshalb sind die Männer zu patriarchalisch, zu bequem und tyrannisch, die Frauen zu passiv und nachgiebig und opferbereit – kurz, beide Geschlechter zu rückständig –, um den Ausbruch aus dem Gewohnten zu wagen.

Diese Erklärung klingt durchaus plausibel. Und doch erfaßt sie, so meine ich, nur einen Teil der Wahrheit. Denn wir machen es uns zu einfach, wenn wir nur die Individuen, die Männer und Frauen betrachten, sie unter der Hand dann als »rückständig« erklären. Da bleibt die andere Seite draußen, die vorgeordnet ist: Wir müssen auch die Institutionen betrachten, in denen die Individuen leben, die gesellschaftlichen Bedingungen, in die sie eingebunden sind. Und diese andere Seite, das ist im Fall der innerfamilialen Arbeitsteilung doch die gegenwärtige Form der Berufsarbeit, das Wechselspiel zwischen beiden Arbeitsbereichen. Denn diese Berufsarbeit setzt selbstverständlich die Ehefrau im Hintergrund voraus; eigene Berufstätigkeit der Frau ist in keiner Weise vorgesehen und berücksichtigt – ist immer der »abweichende« Fall, der über individuelle Arrangements bewältigt werden muß. Wenn wir die Berufsarbeit als »Anderthalb-Personen-Beruf« sehen, auf den Mann als Ernährer zugeschnitten, dann ist die Delegation der privaten Alltagsarbeit an die Frau nichts irgendwie Rückständiges, bloß über anachronistische Sozialisationsbedingungen erhalten – sondern ist durchaus und sehr spürbar aktuell, weil immer wieder hier und heute gefordert. Die *Berufsarbeit* gibt die Bedingungen vor, die die Frau auf die Arbeit in der Familie verweisen, selbst dann noch, wenn sie eine eigene Berufstätigkeit verfolgt. An zwei Punkten wird dies Spannungsverhältnis besonders sichtbar:

1. Zum gewissermaßen »normalen« Konflikt zwischen Berufsarbeit und privater Alltagsarbeit, der im Denken, Planen, Handeln berufstätiger Frauen kontinuierlich erfahren wird, kommt (zumindest in mittleren und oberen Positionen) häufig auch ein *Konflikt zwischen den beruflichen Anforderungen der Ehepartner.* Arbeitszeiten und Urlaubszeiten, Schichtdienst und Überstunden, Geschäftsreisen und Teilnahme an Tagungen, Kongressen, Berufsverbänden, berufliche Weiterbildung und eventueller Wochenenddienst, Wohnung mit günstiger Lage zum Arbeitsplatz, geographische Mobilität bei günstigem Stellenangebot – dies alles sind berufliche Imperative, die für »Weiterkommen« und Aufstieg oft ausschlaggebend sind. Wenn beide Ehepartner berufstätig sind, mögen die Imperative, unter denen sie stehen, manchmal zusammenpassen; doch das ist eher Ausnahme, nicht der Normalfall. Was aber geschieht, wenn unterschiedliche Anforderungen aufeinandertreffen?

Die »innere Logik« der Berufsarbeit, oben schon angedeutet, wird hier unverhüllt in ihrer ganzen Schärfe spürbar: Mobilität, Flexibilität, Disponibilität sind ihre Leitwerte, zugeschnitten auf die Zusammenhänge von Angebot und Nachfrage auf dem Arbeitsmarkt, auf deren Regulierung und möglichst reibungsloses Funktionieren. Aber solche ökonomischen Prioritäten berücksichtigen nicht die außerberuflichen Bindungen und Beziehungen, in denen die Individuen leben – Wohngegend, Gemeinde, Nachbarschaft, Freunde und Kollegen, erst recht Familie und Ehe –, alles Bedeutungsschwerpunkte in der individuellen Biographie, die nicht ohne weiteres aufgegeben, ausgetauscht oder beliebig hin- und hergeschoben werden können. Flexibilität versus Bindung, ökonomische Forderung gegen gewachsenen Lebenszusammenhang: Das ist der objektive Konflikt. Die Prioritäten des Marktes zeichnen Entscheidungsmuster vor, die zunächst einmal gleichgültig sind gegenüber allen außerökonomischen Zusammenhängen. *Aber diese Gleichgültigkeit ist nicht etwa Neutralität, sondern unter der Hand immer schon Parteinahme* – Parteinahme *gegen* alle langfristigen Bindungen und Beziehungen, Parteinahme *gegen* all das, was dem reibungslosen Funktionieren sich sperrt. Regionale Mobilität verspricht nicht nur Sicherung des Arbeitsplatzes, sie verlangt auch Pendeln und Wochenendehe, oft sogar Umzug und Umschulung der Kinder, Abschied von Bekannten, Kollegen und Freunden – kurz, in vielerlei Hinsicht ein Auseinanderreißen der gewachsenen Beziehungen.

Die Leitwerte von Mobilität, Flexibilität, Disponibilität sind also nicht voraussetzungslos. Sie sind vielmehr zugeschnitten auf *ein von allen Rücksichten freies, durch keinerlei Bindungen eingeschränktes Individuum.* Das ist die innere Logik der Berufsarbeit, die am stärksten dort spürbar werden muß, wo die Bindungen am engsten sind, in der Kleinfamilie und der Partnerbeziehung vor allem. Hier können wir sehen, *wie die Imperative der beruflichen Arbeit unmittelbar durchschlagen auf die Beziehungen zwischen Mann und Frau:* Da können Ehepartner (sofern sie nicht bereit sind, auf gemeinsame Freizeit, gemeinsame Wohnung usw. weitgehend zu verzichten) kaum gleichberechtigt ihren beruflichen Verpflichtungen nachkommen; soll der eine Partner voll diesen Verpflichtungen gehorchen, muß der andere immer schon halb zurückstecken. Der Konflikt zwischen ihren beruflichen Anforderungen zwingt ihnen immer wieder Entscheidungen auf, die, indem sie den einen berücksichtigen, den anderen zurücksetzen.

Aber die Auswirkungen dieses Konflikts sind nur an der Oberfläche geschlechtsneutral, also Mann und Frau gleichermaßen betreffend. Wie die Kompromisse aussehen, ist bekannt. Fast immer sind es die beruflichen Verpflichtungen des Mannes, denen der Vorrang eingeräumt wird, fast immer sind es die beruflichen Verpflichtungen der Frau, die untergeordnet werden (BERGER u. a. 1978; DUNCAN/PRUCCI 1976; HECKMAN u. a. 1977; HOLMSTROM 1973; POLOMA/GARLAND 1971). Denn fast zwangsläufig werden in solchen Entscheidungskonflikten die alten Rollenleitbilder ein Stück weit wiederaufleben, die den Mann zum beruflichen Vorwärtskommen, die Frau zu Nachgiebigkeit und Anpassung drängen. Sie verfestigen und verlängern damit die alten Muster der beruflichen Benachteiligung der Frau. Das geschieht, wie empirische Untersuchungen zeigen, nicht selten *gegen* den Willen der Betroffenen, die selbst eher ein partnerschaftlich-gleichberechtigtes Verhältnis anstreben wollen (BERGER u. a. 1978). Aber auch sie können, als einzelne, kaum ausbrechen aus den vorgegebenen Bedingungen; auch sie stehen früher oder später unter jenen Entscheidungskonflikten, die zwangsläufig zugunsten des einen, zuungunsten des andern verlaufen. Und genau an diesem Punkt kommen dann auch eine Reihe von Argumenten, die objektiv immer wieder zur Entscheidungspriorität des Mannes drängen:

Zunächst einmal wird nicht selten der Mann als der Klügere, Bedeutendere angesehen. Da will die Frau lieber zurückstehen, als ihn und seine Begabung behindern:

»Ich glaube, mein Mann kann wahrscheinlich sehr wertvolle Arbeit leisten, und ich habe meiner Meinung nach keinerlei Recht, in seinem Wege zu stehen. Ich glaube, daß ich wertvolle Arbeit in dem Sinne leisten kann, daß sie wertvoll für mich ist. Natürlich würde ich gehen, wohin er geht.« (Interview-Ausschnitt aus SOMMERKORN 1969, S. 191; ähnlich auch bei HOLMSTROM 1973, S. 112ff.)

Die Frage bleibt offen, wie objektiv dies Argument wirklich ist: Ist der Mann tatsächlich von seinen Fähigkeiten her überlegen – oder wird er nur so gesehen, gefiltert durch die alten Stereotype, die den Mann in die Rolle des Überlegenen weisen? Fest steht jedenfalls, daß es meist der Mann ist, der – qua Ausbildung und Altersvorsprung – die höhere Position erreicht hat. Von daher ist es rein ökonomisch gesehen meist »sinnvoller«, wenn der Mann ganz die Einkommenschancen seiner Position ausnützen kann, während die Frau (deren Arbeit finanziell sowieso weniger einbringt) im Zweifelsfall ein wenig zurücksteckt. Und wenn die Frau erst einmal ein paar Jahre wegen der Kinder ausgesetzt hat, dann verstärkt sich der Abstand zum Manne noch mehr; und sie kommt noch mehr unter Druck, den beruflichen Angeboten des Mannes nachzufolgen, weil nun seine Einkünfte weit höher sind als die ihren (BERGER u. a. 1978, S. 29). Ein Teufelskreis also, in dem der Vorsprung des Mannes immer weiter ausgebaut und verstärkt wird. *Das typische Entscheidungsmuster ist, diejenige Alternative zu wählen, die dem Familienbudget am meisten nützt – aber nützt das auch der Beziehung zwischen Mann und Frau?* Denkbar wäre jedenfalls auch ein ganz anderes Entscheidungsmuster: wo das erste Ziel lautet, die Ungleichheit der Positionen, anfänglich schon angelegt, im Eheverlauf möglichst abzubauen, also statt Maximierung der Einkünfte bewußt Ausgleich der Chancen zu suchen.

Das soll nicht heißen, daß nicht eher als früher »gerechte Kompromisse« versucht werden. Doch solche Kompromisse kommen auf einer Basis zustande, die meist noch immer durch ein mehr oder minder starkes Element von Ungleichheit gekennzeichnet ist. Wie sollte es auch anders sein – in einer historischen Situation, wo Mann wie Frau geprägt sind von der Erinnerung an traditionelle Erziehungsleitbilder und Rollenvorschriften; wo beide eingespannt sind in ein Berufssystem, das die alte Arbeitsteilung zwischen den Geschlechtern voraussetzt und fordert? Es vermischen sich also in vielerlei Formen Kompromißbereitschaft und immer noch existierende Ungleichheit, und das Resultat sind Entscheidungsverläufe, deren Unausgewogenheit sehr viel subtiler ist als früher. So wird, wer an den traditionellen Maßstäben mißt, vor allem die Veränderung feststellen. Wieviel aber vom *Alten* noch weiterlebt – das enthüllt sich erst dann, wenn man feinere Maßstäbe entwickelt.

Sehr illustrativ in diesem Zusammenhang ist etwa das Gedankenexperiment von BEM/BEM (1971). Sie zeichnen zunächst die typischen Berufsentscheidungen in einer »gleichberechtigten« Ehe nach – und drehen dann die Geschichte einfach um, so daß die Positionen von Mann und Frau ausgetauscht sind. Sofort wird sichtbar, wie jetzt der Entscheidungsverlauf primär an der Frau sich ausrichtet – das ist ungewohnt und deshalb auffallend. In diesem Umkehrschluß wird aber erkennbar, wie im Normalfall die Entscheidungen zunächst vom Mann her sich bestimmen – nur ist dies uns so selbstverständlich, daß wir es im allgemeinen kaum wahrnehmen.

». . . die Ideologie von der ›natürlichen‹ Rolle der Frau durchdringt unbewußt das gesamte Muster [selbst] solcher ›utopischen‹ Ehen. Es ist wahr, die Frau gewinnt ein gewisses Maß an Gleichstellung, wenn ihre Berufstätigkeit am Ende mitbestimmend ist bei der Wahl des Wohnortes. Aber warum geht man fraglos davon aus, daß allein die Berufstätigkeit des Mannes zunächst die Alternativen bestimmt, die in Betracht kommen; warum ist es die Frau, die automatisch die Teilzeit-Arbeit sucht; warum sind die Hausgehilfin, die Wäsche, die Haushaltstätigkeiten immer schon die *der Frau* – und nicht die *beider* Partner?« (BEM/BEM 1971, S. 93).

Ähnliche Überraschungseffekte lassen sich erzielen, wenn man einfach einmal gegenüberstellt, wie Mann und Frau jeweils den Entscheidungsverlauf ihrer Ehe beschreiben (HOLMSTROM, 1973, S. 35f.). In diesem Vergleich werden die subtilen Unterschiede sichtbar, typische Unterschiede in Bedeutungsschwerpunkt, Wahrnehmung und Perspektive. Da ist der Mann, der vor allem die Gemeinsamkeit ihres Entscheidungsprozesses sieht; ihm erscheint das Gegebene schon als Ausdruck von Gleichberechtigung, denn tatsächlich berücksichtigt er ja auch die Interessen der Frau und sieht dies im Vergleich zur traditionellen Ehe, wo der Mann eindeutige Priorität besitzt. Die Worte der Frau dagegen lassen deutlich erkennen, wie ihre beruflichen Interessen zwar eingehen in den gemeinsamen Entscheidungsprozeß – aber immer erst an *nachgeordneter* Stelle. Auch hier liegen die Alternativen zuerst einmal beim Mann, und die Frau ist es, die in ihren Wahlmöglichkeiten dann folgt und sich anpaßt.

Interview mit dem Mann: »Wir hatten darüber gesprochen, wie wir neue Möglichkeiten finden könnten, und all unsere Gespräche enthielten die Frage, wie wir eine Möglichkeit für uns beide finden könnten, eine berufliche Möglichkeit. Deshalb dachten wir immer an die Art von Gemeinde, die Art von Ort . . ., wo es mehr als eine Schule geben würde, wo sie für sich selbst eine Möglichkeit finden könnte, ohne an derselben Schule zu sein . . . Ich muß sagen, ihre Einstellung war die, wenn die Stelle mich interessiert, wenn sie gut zu sein scheint, dann wäre das genug für den Augenblick, und früher oder später würden wir schon einen Weg finden, was sie angeht.«

Interview mit der Frau: »Nun, zunächst einmal war unsere erste Überlegung die, eine Gegend zu finden, in der es mehr als ein College gibt . . . Da nun mein Mann eine volle Professur hatte und am Höhepunkt seiner Karriere war, und da ich in bestimmtem Sinne sowieso auf einer anderen Ebene war, deshalb beschlossen wir dann auch, er solle seine Stelle annehmen, da wir ja wußten, das ist eine Gegend, wo ich wohl auch eine Stelle bekommen könnte . . . Wir waren uns einig, daß er die Stelle annehmen sollte und ich folgen würde, und dies deshalb, weil er schon weiter oben war in der Hierarchie.«

2. Der Konflikt zwischen den eigenen beruflichen Verpflichtungen und denen des Mannes ist also ein wesentliches Hindernis für diejenigen Frauen, die Ehe und Beruf verbinden wollen. Dennoch kann man sagen: Solange die Familie nur aus zwei Personen, Mann und Frau, besteht (und solange die Umstände einigermaßen günstig sind, die Beteiligten einigermaßen guten Willen zeigen) – solange mögen noch immer

Arrangements gefunden werden, die keine allzu große Einschränkung für die Berufsbiographie der Frau bedeuten. Der drastische Einschnitt aber vollzieht sich, wenn das geschieht, was zum »Überleben« einer Gesellschaft bekanntlich notwendig ist: wenn Kinder kommen, wenn damit die private Alltagsarbeit noch durch die Aufgaben der Kindererziehung vermehrt wird. Die konfligierenden Ansprüche von Berufsarbeit einerseits, privater Alltagsarbeit andererseits bekommen nun ein solches Gewicht, daß ein Ehepartner sein berufliches Engagement drastisch einschränken, wenn nicht für einige Jahre vollends aufgeben muß, damit der andere den Anforderungen der Berufsarbeit genügen kann.

Auch hier also wieder der Zwang, innerfamilial nicht Gleichheit, sondern Hierarchie der Berufsansprüche zu definieren; und hier erst recht bleibt dieser Zwang nur geschlechtsneutral auf der obersten, abstraktesten Ebene. Denn in der Praxis ist es durchgängig die Frau und Mutter, die sich aufs Kinderzimmer zurückzieht, während der Ehemann und Vater weiterhin den Weg zum Büro antritt. In der gegenwärtigen Berufsarbeit, die die außerberuflichen Belange und Lebensnotwendigkeiten so weit wie möglich ausblendet und beiseite drängt, bleibt kein Raum für die gesellschaftlich notwendige Arbeit der Kindererziehung und -betreuung. Deshalb wird gerade an diesem Punkt eine Ungleichheit der Berufschancen erzwungen, die – solange auch nur Reste der traditionellen Rollenleitbilder bestehen – de facto auf berufliche Zurücksetzung der Ehefrau hinausläuft.

»Wenn irgend etwas mit den Kindern wäre oder eine Krise zu Hause, da war es immer völlig klar, wenn jemand etwas machen muß, dann bin ich es« (Interview-Ausschnitt aus Sommerkorn 1969, S. 191).

»Zu viele Frauen sind so naiv und glauben, wenn sie erst mal eine gute Position in einem traditionell männlichen Feld erreicht haben, dann haben sie es geschafft. Aber laß sie mal anfangen, Kinder zu haben – dann merken sie, daß der Kampf erst beginnt. Die Regeln, die die Funktionsweise solcher Orte bestimmen – ob sie nun informell sind oder offiziell in der Organisationsstruktur verankert –, immer halten sie alles raus, was mit Familie oder Kindern zu tun hat. Sie sind kinderfrei, luftdicht« (Interview-Ausschnitt aus Fabe/Wikler 1979, S. 91).

Das also ist es, was hinter dem »rückständigen« Verhalten der einzelnen steht, was sie immer wieder einbindet in die traditionellen Muster: die vorherrschende Form der Berufsarbeit, zugeschnitten auf die innerfamiliale Arbeitsteilung zwischen berufstätigem Mann und nicht-berufstätiger Frau. *Unabhängig von individuellen Wünschen, Fähigkeiten, Interessen, unabhängig von individuellen Lebensplänen und -zielen ist so eine Ungleichheit der Ehepartner, ein Gefälle ihrer beruflichen Chancen vorgegeben. Die »Normaldefinition« der Berufsarbeit – Delegation der privaten Alltagsarbeit fordernd – ist das Strukturhindernis, das aller Chancengleichheit vorgängig entgegensteht.* Solange diese Berufsform unverändert bleibt, »können auch noch so zahlreiche Aufforderungen keine gleichmäßige Verteilung von Frauen und Männern in den Spitzenpositionen von Wirtschaft und Professionen erreichen. Der Grund dafür ist einfach: Das Leben, das die Männer in diesen Positionen geführt haben, ist nur dadurch möglich geworden, weil ihre Frauen das traditionelle Leben der Hausfrauen führten – weil sie die doppelte Verantwortung in Kindererziehung und Haushalt übernahmen und den Hauptteil der Aufgaben in Gemeinde, Kirche, Wohlfahrt trugen« (Rossi 1972, S. 351).

An diesen Überlegungen wird sichtbar, wo der eigentliche Kern dessen liegt, was als »Doppelrolle« der Frau gilt. Nicht etwa der Sachverhalt, daß zusätzlich zur Berufsarbeit noch private Alltagsarbeit geleistet wird, macht die Brisanz der »Doppelrolle« aus: Wenn man sieht, wie beide Arbeitsformen zur Existenzsicherung in industriellen Gesellschaften notwendig sind, dann kann ihre Verbindung nicht eigentlich außergewöhnlich sein, sondern ist geradezu selbstverständlich angelegt. Das Besondere und Außergewöhnliche der sogenannten »Doppelrolle« kommt erst dadurch zustande, daß Berufsarbeit in ihrer gegenwärtigen Form stillschweigend die innerfamiliale Arbeitsteilung zwischen Mann und Frau voraussetzt. *Weil die Frau tendentiell die Voraussetzungen für eine »Einfachrolle« des Mannes, für seine weitgehende Konzentration auf berufliche Anforderungen schaffen muß, deshalb wachsen umgekehrt ihre Belastungen zur »Doppelrolle«*. Erst deshalb, weil die Männer sich auf die »Einfachrolle« der Berufsarbeit zurückziehen können, wird die »Doppelrolle« der Frauen zur Abweichung vom beruflichen Normalverhalten: »Die . . . Männer setzen die Maßstäbe, welcher Zeitaufwand nötig ist, um Karriere zu machen« (Bock-Rosenthal u. a. 1978, S. 72). *Nicht die Summierung von Beruf und privater Alltagsarbeit, sondern die in der »Normaldefinition« der Berufsarbeit angelegte ungleiche Aufteilung der privaten Alltagsarbeit,* ihre Zuweisung zum Verantwortungsbereich der Frau – *das ist es, weshalb die Frau, vergli-*

chen mit dem Mann, unter den Anforderungen einer »Doppelrolle« steht.

Dabei sind es keineswegs, wie man zunächst vermuten könnte, nur die verheirateten Frauen, die unter den Belastungen jener Doppelrolle stehen. Das zeigt sich, wenn man die Situation von Männern und Frauen vergleicht. Männer können auch dann, wenn sie nicht verheiratet sind, oft Unterstützung bei der privaten Alltagsarbeit erwarten: Da ist die Freundin, Mutter, vielleicht auch Schwester, die gelegentlich das gröbste Chaos beseitigt. Dagegen kann die alleinstehende berufstätige Frau kaum auf solche Hilfeleistungen hoffen. Im Gegenteil, häufig wird sie »neben« ihrer Berufstätigkeit noch private Alltagsarbeit für andere übernehmen. Das gilt vor allem, wenn sie einen Freund hat; das Muster der ungleichen innerfamilialen Arbeitsteilung beginnt nicht erst dort, wo ein Trauschein die Partner verbindet. Darüber hinaus sorgen alleinstehende Frauen nicht selten für andere Familienmitglieder – alte und pflegebedürftige Eltern, ein uneheliches Kind, nach Scheidung oder Verwitwung zurückbleibende Kinder (siehe z. B. FOGARTY u. a. 1971 b, S. 122). Männer dagegen sind sehr viel weniger in solche Verpflichtungen eingebunden, weil sie ja »offensichtlich« zunächst einmal der beruflichen Beanspruchung nachkommen müssen (deshalb wird das Kind eher zu Großeltern oder ins Internat gegeben, und die Eltern kommen ins Pflegeheim). Das Grundmuster der geschlechtsspezifischen Arbeitsteilung taucht also (in gewissen Variationen) auch dort auf, wo die Familie unvollständig ist: Stets ist es die Frau, die für die private Alltagsarbeit und insbesondere für die diversen Schicksalsschläge des Lebens zuständig ist, für alle Folgeprobleme an Sorge, Pflege, Unterstützung; stets ist es die Frau, die durch außerberufliche »Lebensnotwendigkeiten« stärker belastet ist.

Und genau das ist der Mangel, der bei der gegenwärtigen Form der Berufsarbeit allen Frauen anhaftet – nicht Biologie, nicht Wesen, sondern das gesellschaftlich institutionalisierte Muster der innerfamilialen Arbeitsteilung. Es ist der »Makel«, das Handikap, der ewige Wettbewerbsnachteil, der die Berufssituation von Frauen kontinuierlich bestimmt und belastet: Für sie gibt es keine sozial eingespielten Delegationsmöglichkeiten, die selbstverständlich zur Verfügung stehen. Für sie gibt es dagegen die Pflicht, auch bei eigener Berufstätigkeit noch Delegationsleistungen für den Mann (oder andere Familienmitglieder) zu erbringen.

»Ein Mann kann eine brillante Karriere machen und hat seine Familie zu Haus und immer seine gestopften Socken im Schrank und immer was zu essen« (Interview-Ausschnitt aus Bock-Rosenthal u. a. 1978, S. 139). Wer aber sorgt für die Familie, die Socken, das Essen der Frau? Wer nimmt ihr die Lebensnotwendigkeiten des Alltags ab? An diesen Fragen wird sichtbar, wie die Institution »Ehe« für Männer und Frauen ganz unterschiedliche, ja gegensätzliche Konsequenzen hat, was die Arbeit im Alltag betrifft: Während die Männer meist Entlastung erwarten können, werden umgekehrt die verheirateten Frauen mit entsprechend größerer Belastung konfrontiert.

Eine Ehefrau im Hintergrund zu haben – dies praktisch unerläßliche »Requisit« der gegenwärtigen Berufsarbeit ist und bleibt Privileg der Männer. So bleiben die meisten Frauen festgeschrieben auf die je unteren Bereiche der Berufshierarchie, die durchgängig geringer bezahlten und fast immer weniger Autonomie zulassenden Positionen, auf die diversen Zulieferarbeiten und Handlangerdienste. Das ist die objektive Situation. Wie aber wird sie von den Frauen selbst erfahren? Wie sehen und werten sie die Zurückstellung eigener beruflicher Ansprüche, die ihnen qua innerfamilialer Arbeitsteilung auferlegt ist? Gibt es hier überhaupt gleiche oder ähnliche Reaktionsmuster – oder sind diese unterschiedlich bestimmt je nach konkreten Lebensumständen, also etwa Bildungsstand und Berufsposition, Alter und Schichtzugehörigkeit?

Diejenigen Frauen, die in gering qualifizierten Berufen arbeiten, befinden sich in einer doppelt ungünstigen Situation. Auf der einen Seite bietet diese Berufsarbeit meist wenig Anregung und inhaltliche Befriedigung; auf der anderen Seite verfügen sie kaum über die finanziellen Mittel, um an bezahlte Dienstleistungen einen Teil der Alltagsarbeit zu delegieren. Es ist deshalb vor allem physische und psychische Überforderung – das tägliche Aufgeriebenwerden zwischen Familie und Fabrik, das ständige Hin- und Herhetzen zwischen Arbeitsstätte und Kinderkrippe, Supermarkt und Wohnung –, was ihre Lebenssituation unmittelbar prägt. Das Zurückschrauben der beruflichen Ansprüche ist dagegen (zumindest für die mittlere und ältere Generation) nur in seltenen Fällen ein real wahrgenommener, real erlebter Verzicht. Denn wie empirische Untersuchungen zeigen (siehe Höhn 1964), sind die beruflichen Erwartungen hier typischerweise sehr früh schon zerbrochen durch Perspektivlosigkeit der unqualifizierten Arbeit in Fabrik oder Büro, sind nicht erst unter dem Druck familialer Verpflichtungen an die Seite gedrängt worden. Unter diesen Umständen ist es deshalb kaum erstaunlich, daß viele der schlecht ausgebildeten Frauen – nach einer deutschen Untersuchung fast die Hälfte (PROSS 1973, S. 114) – das Hausfrauendasein der Berufsarbeit vorziehen würden. Für sie ist es nicht die Einschränkung der Berufsarbeit – viel eher dagegen die *Tatsache* der Berufsarbeit, die als Last und Ärgernis empfunden wird. Was vermißt wird, ist nicht die Chance der großen Karriere – die hat es für Frauen mit frühzeitig abgebrochener Ausbildung nie gegeben –, sondern ein Tageslauf, der weniger fremdbestimmt, weniger atemlos, weniger abgehetzt ist.

Auch diese Frauen ziehen die Hausfrauenrolle meist nicht aus Liebe zur Hausarbeit vor, sondern viel eher deshalb, »weil sie sich durch die gleichzeitige Verbindung von Erwerbs- und Familienaufgaben überfordert fühlen oder objektiv überfordert sind. Überwiegend begründen sie ihr Votum mit den hohen Anforderungen im Haus: sie würden gern aufhören ›wegen der Familie‹ . . ., ›wegen der Doppelbelastung‹ . . ., weil sie sich nach einem ruhigeren Leben sehnen . . .« (PROSS 1973, S. 112).

Aber umgekehrt geht aus diesen Untersuchungsergebnissen auch hervor, daß selbst bei den Arbeiterinnen jede zweite eine Erwerbstätigkeit oder die Verbindung von häuslichen und außerhäuslichen Funktionen vorzieht, statt sich ganz auf die Hausfrauenrolle zu konzentrieren (ebd., S. 114). In neueren Untersuchungen – und erst recht bei Frauen, die immerhin Lehrausbildung haben – wird eher stärker noch ein Berufsinteresse sichtbar (LAPPE/SCHÖLL-SCHWINGHAMMER 1978; URDZE/RERRICH 1980; WELTZ u. a. 1978).

Am anderen Ende des Kontinuums stehen dann die Frauen mit qualifizierter bis hochqualifizierter Ausbildung. Wären da nicht die familialen Verpflichtungen – die Rücksicht auf Karriere des Ehemannes, Schulprobleme der Kinder, Lebensnotwendigkeiten des Alltags –, sie könnten wahrscheinlich weiter in der beruflichen Hierarchie vordringen. Die Einschränkung, der Verzicht auf berufliche Ansprüche ist hier durchaus real. Um so auffallender ist, daß diese Gruppe von Frauen besonders ausgeprägte Zufriedenheit mit ihrem Lebensmuster zeigt, wie empirische Untersuchungen in verschiedenen Ländern dokumentieren (BIRNBAUM 1975; BOCK-ROSENTHAL u. a. 1978; BURKE/WEIR 1976; FOGARTY u. a. 1972; GINZBERG 1971; POLOMA/GARLAND 1971; POLOMA 1972). Subjektiv bedeutsamer als die beruflichen Einschränkungen, die die innerfamiliale Arbeitsteilung ihnen abfordert, werden offensichtlich die Vorzüge dieser Lebensform erfahren: Jene geschlechtsspezifische Arbeitsteilung, die die Aufgabe des Familienernährers immer noch primär dem Mann zuweist, erlaubt umgekehrt den Frauen eine gewisse Distanz gegenüber den Konkurrenzmechanismen und Karrierestrategien der Berufsarbeit.

»Diese Frauen können sich viel eher als Männer erlauben, in ihrer Berufsarbeit inhaltlichen Anforderungen und persönlichen Interessen zu folgen, auch wenn diese mit den Geboten . . . des beruflichen Weiterkommens kollidieren . . . Sie können (in den Grenzen des im Berufssystem Möglichen) eine gewisse Freiheit und Autonomie gegenüber beruflichen Zwängen wahren . . . Sie können darauf verzichten, die je nächsthöhere Stufe der Berufshierarchie zu erklimmen, wenn es ihnen nicht wert erscheint, für dieses Weiterkommen mit Streß und Hektik, Anpassungszwängen und Opportunismus, Aufopferung persönlicher Interessen und Belastung des Privatlebens zu zahlen« (Beck-Gernsheim 1976, S. 100).

So haben zum Beispiel englische Untersuchungen von Frauen in hochqualifizierten Positionen gezeigt, daß diese Frauen viel weniger als Männer ihr Leben ganz auf den Beruf ausrichten und von ihm bestimmen lassen, daß sie vielmehr zu einem »ausgeglicheneren Engagement in bezug auf Arbeit und andere Aktivitäten [neigen]: zu einem *eher vielseitigen als primär arbeitsbezogenen Leben*«.

Nach den Ergebnissen dieser Studien »liegt einer der charakteristischen Unterschiede zwischen den Karrierezielen und -mustern von Männern und Frauen darin, daß Frauen eher als Männer ein Gleichgewicht zwischen verschiedenen Zielen wahren: Sie bestehen darauf, ihre Position gut auszufüllen, aber sie lassen es nicht zu, daß ihre beruflichen Verpflichtungen automatische Priorität gegenüber anderen Verpflichtungen, insbesondere familialen, gewinnen. So ist z. B. weniger wahrscheinlich, daß Frauen erbarmungslos nach Spitzenpositionen jagen, und eher wahrscheinlich, daß sie auf einer befriedigenden Position im mittleren Bereich verbleiben, die ihnen Zeit und Energie für andere Aktivitäten beläßt« (Fogarty u. a. 1972, S. 9f.).

Zu ähnlichen Ergebnissen kommt eine amerikanische Untersuchung hochqualifizierter Frauen: Diese Frauen zeigen auffallend niedrige Karriereambitionen, dabei gleichzeitig große innere Zufriedenheit; sie haben sich mehr oder weniger bewußt für ein Doppelengagement entschieden, das von ihnen offensichtlich mehr als doppelte Chance denn als doppelte Belastung empfunden wird.

»Überraschend war die Zufriedenheit, die die Frauen darüber äußerten, an ›zwei Welten‹ teilhaben zu können – am häuslichen Leben und an der Berufswelt. Alle Befragten schätzten sehr wohl das Ausmaß, in dem sie in ihrem Beruf engagiert waren . . ., aber die häusliche Rolle wurde als die primäre beschrieben. Entgegen feministischen Thesen scheinen Ehe und Mutterschaft vielen hochqualifizierten Frauen große Befriedigung zu geben. Mit einer einzigen Ausnahme wollten alle unsere Befragten ihr berufliches Engagement nicht aufgeben, fühlten vielmehr, daß es ihren persönlichen Bedürfnissen sehr entgegenkam und damit auch dazu beitrug, ihre Ehe glücklicher zu machen. Aber bei den meisten war ein mehr oder weniger begrenztes berufliches Engagement hinreichend, um dieses Bedürfnis zu befriedigen« (POLOMA/GARLAND 1971, S. 141).

Bei genauerer Betrachtung gibt es freilich auch in dieser Lebenssituation, die die Frauen selbst vorwiegend optimistisch zeichnen, nicht nur positive Seiten. Denn Frauen, die Familie mit einer qualifizierten Berufsarbeit verbinden, stehen unter ständigem Zeitdruck (siehe z. B. BIRNBAUM 1975; BOCK-ROSENTHAL u. a. 1978; FOGARTY u. a. 1972; HOLMSTROM 1973; RAPOPORT/RAPOPORT 1972). Sie müssen ihren Tageslauf aufs genaueste durchrationalisieren und durchplanen (HOLMSTROM 1973, S. 89f.); sie müssen auf die meisten Interessen verzichten, die nicht direkt mit Familie oder Beruf in Zusammenhang stehen, also z. B. kulturelle und politische Aktivitäten vernachlässigen (FOGARTY u. a. 1972, S. 10; BOCK-ROSENTHAL u. a. 1978, S. 151), Verwandtschafts- und Freundschaftsbeziehungen drastisch einschränken (PRICE 1978, S. 35; RAPOPORT/RAPOPORT 1972, S. 231f.). Und immer noch stehen sie unter ständiger Anspannung: In ihrem eng ineinandergefügten Lebensmuster gibt es kaum einen Zwischenraum; die »Zeit für Freizeit« ist ganz an den Rand gedrängt (FOGARTY u. a. 1972, S. 7 und S. 33).

»Ich habe nie ein Eigenleben geführt, sondern war nur immer für andere da, entweder für die Kinder oder für meinen Mann, und mein Mann ist sehr strapaziös, der braucht einen ständig, auch im Beruf. Ich muß da halt eben bei allen Entscheidungen mit dabei sein . . . Für mich persönlich kenne ich eigentlich schon fast gar nichts mehr, aber jetzt, wo die Kinder größer sind, ist es besser geworden . . ., da bleibt wohl ein bißchen Zeit. [Interviewerin: Und was machen Sie dann?] Was mach ich dann? Ja, wenn ich das jetzt sage, dann sagen Sie, ist wieder nichts für mich. Ich nähe noch selber, ich stopfe noch und wissen Sie, lesen tu ich nur noch im Urlaub. Ich habe jahrelang kein Buch gelesen, als die Kinder noch klein waren. Da ist man also auch im Urlaub nicht dazu gekommen, weil man sich ständig mit ihnen beschäftigen mußte, aber jetzt lese ich also wieder jedesmal, wenn wir in Urlaub fahren ... Aber hier zu Hause hat man doch nicht so die Ruhe. Dadurch daß wir nun beide im gleichen Beruf sind ..., fängt irgendeiner immer wieder an, darüber zu reden. Irgendeiner kommt immer, entweder eines der Kinder oder mein Mann« (Zitat aus einem Interview, Bock-Rosenthal u. a. 1978, S. 35 und S. 41).

Dennoch betonen die untersuchten Frauen vor allem die Chance, die darin liegt, an zwei Lebensbereichen – Beruf und Familie – teilhaben zu können. Auf der einen Seite nicht in der Enge und Monotonie der Hausarbeit gefangen, auf der anderen Seite aber auch nicht voll der Rigidität beruflicher Anforderungen ausgesetzt – das ist, gemessen an ihren eigenen Wertvorstellungen und Wünschen, eine offene und vielseitige Lebensform. Trotz aller Belastungen sehen sie vor allem die Privilegien ihrer Situation, und diese Privilegien sind doppelt, sowohl gegenüber den Männern wie gegenüber den gering qualifizierten Frauen: Verglichen mit den Frauen am unteren Ende der Berufshierarchie haben sie einerseits eine Berufsarbeit, die mehr Handlungsspielraum, mehr inhaltliche Interessen und Entwicklungsmöglichkeiten zuläßt; andererseits verfügen sie auch über die finanziellen Möglichkeiten, um die monotonen, unpersönlichen Teile der Hausarbeit an bezahlte Hilfskräfte delegieren zu können (Bock-Rosenthal u. a. 1978; Holmstrom 1973; Rapoport/Rapoport 1972). Verglichen mit den Männern, sind sie einerseits in der Berufsarbeit freier von Karrierezwängen; auf der anderen Seite haben sie auch noch eine engere Verbindung zum Alltag, zu jener eher bedürfnis- und personenbezogenen Arbeitsweise, wie sie in der Familie zum Teil noch erhalten ist. So klingt beim Abwägen im Endergebnis immer wieder Zufriedenheit, ja, Dankbarkeit für die gegebene Situation an:

»Die Karriereanforderungen des Mannes haben den Vorrang gehabt, nicht nur weil er es so wollte, sondern auch, weil wir es akzeptierten. Die Hauptverantwortung für Kindererziehung und Haushaltsaufgaben wurde uns zugewiesen, und wir haben sie angenommen ... Wir alle sind nach einem schlimmen Arbeitstag schon zurückgekehrt in einen chaotischen Haushalt und haben uns dann gefragt, warum wir überhaupt die Küche verlassen wollten. Wir sind erschöpft, überarbeitet, und bräuchten dringend eine Haushälterin. Aber trotz alledem, wenn wir an die persönliche Zufriedenheit denken, dann ist es uns wahrscheinlich besser ergangen, als wenn wir einen der anderen Wege gewählt hätten, die uns offenstanden. Das heißt nicht, daß es nicht genug zu verbessern gäbe. Aber das Leben, das verschiedene Rollen umfaßt – Ehefrau, Mutter, qualifizierte Berufstätigkeit –, kann doch das reichste von allen sein« (HOFFMAN 1974a, S. 222).

Und doch muß man sie einmal genauer anschauen, diese Zufriedenheit, die hier zum Ausdruck kommt. In bestimmtem Sinne ist sie sehr bescheiden, ja, fügsam: Indem die Frauen viele der Belastungen, die sie erfahren, von vornherein als »unvermeidlich« akzeptieren (FOGARTY u. a. 1971b; HECKMAN u. a. 1977), sind sie froh über die anderen, verbleibenden Seiten – »dankbar für kleine Gnaden«, wie eine Studie es formuliert (FOGARTY u. a. 1971b, S. 366). So gesehen ist durchaus zu fragen, ob das Bild überwiegender Zufriedenheit, das die vorliegenden Untersuchungsergebnisse widerspiegeln, auch heute noch zutrifft – oder ob in den letzten Jahren vielleicht eine Generation von Frauen herangewachsen ist, die jenem Bild nicht mehr oder nur noch in sehr viel geringerem Maße entspricht. Gibt es nicht zahlreiche Anzeichen dafür, daß Frauen – sicher nicht alle, aber doch einige und vor allem mehr als je zuvor, gerade bei den akademisch Ausgebildeten und sozial Privilegierten –, daß Frauen also sich heute bewußter und selbstbewußter mit ihrer Situation auseinandersetzen (woman's lib und Frauenbewegung, der Kampf gegen den § 218 und der Erfolg von »Emma« als Symptome ihres Protests), daß viele sich nicht einfach mehr einfügen wollen in die traditionellen Beschränkungen, die der weibliche Lebenszusammenhang ihnen zuweist? Ist da nicht zu erwarten, daß es in dieser jüngeren Generation auch eher Frauen gibt, die die bekannten Belastungen nicht einfach mehr als »unvermeidlich« hinnehmen; die nicht mehr sich abfinden wollen mit den Verzichtleistungen, die die gegenwärtige Form der Berufsarbeit (und die daran gebundene Arbeitsteilung in der Familie) ihnen abverlangt?

Ich denke bei derartigen Fragen zunächst nicht (oder nicht vorrangig) an diejenigen Frauen, die sehr starke berufliche Ambitionen, ausgeprägte Karriereerwartungen entwickelt haben und deshalb das Zurückschrauben beruflicher Ansprüche als drastischen Verzicht, als Einbruch in ihre Lebensplanung empfinden. Solche Frauen mag es geben, wahrscheinlich auch mehr als zuvor, aber sie sind sicher nicht typisch, und typisch vor allem auch nicht für die verschiedenen Richtungen innerhalb der neuen Frauenbewegung. Ich denke vielmehr an bestimmte Elemente, die ich oben kurz angedeutet habe beim

»qualitativen Gegensatz von Beruf und Hausarbeit«, bei der Charakterisierung der privaten Alltagsarbeit und der dazugehörigen Fähigkeiten, Interessen, Wertvorstellungen. Wenn es nämlich stimmt, daß die private Alltagsarbeit nicht nur gewisse Routinetätigkeiten im Haushalt umfaßt, sondern ebenso auch das Eingehen auf andere Menschen und deren Bedürfnisse, damit gewisse Formen des Einfühlens, der Geduld, der Spontaneität (BECK-GERNSHEIM 1976; OSTNER 1978); wenn es stimmt, daß dem in gewissem Maße das typische Muster weiblicher Sozialisation entspricht, weil Mädchen weniger als Jungen darauf trainiert werden, konkret-sinnliche Anforderungen und Qualitäten zurückzudrängen (BECK-GERNSHEIM 1976) – dann ist zu erwarten, daß *Frauen vielfach eher sensibel sind für jene Verengungen und Verkrustungen, die in der gegenwärtigen Berufsarbeit angelegt sind, in deren Abgehobenheit von Alltag und lebendigen Bedürfnissen.* Und es dürften aus ganz bestimmten Gründen vor allem die jüngeren Frauen sein, die hier ein Gefühl des Ungenügens nicht nur erfahren, sondern auch äußern werden: Sie sind weniger als die ältere Frauengeneration bereit, ein gewisses Maß an beruflicher Zurücksetzung als selbstverständlich hinzunehmen; sie sind wahrscheinlich auch weniger dazu bereit, im familialen Engagement einen Ausweg aus der Eindimensionalität der Berufsarbeit zu finden; und zumindest einige von ihnen fragen, angeregt durch die Impulse der Frauenbewegung, auch nach den gesellschaftlichen Bedingungen, in die sie eingespannt sind. Diese Frauen, die ihre Situation bewußter und selbstbewußter erfahren, die kritisch, zum Teil auch offensiv darauf reagieren, werden kaum zufrieden und dankbar das Gegebene akzeptieren. Sie werden eher an der Einseitigkeit der Berufsarbeit sich reiben und den Preis spüren, den sie allzuoft zahlen müssen: wie unter dem chronischen Zeitmangel, der ständigen Hektik ihres beruflichen und außerberuflichen Alltags das Leben immer mehr sich verengt; wie Freundlichkeit abblättert, Spontaneität verlorengeht, Sensibilität sich verhärtet.

Für die Vermutung, die ich hier äußere, gibt es bisher keine gesicherten empirischen Belege; wohl aber gibt es Symptome und Anzeichen, die vor allem aus den verschiedenen Gruppen der Frauenbewegung kommen, auch aus den neuen Perspektiven und der bewußten Betroffenheit, die Frauen in den traditionellen Wissenschaftsbetrieb einbringen. Nehmen wir als Beispiel auch die neue Form von Frauenzeitschriften, die in den letzten Jahren aufgekommen sind und inzwischen immer zahlreicher existieren (für einen Überblick siehe medium Nr. 12/1978, S. 3–9). Hier ist wenig von genügsamer Zufriedenheit zu finden; statt dessen werden Perspektiven entwickelt, Forderungen erhoben, Alternativen und Utopien werden gesucht. Das alles bringt mich zu der Vermutung, die ich oben schon angedeutet habe: Weil Frauen den anderen, den außerberuflichen Lebensäußerungen noch stärker verbunden sind (nicht aufgrund ihres »Wesens«, sondern aufgrund der gesellschaftlich eingespielten Arbeitsteilung zwischen Männern und Frauen), deshalb empfinden sie zum Teil auch stärker als Männer die Einseitigkeit beruflicher Anforderungen. Deshalb stellen sie vielleicht auch eher, drängender und direkter die Frage, welche Chancen diese Art der Berufsarbeit bietet, wie hoch der Preis ist, der dafür gezahlt werden muß – und vor allem: ob dieser Preis unvermeidlich ist. Schon wagen die jüngeren Frauen, nicht bloß dankbar zu sein für die Chancen, die das Doppel-Engagement in Beruf und Familie bietet – sondern genauso von den damit verbundenen Konflikten zu sprechen.

»Sehr häufig fühle ich mich ganz verzweifelt und erbittert . . . Erbittert darüber, weil man nicht mehr Zeit für die Arbeit hat, und erbittert, weil man nicht mehr Zeit für die Kinder hat, und erbittert, weil man nicht beides haben kann« (Interview-Ausschnitt aus Rapoport/Rapoport 1975, S. 208).

Hier klingen deutlich andere, kritische Töne an. Und dieser Umschwung von Zufriedenheit zu offenen Äußerungen von Wut ist, so glaube ich, vor allem auch Ausdruck einer neuen Generation. Denn die jüngeren Frauen sind nicht nur einer Generation zugehörig, für die Wohlstand schon so selbstverständlich ist, daß sie die Frage nach der Qualität dieses Wohlstands stellen kann. Sie sind ebenso einer Frauengeneration zugehörig, für die eine qualifizierte Ausbildung und Berufsposition nichts Außergewöhnliches mehr ist, was individuell erkämpft werden mußte; Berufsarbeit, auch die in den sogenannt besseren Positionen, ist für einige Frauen so weit schon zur selbstverständlichen Erwartung geworden, daß sie auch nach der *Qualität* dieser Berufsarbeit fragen können (siehe z. B. Hochschild 1975, Prokop 1976, Rich 1975, Rossi 1972, Safilios-Rothschild 1976 und Beck-Gernsheim/Ostner 1978).

»Weil die Frauen in der Vergangenheit immer die passive, anpassungsbereite Rolle gespielt haben, haben sie nicht eine soziale und politische Kritik der amerikanischen Institutionen an die Öffentlichkeit getragen ... Aber ... ich möchte voraussagen, daß sich da etwas ändern wird. Zum Beispiel werden diese jungen Frauen, anders als ihre älteren Schwestern im akademischen Bereich, nicht die Tatsache beklagen, daß die akademisch ausgebildeten Frauen weniger ›produktiv‹ gewesen sind als die Männer. Vielmehr werden die jungen Frauen mit kritischen Blicken betrachten, welche Kriterien überhaupt angewandt wurden zur Messung akademischer Produktivität. Bislang waren dies Dinge wie ›Zahl der Veröffentlichungen‹, ›Häufigkeit der Mitgliedschaft in Berufsorganisationen‹ und ›Zahl der erreichten Ämter in Berufsorganisationen‹. Die neue Art von Frauen wird fordern, wie es viele der jungen Studenten heute tun, daß auch anderes in jene Kriterien einbezogen wird, die zur Einschätzung der akademischen Produktivität eines Mannes oder einer Frau dienen – so etwa die Qualität der Lehre, das Maß an Kollegialität gegenüber den Studenten, die Dienstleistung gegenüber der Universität wie gegenüber der Gemeinde, zu der sie gehört« (Rossi 1972, S. 352f.).

Hier deuten sich neue Fragen, Perspektiven, Werte an. Der Sinn der gegebenen Arbeits- und Lebensformen wird nicht mehr selbstverständlich vorausgesetzt, sondern der kritischen Prüfung unterzogen. Die Ansprüche, einst eher bescheiden, sind radikaler und grundsätzlicher geworden.

»Durch viele Anzeichen ... kündigt sich ... ein Ungenügen vieler Frauen an: Was sie erreicht haben und selbstverständlich nutzen, reicht ihnen nicht mehr aus. Nicht mehr, was sie haben, fragen sie zuerst, sondern: wer sie sind. Sie fühlen, wie ihre neue Rolle sich schon zu verfestigen beginnt, wie sie sich in den Institutionen plötzlich nicht mehr bewegen können ... Die Möglichkeit, die unsere Gesellschaft ihnen gab: zu tun, was die Männer tun, hat sie, das war vorauszusehen, zu der Frage gebracht: Was *tun* die Männer überhaupt? Und will ich das eigentlich? ... Sie beginnen, darüber nachzudenken, was ihr Leben aus ihnen gemacht hat, was sie aus ihrem Leben gemacht haben: ›Wenn man sich lange auf Leistung trimmt, zerstört man etwas Wichtiges in seiner Persönlichkeit‹ ... ›Ich bin vollkommen verkrustet‹ ... Frauen signalisieren einen radikalen Anspruch: als ganzer Mensch zu leben, von allen Sinnen und Fähigkeiten Gebrauch zu machen ... Wir werden uns daran gewöhnen müssen, daß Frauen nicht mehr nur nach Gleichberechtigung, sondern nach neuen Lebensformen suchen. Vernunft, Sinnlichkeit, Glückssehnsucht setzen sie dem bloßen Nützlichkeitsdenken und Pragmatismus entgegen – jener ›Ratio‹, die sich selbst betrügt ...« (Wolf 1978, S. 17–19).

»In zunehmendem Maße hat mich ... interessiert, wo die Wurzeln der Konflikte liegen, die Frauen heute haben – des Ungenügens am Leben. Das kann man in der Zeit der frühen Romantik, um 1800 gut beobachten; wo die Gesellschaft, auf Arbeitsteilung hingetrimmt, einen bestimmten Typ von Menschen, der die Ganzheit suchte, einen universalen Glücksanspruch hat, nicht gebrauchen kann. Dort sind die Wurzeln . . .

Welche neuen Konflikte werden kommen? Die Reibeflächen werden sehr stark. In dem Moment, in dem diese Frauen, ausgehend von den neuen Möglichkeiten . . . anfangen, diese Möglichkeiten selbst wieder zu befragen nach ihrem Charakter und ihrem Wert, also ein Wertsystem einbringen, das nicht unbedingt übereinstimmt mit dem, das ihnen ihre Entwicklung ermöglicht hat . . . Was schon erledigt ist, z. B. die Gleichberechtigung im ökonomischen Bereich, wird man als Anspruch nicht wieder neu formulieren. Aber die Maßlosigkeit der Ansprüche bleibt und bezieht sich auf neue, wichtigere – die eigentlich wichtigen – Gebiete, die man allerdings erst formulieren kann, wenn das andere geschehen ist. Aber ich bin schon für eine gewisse Maßlosigkeit und ermutige mich und andere Frauen dazu, in der Maßlosigkeit ihrer Ansprüche nicht zurückzugehen, sondern die Umgebung auf die Probe zu stellen, wenn sie es aushalten« (dies., Interview für die Süddeutsche Zeitung, 10./11.3.1979, S. 129–131).

Das also ist der Punkt, wo Unzufriedenheit zum Teil schon aufbricht, in Zukunft vielleicht noch deutlicher aufbrechen wird. *Die gegenwärtige Form der Berufsarbeit bedeutet einen Einbruch im weiblichen Lebenszusammenhang, weil sie Ausblendung von Erfahrungen fordert, die zur Lebensgeschichte von Frauen unmittelbar gehören.* Protest gegen diesen Bruch, gegen diese Verengung wird am ehesten von den jüngeren Frauen kommen. Denn weniger noch in das Bestehende eingebunden, können sie radikaler sein in ihren Ansprüchen, Erwartungen, Hoffnungen, können sie eher die Utopie formulieren. Sie wollen mehr als das, was bloß pragmatisch und schnell sich bietet: nicht Maßnahmen, die die Verbindung von *Mutter*rolle und Berufsarbeit erleichtern, damit unter der Hand wieder die *Frau* auf die Familienpflichten festschreiben, nicht Mutterschaftsurlaub, Drei-Phasen-Modell, Teilzeitarbeit für Frauen – statt dessen ein *Berufssystem, das allen, Männern wie Frauen, Dasein für die Familie erlaubt.* Ihr Vergleichsmaßstab ist nicht mehr das, was heute ist; es ist nicht die Situation derer, die um sie herum leben – die Hausfrauen, die schlecht ausgebildeten Frauen, die Männer –, die alle, wenn auch in unterschiedlichen Formen, ein eng beschränktes Leben führen. *Ihr Vergleichsmaßstab ist vielmehr das, was sein könnte, aber doch nicht ist, was unter den gegenwärtigen Bedingungen verwehrt ist:* ein Leben, das eine sinnvolle und abwechslungsreiche Berufsarbeit erlaubt, aber doch nicht völlig darin aufgeht; das nicht auf den familialen Bereich begrenzt ist, und doch die private Alltagsarbeit nicht bloß als Anhängsel und »Störfaktor« der beruflichen Anforderungen sieht. Ganzheitlichkeit statt Verengung, das ist ihr »maßloser« Anspruch.

Solche utopischen Gedanken werden gegenwärtig freilich immer wieder aufgerieben durch die vielfältigen Konflikte und Belastungen der Frauen, die selbst neue Lebensformen versuchen. Da kommt manchmal sogar eine Art Neid auf gegenüber den anderen, die klar definierten und sozial abgesicherten Lebensmustern folgen – die berufstätigen Männer einerseits, die Hausfrauen andererseits –, die es in manchem so offensichtlich leichter haben, weil sie nicht ständig gegen den Strom schwimmen müssen. Aber dieser Blick zurück, von Neid auch begleitet, ist immer schon zwiespältig: Zu deutlich ist das Wissen, den anderen, den beneideten Zustand nie ertragen zu können.

»Als ich mich entschloß . . ., ein Kind zu bekommen, dachte ich darüber nach, wie ich es dann schaffen konnte, weiter in der Lehre tätig zu sein, da mir das sehr viel bedeutet. Mehrere Lösungen waren möglich, aber ich wollte eine vorindustrielle versuchen – die Familie in die Universität zurückbringen, das Baby während der Bürostunden ins Institut mitnehmen . . .

Gleichzeitig war ich auch neidisch auf die glatte Alternativlosigkeit meiner männlichen Kollegen, die ihre Kinder nicht ins Institut mitbrachten. Ich fühle dies manchmal sehr deutlich, wenn ich einen männlichen Kollegen treffe, der . . . seine Frau trifft, wie sie gerade ihr Kind zur . . . Kindergymnastik bringt. Ich fühle es auch, wenn ich die Frauen sehe, die abends vor dem Institutsgebäude vorfahren, im Kombiwagen, den Ellbogen aus dem Fenster gelehnt, zwei Kinder auf dem Rücksitz, alle auf den Mann wartend, der rasch die Stufen hinunterläuft, die Aktentasche unterm Arm. Es scheint ein besonders schöner Augenblick des Tages für sie zu sein. Es erinnert mich an jene Freitagabende, die immer Vergnügen bedeuteten, wenn mein älterer Bruder und ich uns auf den Rücksitz unseres alten Autos zwängten und meine Mutter mit Picknickkorb von den Vorstädten nach Washington fuhr, wo wir um fünf Uhr meinen Vater trafen, wie er rasch die Stufen des Außenministeriums herunterkam, die Aktentasche unterm Arm. Wir hatten unser Picknick . . ., meine Eltern teilten sich ihren Tag mit, und in dieser Ende-der-Woche-Stimmung kamen wir nach Hause.

Wann immer ich ähnliche Szenen sehe, bricht etwas in mir entzwei. Denn ich bin weder das eine noch das andere und doch beides zugleich, der schnelle Träger der Aktentasche und die Mutter mit vorbereitetem Picknick-Imbiß. Die Universität ist für solche Männer entworfen, und ihre Häuser für solche Frauen. Es scheint leichter zu sein für sie, und ein Teil meiner Selbst beneidet sie darum. Unter meinem Neid liegt auch das Gefühl, im Wettbewerbsnachteil zu sein gegenüber den Männern, mit denen ich verglichen werde und mit denen ich mich selbst vergleiche. Darunter liegt auch das Bewußtsein dessen, wie bizarr mein Versuch mit dem Kinderkörbchen ist; und paradoxerweise auch das Bewußtsein, daß ich Neid empfinde gegenüber einem Leben, das ich nicht wirklich führen wollte« (Hochschild 1975, S. 70–72).

Früher Zufriedenheit mit dem Gegebenen, heute eher eine eigenartige Mischung von Gefühlen – der Entwurf von Utopien und das Bemühen um neue Lebensformen, aber auch Wut und Verzweiflung, ein wenig Neid –, das kennzeichnet die Situation der sozial privilegierten Frauen, die Familie und qualifizierte Berufsarbeit verbinden wollen. Was wird auf die Dauer sich durchsetzen, welche Entscheidungen sind zu erwarten? Und welchen Weg werden die anderen Frauen gehen, diejenigen, die bisher ganz im Haus sind oder in den monotonen, untergeordneten Positionen von Fabrik oder Büro?

4. Wenn Frauen Karriere machen: Typische Lösungsmuster, Kompromisse, Verzichtleistungen

Im letzten Abschnitt wurde schon deutlich, mit welchen Problemen berufstätige Frauen konfrontiert sind. Diese Frauen sind unmittelbar davon betroffen, daß die gegenwärtige Berufsform eine innerfamiliale Arbeitsteilung vorschreibt, die den »Hauptberufstätigen« von der privaten Alltagsarbeit freistellt. Indem vom Mann eine »Einfachrolle« gefordert wird, ist der Frau die »Doppelrolle« zugewiesen. Die aber läßt sich nicht mehr reibungslos einpassen in die glatten Abläufe der ökonomisch bestimmten Rationalität, schreibt deshalb fest auf die je zweitrangigen und untergeordneten Positionen.

Wenn die Zusammenhänge aber so klar sind, dann ist doch zu fragen, *wie unter diesen Bedingungen eine eigene Berufstätigkeit der Frau überhaupt möglich ist:* Wenn die Berufsarbeit derart zugeschnitten ist auf die männliche Normalbiographie, eine »Einfachrolle« voraussetzend – wie können dann so viele Frauen »dennoch« berufstätig sein, trotz der offensichtlichen Problematik ihrer Situation; ja wie können dann einige von ihnen sogar einigermaßen erfolgreich sein, wie können immerhin ein paar noch vordringen in die mittleren und oberen Positionen der beruflichen Hierarchie? Sicher sind es stets nur wenige, in manchen Bereichen nur eine Handvoll Frauen, die sich durchsetzen und »weiterkommen«, die Karriere machen. Aber die Tatsache, daß es solche Frauen überhaupt gibt – widerlegt dies nicht schon die These, in der gegenwärtigen Berufsform sei eine innerfamiliale Arbeitsteilung angelegt, die der Berufstätigkeit von Frauen einschneidende Beschränkungen auferlegt?

Genau diese Frage ist Ausgangspunkt und Leitfaden für das folgende Kapitel. Untersucht werden soll die Situation derjenigen Frauen, die eine relativ hohe berufliche Position erreicht, also »Karriere« gemacht haben. Wie haben sie es geschafft, das Gegeneinander familialer und beruflicher Verpflichtungen auszubalancieren? Wie werden sie mit jener Doppelbelastung fertig, die die gegenwärtige Berufsform ihnen zuweist? Welche Lösungsmuster und Verhaltensstrategien haben sie entwickelt, und nicht zuletzt auch: welche Kompromisse und Verzichtleistungen haben sie in Kauf genommen?

Hier wird also einmal nicht die Frage gestellt, warum die meisten Frauen berufliche Benachteiligung erfahren – sondern umgekehrt: *warum einige wenige Frauen (zumindest äußerlich) von der Unterprivilegierung ausgenommen sind.* Es geht damit um einen sehr kleinen, ja exklusiven Kreis, um diejenigen, die weitaus höher hinaufgekommen sind als die meisten Frauen und höher sogar als viele Männer; um die seltenen Exemplare, die »Orchideenfrauen«, wie sie einmal in einer Diskussion genannt wurden. Aber mit dieser Fragestellung will ich nicht etwa das »Geheimrezept« der Karrierefrauen entschlüsseln, damit mehr Frauen Karriere machen; dahinter steht nicht die Annahme, Frauen sollten bedingungslos den Regeln und Erfolgskriterien des männlichen Karrierebetriebs sich unterwerfen, um mit den Männern gleichzuziehen, ja sie vielleicht sogar zu überrunden. Mein Interesse ist ein ganz anderes. Ich meine, gerade die Umkehr-Perspektive kann neue Einsichten darüber liefern, welches die konkreten Umstände sind, die in die Berufsbiographie von Frauen eingreifen und sie in die eine oder andere Richtung wenden. Untersucht wird deshalb im folgenden Kapitel nicht nur die kleine Gruppe der Frauen in oberen und obersten Positionen. Untersucht werden vor allem die Bedingungen und Hintergründe ihres Erfolgs. Denn die Unvereinbarkeiten zwischen weiblichem Lebenszusammenhang einerseits (traditionell bestimmt durch die unmittelbaren Bedürfnisse der Familie) und Logik beruflicher Arbeit andererseits (dem Grundprinzip ökonomischer Rationalität folgend) – diese Unvereinbarkeiten müssen dort am stärksten aufbrechen, wo Frauen einmal nicht die beruflichen Ansprüche zurückschrauben, sondern im Gegenteil: das berufliche Engagement erhalten und ihre Ambitionen erfolgreich durchsetzen. Und genau das kommt in den folgenden Überlegungen, in den zahlreichen empirischen Beispielen und konkreten Ausführungen auch immer wieder zum Ausdruck: Die Schranken, die die gegenwärtige Berufsform der Berufstätigkeit von Frauen setzt, existieren nicht nur für diejenigen Frauen, die auf Berufstätigkeit verzichten oder ihre beruflichen Erwartungen zurückschrauben. *Diese Schranken lassen sich vielmehr auch – ja, zum Teil sogar besonders deutlich – ausmachen an der Lebenssituation derjenigen Frauen, die beruflichen Erfolg tatsächlich erreicht haben.*

4.1. *Die erste Hürde: Vorbedingungen und Voraussetzungen der Karriere*

Die Ausbildung allein ist nie ausreichend, um als Frau in der Berufshierarchie sich durchzusetzen. Denn auch hochqualifizierte Frauen, so zeigen empirische Untersuchungen immer wieder, bleiben deutlich zurück hinter den Männern mit vergleichbarer Ausbildung: Sie haben weniger Status, Einkommen, Macht; sie haben geringere Aufstiegschancen; sie sind eher von Arbeitslosigkeit bedroht (BLACKSTONE/FULTON 1975; FERBER/LOWRY 1976; HILLMER 1971; LAWS 1976; MATTFELD/VAN AKEN 1965; NIEMI 1977; ROSSI/CALDERWOOD 1973; VETTER 1976; YOKOPENIC u. a. 1975). Wenn aber nun die Ausbildung allein nicht genügt – was sind dann die zusätzlichen Bedingungen, die hinzukommen müssen, wenn Frauen tatsächlich Karriere machen? Welche Voraussetzungen, welche Besonderheiten lassen sich ablesen aus der Lebensgeschichte und Berufsbiographie dieser Frauen?

Am erstaunlichsten ist es, daß derartige Fragen bisher kaum je systematisch erforscht worden sind, obwohl immer mehr Arbeiten sich mit dem Thema berufstätiger Frauen beschäftigen. Aber auch aus den bisherigen Untersuchungen kann man wichtige Hinweise gewinnen – man muß nur damit umgehen können und einen neuen Zugang finden. Das heißt oft, daß man die vorliegenden Ergebnisse und Berichte gewissermaßen gegen den Strich betrachtet, vor allem die eingefügten Interviewäußerungen und autobiographischen Schilderungen liest, dabei besonders auf die spontan erzählten Details, beiläufig eingebrachten Nebensätze und scheinbaren Nebensächlichkeiten achtet. Was dabei auf den ersten Blick als individuelles Schicksal erscheint, wird auffällig, wenn es quer durch die verschiedensten Studien erscheint: *Der Einzelfall ist nicht mehr bloß Episode, sondern Bestandteil eines durchgängigen Musters.* Darum werden im folgenden Text auch viele Interview-Ausschnitte, viele wörtliche Zitate eingeschoben. Das geschieht nicht nur der Anschaulichkeit wegen – dahinter steckt auch Methode. Denn aus den Einzelschicksalen läßt sich – wenn sie ähnlich immer wieder auftauchen – das Gemeinsame, das Typische herausholen. An »Zufälligkeiten«, die so oft sich wiederholen, kann man eine dahinterstehende Systematik entdecken. Da werden mit einem Mal bestimmte Zusammenhänge sichtbar, die für den Berufsweg sogenannter »Karrierefrauen«

offensichtlich entscheidende Bedeutung besitzen. Es ist fast so eine Art »Refrain«, der sich am Ende herausschält – in der Vielfalt der Studien, der untersuchten Länder und Berufsfelder tauchen immer wieder ähnliche Tendenzen und Merkmale auf.

Auf diese Weise wird dann auch sichtbar, welches die außergewöhnlichen Bedingungen sind, die zu qualifizierter Ausbildung noch hinzukommen müssen. Nach den Studien, die ich kenne, scheint es sinnvoll, hier zwischen zwei Gruppen von Frauen zu unterscheiden: Auf der einen Seite diejenigen, bei denen *außergewöhnliche äußere Umstände* den Ausschlag gegeben haben; das sind Frauen, die nicht von selbst eine Karriere anstrebten, sondern gewissermaßen erst »hineinkatapultiert« wurden durch Zufälle verschiedenster Art. Zur anderen Gruppe zählen diejenigen Frauen, die – jenseits aller intellektuellen Fähigkeiten, die im Verlauf einer qualifizierten Ausbildung gefordert werden – auch noch in anderer Hinsicht über *außergewöhnliche innere Voraussetzungen* verfügen, nämlich über extreme physische und psychische Reserven, und darüber ihren Berufsweg gemacht haben. Die folgenden beiden Abschnitte handeln von diesen beiden Gruppen von Frauen: von den unterschiedlichen, und doch in sich je typischen Entwicklungsverläufen, die sich in ihrer Biographie ausmachen lassen.

1. Die zunächst genannten Frauen erreichen leitende Positionen nicht über das Muster eines geradlinigen, selbstverständlich sich fortsetzenden Karriereverlaufs, sondern über bestimmte Zufälle und glückliche Ereignisse, die positiv in ihren Berufsverlauf eingreifen. Vielleicht bezeichnend ist, daß zu den »glücklichen Ereignissen« in diesem Sinne oft gerade das zählt, was zunächst einmal viel eher ein Schicksalsschlag und Unglück ist. So spielt in vielen Fällen der Krieg[6] eine große Rolle: wenn wenig Männer verfügbar sind, wachsen die Berufschancen der Frauen. Im Einzelschicksal sind es häufig Ereignisse, durch die – in der einen oder anderen Form – der Mann als Hauptenährer ausfällt: so etwa wenn die Heiratschancen unsicher erscheinen[7] oder gerade kein geeigneter Heiratskandidat auftaucht[8]; wenn später die Ehe zerbricht und es zur Scheidung kommt[9]; eine ähnliche Bedeutung hat es, wenn der

[6] Bird 1976; Bock-Rosenthal u. a. 1978, S. 81; Deutsch 1975, S. 111; Fogarty u. a. 1971a, S. 90ff. und S. 165; Fogarty u. a. 1971b, S. 50; Jurczyk 1976, S. 90; Smith 1976, S. 82; Sommerkorn 1969, S. 67 und S. 85; Trey 1972.

[7] Birnbaum 1975, S. 415.

[8] Bernard 1964, S. 90.

[9] Fogarty u. a. 1971a, S. 103 und S. 106f.

Vater/Bruder/Ehemann schwer erkrankt oder stirbt[10]; wenn er längere Zeit abwesend ist[11] oder sich als unfähig erweist, eine sichere finanzielle Basis zu schaffen[12]. Aber auch Ereignisse wie Tod des Vorgesetzten[13], Zusammenbruch des Familienvermögens[14], Flucht und Emigration[15], Kündigung[16] oder finanzielle Verluste durch einen betrügerischen Geschäftspartner[17], ja, auch ungewollte Kinderlosigkeit[18] können die Entwicklung der Berufskarriere der Frau begünstigen.

Was hier auf den ersten Blick wie eine Vielfalt von Einzelereignissen, ja wie eine makabre Sammlung von Unglücksfällen aller Art erscheint, läßt bei genauerer Betrachtung durchaus Gemeinsamkeiten erkennen. Im Chaos ist gewissermaßen System, wenn auch zunächst verborgen. Versucht man aber zu ordnen und zu verstehen, dann zeichnen sich mit einem Mal wieder zwei Grundtypen von Schlüsselsituationen ab, zumindest näherungsweise: *Auf seiten der Frau ist es oft der durch einen plötzlichen Schicksalsschlag ausgelöste Zwang, selbständig für die Existenzsicherung sorgen zu müssen; auf seiten der Betriebe ist es eher eine zeitweilige Engpaßsituation, ein plötzlich gewachsener Bedarf an qualifizierten Arbeitskräften.*

Hier zunächst zwei Beispiele, die den ersten Fall – die Erfahrung eines persönlichen, existenzbedrohenden Schicksalsschlags als Motiv beruflichen Engagements – sehr deutlich zeigen.

(Interviewerin: Gibt es in Ihrer Vergangenheit ein Ereignis, das Ihre beruflichen Ambitionen sehr verstärkt hat?) »Im weitesten Sinne war es der Tod meines Vaters . . . Meine Mutter hat nach dem Tod meines Vaters immer darüber geklagt, daß sie keine qualifizierte Ausbildung hatte. Sie hatte eine Pension, die aber zu mickrig war, um drei Kinder großzuziehen und angemessen auszubilden. Sie hat immer gestöhnt und gesagt, ›wenn ich doch eine anständige Berufsausbildung hätte, dann könnte ich jetzt noch schön was dazuverdienen‹. Sie hat uns von Anfang an darin beeinflußt, daß wir das, was wir machen, auch zu Ende

10 Bird 1976; Bock-Rosenthal u. a. 1978, S. 56; Fabe/Wikler 1979, S. 22; Friday 1979, S. 391; Hartmann 1968; Sommerkorn 1969, S. 67; Capital Nr. 10/1978, S. 264ff.

11 Bird 1976, S. 33 und S. 36.

12 ebd., S. 21 ff., S. 123, S. 149; Fogarty u.a. 1971a, S. 209; Fogarty u. a. 1971b, S. 369; Mandelbaum 1979, S. 444; Rapoport/Rapoport 1975, S. 205ff.; dies. 1976, S. 78.

13 Fogarty u. a. 1971a, S. 90.

14 ebd., S. 107.

15 ebd., S. 106f.; Fogarty u. a. 1971b, S. 370.

16 Fogarty u. a. 1971 a, S. 99.

17 ebd., S. 97f.

18 Mead 1978, S. 133f. und S. 201ff.

machen. So daß ich also mir nie darüber Gedanken gemacht habe, ob ich die Ausbildung zu Ende mache oder nicht. Das war für mich so selbstverständlich wie das Amen in der Kirche« (Interview-Ausschnitt aus BOCK-ROSENTHAL u. a. 1978, S. 56).

»Das einzige, was ich nie gemacht habe, ist das, *keine* eigenen Verdienstmöglichkeiten zu haben. Ich habe immer das Bedürfnis nach dieser Art von Sicherheit gehabt . . .; und ich glaube, das liegt im Grunde daran, daß ich als Flüchtling viel mehr Unsicherheit in dieser Hinsicht habe und deshalb viel mehr ein finanzielles Polster brauche. Ich habe oft versucht, davon loszukommen, und ich kann es nicht, aber eigentlich sollte es doch umgekehrt sein. Denn nachdem ich diese finanzielle Sicherheit gehabt habe, habe ich doch 1938 gesehen, wie viel man auch immer hat, alles kann einem weggenommen werden und man ist nichts. Und doch fühle ich, daß das ein gewisses kleines Etwas ist, was mich vorantreibt« (Interview-Ausschnitt aus FOGARTY u. a. 1971b, S. 70).

Nicht selten ist es sogar so, daß beide der genannten Bedingungen – die persönlichen und die betrieblichen – zusammenwirken. Ein typisches Beispiel hierfür sind diejenigen Frauen, die als Unternehmerin tätig sind. Gerade in diesem Beruf gibt es nur wenige Frauen. Diejenigen aber, die Unternehmerin sind, sind es häufig nicht aufgrund einer unmittelbaren eigenen Entscheidung – sondern eher deshalb, weil sie in ein Unternehmen hineinerben, d. h. weil sie nach dem Tod des Vaters oder Mannes den Familienbesitz weiterführen (HARTMANN 1968; FOGARTY u. a. 1971a, S. 84 und S. 105; Capital Nr. 10/1978, S. 264ff.). In diesem Fall kommen also tatsächlich beide Bedingungen zusammen: Auf der einen Seite ist die Existenzgrundlage der Frau unsicherer geworden; auf der anderen Seite ist im Betrieb plötzlich die Führungsposition frei geworden, und es fehlt ein (männlicher) Nachfolger.

Ein ähnliches Zusammentreffen persönlicher und betrieblicher Bedingungen gibt es sicher auch bei denjenigen Frauen, die in anderen Berufen nach oben gekommen sind. Nur sind da die Ereignisse, die auf der persönlichen Seite in den Berufsverlauf eingreifen, weniger einheitlich; nicht bloß Verlust des Vaters oder Mannes, sondern eine Vielzahl individueller, je nach Einzelschicksal verschiedener Umstände können hier den Ausschlag geben. Ähnlich sind aber immer die Karrierebedingungen auf der betrieblichen Seite: Wiederum können Frauen am ehesten dann in die oberen Ränge vordringen, wenn aufgrund bestimmter Umstände ein *Vakuum in der Machthierarchie* entsteht, das heißt, wenn mehr Positionen frei werden, als qualifizierte Männer zur Verfügung stehen. Da mag es sein, daß aus diversen betriebsinternen Gründen eine unvermutete Lücke sich auftut[19]. Typischer ist diese Situation, wie oben schon angedeutet, etwa in Kriegszeiten, wenn die meisten Männer eingezogen sind; oder wenn aufgrund politischer Bedingungen eine starke Auswanderungsbewegung sich entwikkelt, die – siehe das Beispiel der DDR – oft gerade jüngere Personen und qualifizierte Kräfte entzieht[20]. Ähnliche Bedingungen ergeben sich auch, wenn ein Unternehmen erheblich expandiert[21], ein Land[22] oder ein bestimmtes Berufsfeld[23] sich in einer Aufbauphase befindet. In all diesen Fällen werden kurzfristig so viele attraktive und lukrative neue Positionen geschaffen, daß selbst für Frauen noch ein paar Chancen übrig bleiben. Unter solchem Bedarfsdruck wächst regelmäßig die Bereitschaft, auch Frauen zu »akzeptieren«, es zumindest einmal mit ihnen zu »versuchen«. Es sind derart immer wieder »Engpaß-Situationen« in einem Betrieb oder auch Berufsfeld – oft bedingt durch Krieg oder Expansion, manchmal auch beides zugleich –, die den Hintergrund der Berufskarrieren von Frauen bilden.

(Interviewerin: Wie sind Sie an diese Position gekommen?) »Durch den Professor ... Ein Kollege von ihm suchte dann eine Assistentin, weil die Herren ja zum Krieg eingezogen wurden. Man hat in der damaligen Zeit sonst grundsätzlich keine Frau als Revisionsassistentin angenommen. Nachdem die Herren jedoch eingezogen wurden, ist an den Professor herangetreten worden, ob er niemanden wüßte, und da bin ich empfohlen worden« (Interview-Ausschnitt aus BOCK-ROSENTHAL u. a. 1978, S. 81).

»Niemand ist mehr erstaunt als ich selbst, daß ich immer noch im akademischen Betrieb bin. Wenn der Krieg nicht gekommen wäre, wäre ich [nach der familienbedingten Berufsunterbrechung] vielleicht nicht wieder zurückgekommen, aber so schrieb die Universität mich an und fragte, ob ich nicht wiederkommen wollte« (Interview-Ausschnitt aus SOMMERKORN 1969, S. 67).

Daß dies keine Einzelfälle sind, zeigt ein Bericht über den BBC in Großbritannien: » ... der Krieg bot den Frauen die Chance, in verantwortliche Positionen vorzudringen und in Bereiche, die ihnen bis dahin verschlossen waren ... Die Zahl der beim BBC Beschäftigten wuchs auf mehr als das Doppelte von 4000 vor dem Krieg auf 9000 im Jahr 1941, und der Anteil der Frauen an den Beschäftigten wuchs von 7 Prozent vor dem Krieg auf 20 Prozent im Jahr 1942. Sekretärinnen stiegen schnell zu Ansagern, Produzenten und Drehbuchschreibern

[19] HENNIG/JARDIM 1978, S. 18; POLOMA/GARLAND 1971, S. 139.
[20] FOGARTY u. a. 1971b, S. 50f.
[21] FOGARTY u. a. 1971 a, S. 95f. und S. 165.
[22] BIRD 1976; FOGARTY 1971b, S. 51.
[23] KOTIK 1978, S. 51; ROSSI 1965, S. 60; ROSSITER 1978, S. 147.

auf. Frauen waren auch in den Kontrollabteilungen beschäftigt, wo sie viele Stunden mit komplizierten technischen Geräten arbeiteten und die Aufgaben von Ingenieuren übernahmen« (Fogarty u. a. 1971 a, S. 165).

Wie schließlich Kriegsausbruch und Unternehmensexpansion zusammenwirken können, zeigt die Biographie einer Managerin: »Vor dem Krieg war sie Sekretärin des Verkaufsdirektors. In ihrer Anfangszeit beschäftigte das Unternehmen nur ein paar Männer drei Tage pro Woche. Da das Unternehmen noch klein war, fungierte sie inoffiziell als Assistentin des Verkaufsdirektors, wobei ihre Aufgaben über bloße Sekretariatstätigkeiten hinausgingen ... Der Krieg brachte die große Chance für das Unternehmen und seine Angestellten, die plötzlich sieben Tage lang und noch dazu mit Überstunden arbeiteten. Sie selbst sagt, ›der Krieg sei von größtem Nutzen für ihre Karriere gewesen‹ und ›sie habe großes Glück gehabt‹. Die große Nachfragesteigerung war dadurch zustande gekommen, daß die Firma ein bestimmtes Produkt herstellte, daß in der ganzen Industrie benötigt wurde. Nach dem Krieg wurde sie selbst Verkaufsdirektor. Die Kriegsbedingungen hielten an oder wurden gar noch verstärkt durch die lebhafte Nachfrage aus dem Ausland, vor allem dem wiedererstehenden europäischen Festland, und diese Situation setzte sich zwölf oder dreizehn Jahre lang fort. Ihre Karriere entwickelte sich mit größtem Erfolg fort« (ebd., S. 90f.).

Es zeigt sich also eine eigenartige Konstellation. Häufig sind es sehr ambivalente, nämlich zunächst problematische und düstere Ereignisse, die im Lebenslauf der erfolgreichen Frauen die entscheidende Wende bringen. Das könnte zu dem zynischen Schluß verleiten, Unglück sei gewissermaßen die beste Startchance für die Berufsbiographie von Frauen. Aber dieser Schluß ist ganz sicherlich nicht richtig. Warum er falsch ist, das freilich können wir erst erkennen, wenn wir an dieser Stelle einmal die einseitige Blickrichtung auf »Karrierefrauen« aufgeben und statt dessen wieder an die eher »durchschnittlichen«, sprich typischen Frauen denken, an die Mehrheit also. Die meisten Frauen nämlich gewinnen durch Ereignisse wie Scheidung, Verwitwung, Flucht oder Vermögensverlust kaum neue Chancen; im Gegenteil, ihre Situation verschlechtert sich in vielerlei Hinsicht, weil sie dank antrainierter Passivität und Unselbständigkeit nicht fähig sind, ein neues Leben aufzubauen; ihre Hilflosigkeit wächst eher noch unter dem Druck von Geldmangel und Einsamkeit, sozialem Abstieg und gesellschaftlicher Ächtung. Schicksalsschläge allein sind also sicherlich keine »Erfolgsgarantie«, eher das Gegenteil. Für eine positive Wende müssen immer noch andere, begünstigende Bedingungen hinzukommen, etwa eine solide Ausbildung oder eine durch Herkunft und Familienmilieu erworbene Entschlossenheit, Energie und Selbständigkeit (siehe das Beispiel von AGATHA CHRISTIE, oben S. 113f.).

So gesehen ist es zu grob und vereinfachend, wenn man auf ein einheitliches Grundmuster bringen will, was Schicksalsschläge der genannten Art für die betroffenen Frauen bedeuten, welche Folgewirkungen sie auslösen. Viel eher muß man hier wohl zwei Gruppen unterscheiden, die sich geradezu polar gegenüberstehen: Auf der einen Seite sind diejenigen Frauen (die Minderheit wahrscheinlich), die, begünstigt durch andere Bedingungen, die Kraft zu einem neuen Anfang und selbständigen Leben gewinnen; hierher gehören die Frauen, von denen in diesem Abschnitt die Rede war. Auf der anderen Seite aber stehen all die Frauen, und sie sind wohl die größere Gruppe, die als Folge eher finanzielle Not, sozialen Abstieg und Einsamkeit durchmachen; sie freilich finden wir nicht mehr bei den Karrierefrauen, sie sind per definitionem hier ausgeschlossen – im sozialen Abseits statt auf der Erfolgsseite.

Aber es sind natürlich nicht nur und ausschließlich bloß unglückliche Ereignisse, die im Berufsverlauf der erfolgreichen Frauen den Auslöser bringen. Hin und wieder gibt es auch Umstände, die man ohne gemischte Gefühle tatsächlich als »glückliche« Zufälle bezeichnen kann. Hierher gehört etwa eine enge Beziehung zum Vater, die breitere Entwicklungsmöglichkeiten und Anregungen bietet, mehr als der enge Spielraum der traditionellen weiblichen Sozialisation ansonsten bereitstellt (HENNIG/JARDIM 1978, S. 76f.; FOGARTY u. a. 1971b, S. 373).

»Vater nahm kein aktives Interesse an meiner Bildung, dennoch hatte er den größten Einfluß von allen darauf ... Die Stärke seines Charakters wirkte beispielgebend, besonders auf mich. Lange Zeit blieb er das Vorbild meines Ich-Ideals ... In meinem Buch [über Psychologie der Adoleszenz] ging ich weniger auf Probleme der weiblichen als der männlichen Adoleszenz ein. Aber einen weiblichen Typus untersuchte ich genauer: die Tochter, die sich die Ideale ihres Vaters zu eigen macht und in seinem Namen oder mit ihm zusammen für diese Ideale kämpft. Das Mädchen dieses Typus baut ihr Leben auf der Identifizierung mit dem Vater auf. Natürlich war ich selbst ein solches Mädchen« (DEUTSCH 1975, S. 37 und S. 40).

»Ich war immer Vaters Mädchen ... Wenn er zu Hause war, umlagerte ich ihn, und wenn er fortging, hielt ich mich zwei Schritte hinter ihm auf und wartete auf seine Aufforderung, mitzukommen. Er unterhielt sich mit mir nicht wie mit einem Kind, sondern wie mit einem Erwachsenen – erzählte von Don Quichotte oder davon, wie die Mormonen Utah besiegt haben. Ich erinnere mich nicht daran, daß meine Mutter irgendeine Einstellung zu der engen Beziehung zwischen mir und meinem Vater gehabt hat . . . Sie war eine nette, warmherzige, liebevolle Mutter, aber ich wollte nicht ihr Leben führen. Ich errang meine Schulerfolge für meinen Vater. Da ich abenteuerlustiger war und mehr wollte als die meisten Mädchen, mit denen ich aufwuchs, bezeichnete ich mich selbst als ›Vaters Mädchen‹. Das war eine Möglichkeit, mich zu definieren, in eine akzeptable Kategorie einzuordnen. Nach dem College setzte ich mein Studium fort, weil ich eine Lehrtätigkeit, wie mein Vater sie ausübte, anstrebte« (Interview-Ausschnitt aus FRIDAY 1979, S. 266).

In ähnlicher Richtung wirkt auch, wenn es im Familien- oder Bekanntenkreis eine Frau gibt, die selbstbewußt berufstätig ist und erfolgreich ihr Leben meistert – wenn die berufsengagierte Mutter (oder Tante oder Lehrerin) zu einer Art Rollenmodell für die Tochter wird. Auch hier gewinnt das heranwachsende Mädchen ein frühes Vorbild, das den Ausbruch aus der Passivität, Ängstlichkeit, Selbstbescheidung der weiblichen Normalbiographie erleichtert (HOFFMAN 1974 b).

»Die wichtigste äußere Bedingung für meine Karriere war, daß meine Mutter eine erfolgreiche Ärztin war. Ich wuchs mit dem Gedanken auf, daß es für eine intelligente Frau ganz natürlich sei, einen sinnvollen Beruf zu haben, und nicht bloß Hausfrau zu sein. Weil meine Mutter sowohl Ärztin wie eine sehr gute und gewissenhafte Mutter war, bin ich freigeblieben von den Schuldgefühlen, die so oft die Frauen bedrücken, wenn sie Beruf und Mutterschaft verbinden wollen« (Interview-Ausschnitt aus ASTIN 1969, S. 112f.).

». . . wie es sich ergeben hatte, waren die zwei Frauen, die ich am besten kannte, Mütter und hatten eine akademische Ausbildung. Also hatte ich keinen Grund, daran zu zweifeln, daß Verstand zu einer Frau paßte . . . Mit dem Vorbild meiner Großmutter und meiner Mutter vor Augen erwartete ich beides zu werden, Akademikerin sowie Ehefrau und Mutter« (MEAD 1978, S. 47 und S. 66).

»Sie [die Mutter] war ein phantastisches Rollenvorbild. Sie lehrte mich, daß ich alles auf der Welt tun kann. Wegen ihr hatte ich nie diese traditionellen Zweifel, ob man Karriere und Kinder vereinbaren kann. Sie hat es getan. Sie hat eine Haushälterin und ein Ganztags-Kindermädchen angestellt. Sie konnte es sich leisten, sie hat es so gewollt, und sie hat es gemacht« (Interview-Ausschnitt aus SCHULTZ 1979, S. 155).

»Kate war die jüngste Schwester meiner Mutter . . . Die Vorstellung von ihrem Leben und von ihr, wie sie körperlich und geistig war, bildeten über Jahre hinweg, als ich alles wollte und nicht wußte, was ich wirklich wollte, meine Motivation und mein Ziel . . . Sie besaß einen gewissen Stil, eine Selbstsicherheit, einen wahrhaft originellen Geist . . . Deshalb wollte auch ich mehr als das Standardende dieses Südstaatentraums – am gleichen Tag Schulabschluß und Hochzeit feiern. Ich wollte schauspielern, schreiben, reisen, Kate sein« (FRIDAY 1979, S. 214).

»Als ich in der achten Klasse war, kam eines Tages eine Frau und hielt einen Vortrag ... Sie zeigte Lichtbilder und erzählte ein bißchen vom Barnard College. Sie war eine ehemalige Studentin dieses Colleges und malte alles wohl in einem etwas rosigen Licht, aber ich habe sie nie vergessen. Sie war jung, hübsch, so kühl und intelligent und gar nicht wie alle die netten Mamas in der kleinen Stadt, in der ich aufwuchs. Ich stürzte mich auf sie und das College wie auf ein Zeichen vom Himmel. Ich weiß nicht mehr, was sie im einzelnen sagte, aber das war's, was ich suchte, das andere Ende des Regenbogens. Ich war entschlossen, dorthin zu gehen, bei Gott, ja!« (Interview-Ausschnitt aus ebd., S. 221f.).

In den Bereich der glücklichen Umstände gehört auch – als freilich seltener Glücksfall – die Existenz eines Vorgesetzten oder Personalchefs, der Frauen gegenüber vorurteilsfrei und aufgeschlossen ist (Hennig/Jardim 1978, S. 116f.). Das wird an Einzelbiographien immer wieder sichtbar: Die Frauen selbst sind zunächst oft eher zaghaft, schätzen ihre Fähigkeiten gering ein und wagen es nicht, große Berufspläne zu entwickeln. Gerade deshalb hängt sehr viel vom Vorgesetzten ab. Es kann für ihren Berufsverlauf geradezu entscheidend werden, ob der Vorgesetzte zur Mehrheit jener zählt, die bei Beförderungsfragen Frauen gar nicht erst wahrnehmen, immer schon unberücksichtigt lassen, grundsätzlich übergehen; oder ob er das tut, was Männern gegenüber selbstverständlich, Frauen gegenüber aber außergewöhnlich ist – ob er Kooperationsbereitschaft, bewußte Ermutigung, aktive Förderung bietet.

»Als ich auf der Uni anfing, wollte ich Lehrerin werden. Dann kam es aber so, daß ich im Studium gut war ... und der Professor ... fragte mich, ob ich bei ihm mitarbeiten wollte ...« (Interview-Ausschnitt aus Sommerkorn 1969, S. 86).

»Ich meinte anfangs, mit den männlichen Untergebenen würde ich schon zurechtkommen, doch vom direkten Umgang mit den Klienten sollte ich lieber die Finger lassen ... Als mein Chef das hörte, explodierte er förmlich. Ich weiß noch, wie er mich anschrie, dies sei der verdammt schlechteste Zeitpunkt für mich, eine Identitätskrise zu haben. Was er dann tat, machte mich damals sprachlos: Er besuchte alle Klienten, die wir hatten, und erklärte ihnen, sie würden von nun an mit mir zusammenarbeiten. Er sagte ihnen, ich sei die tüchtigste Werbeagentin der Firma, und sie könnten sich glücklich schätzen, wenn ihre Etats zufällig auf meinem Schreibtisch landeten. Ehe ich wußte, was geschah, forderten die Klienten mich ausdrücklich an ... Ich muß Jim [dem Chef] wirklich für all meinen Erfolg danken« (Interview-Ausschnitt aus Hennig/Jardim 1978, S. 116).

»Ich hatte niemals eine Karriere geplant. Ich nahm diese Stelle, als ich dreißig war, und erst dann änderten sich allmählich meine Einstellungen über berufstätige Mütter. Meine Chefin war eine Frau, die einen kleinen Jungen hatte und gleichzeitig sehr erfolgreich in ihrer Karriere war . . . Als die Monate meiner Schwangerschaft so dahingingen, habe ich mehr und mehr gezögert, an eine Berufsaufgabe auch nur zu denken. Wenn meine Chefin mich weniger unterstützt hätte, wenn sie gesagt hätte: ›Na, ich glaube, jetzt, wo Sie schwanger sind, werden Sie uns wohl verlassen‹ – dann wäre ich vielleicht tatsächlich gegangen. Aber statt dessen wurde ich von allen ermutigt, dabeizubleiben« (Interview-Ausschnitt aus Schultz 1979, S. 104f.).

Ob also glückliche oder unglückliche Ereignisse – offensichtlich sind es immer wieder außergewöhnliche äußere Umstände, die in der Berufsbiographie der Karrierefrauen eine entscheidende Rolle spielen. Das scheint auf den ersten Blick nicht unbedingt erstaunlich zu sein: Schließlich ist es ja auch bei Männern so, daß sie über Zufälle aller Art weiterkommen; daß sie etwa aufrücken, wenn der Vorgesetzte pensioniert wird, oder zum Leiter der neuen Filiale ernannt werden, wenn die Firma sich vergrößert. So gesehen – in der ganz allgemeinen Perspektive – gibt es natürlich Parallelen. Aber wenn wir genauer hinschauen, gibt es auch klare Unterschiede: Männer gehen – qua Sozialisation, Ausbildung und gesellschaftlicher Rollenzuweisung – meist mit sehr viel mehr Energie, Entschlossenheit und Selbstsicherheit an die Planung ihrer beruflichen Zukunft heran. Zufälle der verschiedensten Art mögen ihren Aufstieg beschleunigen. Aber auch im gewöhnlichen Verlauf werden die meisten Männer sich einigermaßen durchschlagen, auf diese Weise dem vorgezeichneten Muster der männlichen Normalbiographie folgen.

Anders dagegen bei Frauen: Sie sind geradezu *angewiesen* darauf, daß irgend etwas dazwischenkommt, was den normalen Ablauf stört, die Zuweisung zur Familienrolle aufbricht. Geht alles nur seinen üblichen Gang, dann ziehen sie sich frühzeitig aus der Berufstätigkeit zurück oder bleiben irgendwo im unteren bis mittleren Bereich stecken. Um da herauszukommen, brauchen Frauen viel mehr als bloß Zufälle. Sie brauchen oft die ganz unerwarteten, aller Wahrscheinlichkeit widersprechenden Ereignisse, die die Normalbedingungen außer Kraft setzen und die Verhältnisse grundlegend verrücken – *Ausnahmesituationen* eben. Nicht schon das Zufällige, erst das »Verrückte« gibt ihnen eine Chance: etwa ein ungewöhnlich hoher Frauenanteil in der Gesamtbevölkerung, hervorgerufen durch starke Kriegsverluste auf seiten der Männer (Fogarty u. a. 1971b, S. 50); oder ein politischer Umsturz, Austauschprozesse in Gang setzend, weil die bisherigen Inhaber einflußreicher Positionen jetzt verdächtig erscheinen (Kotik 1978, S. 51); oder eine Einrichtung wie das »Jahr der Frau«, wo man wenigstens die eine Alibi-Frau sucht; oder ein bevorstehender Wahltermin, wo man ein paar Frauen in Vorzeige-Positionen braucht, weil das Wählerstimmen verspricht. *Erst die Ausnahmesituation überhaupt gibt Frauen die Möglichkeit, aus den Schranken der weiblichen Normalbiographie auszubrechen:* Erst so werden sie selbst den vollen Einsatz in der Berufswelt (oder Politik oder Öffentlichkeit) wagen; erst so werden sie von anderen dabei Unterstützung (und nicht Unverständnis, Ablehnung, Widerstand) erfahren.

Aber viel häufiger als die Ausnahmesituation ist stets der Normalzustand, wo alles im üblichen Rahmen und nach gewohntem Muster verläuft. Wenn also meine Schlußfolgerung stimmt, daß es immer erst der Ausnahmesituationen bedarf, damit Frauen in der Berufswelt Erfolg erlangen – ja, dann ist es um ihre Erfolgsaussichten schlecht bestellt. Aber stimmt diese Schlußfolgerung wirklich, stimmt sie auch heute noch? Überlegen wir einmal: Was ich an Bedingungen skizziert habe, ergibt sich aus heute vorliegenden Untersuchungen, die vor ein paar Jahren abgeschlossen wurden; die dort dargestellten Frauen hatten bereits zum damaligen Zeitpunkt den Durchbruch nach oben geschafft, gehören damit heute sicher der mittleren, wenn nicht älteren Generation an. Könnte es da nicht sein, daß die Situation inzwischen sich verändert hat: daß mit der zunehmenden Integration der Frauen in die Berufswelt auch das Spannungsverhältnis »Frau – Karriere« sich eher normalisiert hat? *Spiegeln die oben skizzierten Bedingungen vielleicht die Erfahrung einer bestimmten Generation wider* – nämlich eben der Frauen der »ersten Generation«, die als Bahnbrecher und Pioniere in die Männerwelt des Erfolgs vordrangen? Wie dagegen ist es bei den heute Zwanzigjährigen, die gerade am Anfang der Berufslaufbahn stehen – können auch sie den Weg nach oben wirklich nur schaffen, wenn Schicksalsschläge, Unglücksfälle, Ausnahmesituationen ihnen zu Hilfe kommen?

Die Frage ist offensichtlich berechtigt (und ist in ähnlicher Form auch an die folgenden Abschnitte zu stellen, die typische Muster im Lebensweg von Karrierefrauen beschreiben). Eine genaue Antwort werden wir erst in mehreren Jahren haben, dann nämlich, wenn Untersuchungen vorliegen über den Berufsverlauf – Erfolg oder Erfolglosigkeit – dieser heute jungen

Frauen. Ich vermute freilich, das Bild, das wir dann bekommen, wird in den Grundzügen durchaus noch Ähnlichkeit aufweisen mit dem, das ich oben skizziert habe. Denn wenn wir an neueste Umfragen und Zeitungsberichte denken oder auch an unsere Alltagserfahrungen, können wir da wirklich annehmen, ein Mädchen würde gleichermaßen wie ein Junge auf berufliche Durchsetzung hin erzogen, eine Frau würde auf der Chef-Etage ebenso selbstverständlich akzeptiert wie ein Mann? Ich vermute, wir werden sehen, daß die Regel »Nur über Ausnahmesituationen zur Karriere« heute nicht mehr in derselben Schärfe gilt wie in früheren Jahren – aber dennoch immer noch gilt. Um als Frau den Weg nach oben zu schaffen, braucht es vielleicht nicht mehr die großen Extremsituationen wie Krieg oder politischen Umbruch. Vielleicht sind die Ausnahmesituationen heute kleiner, »alltäglicher« geworden, etwa Scheidung oder Krankheit des Vorgesetzten. Aber auch dann sind es noch Ausnahmesituationen – und die Erfolgsaussichten für Frauen entsprechend geringer.

2. All die bisher genannten Bedingungen – persönliche Schicksalsschläge, Kriegsausbruch, Aufbauphase und Engpaß-Situation im Betrieb, Vorhandensein von Rollenmodellen und Einstellung des Vorgesetzten –, all das sind Bedingungen, die in der Umwelt liegen und nicht in der Person der Frau. Aber, wie oben schon angedeutet, gibt es auch Voraussetzungen, die die *Frauen selbst* einbringen, um trotz des Handikaps der gesellschaftlich zugewiesenen »Doppelrolle« beruflich erfolgreich zu sein. Auch diese Voraussetzungen sind bisher kaum erforscht worden, tauchen nur hier und da als mehr oder minder unbeabsichtigtes Nebenprodukt der Forschung auf, vor allem wieder in autobiographischen Berichten und Interviewäußerungen von Frauen.

Was dabei in spontanen Erzählungen immer wieder genannt wird, ist eine äußerst *robuste physische Konstitution*, Gesundheit und Zähigkeit; und dies zunächst einmal bei der Frau selbst, dann aber auch bei ihrer engeren Familie (Bock-Rosenthal u. a. 1978, S. 59; Fogarty u. a. 1971 a, S. 127; Fogarty u. a. 1971 b, S. 343ff.; Rapoport/Rapoport 1976, S. 125; Williams 1978, S. 190).

»Gute Gesundheit ist fast lebensnotwendig, um einen vollbepackten und vielschichtigen Tagesplan durchzuhalten. Meine physische Stärke hat es mir möglich gemacht, daß ich von 8.30 bis 4 oder 5 im Beruf arbeitete, nach Hause kam, die Kinder fütterte, badete, ihnen vorlas und sie zu Bett brachte; danach, nach unserem Essen, konnte ich noch einen Abend lang Korrespondenz aufarbeiten oder Berichte oder meine eigenen Stunden vorbereiten. Eine Mutter, die erschöpft ist, hat von Anfang an verloren« (Autobiographischer Bericht aus Kundsin 1974, S. 51).

»Ich bin bis jetzt noch nicht krank gewesen und mein Mann auch nicht. Wir sind eine sehr gesunde Familie, und außer einem gelegentlichen Schnupfen kommen bei uns keine Krankheiten vor. Ins Bett gelegt habe ich mich eigentlich nur, als die Kinder kamen, und die habe ich zu Hause bekommen. Dann bin ich wieder nach drei Tagen aufgestanden und hab mich ins Büro gesetzt« (Interview-Ausschnitt aus Bock-Rosenthal u. a. 1978, S. 40f.).

Mindestens ebenso entscheidend scheint auf der anderen Seite die gewissermaßen *psychische Robustheit*, die vielen erfolgreichen Frauen gemeinsam ist. Es ist dies eine bestimmte Art von Zielstrebigkeit, Selbstbewußtsein, geradliniger Entschlossenheit, die zumindest teilweise von äußeren Konventionen und traditionellen »Weiblichkeits«stereotypen sich löst. Wenn etwa angesichts der überragenden Schönheit von Mutter und Schwester wenig Aussicht besteht, auf dem Gebiet der traditionell weiblichen Leistungen eigene Anerkennung zu gewinnen – nein, dann lassen sie sich eben nicht unterkriegen, sondern bauen zäh eine eigene Persönlichkeit auf, die ihr Selbstbewußtsein aus anderen Leistungen bezieht.

»Ich glaube, sie [die Mutter] war mit Anfang Dreißig am hübschesten. Ich war damals zwölf und auf meinem Tiefpunkt. Ihr Haar hatte einen reizenden kastanienbraunen Ton angenommen und war in weichen Locken aus ihrem Gesicht gekämmt. Neben ihr und Susie, die ihr wunderbares Haar in Schwarz geerbt hatte, sah ich wie adoptiert aus. Doch ich war bereits gegen mein Aussehen gewappnet. Es war unwichtig. Zwischen mir und dem Spiegel lag eine Distanz, die der wachsenden Distanz zwischen mir einerseits und meiner Mutter und Schwester andererseits entsprach. Der Erfolg, den ich mit der von mir aufgebauten Persönlichkeit hatte, war der Beweis: Ich brauchte die beiden nicht. Meine Leistungen in der Schule, meine dort erworbenen Titel und Preise stützten mein Selbstbild so stark, daß ich bis zur Niederschrift dieses Buches fest davon überzeugt war, meine Schwester habe mir während meiner Jugendzeit leid getan. Welche Chance hatte sie neben dem tüchtigsten und beliebtesten Mädchen in der Welt? Ich bildete sogar Schuldgefühle aus, weil ich sie meiner Meinung nach übertraf. Das war der reinste Selbsterhaltungstrieb! . . . Ich soll eifersüchtig auf Susie gewesen sein, die nicht einen einzigen Preis gewonnen hat und lange nicht so beliebt war wie ich? Ich muß ungeheuer eifersüchtig auf sie gewesen sein« (Friday 1979, S. 152f.).

Wie hier, wo es um die Bedeutung der äußeren Erscheinung geht, so auch an anderen Punkten: Die erfolgreichen Frauen beweisen außergewöhnliche Autonomie, und dies oft schon von früh an. Denn jene »Doppelrolle«, die allem beruflichen Erfolg entgegensteht, sie beginnt ja nicht dann erst, wenn familiale Verpflichtungen die Frau tatsächlich belasten. Nur die offensichtlichsten, die drastischsten Konsequenzen der Zuweisung zu zwei Lebensbereichen, Beruf und Familie, kommen erst nach der Familiengründung. Längst vorher schon gibt es eine lange Kette von Ereignissen und Erwartungen, untergründig aber um so wirksamer, die in diese Richtung weisen: die von Eltern, Lehrern, Freundinnen, von Studienberatern, Personalchefs, Arbeitgebern selbstverständlich *vorausgesetzte* Doppelrolle, die quasi automatische Ineinssetzung von »Frau« mit Ehe, Schwangerschaft, geminderter Einsatzfähigkeit.

Aber die beruflich erfolgreichen Frauen sind oft schon in der Jugend nicht bereit, diesem Grundmuster der weiblichen Normalbiographie sich bedingungslos zu fügen. Sie sind stark genug, eigene Vorstellungen entgegenzusetzen und sich hinwegzusetzen über das, was an Pflichten, Aufgaben, Verhaltensweisen von Frauen erwartet wird. Das heißt nicht, daß sie den radikalen Aufstand wider die Frauenrolle probten. Im Gegenteil, sie sind in vielerlei Hinsicht durchaus angepaßt und in den geltenden Normen befangen. Ihre Energie wird nur dort eingesetzt, aber dann um so zielsicherer, wo sie (aus welchen Gründen auch immer) eigene Ideen entwickelt haben: Da begehren sie auf, leisten Widerstand, setzen ihre Vorstellung durch. Da wählen sie aus »Abenteuerlust« ein männliches Studienfach (Bock-Rosenthal u. a. 1978, S. 48); verschieben die Heirat, um die Berufspläne nicht zu gefährden (ebd., S. 25 und S. 130); sollen, da Frau, als erste entlassen werden – aber protestieren beim Chef und werden tatsächlich weiter beschäftigt (ebd., S. 37). Ihre Entschlossenheit läßt sich durch die verschiedensten Lebensphasen hindurch verfolgen, am deutlichsten freilich an ganz bestimmten Punkten: dort bei den typischen »kritischen Stellen«, die der weibliche Lebenszusammenhang aufweist. Ob Schule, Studium, Erwartungen eines traditionellen Ehemannes oder familienfeindliche Bestimmungen im Beruf – immer wieder entgehen sie den »Fallen« der weiblichen Normalbiographie.

Schon früh »rebellierte ich mit jugendlichem Ungestüm gegen meine Eltern. Ich hatte Frau Gawronskas Schule im Alter von vierzehn Jahren beendet und sollte nun unter den Fittichen meiner Mutter bis zu meiner Verehelichung das müßige Leben einer Debütantin führen. Ich weigerte mich, eine solche Existenz zu akzeptieren . . . Ich wußte, daß das Abiturzeugnis das ›Sesam, Öffne dich!‹ war . . . Meine Schulbildung war . . . sehr begrenzt, und meine unmittelbare Umgebung (das heißt, meine Mutter) war überaus entmutigend. Aber ich nahm den Kampf gegen diese Hindernisse auf . . . Um meine Eltern zu überzeugen, daß ich es ernst meinte, ging ich . . . von zu Hause fort . . . Ich kehrte nur unter der Bedingung zurück, daß mein Vater einen Vertrag unterschrieb, worin er sich verpflichtete, mir auf jede mögliche Weise, einschließlich der Anstellung von Lehrern, bei der Erlangung meines Abiturs zu helfen« (DEUTSCH 1975, S. 71 f.).

»Mein Vater war eigentlich dagegen, weil er sagte, daß ein Mädchen nicht ins Gymnasium geht, und da habe ich gesagt: Entweder ihr laßt mich ins Gymnasium gehen oder ich lerne überhaupt nicht mehr. Daraufhin kam ich ins Gymnasium« (Interview-Ausschnitt aus BOCK-ROSENTHAL u. a. 1978, S. 79).

»Eine Studienberaterin rief mich herein. In ihrer Hand war das Papier, auf dem ich meinen Wunsch angegeben hatte, Einführungskurse am College zu belegen. Die Kurse, die ich gewählt hatte, waren ausgestrichen und statt dessen durch einen Lehrgang in Hauswirtschaft ersetzt. Ich nahm das Papier nach Hause, ein wenig betäubt durch diese Wendung. Als meine Mutter es sah, war sie wutentbrannt. Am nächsten Tag gingen wir zusammen zur Schule, um der Studienberaterin gegenüberzutreten. Diese versuchte, meine Mutter zu beruhigen, und argumentierte: ›Was soll ein farbiges Mädchen mit einer College-Ausbildung anfangen? Wenn sie kochen und nähen lernt, kann sie immer eine gute Stelle bekommen.‹

Aber als wir ihr Büro verließen, war ich für den College-Kurs eingeschrieben« (autobiographischer Bericht aus KUNDSIN 1974, S. 59).

»Ich hatte auch meine festen Dienstzeiten und hätte um vier Uhr durchaus nach Hause gehen können, aber es hat mich gepackt und fasziniert, da habe ich die Zeit vergessen. Eines Abends hat mein Mann im Kreißsaal gestanden, und von da an hat mich mein Chef jeden Abend pünktlich nach Hause geschickt, und das hat mich gestört. Da habe ich ihm gesagt: Du hör mal. Du mußt mich hier in Ruhe lassen. Ich kann nicht plötzlich aussteigen und Suppe kochen. Und das mußt du mir lassen« (Interview-Ausschnitt aus BOCK-ROSENTHAL u. a. 1978, S. 131).

»Für meine Kollegin Laura und für mich gab es einen Punkt, der uns ständig aufrieb, und das war die Sache mit der Arbeitszeit. Niemand zweifelte daran, daß wir zu denjenigen Leuten im Labor gehörten, die am härtesten arbeiteten und besonders produktiv waren, und doch kamen wir wegen unserer kleinen Kinder immer mindestens eine Stunde später. Diese Routine des täglichen Zeitablaufs irritierte mich sehr, aber trotzdem weigerte ich mich, meine Zeiteinteilung aufzugeben. Mein Leben sollte so sein, wie ich es wollte, und die Verwaltung hatte das zu akzeptieren« (autobiographischer Bericht aus KUNDSIN 1974, S. 41).

»Leider gab es an meiner Universität keine Teilzeit-Position mit fester Anstellung. Leute mit Zeitverträgen wie Lehrbeauftragte oder Tutoren konnten auf Teilzeit arbeiten, aber nicht Fakultätsangehörige in Dauerposition. Von den Männern in meinem Institut hat zwar die Hälfte auch nur halbtags Lehre gemacht, aber die anderen fünfzig Prozent ihrer Zeit haben sie in einem Forschungsinstitut verbracht, und das war genehmigt. Aber es war nicht genehmigt, wenn man fünfzig Prozent für die Familie haben wollte. Das war gegen die Regeln. Mir schien das schrecklich ungerecht. Es bedeutete, daß eine Frau oder ein Mann, die Kinder zu versorgen hatten und eigene Zeit fürs Schreiben brauchten, automatisch da benachteiligt waren, wo es am meisten für die Karriere zählt ... Deshalb habe ich zusammen mit einer Frauengruppe gekämpft, und wir haben gewonnen ... Wir haben uns organisiert, Petitionen rumgereicht und überhaupt viel Lärm gemacht. Zuerst bekam ich dann einen Brief von einem der Obersten in der Verwaltung, da hieß es glatt ›Nein‹, was wir wollten, sei nicht möglich. Später habe ich ihn angerufen, und da sagte er: › .. ja, ich glaube, wir können eine Ausnahme für Sie machen.‹ Ich hab darauf geantwortet: ›Nein, ich will keine Ausnahme sein. Warum sollte denn nicht jeder Mann und jede Frau, die hier an der Uni arbeitet, diese Art von Flexibilität bekommen können?‹ ... Ich wies darauf hin, daß es gegen die Verfassung sein würde, die Bestimmungen nur für die Frauen zu verändern. Das war das Ende unserer Unterhaltung. Nicht lang danach wurde mein Antrag auf Teilzeit-Professur genehmigt, und diese Möglichkeit ... ist heute offiziell geltende Bestimmung an unserer Universität« (Interview-Ausschnitt aus FABE/WIKLER 1979, S. 89f.).

Ich habe damit versucht, jene Vorbedingungen und Voraussetzungen aufzuzeigen, die in der Berufsbiographie erfolgreicher Frauen eine entscheidende Rolle spielen. Aus der Vielfalt der Einzelschicksale haben sich zwei typische Grundmuster herauskristallisiert: auf der einen Seite diejenigen Frauen, die über Ausnahmesituationen verschiedenster Art Karriere machten; auf der anderen Seite diejenigen Frauen, die durch außergewöhnliche eigene Voraussetzungen den Durchbruch schafften.

Diese Gegenüberstellung ist sicherlich sinnvoll, als erste Orientierungshilfe gedacht. Aber sie ist – jetzt im nachhinein betrachtet – zugleich auch ein wenig grob, ja künstlich; denn sie verdeckt, wieviel an unmittelbaren Zusammenhängen, engen Verbindungen es zwischen jenen beiden Entwicklungsmustern gibt. In der Realität sind es nicht polare Gegensätze, eher unterschiedliche Seiten, mit manchen Übergängen dazwischen. Das wird bei beiden Entwicklungsmustern deutlich:

Eine Entschlossenheit, wie die zweite Gruppe von Frauen

(die mit den außergewöhnlichen eigenen Voraussetzungen) sie zeigt, widerspricht ziemlich kraß jenen Verhaltensmustern von Gefügigkeit, Anpassungsbereitschaft, Passivität, die in der weiblichen Normalbiographie eingeübt werden. Es sind deshalb auch hier fast immer außergewöhnliche äußere Umstände nötig – etwa ein sozial privilegiertes Herkunftsmilieu, das Selbstbewußtsein und Selbstsicherheit fördert; oder die Stellung als erstgeborenes oder einziges Kind[24], mit besonderer Aufmerksamkeit von seiten der Eltern verbunden –, damit Frauen jene Zielstrebigkeit, ja zum Teil auch Härte entwickeln können, die oft Vorbedingung ihres beruflichen Erfolgs ist.

Auf der anderen Seite reichen Zufälle, glückliche Umstände oder unglückliche Schicksalsschläge allein nie aus, damit Frauen in der Berufshierarchie sich durchsetzen. Viele Frauen waren im Krieg berufstätig, viele haben den Mann durch Tod verloren oder eine Scheidung durchgemacht – aber nur die wenigsten von ihnen haben danach Karriere gemacht. Das heißt, um »Zufälle« aufgreifen zu können, ist auch immer wieder so etwas wie physische und psychische Robustheit, ist Gesundheit, Zielstrebigkeit, Entschlossenheit nötig.

An diesem Punkt wird deutlich, daß innere Voraussetzungen und mehr oder minder zufällige äußere Umstände sich kaum klar voneinander trennen lassen. Im konkreten Fall greifen fast immer beide Bedingungen ineinander, wirken zusammen, verstärken sich. Das Charakteristische in der Berufsbiographie dieser Frauen ist wahrscheinlich gerade das *Zusammentreffen* vielfältiger Voraussetzungen – persönlicher Schicksalsschlag *und* betriebliche Engpaßsituation, Kriegsausbruch *und* Unternehmensexpansion, betrieblicher Bedarf *und* Aufgeschlossenheit des Vorgesetzten und vor allem eben auch: außergewöhnliche äußere Umstände *und* außergewöhnliche innere Robustheit. Erst dann, wenn mehrere solcher außergewöhnlichen Voraussetzungen sich verbinden – *erst in der Kombination und Verkettung derartiger Vorbedingungen können Frauen beruflichen Erfolg erreichen.*

Aber dennoch ist klar, die Voraussetzungen allein sind nur die eine Seite der Karriere. Denn die Frage ist ja: Was kommt dann, wenn derartige *Vor*bedingungen erst einmal erfüllt sind? Wie geht es weiter? Wie können Frauen – vorausgesetzt, sie haben es einmal so weit gebracht – immer wieder von neuem

24 Bock-Rosenthal u. a. 1978; Fogarty u. a. 1971 b, S. 377; Hennig/Jardim 1978; Mandelbaum 1978, S. 143; Mead 1978, S. 22; Sommerkorn 1969, S. 35f.

das Gegeneinander beruflicher und familialer Pflichten bewältigen, mit denen die gegenwärtige Berufsarbeit sie konfrontiert? Welche Lösungsmuster, welche Entscheidungen, vielleicht auch: welche Konflikte kennzeichnen ihren beruflichen und außerberuflichen Alltag?

Genau das ist das Thema der folgenden Abschnitte. Zwar gibt es wieder keine fertig aufbereiteten Untersuchungsergebnisse, die wir einfach abrufen könnten. Aber auch hier gibt es die spontan eingebrachten Details, die in fast schon stereotypen Formulierungen in den verschiedensten Untersuchungen auftauchen. Sie liefern jenen »Refrain«, aus dem sich am Ende ein typisches Muster herausformt.

4.2. *Verzicht auf Ehe*

Nicht selten beginnt für Frauen der Erfolg im Beruf erst dann, wenn sie durch Tod des Mannes oder durch Scheidung alleinstehend geworden sind (siehe oben S. 149f.). Aber noch häufiger ist es, daß beruflich erfolgreiche Frauen gar nicht erst eine Ehe eingehen. Untersuchungen aus vielen Ländern und quer durch die verschiedensten Berufsfelder bringen durchweg dasselbe Ergebnis: Frauen am oberen Ende der Berufshierarchie bleiben häufig unverheiratet – viel häufiger als die übrigen Frauen, viel häufiger aber auch als Männer, die hohe Positionen erreicht haben[25]. Dieser Zusammenhang gehört zu den am besten dokumentierten Hintergrunddaten aus der Lebensgeschichte von Karriere-Frauen, und er ist aufschlußreich genug. Denn in seinen nüchternen Zahlen spiegelt drastisch sich wider, was die gegenwärtige Berufsarbeit und die in ihr angelegte innerfamiliale Arbeitsteilung für die Lebensgeschichte von Frauen bedeutet: Beruf und Familie werden oft zu sich ausschließenden Alternativen. Ein volles Berufsengagement wird dann möglich, wenn Frauen (aus welchen Gründen auch immer) sich kaum Aussicht auf Heirat machen können; oder wenn sie, um die Berufsbindung nicht aufzugeben, bewußt gegen eine Heirat sich entscheiden, manchmal auch eine bereits bestehende Ehe lösen.

[25] Bock-Rosenthal u. a. 1978; Epstein 1971, S. 96; Friday 1979, S. 346; Fogarty u. a. 1971a; Glenwick u. a. 1978, S. 521; Hartmann 1968; Hennig/Jardim 1978; Hochschild 1975, S. 69; Holmstrom 1973, S. 14f.; Kosa/Coker 1965; Rossi 1965, S. 72f.; Simon u. a. 1967, S. 222; Sommerkorn 1969, S. 29; Williams 1978, S. 184.

»... ich habe mehrmals die Gelegenheit gehabt, sehr früh schon zu heiraten, und bin teilweise auch ziemlich bedrängt worden von meinem Freund, zu heiraten und viele Kinder zu kriegen. Das fand ich irgendwo ganz schön, aber der Gedanke, mein Studium abbrechen zu müssen oder womöglich meinen Beruf, den ich mal erreichen wollte, aufgeben zu müssen, hat mich so irritiert, daß ich sämtliche Bedenken über Bord werfen konnte und gesagt habe: Nein, ich tue es nicht« (Interview-Ausschnitt aus Bock-Rosenthal u. a. 1978, S. 130).

In vielen Fällen sind es tatsächlich ähnliche Überlegungen und Ziele, immer wieder vom Berufswunsch ausgehend und auf ihn bezogen, die mögliche Heiratspläne scheitern lassen (siehe z. B. Hennig/Jardim 1978). Aber was heißt das für die betroffenen Frauen: Leiden sie schließlich unter den Folgen ihrer Entscheidung, fühlen sie sich einsam und unausgefüllt? Oder haben sie es gelernt, mit der Entscheidung gegen Ehe und Familie zu leben, haben sie sich in diesem Lebensmuster eingerichtet, seine positiven Seiten betonend?

Die wenigen empirischen Befunde, die es zu solchen Fragen gibt, zeichnen ein zum Teil zwiespältiges, insgesamt aber doch eher positives Lebensgefühl. Das frauenfeindliche Stereotyp von der alten Jungfer, die pauschal als einsam, unglücklich und verbittert hingestellt wird – hier wird es jedenfalls nicht bestätigt. Die eine Untersuchung, mit Karrierefrauen im Management befaßt, unterscheidet zwischen zwei Gruppen von Frauen. Auf der einen Seite sind diejenigen, die nach enorm arbeitsintensiven, fast ausschließlich berufsbezogenen Jahren eine Art »Karrierepause« einlegten, um über die eigene Identität und ihre Zukunft Klarheit zu finden; sie sind dadurch freier und offener geworden, haben sich ein Privatleben außerhalb des Berufs aufgebaut und darin Befriedigung gefunden. Auf der anderen Seite stehen diejenigen Frauen, die einfach immer weiter funktionierten und einseitig aufgaben- und leistungsorientiert blieben; bei ihnen freilich werden in den späteren Jahren Ressentiments spürbar, sie fühlen sich oft eingeschränkt und festgefahren, in der Defensive und verbittert (Hennig/Jardim 1978, S. 122ff.).

Eine andere Untersuchung (Birnbaum 1975) findet bei den Alleinstehenden durchweg ein erstaunliches Maß an Zufriedenheit; die alleinstehenden Erfolgsfrauen sind hier zufriedener als Frauen mit gleich hoher Ausbildung, die sich ganz der Familie gewidmet haben. Diese positiven Selbst- und Situationseinschätzungen kommen freilich zu einem Zeitpunkt zustande, wo die Frauen kurz vor oder direkt am Höhepunkt ihrer beruflichen Karriere stehen. Wie es später sein wird – etwa dann, wenn sie allmählich von den Jüngeren verdrängt werden; oder dann, wenn sie ganz aus dem Beruf ausscheiden –, über solch etwaige Verschiebungen im Stimmungsbild der alleinstehenden Frauen gibt es keine empirischen Daten. So ist zumindest nicht ausgeschlossen, daß in einer späteren Lebensphase andere Gefühle sich in den Vordergrund schieben, vielleicht Resignation und Einsamkeit stärker werden. Das könnte schon deshalb sein, weil auch zum gegenwärtigen Zeitpunkt das Bild nicht ganz eindeutig, ausschließlich harmonisch ist. Bei aller Zufriedenheit weist es doch auch gewisse Ambivalenzen auf, manche Unstimmigkeiten und zum Teil auch Konflikte.

»Ich würde heiraten, ich tue es nur deshalb nicht, weil ich keine Kinder mehr haben kann oder möchte, da ich zu alt bin . . . Mein Freund hat aber die Idee, daß er mal eine Frau findet, mit der ein Kind möglich ist.« Diese Sätze einer Rechtsanwältin sind sachlich und nüchtern, lassen möglicherweise dahinterstehende Konflikte nicht unmittelbar erkennen. Aber die Interviewerin schreibt dazu: »Obwohl Marlene E. dieses Problem im Interview betont kühl behandelt, ist aus der Intonation der Antworten und ihren zögernden Reaktionen ersichtlich, daß diese Unsicherheit in dem Verhältnis zu ihrem Freund sie stärker belastet, als sie offen zugeben will« (Interview-Ausschnitt aus Bock-Rosenthal u. a. 1978, S. 132).

Das Vorhandensein derartiger Ambivalenzen ist allerdings kaum erstaunlich. Denn das Scheitern einer Beziehung, einer Ehe hinterläßt fast immer Narben. Der Verzicht auf Ehe bedeutet – in einer Gesellschaft, die die Gefühle von Zuwendung und Zuneigung, Zärtlichkeit und Intimität weitgehend auf den Binnenraum der Kleinfamilie beschränkt – stets auch einen Verzicht auf emotionale Nähe und die Grunderfahrung selbstverständlicher Zusammengehörigkeit. Das wird spürbar vor allem in kritischen Zeiten, wo man jene elementare Vertrautheit braucht, die einfach da ist, sicher und erwartbar, nicht erst gesucht werden muß mit zweifelhaftem Erfolg. In der »Spiegel«-Untersuchung über Alleinstehende beiderlei Geschlechts ist diese Erfahrung immer wieder deutlich geworden als das wohl größte Problem. »Die zum Teil sehr differenziert beschriebenen Nachteile des Alleinseins sind . . . im Grunde Variationen über ein und dasselbe Thema: das zumindest zeitweilige Fehlen einer Bezugsperson, an die man sich anlehnen, mit der man Sorgen und Nöte besprechen könnte und die imstande wäre, so etwas wie Geborgenheit zu vermitteln« (Spiegel Nr. 27/1978, S. 56).

Der emotinale Verlust trifft Alleinstehende beiden Geschlechts, Männer wie Frauen. Für Frauen aber bedeutet der Verzicht auf Ehe auch noch die Erfahrung gesellschaftlicher Diskriminierung, die Erfahrung, nicht nur eine Alleinstehende, sondern auch eine Außenstehende zu sein: Die Frau, die gegen Ehe sich entscheidet, verstößt gegen gesellschaftliche Erwartungen, sie versagt gegenüber den traditionellen Erfolgszielen der weiblichen Normalbiographie. Dieser Erwartungsdruck ist so massiv, daß auch Frauen, die über hinreichende Stärke und Selbstbewußtsein verfügen, manchmal Zweifel und Selbstzweifel spüren (siehe z. B. HENNIG/JARDIM 1978, S. 122 ff.). Eine alleinstehende, vielleicht sogar geschiedene Frau zu sein – das wird dann untergründig doch noch als Mangel, als Versagen erlebt. Diese Momente des Zweifels können so weit gehen, daß sie sogar die beruflichen Entscheidungen beeinträchtigen.

»... habe ich mich auch nicht sofort entschließen können, mich scheiden zu lassen ... [weil] ich meinte, als geschiedene Frau diskriminiert zu werden in der Gesellschaft und keine Chance mehr hätte. Es war für mich eine Schande und eine Bankrotterklärung.« Dann war eine Chefarztstelle ausgeschrieben, aber »ich habe eigentlich gedacht, ich könne mich nicht bewerben, weil ich geschieden bin. Man muß als Chefarzt gesellschaftlich integer sein« (Interview-Ausschnitt aus BOCK-ROSENTHAL u. a. 1978, S. 132 und S. 135).

Und da kommt mit einem Mal noch ein anderes Problem, das in dieser Form nur die Frauen betrifft: das Problem der Zeit, die ihnen bestimmte Lebensentscheidungen allmählich aus der Hand nimmt. Das gilt vor allem für diejenigen Frauen, die sich nicht endgültig gegen Ehe und Familie entschieden haben, sondern dies zunächst einmal nur aufschieben wollten, um dann weiterzusehen. Sie erkennen plötzlich, daß es bald unweigerlich zu spät ist für manche Entscheidungen – die sind dann quasi von selbst gefallen, ohne eigentlichen Entschluß.

»... ich machte mir – am Anfang unbewußt – Sorgen darüber, eine unverheiratete Frau zu sein, und noch dazu in mittleren Jahren. Daran hatte ich bisher nie gedacht, weil ich immer gefunden hatte, ich sei noch jung und hätte dafür noch mehr als genug Zeit – wenn ich mich im Beruf etabliert hätte. Aber nun stand ich da und war fünfunddreißig; die Zeit hatte mich eingeholt, und ich ängstigte mich zum Beispiel darüber, ich würde bald keine Kinder mehr bekommen können« (Interview-Ausschnitt aus HENNIG/JARDIM 1978, S. 124).

»Schließlich mußte ich der Tatsache ins Auge sehen, daß ich keinen Mann und keine Kinder hatte und daß es höchste Zeit wurde, mich zu entscheiden, ob ich beides haben wollte. Die Zeit nahm mich in die Pflicht, und ich mußte einige Fragen beantworten, die ich auf Jahre zurückgestellt hatte. Damals, als ich anfing, hatte ich den Entschluß gefaßt, noch ein paar Jahre mit dem Heiraten zu warten, damit ich mich ganz meinem Beruf widmen konnte. Aber damals war ich noch jung gewesen, und die Probleme des biologischen Alters hatten keine Rolle gespielt. Dann waren aus den paar Jahren plötzlich zwölf geworden, und ich war sechsunddreißig« (ebd., S. 124).

Zumindest vor dem Hintergrund der gegenwärtigen gesellschaftlichen Bedingungen ist es also sicherlich kein geringer Preis, den die alleinstehenden Frauen für ihren Berufserfolg zahlen. Und es ist deshalb auch nicht erstaunlich, wenn zumindest hin und wieder doch ein Gefühl des Verzichts bei ihnen aufkommt und der Gedanke, daß die Männer es leichter hätten. »Der Preis, den diese Frauen auf der Ebene gesicherter interpersonaler Beziehungen bezahlen, wird von ihnen selbst als sehr hoch veranschlagt« (BOCK-ROSENTHAL u. a. 1978, S. 73).

». . . auch insofern ist die Frau benachteiligt, daß sie, wenn sie sich entschließt, einen Beruf ernsthaft auszufüllen oder womöglich eine berufliche Karriere einzugehen, sich irgendwo bescheiden und verzichten muß. Sonst haut das nicht hin. Und das ist keine Gleichberechtigung. Ein Mann kann eine brillante Karriere machen und hat seine Familie zu Haus und immer seine gestopften Socken im Schrank und immer was zu essen. Und wie sieht das bei mir aus, wenn ich mal einkaufen gehen muß: dann ist das für mich eine Aktion, die ich kaum bewerkstelligen kann, weil ich zu den Geschäftszeiten hier kaum rauskomme« (Interview-Ausschnitt aus ebd., S. 139).

In solchen Erfahrungen von Frauen, die für den beruflichen Erfolg auf Ehe verzichten, wird durchgängig die innere Logik gegenwärtiger Berufsarbeit sichtbar, die hineingreift bis in die persönlichsten und privatesten Lebensentscheidungen. Weil das Ausmaß beruflicher Anforderungen eine innerfamiliale Arbeitsteilung fordert, die die Arbeit in der Familie primär der Frau zuweist – deshalb müssen Frauen, die eigene berufliche Perspektiven verfolgen, da gar noch größere Ambitionen entwickeln, häufig gegen Ehe, gegen eine feste Partnerbeziehung sich entscheiden. Das gilt zumindest für diejenigen Frauen, die in abhängiger Position beschäftigt sind. Denn hier sind die Arbeitsbedingungen meist klar vorgegeben, es gibt wenig Spielraum zu eigener Zeiteinteilung, das Ausmaß der Beanspruchung kann nicht flexibel variiert werden.

»Daß die Arbeitsbedingungen und die speziellen Anforderungen gegenüber Frauen die Qualität der Beziehungen zum Ehemann diktieren und schließlich die Ehe ruinieren, ist der zugespitzte Ausdruck eines Konflikts, in dem alle Frauen mit Karriereberufen stehen . . . Die Fälle der Chefärztin Waltraud H. und der Rechtsanwältin Marlene E. machen deutlich, daß ein ursächlicher Zusammenhang zwischen der abhängigen Berufstätigkeit, dem Verzicht auf die Ehe und dem sehr großen Berufserfolg zu bestehen scheint. Die starken Kontrollen in einer abhängigen Beschäftigung zwingen zur Anpassung an die herrschenden Arbeitsnormen, wenn eine Frau in diesen Berufen Erfolge erzielen will; *zu einem Verhältnis, das die traditionellen Bedürfnisse eines Ehemanns oder Freundes berücksichtigt, lassen diese Arbeitsnormen keine Zeit.* Unter den rigiden Bedingungen einer abhängigen Beschäftigung muß eine Frau in einem hochqualifizierten Beruf wahrscheinlich auf die Ehe verzichten, wenn sie große berufliche Erfolge erzielen will« (ebd., S. 74).

Um als Frau beruflich erfolgreich zu sein, muß man möglichst auf Ehe verzichten (zumindest dann, wenn man in abhängiger Position beschäftigt ist) – das ist ein bitteres »Erfolgsrezept«, das aus den beschriebenen Erfahrungen sich ablesen läßt. Es ist bitter und traurig auch dann, wenn die betroffenen Frauen – jedenfalls solange sie noch mitten im Berufsleben stehen, im Gipfelpunkt der Karriere sich befinden – nicht unglücklich und einsam sind. Denn es bleibt das Faktum, daß es oft keine freie, sondern eine von den Spielregeln des männlichen Karrierebetriebs aufgezwungene Entscheidung ist, die ihr Leben bestimmt.

Bei einer Untersuchung amerikanischer Akademiker waren fünf Jahre nach der Promotion »die Hälfte der Frauen, aber fast alle Männer verheiratet. Das ist eine schmerzhafte kleine Statistik, und ich sage dies keineswegs, um eine alleinstehende Frau herabsetzen zu wollen. Es ist eine Sache, wenn eine Frau sich frei gegen Ehe und Kinder *entscheidet*, weil sie diese Lebensmuster per se nicht will. Aber es ist etwas ganz anderes, wenn einem diese Alternative aufgezwungen wird, weil der Karriereweg von vornherein zugeschnitten ist auf den Mann mit Familie, der von den familialen Verpflichtungen entlastet ist« (HOCHSCHILD 1975, S. 69f.).

Will man ein Fazit ziehen, so müßte dies nach den bisherigen Überlegungen wohl lauten, die erste Karriereregel für Frauen sei »Nur über Alleinsein zum Erfolg«. Aber da stellt sich doch recht offensichtlich die Frage, ob das ganz so heute noch stimmt, für die jetzt Zwanzigjährigen in gleichem Maß wie für die Pionierfrauen der ersten Generation. Ich vermute, gerade an dieser Stelle werden wir Veränderungen finden. Die alte Regel ist sicher noch nicht aufgehoben – immer noch wird das Lösungsmuster »Eheverzicht« den Weg nach oben erleichtern. Aber dennoch ist die Regel wohl abgeschwächt, ist es – zumindest unter bestimmten Bedingungen – leichter geworden als früher, Ehe und Familie zu verbinden. Das läßt sich allein schon ablesen an der wachsenden Zahl der Ehen, in denen beide Partner eine eigene Karriere verfolgen; nicht von ungefähr ist die »dual career family« zu einem beliebten Thema der angelsächsischen Sozialforschung geworden. Doch *welches sind die Bedingungen*, unter denen die brisante Kombination »Ehe und Karriere« für Frauen handhabbar wird? Das genau ist die Frage, die uns im nächsten Abschnitt beschäftigt.

4.3. *Die wohlüberlegte und paßgerechte Ehe: Sorgfältig abwägen, nicht zu früh heiraten, einen verständnisvollen Ehemann wählen*

Auch unter den Erfolgsfrauen gibt es stets einige (je nach Berufsfeld und Hierarchiehöhe einmal mehr, einmal weniger), die nicht auf Ehe verzichtet haben trotz ihrer Berufsambitionen. Was also kennzeichnet die Lebenssituation dieser Frauen? Wie können sie Ehe und erfolgreiche Berufstätigkeit zusammenbringen, wie können sie die »Doppelbelastung« verkraften?

Zwischen den Erfolgsfrauen, die verheiratet sind, und den »Normalfrauen«, die auf berufliche Ansprüche weitgehend verzichtet haben – zwischen diesen beiden Gruppen gibt es eine wesentliche Übereinstimmung, etwas, was sie miteinander verbindet und gleichzeitig gegen die alleinstehenden Erfolgsfrauen abhebt. Dies ist die gemeinsame Erfahrung von Ehe – nichts Beiläufiges im weiblichen Lebenszusammenhang, sondern eben das, was den zentralen Bezugspunkt der weiblichen Normalbiographie ausmacht. Beide Gruppen von verheirateten Frauen, die beruflich erfolgreichen wie die weniger erfolgreichen, entsprechen in diesem Sinne dem Grundmuster der weiblichen Normalbiographie – damit ist zunächst einmal eine grundlegende Ähnlichkeit hergestellt.

Aber neben dieser Ähnlichkeit bestehen auch erhebliche Unterschiede, gerade auch was die Ehe betrifft, die Entwicklung der Partnerbeziehung, die Umstände und Motive der

Heirat, die Rolle der Frau bei all diesen Entscheidungen. Zahlreiche Momente weisen darauf hin, wie die beruflich erfolgreichen Frauen zum Teil doch wieder aus der weiblichen Normalbiographie ausscheren: sie haben sich zwar für die Ehe entschieden; aber dieser Entscheidungsprozeß ist an wesentlichen Punkten ungewöhnlich verlaufen – nicht bei allen Frauen dieser Gruppe, auch nicht unbedingt bei der Mehrheit, aber doch bei sehr vielen, wenn man das Normalverhalten von Frauen zum Maßstab nimmt. Es ist diese große, genauer: *relativ* große Gruppe unter den verheirateten Erfolgsfrauen, um die es im folgenden geht: um *die Ungewöhnlichkeiten, die »typischen Abweichungen«, die ihre Einstellung zur Ehe und ihr Verhalten in der Ehe charakterisieren.*

Im Verlauf des Sozialisationsprozesses werden Mädchen von früh auf dazu erzogen, Ehe und Familiengründung als wesentliches Lebensziel zu sehen und darauf ihre Wunschträume, ihre Verhaltensstrategien und Entscheidungen zu richten. Von diesem Normalverlauf der weiblichen Biographie weicht nun aber eine größere Gruppe unter den Karrierefrauen ab: Anders als die meisten ihrer Altersgenossinnen sind sie *nicht geradlinig auf das »Erfolgsziel Ehe« zugesteuert, sondern haben eher eine Distanz dazu empfunden, nicht selten auch Zweifel und Zögern.* Ehe – das war für manche von ihnen nicht das Allererste und Wichtigste im Leben, sondern ein Gedanke, dem sie lang mit einer gewissen Zurückhaltung gegenüberstanden, bevor sie sich selbst zur Heirat entschlossen (Holmstrom 1973, S. 15; Hennig/Jardim 1978; Mandelbaum 1979, S. 444f.).

»Ich dachte immer, daß ich einmal heiraten würde, aber es war nicht *das* Ziel. Ich nahm es als ganz selbstverständlich an, daß ich eines Tages den richtigen Mann treffen würde . . . Ich bin nicht losgegangen und hab nach einem Mann *geschaut* oder mir Sorgen gemacht, wenn so ein Mann gerade nicht auftauchte. Denn ich hatte immer das Gefühl, eines Tages würde schon jemand kommen, und der würde auch damit einverstanden sein, daß ich mein Studium beenden würde; oder wenn ich es bereits beendet hätte, daß ich dann weitermachen würde und meine eigenen Interessen verfolgen« (Interview-Ausschnitt aus Holmstrom 1973, S. 15).

»Ich wußte, daß ich als Widersacherin der ganzen Gruppe enden würde, wenn ich in eine [Studentinnen-]Verbindung einträte. Ich glaubte nicht an dieselben Dinge wie sie, und mein Hauptziel auf dem College war nicht der beste Ehemann. Wir hatten einfach nichts gemeinsam, diese Verbindungsschwestern und ich!« (Interview-Ausschnitt aus Hennig/Jardim 1978, S. 102).

»Für mich stand nur eines fest – ich habe niemals daran gedacht zu heiraten und zu Haus zu bleiben wie meine Mutter. Das war eine Lebensweise, die ich schon sehr früh abgelehnt haben muß, denn so lange ich zurückdenken kann, wollte ich nicht so leben wie meine Mutter, sondern so wie mein Vater. Die Arbeit im Beruf war für mich eine spannende und befriedigende Tätigkeit, die ich herbeisehnte. Ich erwog nie, ohne sie zu leben« (Interview-Ausschnitt aus ebd., S. 97).

Weil Ehe nicht ihr erstes und einziges Lebensziel war, waren diese Frauen auch eher bereit, zwischen Ehe und Beruf abzuwägen, *im Konfliktfall vielleicht auch auf eine Beziehung zu verzichten, wenn der Partner nicht mit ihrer Berufstätigkeit einverstanden war.* Ihre innere Vorbedingung war, daß ihre Berufstätigkeit nicht in Frage gestellt würde – »sonst hätten wir nicht geheiratet«, wie eine der Frauen es formulierte (SOMMERKORN 1969, S. 189).

»Wenn mein jetziger Mann nicht einverstanden gewesen wäre, da hätte ich mich auch gar nicht beeinflussen lassen. Ich will mal so sagen, wenn er es nicht unterstützt hätte, dann wären wir heute sicherlich nicht zusammen. Dann hätten wir uns jemand anders gesucht oder man wär' allein geblieben« (Interview-Ausschnitt aus BOCK-ROSENTHAL u. a. 1978, S. 23).

In diese Distanz zum Erfolgsziel Ehe paßt auch, daß viele der Frauen mit eigener Karriere *relativ spät geheiratet* haben. Zum Teil wohl unbewußt, oft aber ganz bewußt haben sie mit der Eheschließung gezögert, viel später als ihre Klassenkameradinnen und Freundinnen den endgültigen Schritt getan. Denn allzu deutlich sahen sie die Gefahr, oder ahnten sie zumindest, es könnten die Ansprüche von Beruf und Ehe unvereinbar aufeinanderprallen, und dann wäre ihre Berufslaufbahn schon in ihren Anfängen beendet (HENNIG/JARDIM 1978; HOLMSTROM 1973, S. 15; SOMMERKORN 1969, S. 178 und S. 189).

». . . und ich immer gesagt habe, ich heirate erst in dem Moment, wo ich mein Diplom in der Tasche habe«. Aber dann wollte ein Professor, der Studentinnen ablehnte, zusätzliche Anforderungen stellen, was die Heirat hinausgezögert hätte, »und dann gab es natürlich Schwierigkeiten zwischen mir und meinem Zukünftigen. Der sagte, weißt du, das ist ja Unsinn und Prinzipienreiterei. Irgendwie war das für mich wichtig, daß ich mein Diplom hatte, noch bevor ich verheiratet war« (Interview-Ausschnitt aus BOCK-ROSENTHAL u. a. 1978, S. 25).

»Mit sechsundzwanzig kam ich zu dem Schluß, ich müsse zwischen der Karriere, die mir vorschwebte, und dem Gedanken an Heirat in den nächsten Jahren entscheiden. Ich wußte, daß beides nicht ging, denn um meine Vorstellung von einer Karriere zu verwirklichen, müßte ich völlig frei von anderen praktischen Verpflichtungen sein. Ich würde meine ganze Zeit für die Arbeit brauchen . . . Ich entschied mich dafür, bei der Karriere zu bleiben und erst später an eine Ehe zu denken. Ich sagte mir, ich sei jung und habe eine Menge Zeit. Ich wußte, daß ich erst dann eine gute Ehefrau sein konnte, wenn die Sache mit der Karriere geschafft war« (Interview-Ausschnitt aus HENNIG/JARDIM 1978, S. 114).

Viele der Frauen haben auch *vor der Eheschließung mit dem Mann über ihre Berufspläne gesprochen und diese abgesprochen.* Sie ließen an diesem zentralen Punkt also keine Vagheiten und Mißverständnisse aufkommen, sondern machten von vornherein ihren Standpunkt klar, um spätere Konflikte und Auseinandersetzungen zu vermeiden (HOLMSTROM 1973, S. 17; SOMMERKORN 1969, S. 189). Auch hierin wird eine Distanz zur traditionellen Frauenrolle deutlich: statt Fügsamkeit und Anpassungsbereitschaft zu zeigen, den Wünschen des Mannes zu folgen, haben sie eigene Wünsche artikuliert und durchgesetzt.

»Ich hab klargestellt – womit er völlig einverstanden war, was er offensichtlich völlig verstand –, daß zu meinem Leben eine eigene Karriere gehörte. Daß ich zwar auch eine Familie wollte, aber dies für mich keine Frage von Alternativen und austauschbaren Möglichkeiten war, sondern daß ich eben beides wollte. Und er war völlig damit einverstanden« (Interview-Ausschnitt aus HOLMSTROM 1973, S. 17).

Ähnliche Verhaltensmuster, die eine für Frauen außergewöhnliche Autonomie erkennen lassen, setzen sich auch in der Ehe fort. Auch dies gilt, wie schon zu Anfang gesagt, keineswegs für alle der verheirateten »Erfolgsfrauen«, ja nur für wenige, wenn man mit Männern vergleicht – und doch für viele, wenn man das Normalverhalten von Frauen bedenkt. Häufiger und entschiedener als andere Frauen versteht es diese Gruppe, eigene Vorstellungen, Pläne, Ziele zu entwickeln und selbstbewußt in die Partnerbeziehung einzubringen. Dies wird am deutlichsten dann, wenn Interessenkonflikte zwischen Mann und Frau auftauchen (wenn etwa er ein attraktives Stellenangebot bekommt, das für sie Nachteile bringen würde; oder wenn er sich eines Tages doch am Berufsengagement der Frau stört). Hier setzt in vielen dieser Ehen ein *gemeinsamer Diskussionsprozeß* ein, *in dem ein Lösungsmuster allmählich ausgehandelt wird;* beide Seiten werden abgewogen, beide Partner gehen aufeinander zu, jeder bemüht sich, die Wünsche des anderen zu sehen und die eigenen ein Stück weit zurückzustellen (BERGER u. a.

1978; Birnbaum 1975, S. 411f.; Holmstrom 1973, S. 30ff.; Sommerkorn 1969, S. 192). Der weitergehende Kompromiß, die größere Verzichtleistung wird auch hier am Ende meist von der Frau erbracht (siehe oben S. 128ff.). Aber dennoch unterscheidet sich dieser Entscheidungsprozeß deutlich von dem jener Ehen, wo die Frau ebenfalls eine sehr gute Ausbildung hat, aber eben nicht berufstätig ist. Denn dort ist es viel eher so, daß der Mann sich weitgehend durchsetzt, während die Frau leise zurücksteckt und seinen Wünschen sich anpaßt.

Unmittelbar sichtbar wurden diese Unterschiede, ja Gegensätze im ehelichen Konfliktlösungsverhalten bei einer amerikanischen Untersuchung, die eine Art projektiven Test durchführte. Vorgegeben wurde ein Konflikt zwischen Carol, einer Rechtsanwältin, und ihrem Ehemann, der an ihrem beruflichen Engagement Anstoß nimmt. Die untersuchten Frauen – alle mit sehr guter Ausbildung, die einen Hausfrauen, die anderen berufstätig – sollten den weiteren Verlauf der Geschichte erzählen. Es zeigten sich charakteristische Unterschiede:

»Die Familienfrauen stellen sich eine bittere Auseinandersetzung vor, die schließlich mit einer Scheidung endet; oder sie lassen Carol die Ehe retten, indem sie ihren Standpunkt aufgibt oder aber geheime weibliche Listen anwendet, um dem Mann zu schmeicheln, sein Ego zu stärken und ihn zu besänftigen.« Eine bezeichnende Geschichte verläuft zum Beispiel so: »Carol möchte Richterin werden, aber sie liebt Dick sehr und sieht, daß ihre Ehe zugrunde gehen wird, wenn sie nichts dagegen unternimmt. Dick stößt sich daran, daß Carol so wenig Familieninteressen hat, und möchte, daß sie sich nicht mehr so stark engagiert. Carol kommt zu dem Entschluß, daß sie und Dick mindestens zwei Kinder adoptieren sollten . . . Sie gibt ihre Ambition auf, Richterin zu werden.«

Im Gegensatz dazu zeichnen die beruflich erfolgreichen Frauen ein Bild von Carol, wonach diese »sehr an ihrer Ehe und ihrem Mann hängt, aber darin nicht so weit geht, daß sie ihre Arbeit aufgibt, die ihr persönliche Befriedigung bringt. Statt dessen versucht sie, auf die Bedürfnisse des Mannes und der Familie einzugehen, ohne in diesem Prozeß sich selbst zu opfern. Ebenso wird der Mann typischerweise nicht als ein unbeugsamer Alleinherrscher geschildert, sondern als verständnisvoll und einfühlsam; er kann Carols Berufswünsche berücksichtigen und einigermaßen vernünftig sein, wenn Kompromisse gefunden werden müssen« (Birnbaum 1975, S. 406 und S. 411f.).

Manchmal freilich gibt es objektive Interessengegensätze, die auch in noch so vielen gemeinsamen Diskussionen nicht aus der Welt zu schaffen sind – so etwa dann, wenn Aufstiegschancen oder attraktive Stellenangebote die Partner in unterschiedliche

Städte drängen. Was tun? Wieder werden zum Teil unkonventionelle Lösungsmuster gewählt (Holmstrom 1973, S. 44; Mandelbaum 1979, S. 445): Es *wächst heute die Zahl der »Ehen mit zwei Wohnsitzen«*, wo beide Partner an unterschiedlichen Orten berufstätig sind und den größten Teil der Woche räumlich getrennt leben (Kirschner/Walum 1978; Douvan/Pleck 1978; Farris 1978; Gerstel 1979). Und da das Festhalten am eigenen Berufs»weg« (hier im durchaus wörtlichen Sinne verstanden) in aller Regel die Erfolgsaussichten fördert, ist die Vermutung naheliegend, daß Frauen, die für diese Art der Ehe sich entscheiden, eher den Durchbruch schaffen. Diejenigen dagegen, denen im Konfliktfall eine enge Ehebeziehung wichtiger ist – sie werden seltener zu denen gehören, die früher oder später Karriere machen.

Dann gibt es auch noch diejenigen Fälle, wo alle Abwägungen vor der Ehe und alle Absprachen in der Ehe letztlich erfolglos bleiben, wo die Berufstätigkeit der Frau schließlich doch mit den Erwartungen des Mannes kollidiert und ein Kompromiß nicht gefunden werden kann. Auch an diesem Punkt gehen die »Erfolgsfrauen« den ungewöhnlichen Weg: Statt den Konfliktstoff aus der Welt zu schaffen und die eigenen Berufswünsche aufzugeben, *entschließen sie sich eher zur Scheidung und halten an der Berufstätigkeit fest* (Bock-Rosenthal u. a. 1978, S. 131f.; Holmstrom 1973, S. 145ff.; Kundsin 1974; Mandelbaum 1979, S. 445; Williams 1978, S. 184ff.).

»Eins der Probleme war, daß er bei allem nicht sehr flexibel war. Ich mußte alles machen. Nun, ich habe auch hier [in meiner neuen Ehe] viel zu tun . . . Ich hab nichts gegen Arbeit. Aber ich glaube, es ist nicht fair, wenn erwartet wird, daß man immer *alles* tut, ohne irgend eine Arbeitsteilung . . . In meiner reiferen Einstellung sehe ich darin eines der Dinge, die ich für wichtig im Leben hielt – einen Partner zu haben, mit dem ich ein Stück der Verantwortung *teilen* könnte« (Interview-Ausschnitt aus Holmstrom 1973, S. 147).

»Wenn ich mich entschlossen hätte, zu Hause zu bleiben und Kinder zu haben und meinen Beruf aufzugeben, wäre ich heute noch verheiratet. Aber ich wäre dann nicht glücklich, weil das nicht das gewesen wäre, was ich wollte . . . Als mein Gehalt höher wurde als seines, als ich abends lange arbeitete und samstags ins Büro ging, als schließlich meine Geschäftsreisen mehr Zeit in Anspruch nahmen, da war es klar, daß unsere Beziehung in verschiedene Richtungen sich bewegte. Es gab keine Kämpfe . . ., aber unsere Beziehung bewegte sich langsam auf Null zu. Meine Karriere hatte eindeutig Priorität vor meinem Mann. Ich denke jetzt nicht daran, wieder zu heiraten . . . Meine Karriere ist mir genug« (Interview-Ausschnitt aus Williams 1978, S. 185f.).

Geradezu auffallend ist manchmal die Unabhängigkeit, die anklingt in den Worten, mit denen die Frauen ihre Scheidung beschreiben.

»Ich war diejenige, die weggegangen ist. Ich sagte, ich hätte jetzt genug. Das war nicht die Art, wie ich leben wollte, und ich stand einfach auf und ging davon . . . Das war das Klügste, was ich jemals getan habe« (Interview-Ausschnitt aus Holmstrom 1973, S. 146).

»Ich wollte das nicht mehr länger vormachen, daß ich geistig unterlegen sei und unfähig, etwas zu erreichen« (Interview-Ausschnitt aus ebd., S. 145).

Wie häufig diese Art der Konfliktlösung ist (oder wie häufig am Ende doch der andere, traditionelle Weg gewählt wird), das freilich läßt sich aus diesen Untersuchungen nicht sagen. Denn hier sehen wir wieder nur diejenigen Frauen, die sich für die Berufsbindung entschieden haben. Aber wie viele Frauen gibt es, die schließlich doch den leisen Weg des Verzichts gegangen sind und auf diese Weise von der Gruppe der »Erfolgsfrauen« sich gelöst haben?

In jedem Fall gibt es aber auch zahlreiche Ehen, in denen das von der Frau angestrebte Lebensmuster – Ehe *und* starkes Berufsengagement – sich tatsächlich durchhalten läßt. Bei einer kleinen Gruppe von Frauen wird die Berufsbindung wohl gerade dadurch gefördert, daß die Ehe nicht allzu glücklich verläuft, zumindest nicht ganz den Erwartungen entspricht; im Bereich der persönlichen Zufriedenheit bleibt eine Art Vakuum, und sie reagieren darauf, indem sie ihre Interessen um so mehr in den Berufsbereich verlagern (Fogarty u. a. 1971 b, S. 238). Aber diese Konstellation ist wohl eher die Ausnahme. Viel typischer ist, von zahlreichen Untersuchungen immer wieder belegt, der umgekehrte Fall: daß gerade die beruflich erfolgreichen Frauen auch im Privatbereich Stabilität und Erfüllung gefunden haben. Es mag sein, daß hier eine gewisse Auswahl schon stattgefunden hat: Wo die Ehe weniger harmonisch verlief, haben die Frauen vielleicht schon die Konsequenzen gezogen und die Scheidung gewählt. Aber was auch immer die Hintergründe sein mögen, im Gesamtbild erscheinen die bestehenden Ehen ausgesprochen positiv. Hier finden wir die zahlreichen Frauen, die – eindeutiger als die »Nur-Hausfrauen«, eindeutiger aber auch als die alleinstehenden »Erfolgs-Frauen« – Zufriedenheit zeigen (Birnbaum 1975); die sich als ausgefüllt, glücklich und selbstbewußt erfahren, gerade weil sie an zwei Lebensbereichen teilhaben können (Birnbaum

1975; Bock-Rosenthal u. a. 1978; Burke/Weir 1976; Fogarty u. a. 1972; Ginzberg 1971; Poloma/Garland 1971; Poloma 1970).

Diese Frauen haben auch eine sehr klare Vorstellung darüber, was wesentliche Voraussetzung ihres Erfolgs ist. In Interviews, aber gerade auch in spontanen Bemerkungen und autobiographischen Berichten sagen sie es immer wieder, mit geradezu stereotyper Regelmäßigkeit wird es betont, ja taucht auch schon in einem Karriereratgeber für die berufstätige Frau auf (Williams 1978, S. 184ff.): *Das Wichtigste sei, mit dem »richtigen Mann« verheiratet zu sein.* Und sie machen auch deutlich, was sie darunter verstehen. *Der Richtige – das ist zuallererst und ganz wesentlich ein Mann, der die Berufswünsche der Frau, ihre entsprechenden Verpflichtungen und Beanspruchungen unterstützt;* der sie nicht unter der Hand immer wieder in die Hausfrauenrolle hineindrängt, indem er einen perfekt funktionierenden Haushalt, ein uneingeschränktes Dasein für die Familie von ihr fordert. Der Richtige – das ist in diesem Sinne ein Mann, der unkonventionell und außergewöhnlich ist, weil er die traditionellen Bedürfnisse und Erwartungen eines Ehemannes zumindest teilweise aufgibt; der nicht auf umfassender Versorgung und Entlastung im Alltag besteht, sondern auch einmal gewisse Unbequemlichkeiten in Kauf nimmt (Astin 1969, S. 113; Bernard 1975, S. 162; Fogarty u. a. 1971 b, S. 319f.; Heckman u. a. 1977, S. 329; Hennig/Jardim 1978, S. 128; Holmstrom 1973, S. 137f.; Sommerkorn 1969, S. 190f.).

»Die Wahl des Mannes ist ganz wichtig für die Möglichkeit einer Karriere. Wenn man nicht einen Mann hat, der die Frau unterstützt und an ihrer Arbeit interessiert ist, dann kann man nicht überleben«. – »Man braucht einen *sehr* verständnisvollen Mann«. – »Das ist das eigentliche Geheimnis: Sei vorsichtig, wen du heiratest« (Interview-Ausschnitt aus Holmstrom 1973, S. 137).

»Von meiner eigenen Erfahrung her kann ich sagen, daß alles vom Ehemann abhängt. Wenn dem Mann die Berufstätigkeit der Frau wichtig ist, dann sind alle Schwierigkeiten letztlich nicht so schlimm. Es darf ihm nichts ausmachen, wenn er hin und wieder in ein leeres Haus kommt, oder sich selbst mal das Essen kocht, oder wenn seine Knöpfe nicht angenäht sind, oder wenn er mal auf das Kind aufpassen soll. Wenn er aber ein Mensch ist, der richtig versorgt werden will und der will, daß alles im Haus glänzt, dann muß es enorm schwer sein. Wenn man einen Mann hat, der die ganze Zeit brummt, dann schafft man es einfach nicht« (Interview-Ausschnitt aus Sommerkorn 1969, S. 191).

Betrachten wir solche Äußerungen einmal näher. Wo sie ausführlicher werden (und wo man die oben genannten Untersuchungsergebnisse heranzieht, die die Arbeitsteilung in Ehen mit Berufstätigkeit beider Partner beschreiben), da zeichnet sich folgendes Bild ab. Der Ehemann, der als der Richtige, der Verständnisvolle gepriesen wird – das ist keineswegs jemand, der der Frau die volle Haushaltsverantwortung abnimmt; es ist, sehr viel bescheidener, derjenige, der nicht auf einem *perfekt* funktionierenden Haushalt besteht, der wenigstens *hin und wieder* einen *Teil* der Aufgaben übernimmt, kurz der nicht *alles* in Haus und Familie der Frau überläßt. Die Teilhabe des Mannes ist noch immer recht bescheiden – und doch schreibt die Frau ihm eine ganz zentrale Rolle zu, wo es um die Möglichkeit ihrer Karriere geht.

Wie anders ist es dagegen bei den Männern: Gerade ihre Karriere wird ja meist wesentlich dadurch getragen, daß die Frau voll die familiale Hintergrundarbeit übernimmt. Aber in Interviews und Fragebögen würde das kaum sichtbar werden. Nach den Hintergründen ihres Erfolgs befragt, würden die meisten Männer auf Ausbildung, berufliche Leistung, auf Zielstrebigkeit und harte Arbeit verweisen, vielleicht auch von Glück und vom guten Verhältnis zum Chef sprechen. Aber nur die wenigsten würden an die Freistellung von den häuslichen Pflichten denken; und noch weniger kämen auf die Idee, diese Bedingung spontan anzusprechen, ganz ohne gezielte Frage in dieser Richtung.

So haben wir also eine eigenartige Konstellation. Die erfolgreichen Männer, die im häuslichen Bereich oft volle Entlastung durch die Ehefrau erfahren, erwähnen das kaum als besondere Bedingung ihres Erfolgs. Die erfolgreichen Frauen dagegen verweisen mit allem Nachdruck auf die entscheidende Rolle des Mannes – und das, obwohl sie faktisch in viel geringerem Maß entlastet werden. Ist das nun eine verzerrte Wahrnehmung, ein »falsches Bewußtsein«, bei Männern wie bei Frauen – und wenn nicht, was ist es sonst?

Ich glaube, wir stehen hier vor einem Zusammenhang, den ich zunächst einmal wissenschaftstheoretisch beschreiben möchte. Wenn wir nach den Ursachen eines bestimmten Ereignisses fragen, dann sortieren wir quasi automatisch diejenigen Bedingungen aus, die immer (oder praktisch immer) gegeben sind; wir interessieren uns eigentlich nur für diejenigen Bedingungen, die bloß hin und wieder auftauchen oder gar ganz neu

auch schon vor der Ehe, das im Durchschnitt größere Berufsengagement zeigen. Sie haben erstens einen Beruf gewählt, der kaum zu den ganz typischen Frauenberufen zählt (sonst wäre ihr Mann nicht im selben Berufsfeld); da könnten sie auch an anderen Punkten, nicht bloß bei der Berufswahl, die engen Bahnen des traditionell Zugestandenen verlassen. Und zweitens haben sie ihren Partner wahrscheinlich über Studium, Fachdiskussionen, Berufskontakte gefunden; da dürfte das Interesse fürs Fachliche ausgeprägter sein, im Durchschnitt zumindest, als bei den anderen, die über Freizeit oder Urlaubsreise zusammenfinden.

Eine zweite Erklärungsmöglichkeit bietet die Studie von BOCK-ROSENTHAL u. a. (1978). Danach ist das folgende Muster typisch: Frauen, die beruflich erfolgreich *und* verheiratet sind, haben in der Regel nicht nur einen Mann aus demselben Fachgebiet geheiratet, sondern sie *arbeiten darüber hinaus auch noch mit ihm zusammen, und zwar als Selbständige in eigener Praxis* (etwa als Architekten, Wirtschaftsprüfer). Diese selbständige Berufstätigkeit, so jedenfalls sehen es BOCK-ROSENTHAL u. a., gibt den Frauen größere Freiheit als eine abhängige Beschäftigung. Weil sie ihr eigener Arbeitgeber sind, haben sie mehr Beweglichkeit bei der Zeiteinteilung und mehr Möglichkeiten, das Arbeitspensum zu steuern (etwa über Beschränkung in der Zahl der angenommenen Aufträge); weil Arbeitsplatz und Wohnung oft nah beieinander liegen, können sie Berufspflichten und Familienaufgaben flexibler vereinbaren.

Zur größeren Autonomie in der Arbeitsorganisation, von BOCK-ROSENTHAL u. a. betont, kommt bei Ehen dieser Art vielleicht auch noch ein anderes Moment, das mehr auf psychologischer Ebene liegt. Und zwar geht es um die Leistungsmotivation der Frau, häufig gebremst durch das Bedürfnis nach Nähe, Anlehnung, Gemeinsamkeit, das der weibliche Sozialisationsprozeß vermittelt; damit häufig auch ein stärkeres Berufsengagement verhindernd, etwa wenn die Anforderungen der Berufsarbeit zurückgestellt werden, um den Erwartungen des Ehemannes zu genügen. Aber diese Schranke wird außer Kraft gesetzt, zumindest in ihrer Bedeutung geschwächt – so vermute ich jedenfalls –, wenn die Ehepartner eine gemeinsame Praxis betreiben. Denn hier ist die Situation anders: Der Konflikt zwischen Liebe und Arbeit ist eher aufgehoben, weil Mann und Frau in einem gemeinsamen Arbeits- und Lebenszusammenhang stehen. Das mag den Frauen dann die innere

Freiheit geben, alle Energien und Kräfte einzusetzen, weil die Arbeit jetzt nicht vom Ehemann trennt, sondern im Gegenteil gerade verbindet.

Aber wie andere Untersuchungen zeigen, sind es nicht nur die in einer eigenen Praxis tätigen Frauen, deren Berufschancen von der Kollegen-Ehe profitieren. Ähnliche Zusammenhänge zeigen sich auch bei Bankkaufleuten (WELTZ u. a. 1978), Lehrern und Sozialarbeitern (SIMPSON/SIMPSON 1969, S. 216), bei Psychologen (HECKMAN u. a. 1977), Soziologen (MARTIN u. a. 1975) und anderen Wissenschaftlern (ARKIN/DOBROFSKY 1978, S. 503; ASTIN 1973, S. 153). Die Arbeit im selben Berufsfeld, so kann man vermuten, bringt wohl einfach auch Ergänzung und Anregung, Partnerschaft in einem besonderen Sinne; sie bringt der Ehe eine neue Form von Gemeinsamkeit – ähnliche Interessen, Bezugspunkte, Denkweisen –, was der Frau ein Verbleiben im Beruf sicher erleichtert. Anders als diejenigen, die fachfremd geheiratet haben, muß sie nicht dauernd trennen zwischen Berufsinteressen und Partnerinteressen. Auch hier also steht die Berufstätigkeit nicht so sehr in Konkurrenz zur Ehe – zwar mehr vielleicht als bei den Selbständigen, aber weniger sicherlich als bei denen, deren Männer in ganz anderen Berufsfeldern tätig sind. Und auch hier, bei den abhängig Beschäftigten, bringt die Kollegen-Ehe wahrscheinlich eine größere Verständnisbereitschaft von seiten des Mannes. Denn wenn der Mann eine Vorstellung davon hat, an welcher Aufgabe die Frau arbeitet und vielleicht sogar ein Wochenende durcharbeitet, für welchen »Fall« sie sich engagiert und warum sie einen bestimmten Termin einhalten muß – dann versteht er in aller Regel auch eher, *warum* sie sich derart engagiert und nicht pünktlich die Arbeit beiseite legt, um für Familienpflichten verfügbar zu sein. Genau dieses Moment deutet sich in der Studie von HECKMAN u. a. (1977) an: Die untersuchten Paare, nach den Vor- und Nachteilen einer Kollegen-Ehe befragt, nannten auf der positiven Seite häufig »wechselseitige Unterstützung, gemeinsame Erfahrungen, Stolz auf die Erfolge des anderen und Anerkennung und Bewunderung für den Partner« (S. 329).

». . . daß er im selben Berufsfeld ist, hat wahrscheinlich sein Verständnis für meine Bedürfnisse verstärkt.«

»Im selben Berufsfeld zu sein, das hat uns beiden einen stets präsenten Kollegen gegeben für Unterstützung, Beratung und Verständnis« (ebd., S. 329).

Eines aber bleibt in jedem Fall, egal ob der Ehemann aus demselben Fach kommt oder in einem ganz anderen Berufsfeld tätig ist: Diejenigen Frauen, die Ehe und erfolgreiche Berufstätigkeit miteinander vereinbaren können, äußern am meisten Zufriedenheit – mehr als die Nur-Hausfrauen, mehr aber auch als die alleinstehenden Erfolgsfrauen. An zwei Lebensbereichen teilhaben zu können, das füllt sie aus, gibt ihrem Leben Vielseitigkeit und produktive Spannung, ihnen Selbstbewußtsein und Stolz auf die eigene Leistung. Liegt hier also der Schlüssel zum Glück: eine autonome und anspruchsvolle Berufstätigkeit suchen, deswegen aber nicht auf die Beziehungen im privaten Bereich verzichten, sondern bewußt und wohlüberlegt den richtigen Ehemann suchen? Ein so einfaches »Rezept« gibt es sicherlich nicht. Die Situation ist schwieriger, verwickelter, hindernisreicher: Zunächst einmal wissen wir nur von der Zufriedenheit derjenigen Frauen, die es tatsächlich geschafft haben, Ehe und Karriere zu verbinden. Aber wie viele Frauen haben diese Kombination anfangs auch versucht – und sind dann mürbe geworden, müde unter den Belastungen und Konflikten; wie viele haben am Ende resigniert, auf den einen oder anderen Lebensbereich verzichtet, und wieviel Leid hat der gescheiterte Versuch sie gekostet?

Und ganz so problemlos, wie es zunächst scheint, wie es in ihren eigenen Äußerungen immer wieder betont wird, ist auch die Situation derjenigen Frauen nicht, die eine autonome Berufstätigkeit mit einer glücklichen Ehe verbinden können. Unter aller Zufriedenheit, die ihr Leben bestimmt, ist doch einiges an Spannungen und Ambivalenzen enthalten, zumindest objektiv, vielleicht aber auch subjektiv. Wenn man genauer hinhört, dann wird deutlich, daß ihr Leben vielfach ein Balance-Akt ist – und zwar keineswegs nur wegen der zahlreichen und manchmal unvereinbaren zeitlichen Belastungen. Viel tiefer geht, daß diese Form der Ehebeziehung oft wie ein empfindliches Gleichgewicht ist, auf seiten jedes Partners für Identitätsprobleme anfällig. Dies liegt daran, daß ihre Ehebeziehung von den traditionell festgeschriebenen Rollenvorgaben abweicht und neue Lebensformen versucht. In diesem Entwicklungsprozeß sind aber, neben allen Chancen, auch einige latente Bedrohungen enthalten: Weil sie immer wieder gegen gesellschaftliche Erwartungen verstoßen, weil Kollegen, Nachbarn, Schwiegermütter häufig verständnislos und ablehnend reagieren – »Wie kann eine Frau so selbstsüchtig sein und ihr

Kind von einer anderen aufziehen lassen, nur weil sie selbst Karriere machen will?« »Wieso soll mein Sohn im Haushalt mithelfen, wo er doch im Beruf schon genug zu tun hat?« –, in dieser häufigen Erfahrung von Mißbilligung und Feindseligkeit kommt es manchmal wohl auch zu Augenblicken, wo Mann wie Frau sich in ihrer Identität in Frage gestellt sehen, wo sie mühsam ihr Selbstbewußtsein bewahren müssen. In solchen Augenblicken muß dann ausbalanciert werden zwischen traditioneller Vorgabe und Partnerschaftsideal, zwischen gesellschaftlicher Erwartung und eigenem, noch ungefestigtem Anspruch. Derartige Probleme entstehen typischerweise an einem ganz bestimmten Punkt: nämlich dann, wenn die traditionell eingespielte »Machthierarchie« zwischen den Geschlechtern berührt wird. Denn noch existiert in praktisch allen gesellschaftlichen Bereichen eine Norm »männlicher Überlegenheit« (HOLMSTROM 1973, S. 156ff.), eine Erwartung, die dem Mann Vorrangstellung und Stärke zuweist. Die »Angst vor Erfolg« (HORNER 1971) bei den Frauen, die sie von früh an erlernen, die auch ein Kennzeichen der weiblichen Normalbiographie wird; die Angst vor der möglichen Niederlage, die gleichermaßen tief sitzt in den Männern, ihre Reaktionen auf Frauen bestimmt (KOMAROVSKY 1973) – beide sind zwei Seiten einer Medaille, beide weisen zurück auf ein Dogma, das kulturell fest verankert ist. Was also geschieht, wenn, gemessen am Berufserfolg der Frau, diese Vorrangstellung des Mannes nicht mehr unbedingt garantiert ist – wenn die traditionelle Machthierarchie ins Wanken gerät, ja vielleicht sogar umgekehrt wird?

Offensichtlich bleibt es noch innerhalb der Toleranzgrenzen (zumindest was die hier beschriebenen Familien betrifft), wenn die Frau hohes Einkommen, breite Anerkennung in ihrem Fachgebiet, eine exponierte Stellung in der Berufshierarchie erreicht. Aber der kritische Punkt kommt unmittelbar dann, wenn die Frau *mehr* Anerkennung, *mehr* Einkommen, *mehr* Status als der Ehemann erreicht – wenn sie den Mann übertrifft, damit die Norm »männlicher Überlegenheit« verletzt (BERNARD 1975, S. 165; FOGARTY u. a. 1971 b, S. 357f.; HECKMAN u. a. 1977, S. 329; HOLMSTROM 1973, S. 147f.; KOMAROVSKY 1973; RAPOPORT/RAPOPORT 1976, S. 312; SAFILIOS-ROTHSCHILD/DIJKERS 1978; WILLIAMS 1978).

Ein betroffener Mann: In unserer Kollegen-Ehe gibt es »keine beruflichen Probleme, obwohl ich ein paar Mal das Gefühl hatte, es gäbe sie, als meine Frau höhere Anerkennung hatte als ich« (Interview-Ausschnitt aus HECKMAN u. a. 1977, S. 329).

Und ein anderer Mann, bei dem sich psychosomatische Beschwerden in Form starker Migräneanfälle einstellten, als seine Frau einen deutlichen Einkommensvorsprung erreichte: »Da war, glaube ich, ein Gefühl der Unzulänglichkeit. Ein Mann möchte der Ernährer der Familie sein und denkt, er sollte mehr beitragen zum allgemeinen Lebensunterhalt als die Frau. Aber heute haben sich unsere Einkommen mehr angenähert als damals. Und wenn man die Einkommen zusammentut und die Steuern abzieht, dann ist es leichter zu verbergen, daß da diese Differenz besteht. Das gehört natürlich zu den Dingen, die wir niemals richtig diskutierten, es war einfach etwas, was wir hinnahmen« (Interview-Ausschnitt aus RAPOPORT/RAPOPORT 1976, S. 79).

Dieser »Affront« ist gerade in der Intimität der Zweierbeziehung so schwer zu ertragen, weil er hier unmittelbar sichtbar wird, nicht mehr aufgefangen durch die neutralisierende Distanz, die es draußen in Berufswelt, Öffentlichkeit, Politik gibt. Zwar gibt es einige Ehen, in denen die Frau gerade deshalb ein starkes Berufsengagement entwickelt, weil der Mann der Ernährerrolle nicht voll entspricht (BIRD 1976; FOGARTY u. a. 1971 a, S. 209; RAPOPORT/RAPOPORT 1975, S. 205 ff.). Aber das sind die Ausnahmen. Meist bedeutet eine eventuelle Vorrangstellung der Frau genau das Gegenteil: Hier scheint der Punkt zu sein, wo das empfindliche Gleichgewicht solcher Ehebeziehungen mehr oder minder bedroht ist. »Wenn Geld in der Hand von Männern ... ein Aphrodisiakum ist, so ist es in der Hand von Frauen eher ein Abschreckmittel« (GOODMAN, zit. nach FRIDAY 1979, S. 361). Und Bedrohungen dieser Art können bis hin zur Scheidung führen (FRIDAY 1979, S. 361; HOLMSTROM 1973, S. 147 f.; MANDELBAUM 1979, S. 446; WILLIAMS 1978, S. 185):

»Unsere Beziehung brach auseinander, weil ich schneller vorankam als er. Der größer werdende Abstand zwischen uns zeigte sein häßliches Haupt in Form von Eifersucht. Ich hab sehr viel getan, um unsere Ehe zu retten. Ich hab das Äußerste versucht. Ich bin nie abends zu einer Besprechung gegangen, außer wenn es absolut unvermeidbar war. Wenn ich im Büro Überstunden machte, hab ich sichergestellt, daß er wußte, wo ich war, und rief ihn mehrfach an ... Er konnte nicht ertragen, was er meine Rolle als ›sozialer Schmetterling‹ bei Firmenfeiern nannte. Wenn eine Frau nicht einen Schritt hinter dem Mann zurückstand und ganz charmante Ehefrau war, dann wußte er nicht, wie er damit umgehen sollte. Es war sehr schwer für ihn. Aber es ist auch sehr schwer, bis zehn Uhr zu arbeiten und dann zu Hause Erklärungen abzugeben. Das Schuldgefühl wird zu groß. Ich mußte eine Entscheidung fällen« (Interview-Ausschnitt aus WILLIAMS 1978, S. 186).

»Ich glaube, meine Unabhängigkeit hat meine Ehe belastet. Ich habe spät geheiratet, aber es ging nicht gut. Ich wußte, ich mußte warten, bis ich jemanden fand, der sicher genug in sich selbst war, damit ich auch ein eigenes Selbst haben konnte . . . Ich glaubte, der Mann, den ich heiratete, sei sehr stark und sehr erfolgreich, aber dann zeigte sich, er hatte ein sehr empfindliches Selbstbewußtsein. Wir arbeiteten auf demselben Gebiet, und er konnte mit meinen Erfolgen nicht umgehen« (Interview-Ausschnitt aus ebd., S. 187).

Doch bevor es zum Extremfall der Scheidung kommt, wird die Gefahr oft auf andere Weise abgewendet. *Es werden nämlich typischerweise Lösungsmuster gewählt, die letztlich hinauslaufen auf gewisse Verzichtleistungen der Frau, um die traditionelle Vorrangstellung des Mannes wiederherzustellen.* Die klassischen Beispiele sehen etwa folgendermaßen aus:

– Wenn die Frau den Mann zu überrunden beginnt, kommen Spannungen auf, die bereits sichtbar werden im Interview, sobald Mann und Frau zusammen befragt werden. Da macht der Mann ein paar Bemerkungen über Erfolg und Fähigkeiten der Frau, vielleicht dem Klang nach noch scherzhaft – und doch im Grunde schon Herablassung, ja Herabsetzung enthaltend (FOGARTY u. a. 1971, S. 358). Die Frau nimmt dies offensichtlich hin. Manchmal begegnet sie einem solchen Verlauf auch schon vorgängig; so spielt sie, wenn das Gespräch an ihr ist, ihre beruflichen Ambitionen bewußt herunter, stellt ihre Karriere eher als Serie von Zufällen denn als Ergebnis bewußter Planung hin (ebd., S. 359).

Wo statt der bloßen Gesprächssituation der reale Berufsalltag ist, werden nicht selten härtere Gegenmaßnahmen ergriffen. Die Frau verzichtet gegebenenfalls auf ein höheres Gehalt oder eine Aufstiegsmöglichkeit, um nicht am Partner vorbeizuziehen (BERNARD 1975, S. 165; FRIDAY 1979, S. 360; MANDELBAUM 1979, S. 445; RAPOPORT/RAPOPORT 1976, S. 312).

»Durch die Selbständigkeit kriegt man was, daß eine Gefahr besteht, daß man den Mann übertrifft . . . Das passiert unter Umständen, daß man ihn überrundet, ohne es zu merken. Das ist gefährlich . . . Bei mir besteht da eine Gefahr, ich bin immer von mir ausgegangen. Er ist der Typ, der nachgiebig ist, das war schlecht. Das habe ich bewußt korrigiert« (Interview-Ausschnitt aus WELTZ u. a. 1978, S. 256).

»Meine Jobs waren wichtig für mich, und ich legte mich in ihnen sehr ins Zeug, aber vor den Erfolg war eine Barriere eingebaut. Wenn ich lange genug in einer Stellung verharrte, würde meine übermäßig pflichteifrige Einstellung zur Arbeit zu Beförderungen und Gehaltserhöhungen führen – wodurch das, was ich von den Männern brauchte, gefährdet wurde. Sie würden die aggressive, ›unweibliche‹ Person erblicken, die sich immer in mir verborgen hatte und die sich der Außenwelt nur als reizend, fleißig, aber eigentlich ehrgeizlos darstellte. Ich konnte nur so lange liebenswert sein, als ich nicht zu viel Autorität besaß, und so lehnte ich Stellungen ab, in denen ich auf den Chefposten hätte vorrücken können« (FRIDAY 1979, S. 325).

– Solche Fälle, wo die Frauen in die berufsinternen Hierarchie- und Einkommensspitzen vordringen, sind immer noch die Ausnahme. An diesen Extremsituationen wird freilich besonders drastisch sichtbar, wie die Ehen von Erfolgsfrauen von einem durchaus ambivalenten Verhältnis zu den gesellschaftlich vorherrschenden Rollenbildern bestimmt sind: Die traditionellen Normierungen sind zwar abgeschwächt, aber keineswegs voll gebrochen. Die Vorrangstellung des Mannes ist meist immer noch das Tabu, gewissermaßen die Schallgrenze für die Ambitionen der Frau. Die untergründige Wirksamkeit dieser Norm wird im Alltag vielfältig spürbar. Sie zeigt sich – sehr typisch, sehr bezeichnend – besonders auch in der Art, wie die Frauen den Ehemann wahrnehmen und beschreiben. In ihren Aussagen erscheint er häufig als eine Art »Supermann«, mit außergewöhnlichen Fähigkeiten ausgestattet, brillant, erfolgreich, kreativ. Er kann alles, weiß alles, versteht alles. Hören wir einmal ein paar dieser Beschreibungen:

»Er kann einfach alles. Er ist freundlich. Er denkt viel nach. Er ist selbstbeherrscht und autonom.«

»Wissen, Intelligenz, Einfühlsamkeit, Kreativität, Charme, Sensibilität.«

»Intelligenz, Würde, Aufrichtigkeit, Menschlichkeit.«

»Tiefe und Mut im Denken. Gefühl für Schönheit und liebevolle Freundlichkeit.«

»Absolute Ehrlichkeit, kompromißlose Fähigkeit das zu tun, was er will oder muß, große Freundlichkeit und andauernde Liebe« (Interview-Ausschnitte aus BIRNBAUM 1975, S. 412).

Solche und ähnliche Charakterisierungen tauchen immer wieder auf (DEUTSCH 1975, S. 103 und S. 113; HECKMAN u. a. 1977, S. 329; HORNER 1975, S. 216; KUNDSIN 1974, S. 51; SOMMERKORN 1969, S. 191). Immer wieder sehen wir einen einzigartigen Mann – aber wie kommt es, daß es so viele von ihnen gibt? Zwei Möglichkeiten bieten sich an:

In jedem Fall haben die Frauen selbst auch außergewöhnliche Eigenschaften und Fähigkeiten, denn sonst hätten sie nie ihre gegenwärtige Position erreicht. Da kann man sicher annehmen, daß auch die passenden Partner beachtliches Format haben, zumindest auf intellektueller, vielleicht auch auf persönlicher Ebene. Möglicherweise haben die Frauen auch – mehr oder minder bewußt – Männer gesucht, die ihnen nicht bloß ebenbürtig, sondern möglichst noch überlegen sind. Aber Männer dieses Formats sind selten. Wie viele gibt es wirklich, die alles, intellektuelle wie menschliche Qualitäten, in so extremer Ausprägung in einer Person verbinden? Wenn man das nüchtern überlegt, dann ist fast anzunehmen, daß die obigen Schilderungen vielleicht nicht ganz wahrheitsgetreu sind, daß die beschriebenen Ehemänner bei neutraler Betrachtung vielleicht doch nicht ganz so groß, so einmalig, so überragend sind, wie es in der Schilderung ihrer Frauen erscheint.

In bestimmter Hinsicht ist es aber gar nicht so wichtig, welche dieser Deutungen letztlich zutrifft. Das eigentlich Interessante und Bezeichnende ist doch folgendes: Diese Frauen haben einen Mann gewählt, der ihnen tatsächlich überlegen ist – oder sie wollen ihn wenigstens als überlegen wahrnehmen. Das heißt, zumindest im Bewußtsein der Frau verfügt der Mann über Eigenschaften und Fähigkeiten, mit denen sie unmöglich konkurrieren kann. Auf diese Weise wird dann ein Grundproblem gelöst, das in Ehebeziehungen dieser Art häufig auftaucht: *Die historisch eingespielte »Machthierarchie« zwischen Mann und Frau bleibt grundsätzlich erhalten, die »Geschlechtsrollenidentität« der Partner, ihr Selbstbild und Selbstverständnis, wird in gewisser Weise stabilisiert.* Denn je mehr der Mann eine Übergröße erreicht, die ihn deutlich von der Frau abhebt, desto eher ist auch in diesen Ehen die traditionelle Vorrangstellung des Mannes bewahrt. Von daher liegt es nahe, die Schilderungen der Frauen in Zusammenhang zu bringen mit gewissen Zweifeln und Selbstzweifeln, die hin und wieder aufkommen, weil sie den Bereich der typisch »weiblichen« Positionen und Berufsfelder verlassen haben:

»Die Stereotype von ›männlichem‹ und ›weiblichem‹ Verhalten, von männlichen und weiblichen Rollen sind immer noch real, und deshalb ist die verheiratete Frau, die in einer der traditionellen akademischen Disziplinen ihren Berufsweg gemacht hat, trotz allem auch ein wenig unsicher angesichts der Einfühlungsbereitschaft und Aufgeschlossenheit, die ihr Mann ihren Bedürfnissen entgegenbringt. Sie sorgt sich vielleicht, ob er wahrhaft stark und männlich ist, oder ob sie selbst richtig weiblich und einfühlsam ist. Es gibt Anhaltspunkte dafür, daß die Frau, die verheiratet ist und gleichzeitig in einem solchen Beruf tätig ist, dieses unglückliche Dilemma auf ihre Art löst: Sie ist voll davon überzeugt – egal ob diese Überzeugung eine reale Grundlage hat oder nur der eigenen Vorstellungskraft entspringt –, daß ihr Ehemann brillant ist, überlegen, konkurrenzlos ihr um Klassen voraus. Wie auch immer es um die Größe des Mannes wirklich steht, auf diese Weise kann jeder glücklich vor sich hin leben, ohne sich fragen zu müssen, wie es um die ›Normalität‹ ihrer Identität als Mann bzw. Frau steht ... So ist die verheiratete Frau in diesen hochqualifizierten akademischen Berufsfeldern sicher psychologisch freier als die meisten Frauen, nach herausragenden Positionen zu streben. Aber es scheint, *sie ist nur deshalb so frei, ihr Bestes zu geben, weil sie davon überzeugt ist, daß ihr Mann immer noch besser sein wird*« (BIRNBAUM 1975, S. 412).

»Er gilt als einer der besten Männer [auf seinem Gebiet], und das ist ... eine sehr sichere Position, nichts womit ich konkurrieren könnte ... Mein Mann ist einer der bekanntesten Männer in den Staaten, und ich ... bin eine ganz normale, durchschnittliche College-Lehrerin« (Interview-Ausschnitt aus HOLMSTROM 1973, S. 113f.).

Nun gibt es freilich auch noch eine sehr kleine Gruppe von Frauen, oben schon erwähnt, bei der die Situation gerade umgekehrt ist. Der Mann ist wenig erfolgreich, zumindest in finanzieller Hinsicht, er kann keine sichere Existenzgrundlage schaffen; und das eben erlaubt es der Frau, selbst eine starke Berufsbindung zu entwickeln. Hier wird nun die Norm männlicher Überlegenheit doch in Frage gestellt, jedenfalls am nicht unwichtigen ökonomischen Punkt. Aber bedeutet das allein schon, die traditionelle Fähigkeitshierarchie, der Glaube an die Vorrangstellung des Mannes sei da nicht mehr wirksam? Da müßten wir doch zuerst wissen, wie diese Situation innerfamilial erfahren wird. Manche Paare mögen dafür eine eigene Interpretation gefunden haben, die (ob nun zutreffend oder nicht) am Ende doch wieder auf »Brillanz« des Mannes hinausläuft – der alte Reim im neuen Kleid, die Vereinbarkeit mit den traditionellen Spielregeln bleibt gewahrt. Es mag Zufall sein oder auch nicht, jedenfalls habe ich nur eine Interview-Äußerung gefunden, die mit dieser Situation sich auseinandersetzt, und die weist genau in die vermutete Richtung.

»Mein Mann ist brillant, aber von Natur aus ein freischaffender Künstler. Da hatte ich drei Möglichkeiten – a) zu Hause sitzen und auf den Fingernägeln herumkauen, b) an ihm herumnörgeln und versuchen, ihn zu der Art von Person zu machen, wie ich es bin, oder c) selber für das sorgen, was ich zum Leben brauche. Ich habe die letzte Möglichkeit gewählt« (Interview-Ausschnitt aus FOGARTY u. a. 1971a, S. 208f.).

Aber was immer die familialen Hintergründe sein mögen, in einer Hinsicht hat es die Frau hier sicherlich leichter. Denn unter solchen Umständen erscheint ihre Berufstätigkeit viel eher »legitim«: Sie ist die arme Frau, der gar keine andere Wahl bleibt, die praktisch zu vollem Berufsengagement gezwungen ist. Das entlastet zumindest vom ständigen Rechtfertigungsdruck, und es mag vielleicht sogar die Unterstützung der Umwelt aktivieren.

»Als ich zu arbeiten anfing, gab es sehr starke Vorbehalte gegen die Berufstätigkeit von Müttern, und ich hab es nicht aus eigener Wahl getan, sondern deshalb, weil wir unter enormem finanziellen Druck standen. Ich glaube, ich hätte leicht aus dem ganzen Berufssystem rausfallen können, wenn es damals nicht einfach die Frage gewesen wäre, soll ich arbeiten oder sollen wir hungern. Ich bin immer sehr dankbar für diese Situation gewesen, weil ich glaube, ich hätte mich sonst vielleicht dem sozialen Druck gefügt« (Interview-Äußerung aus Rapoport/Rapoport 1976, S. 78).

– All das weist darauf hin, daß auch die Frauen mit eigener Karriere nicht völlig frei sind von jener »Angst vor Erfolg« (Horner), die zur weiblichen Normalbiographie gehört. Sie verstehen es freilich, mit dieser Angst umzugehen: stellen den Ehemann auf ein unerreichbar hohes Podest, was wieder den »richtigen« Abstand herstellt; oder deuten die eigene Karriere als Ergebnis äußerer Zwänge, nicht eigener Wahl. Dadurch verliert ihr eigener Erfolg an Bedeutung, an Bedrohlichkeit – er wird entschuldbar gewissermaßen.

»Gleichzeitig wird so auch nicht das Stereotyp verletzt, das selbst ich ganz angenehm finde, daß der Mann der Hauptemährer ist. Wenn ich sehr viel mehr als er verdienen würde, würde er in meiner Einschätzung ein wenig verlieren. Dann würde ich mich ihm gegenüber vielleicht eher ein wenig mütterlich fühlen« (Interview-Ausschnitt aus Komarovsky 1953, S. 172).

Aber es sind nicht nur die Unsicherheiten der Frauen, *ihre* Selbstzweifel und Identitätsprobleme, die zu solchen Verhaltensstrategien führen. Denn ebenso gibt es auch Unsicherheiten auf seiten der männlichen Partner (Fogarty u. a. 1971b, S. 358; Holmstrom 1973, S. 147f.; Komarovsky 1973). Aber das werden die Männer nur selten direkt äußern und zugeben können; ihre Sozialisation hat sie vor allem zur Durchsetzung in der Außenwelt angehalten, mehr als zur Selbstwahrnehmung; sie haben es weniger als die Frauen gelernt, über mögliche »Rollenprobleme« nachzudenken und zu reden. So bleibt ihre Unsicherheit wohl oft eher atmosphärisch – eine momentane

Stimmung und Verstimmung, ein subtiles Geflecht von Spannungen, die manchmal sich Luft schaffen in untergründiger Ironie oder Provokation. Das alles ist empirisch schwer zu belegen, weil kaum faßbar in Fragebogen oder standardisiertem Interview, sehr viel feinere Methoden erfordernd. Es ist eigenartig, aber vielleicht können wir am leichtesten an den Frauen beobachten, was die Probleme der Männer sind. Denn die Frauen haben ja, in all den Jahren weiblicher Sozialisation, eine Sensibilität für Zwischentöne, Gefühle, Stimmungen entwickelt – das wirkt fort, gerade in der Situation der Zweierbeziehung, die gekennzeichnet ist durch Nähe und Unmittelbarkeit, durch Liebe und Zuneigung, wo man in vielfältiger Weise aufeinander eingespielt ist und sich auch jenseits der Worte verständigt. So spüren die Frauen eine mögliche Verunsicherung des Mannes, durchaus unbewußt oft, und sie reagieren darauf in ihrer Weise. Sie machen eine Art ehelichen Lernprozeß durch und entwickeln Verhaltensmuster, wiederum oft nicht bewußt, die subtil abgestimmt sind auf den Mann: Zu vermeiden gilt, was ihn – und vor allem: sein Selbstbild – in Frage stellen könnte; dagegen betont wird, was seine Männlichkeit – und das heißt auch: seine Überlegenheit – bestätigt und bestärkt.

Vor diesem Hintergrund gewinnen die oben zitierten Äußerungen der Frauen, die immer wieder die außergewöhnlichen Fähigkeiten des Mannes herausstellen, noch eine andere und neue Bedeutung. Vielleicht ist es gar nicht so, daß alle Frauen bedingungslos an die »Übergröße« des Mannes glauben, selbst wenn sie sie in ihren Eheschilderungen betonen. Manche Frauen, so scheint es, inszenieren vielmehr ganz bewußt hin und wieder ein kleines Täuschungsmanöver, um die Eitelkeit des Mannes zu streicheln. Um des Eheglücks willen machen sie sich selbst ein wenig kleiner. Sie sind klug genug, nicht all ihre Klugheit zu zeigen.

»Ich habe immer dem Mann nach außen hin einen kleinen Vortritt gelassen . . . Dann nehme ich lieber den Nachteil in Kauf, daß man mir mal sagt: Ihr Mann ist ja der größere Architekt, oder: der macht ja alles . . . Dann nehme ich das lieber in Kauf und hab sonst meine Ruhe und meinen Frieden. Das ist der Nachteil, wenn Sie zusammen arbeiten. Ich hätte mir in einem fremden Büro auch eine Stellung erarbeitet. Das hätte ich geschafft. Da bin ich fest von überzeugt. Ich fühle mich vom Inneren her auch gleichrangig, aber nach außen hin könnte es manchmal vielleicht doch so wirken, daß mein Mann der Geniale hier ist und ich vielleicht nicht, aber dafür haben wir eben andere Vorteile ... Die Frau muß es verstehen, trotzdem Frau zu bleiben ... Sie muß da ein bißchen geschickt rangehen und sich immer ein bißchen kleiner halten, dann geht es wohl« (Interview-Ausschnitt aus BOCK-ROSENTHAL u. a. 1978, S. 38–40).

»Was meine Ambitionen betrifft, bin ich so offen, wie man nur sein kann. Aber einen kleinen Triumph spiele ich hin und wieder herunter, weil ich in seinen Gedanken lesen kann. Manchmal ist er nicht allzu unglücklich, wenn bei mir etwas nicht ganz geklappt hat, und um sein Kichern zu hören, betone ich das sogar noch. Aber es ist doch interessant, daß Ähnliches nicht auch andersrum vorkommt. Das heißt, er muß niemals einen großen Geschäftsabschluß herunterspielen, und er muß auch nie *mein* Ego stärken, indem er sich selbst kleiner macht« (Interview-Ausschnitt aus KOMAROVSKY 1953, S. 172).

Und das sind die Verhaltensregeln, die eine beruflich sehr erfolgreiche Frau vor einer Gruppe jugendlicher Zuhörerinnen formulierte: »Der Erfolg der Karrierefrau liegt in folgendem – sie darf nicht erwarten, daß der Mann sie zu Hause in der Karriererolle sieht. Erwarten Sie nicht, daß er Sie bewundert ... Er wird vielleicht stolz sein auf Ihren Erfolg, wenn sein eigener noch größer ist, aber wenn Sie von ihm als erfolgreiche Berufstätige behandelt werden wollen, wird ihm das vielleicht lästig werden. Wenn Sie nicht herablassender Star sind, sondern vor allem bewundernde Frau, dann kann er Ihren Erfolg vielleicht ohne größere Schwierigkeiten ertragen. Und er muß auch geschützt werden vor den Leuten, die Sie als erfolgreiche Berufsfrau kennen. Seien Sie vorsichtig vor ihnen. Diese Leute können sich zwischen Ihren Mann und Sie stellen. Als ich in meinem Beruf auf der Karriereleiter nach oben stieg, habe ich gemerkt, wie ich mich daran gewöhnte, mit förmlichem Respekt und mit einer gewissen Ehrerbietung behandelt zu werden. Das ist in Ordnung. Aber es ist ein Fehler, wenn Sie von Ihrem Mann dasselbe erwarten. Immer noch sind Sie die Ehefrau – Sie haben ein Recht auf Liebe, aber nicht auf Ehrerbietung. Und lassen Sie zu Hause nicht Ihre Stärke spürbar werden. Sie mögen im Beruf der Chef sein, aber das gibt Ihnen kein Anrecht darauf, auch zu Hause der Chef zu sein.« Interessant ist auch, was dann im Anschluß an diese Rede passierte. Protest kam von einer der Zuhörerinnen, die in einer Art von Rollentausch den Lebensunterhalt für sich und ihren Freund verdiente. Aber auch diese Frau mußte zugeben, daß »partnerschaftliche Beziehungen ein paar kleine Manöver auf seiten der Frau erforderten« (BERNARD 1975, S. 152).

Hier wird deutlich, wie der Berufserfolg der Frau, zumindest wenn er gewisse Grenzen überschreitet, bei allen Beteiligten ambivalente Gefühle hervorruft, neben der Zustimmung meist auch leises Unbehagen. Und das gilt selbst für Familien der hier untersuchten Gruppe, wo die Frau ungewöhnlich autonom ist, der Mann als besonders verständnisbereit und aufgeschlossen beschrieben wird. Die Norm zwingt die Frau selbst da noch zu »weiblichen Listen« aller Art, zu manchmal komischen, häufiger absurden und unwürdigen kleinen Manövern und Tricks. Solche Zwänge können vor allem dann wirksam werden, wenn Mann und Frau im selben Berufsfeld tätig sind oder gar eine gemeinsame Praxis betreiben. Denn dann fehlt die neutrale, sichernde Distanz, ein unmittelbarer Vergleich ihrer Leistungen wird möglich. Das freilich bedeutet, daß die oben als ideal beschriebene Konstellation der »Kollegen-Ehe« – Mann und Frau über gemeinsame Berufsarbeit verbunden – durchaus auch ihre Schattenseiten hat. Nicht selten wird der Frau jene Form von »Diplomatie« abverlangt, die nichts anderes ist als ein teilweiser Verzicht auf die eigene Leistung, ein bewußtes Zurückstehen hinter dem Mann. Aber das ist noch nicht alles: In solchen Fällen geht auch die relevante Umwelt – Klienten, Kollegen, Verhandlungspartner usw. – meist mehr oder minder selbstverständlich davon aus, daß der männliche Partner der Fähigere und Bessere ist (ARKIN/DOBROFSKY 1978, S. 503; BOCK-ROSENTHAL u. a. 1978; HECKMAN u. a. 1977). Häufig wird allein ihm als Leistung zugeschrieben, was in Wirklichkeit die gemeinsame Arbeit beider ist. Das heißt, die Norm »männlicher Überlegenheit« bestimmt auch die Wahrnehmung des Paares in der Berufswelt bzw. Fachwelt. Die Leistung des Mannes erscheint dominant, die der Frau wird abgedrängt in den Hintergrund.

Ein betroffener Ehemann, von Beruf Psychologe: »Bei sozialen Veranstaltungen erlebe ich es oft, wie die anderen erwarten, in unserer Beziehung müsse ich der überlegene, dominante, besserinformierte, interessantere usw. usw. Teil sein. Ich erlebe, wie man mir Fragen in einer Form stellt, die immer schon unterstellt, meine Frau sei die unterlegene, anpassungsbereite, schlechter Informierte von uns beiden. Zum Beispiel waren meine Frau und ich neulich auf einer Einladung, und das Gespräch kam auf einen Punkt, wo die Sicht eines Psychologen interessant sein konnte. Ein gutmeinender Gast schaute direkt an meiner Frau vorbei auf mich und sagte in etwa: ›Nun wollen wir doch mal den Fachmann fragen. Was meinen Sie?‹ In solchen Situationen fühle ich mich immer verpflichtet, darauf hinzuweisen, daß meine Frau genauso Fachmann ist wie ich . . . Unser Umgang mit dem Sachverhalt, daß wir ein Ehepaar im selben Berufsfeld sind, läuft reibungslos, weil wir bereit sind, die kulturell definierten Rollen teilweise zu akzeptieren. Aber das geht auf Kosten der persönlichen und beruflichen Identität meiner Frau, und es liegt nicht eben leicht auf meinem Gewissen« (Interview-Ausschnitt aus HECKMAN u. a. 1977, S. 325).

Und eine betroffene Ehefrau, von Beruf Architektin: »Da ist jetzt gerade vor kurzem wieder ein Beispiel gewesen: wir haben also ein Haus für einen Bauherrn gebaut, . . . und das Ehepaar ist zu sehr vielen Besprechungen hier gewesen, und mein Mann und ich haben dann immer alles zusammen gemacht. Jetzt steht das Haus seit einem Jahr, und wir haben uns das vor kurzem mal wieder angesehen, und da hatte er abends ein paar Gäste eingeladen und sozusagen die Einweihung gefeiert. Da bringt der liebe Hausherr einen Toast auf meinen Mann aus und sagt, er wolle jetzt die Frau K. auch einschließen, er hätte heute zum ersten Mal erfahren, daß ich auch wesentlichen Anteil an unserem Entwurf gehabt hätte. Da habe ich dann doch ziemlich laut in der Runde gesagt, das wird ja Zeit, daß er das endlich mal merkt ... irgendwie ärgert einen das, ist ja ganz logisch« (Interview-Ausschnitt aus Bock-Rosenthal u. a. 1978, S. 29).

Es entsteht also ein vielschichtiges und unauflösliches Gewirr von Autonomiewünschen der Frau, Verständnisbereitschaft des Mannes, Partnerschaftsideal ihrer Beziehung – und dagegen immer wieder Selbstzweifel der Frau, Identitätsprobleme des Mannes, verzerrte Wahrnehmungen der Umwelt. Diese untergründige Unsicherheit gehört zu den Schattenseiten einer Konstellation, die zunächst der Frau optimale Entwicklungsmöglichkeiten zu bieten scheint. Die in der Kollegen-Ehe verheiratete Frau muß zwar nicht, wie die unverheiratete Erfolgsfrau, die berufliche Anerkennung mit erheblichen Verzichten im Privatleben bezahlen. Aber sie muß für die Geborgenheit im Privatleben einige Abstriche auf der Skala beruflicher Anerkennung in Kauf nehmen, am meisten wohl, wenn sie in einer gemeinsamen Praxis mit dem Ehemann arbeitet. Die Gefahr ist, daß ihre Eigenleistung nur bedingt zur Geltung kommt.

»Die Lösung des Konflikts zwischen Beruf und Familie durch eine Zusammenarbeit mit dem Ehemann hat ... auch ihre negativen Seiten. In einer gemeinsamen Praxis oder einem gemeinsamen Büro ist nämlich ... die berufliche Anerkennung der beteiligten Frau gefährdet: Entweder haben die Ehemänner manchmal Schwierigkeiten, die fachliche Kompetenz der Frau anzuerkennen, oder die Personen aus dem Berufsumfeld zweifeln an dem Beitrag der Frau an der gemeinsamen Arbeit ...

Hier zeigt sich, daß die erfolgreiche Karriere der mit dem Ehemann zusammenarbeitenden Selbständigen ebenfalls einen Preis fordert: Sie müssen nicht auf gesicherte interpersonale Beziehungen und privates Glück verzichten, aber ihr Anteil am Erfolg der ehelichen Arbeitsgemeinschaft bleibt für die Umwelt – meist zu Unrecht – im Zwielicht. Ihr berufliches Ansehen ist weit weniger stabil als das von jenen Frauen, die ihre Karriere anscheinend ganz unabhängig gemacht haben« (Bock-Rosenthal u. a. 1978, S. 76f.).

Die hier angedeutete Gefahr ist vielleicht auch gar nicht so selten oder geringfügig, wie es zunächst erscheinen mag. Vielleicht gibt es eine relativ große Zahl von Kollegen-Ehen, in denen die Frau gerade deshalb nicht zu eigenem Berufserfolg kommt, weil sie immer im Schatten des Mannes bleibt. Dies mag durchaus nicht nur an bewußten kleinen Täuschungsmanövern der Selbstzurücknahme liegen, auch nicht nur an einer verzerrten Wahrnehmung von seiten der Umwelt. Vielmehr besteht in Kollegen-Ehen dieser Art leicht auch eine gewisse Tendenz, daß die Frau eher die unsichtbare und undankbare Arbeit übernimmt, Routinetätigkeiten, Papierkrieg, Hintergrundrecherchen und dergleichen; der Mann dagegen konzentriert sich auf die eigentlich kreative Arbeit und auf reputationsträchtige Aufgaben wie Auftreten in der Öffentlichkeit oder Verhandlungen mit wichtigen Klienten. Ähnliche Formen der Arbeitsteilung gibt es natürlich nicht nur im Ehe-Team, sondern in der gesamten Berufswelt: Immer wieder läßt sich beobachten, daß im selben Berufsfeld Männer und Frauen unterschiedliche – und keineswegs gleichwertige – Aufgaben übernehmen (Beck-Gernsheim 1976). All das hat auffallende Parallelen zu jener grundlegenden Arbeitsteilung zwischen Beruf und Hausarbeit, bei der wiederum der Frau die Hintergrundarbeit zugewiesen ist, also all das, was zwar notwendig ist, aber keinen eigenen Status besitzt, keine Unabhängigkeit erlaubt. Es scheint also, als ob *im Ehe-Team leicht wieder die innerfamiliale Arbeitsteilung sich durchsetzt, nur jetzt auf anderer, beruflicher Ebene*, als ob auch hier die Frau oft auf den alltäglichen Kleinkram der Hilfsleistungen und Routinetätigkeiten beschränkt wird.

In dieser Richtung spricht z. B. eine Dokumentation über Künstlerehen (Kunstforum international, Band 28, 4/1978). Einen ähnlichen Trend zeigen Forschungsergebnisse über Ehen, wo beide Partner Rechtsanwälte sind und zusammen eine Arbeitsgemeinschaft bilden. Auch wenn Mann und Frau hier formal gleichberechtigte Partner sind, ist es doch die Frau, die eher die »schmutzige«, uninteressante und unsichtbare Arbeit macht, die als eine Art Assistentin des Anwalts oder hochqualifizierte Anwaltssekretärin tätig ist, bestenfalls einmal das organisatorische Management des Unternehmens übernimmt. »Meine Beobachtung des Verhaltens dieser Paare hat mir gezeigt, daß bei einem Großteil von ihnen die Frauen den ›Haushalt‹ der Anwaltskanzlei führten – die kleineren Fälle übernahmen und die geschäftlichen Dinge erledigten –, während die Männer sich draußen mit den Klienten trafen und die interessanten Fälle vor Gericht vertraten (Epstein in Friday 1979, S. 386; siehe dazu auch Safilios-Rothschild 1972, S. 255).

Was also ist das eigentlich Typische: jene oben beschriebenen Erfolgsfrauen, für die die Zusammenarbeit mit dem Ehemann wesentliche Basis ihres Erfolgs ist (trotz der gewissen Nachteile, die auch sie in Kauf nehmen müssen); oder diese anderen Frauen, die gerade deshalb nicht zu einer autonomen Stellung und Erfolg kommen, weil ihre Leistung im Ehe-Team völlig verdeckt wird? Diese Frage ist offensichtlich kaum zu beantworten. Denn auf der Basis des vorliegenden Materials, das sich auf Frauen mit eigener Karriere konzentriert, wissen wir fast nur von den erfolgreichen Frauen – nicht aber von jener anderen, vielleicht größeren Gruppe, deren Leistung nach außen nicht sichtbar wurde, die nicht ins Blickfeld geriet.

Derartige Ungleichgewichtigkeiten und Ungleichheiten, die in eine eheliche Arbeitsgemeinschaft so leicht sich einschleichen, ja, die vielleicht sogar typisch sind, mögen auf den ersten Blick keine allzu große Bedeutung besitzen. Nützt es nicht auch der Frau, wenn der Ehemann – zugegeben auch dank ihrer Leistung – Ansehen und Anerkennung gewinnt? Ist es unter dem Strich nicht die Summierung beider Einkommen, beider Ansehen, die zählt, auch wenn diese nicht ganz gleichmäßig verteilt sind? Derartige Überlegungen klingen zunächst so eingängig und verführerisch plausibel. Wo der Pferdefuß liegt, wird erst bei näherem Hinschauen sichtbar. Denn die ungleiche Verteilung von Arbeit und Anerkennung macht die Frau zum ewigen Juniorpartner: ihr Beitrag als zweitrangig definiert, ihre ökonomische Unabhängigkeit eingeschränkt, ihr Selbstbewußtsein in Frage gestellt. Wie sich dies Ungleichgewicht auswirkt – ob dauernd gegenwärtiges Problem, ob nur selten spürbare Irritation –, das hängt sicherlich ab von den individuellen Umständen, vom Verhalten des Mannes, von der Erwartung der Frau, vor allem auch von der Stabilität ihrer Beziehung. Die entscheidenden und ernsthaften Konsequenzen kommen in jedem Fall dann, wenn diese Beziehung eines Tages endet, egal ob durch Scheidung oder durch frühen Tod des Mannes. Denn dann steht die Frau plötzlich da, alleingelassen die Juniorpartnerin, und drastisch macht sich bemerkbar, was sie an fachlicher Anerkennung aufgegeben hat. Je mehr sie auf einen autonomen Platz in der Profession verzichtet hat, desto schwieriger wird es für sie, auf eigenen Füßen zu stehen und einen neuen Anfang zu machen. In diesem Sinne geht es ihr ähnlich wie der berufslosen Hausfrau, die durch jahrelange Übernahme aller familialen Aufgaben zum Berufserfolg des

Mannes beigetragen hat: Was immer die Frau an unsichtbarer Hintergrundarbeit in die Ehe eingebracht hat – ob in fachlichen Angelegenheiten oder bei der privaten Alltagsarbeit in der Familie –, das alles geht gewissermaßen unter, zahlt sich nicht mehr aus, sobald die Ehe beendet ist. Dann zählen allein noch die beruflichen Leistungen, die von der Außenwelt wahrgenommen wurden – aber die sind es gerade, die ihr fehlen.

4.4. *Weniger Kinder, späte Kinder, geplante Kinder*

Frauen, die in der beruflichen Hierarchie nach oben gekommen sind, sind häufiger unverheiratet als andere Frauen. Aber auch wenn sie heiraten, entspricht ihre Familiensituation nicht der der »Normalfamilie«: Im Vergleich mit anderen Bevölkerungsgruppen haben sie weniger Kinder, häufiger auch gar keine Kinder; das ist ein Zusammenhang, der in praktisch allen einschlägigen Untersuchungen auftaucht, quer durch die Länder und Berufsfelder[26]. Und auch ein zweites ist belegt: Wenn sie Kinder bekommen, dann zu einem vergleichsweise späten Zeitpunkt[27].

Soviel zu den Fakten, den statistisch erfaßbaren Zusammenhängen. Welche konkrete Bedeutung aber haben diese Zahlen im Lebenslauf der betroffenen Frauen, was sagen sie aus über ihre Entscheidungen, über eventuelle Konflikte und Kompromisse? Schon die erste Korrelation – der Zusammenhang zwischen Berufserfolg und geringerer Kinderzahl – ist mehrdeutig. Heißt das: Wenn Frauen aus irgendwelchen Gründen keine Kinder bekommen können, dann engagieren sie sich um so mehr im Beruf? Oder ist der Zusammenhang umgekehrt: Wenn Frauen beruflich stark engagiert sind, dann wollen sie keine bzw. nicht so viele Kinder?

Die vorhandenen Untersuchungen liefern leider nur erste Anhaltspunkte zur Beantwortung dieser Frage. Zunächst einmal gibt es offensichtlich kein klares »Entweder – Oder«: In der Realität gibt es beide Lebensmuster – Frauen, die nach unfreiwilliger Kinderlosigkeit stärkere Berufsambitionen ent-

[26] Bock-Rosenthal u. a. 1978, S. 19; Fogarty u. a. 1971a; Fogarty u. a. 1971b, S. 85f.; Hartmann 1968; Hennig/Jardim 1978; Hochschild 1975, S. 69; Hoffman 1975; Holmstrom 1973, S. 19; Simon u. a. 1967, S. 223; Sommerkorn 1969, S. 180ff.; Waite/Stolzenberg 1976; Widom/Burke 1978, S. 552.

[27] Fabe/Wikler 1979; Holmstrom 1973, S. 19ff.; Price 1978; Schultz 1979; Sommerkorn 1969, S. 181.

wickeln, *und* Frauen, die aufgrund ausgeprägter Berufswünsche ihre Kinderzahl einschränken (WAITE/STOLZENBERG 1976). Betrachtet man allein die vorliegenden Untersuchungen – sie sind meist neueren Datums –, scheint klar die zweite Gruppe zu überwiegen, also Frauen, die wegen ihrer beruflichen Ziele bewußt auf eine größere Kinderzahl verzichten. Aber wahrscheinlich war diese Gruppe früher nicht so groß, hat erst in den letzten Jahren an Bedeutung gewonnen. Darüber haben wir zwar keine empirischen Zahlen, aber wir können es dennoch vermuten: In früheren Jahrzehnten, solange Ehe und Kinder noch als selbstverständliche Lebensbestimmung der Frau galten, war eine bewußte Entscheidung gegen Kinder sicher sehr viel schwieriger, stand doch der massive Druck der gesellschaftlichen Erwartungen dagegen. Unter solchen Umständen war eine ungewollte Kinderlosigkeit häufiger wohl die erste Ursache, und erst als Folge davon wurde die Frau frei, sich für eigene Berufspläne zu entscheiden.

Ein geradezu klassisches Beispiel für diesen Verlauf ist die Lebensgeschichte der Anthropologin MARGARET MEAD: Sie hatte nie nur Ehefrau und Mutter sein wollen, sondern immer schon geplant, Familie und Berufstätigkeit miteinander zu verbinden. Aber als die Nachricht kommt, sie könne keine Kinder bekommen, beginnt sie doch, ihr Leben völlig neu einzurichten, es bewußt und eindeutig an den Berufsplänen auszurichten.

»Mir wurde gesagt, wenn ich versuchen würde, ein Kind zu bekommen, würde ich immer sehr bald eine Fehlgeburt haben. Das veränderte das ganze Bild, das ich mir von der Zukunft gemacht hatte. Ich hatte immer angenommen, daß ich mein Berufsleben einmal dem Leben als Frau und Mutter anpassen würde . . . Als mir dann . . . gesagt wurde, ich würde niemals Kinder haben können, nahm ich das als eine Art von Omen für mein zukünftiges Leben hin. Ich hatte . . . in der Hoffnung geheiratet, eine Schar von Kindern . . . aufzuziehen . . . Aber ohne Kinder sah die Zukunft ganz anders aus, und ich wählte ein Leben der gemeinsamen Forschungsarbeit und der intellektuellen Anstrengung« (MEAD 1978, S. 133f. und S. 201).

Für MARGARET MEAD ist diese Art des Entscheidungsverlaufs nichts Ungewöhnliches, sie sieht ähnliche Entwicklungsmuster auch in der Biographie anderer Frauen: »Manchmal geschieht etwas ganz Eigenartiges mit Frauen, wenn sie wissen, daß sie kein Kind – oder keine Kinder mehr – bekommen können. Das kann Frauen zustoßen, die nie verheiratet waren, wenn sie die Menopause erreichen. Es kann Witwen mit Kindern zustoßen, die das Gefühl haben, daß kein neuer Mensch jemals den Platz des geliebten Mannes einnehmen kann. Es kann jungen Frauen zustoßen, die erfahren, daß sie nie ein Kind bekommen können.

Plötzlich entfaltet sich ihre ganze Kreativität – sie malen oder schreiben wie niemals zuvor oder sie fangen begeistert an, akademisch zu arbeiten, was sie vorher nur mit halbem Herzen getan hatten. Ich glaube, daß ich, wenn ich sechs Kinder gehabt hätte, auch noch Energie für andere Dinge gehabt hätte, besonders, wenn die Kinder älter geworden wären, aber sie hätten für mich an erster Stelle gestanden. Und sechs Kinder nehmen auch in diesem Fall die meiste Zeit und Energie, über die man verfügt, in Anspruch . . .« (ebd., S. 203).

Heute sieht die Situation anders aus. Von der Frau wird nicht mehr selbstverständlich erwartet, ihren Lebensinhalt im Aufziehen von Kindern zu finden. Die Familien sind insgesamt kleiner geworden, nicht wenige Ehen bleiben auf die Dauer kinderlos. Angesichts dieses veränderten Klimas ist es für Frauen wahrscheinlich sehr viel leichter als früher, sich von vornherein für Karriere und gegen Kinder zu entscheiden (HOFFMAN 1975). Typisch für die erfolgreichen Frauen ist, daß sie mit der Geburt des ersten Kindes so lange warten, bis sich ihre berufliche Position einigermaßen gefestigt hat und Kinderhaben nicht zum völligen Einbruch, ja Zusammenbruch der beruflichen Biographie führt. In den spontanen Erzählungen der Frauen wird immer wieder dies Element einer bewußten und zielstrebigen Familienplanung erwähnt (PRICE 1978, S. 31).

»Ich versuche, das Kinderkriegen so lange aufzuschieben, bis ich eine Lektorenstelle habe.«

»Wir konnten nicht zu einem früheren Zeitpunkt meiner Karriere ein Kind haben, weil wir damals nicht genug Geld hatten. Mein Mann ist heute relativ weit oben in seiner Firma und bekommt ein gutes Gehalt. Ich habe die höchste Stufe der Lektorenposition erreicht. Unsere beiden Gehälter zusammen bringen uns in eine ziemlich hohe Einkommensstufe. Wir brauchen das, weil wir eine Menge für Haushaltshilfen ausgeben . . . Wenn ich das Baby bekommen hätte, als ich noch Hilfs-Lektorin war, hätte ich den Beruf aufgeben müssen. Es mag paradox klingen, aber man kann es sich nur leisten, weiterzuarbeiten, wenn man eine Menge Geld verdient« (Interview-Ausschnitte aus SOMMERKORN 1969, S. 181).

Aber nicht nur, daß die Familiengründung in die mittleren Jahre hinausgezögert wird. Nicht selten wird auch der Zeitpunkt der Geburt möglichst genau geplant, damit Schwangerschaft und Wochenbett die Arbeitspläne der Frau nicht völlig durcheinanderbringen (ebd., S. 181f.; HOLMSTROM 1973, S. 21f.; KUNDSIN 1974, S. 50). Frauen, die an der Universität tätig sind, versuchen z. B., den Familienzuwachs in die Zeit der Semesterferien zu legen, so daß auf diese Weise keine größere Unterbrechung ihrer Berufstätigkeit erforderlich wird.

»Wir richten es auf die Zeiten ein, wenn ich sonst nicht unmittelbar etwas tun möchte. Ich überlege genau, wann ich mir freinehmen kann. Ich plane diese Zeit, wo ich nicht drin bin, *bevor* ich schwanger werde – ich sage, daß ich in ungefähr zehn Monaten vielleicht ein Kind bekommen werde, und schaue dann, wie sich alles arrangieren läßt« (Interview-Ausschnitt aus Holmstrom 1973, S. 21 f.).

»Es ergab sich so, daß ein genau ›passendes‹ Jahr kam, und so entschloß ich mich, es mal zu versuchen. Mein Buch war gerade erschienen, und das gab mir eine gewisse Rückendeckung, daß ich die Stelle an der Universität würde behalten können. Außerdem hatte ich mich um ein ... Stipendium beworben und es auch bekommen, das bedeutete, daß ich in jedem Fall das Jahr freinehmen würde. Ich dachte, ich könnte das Kind bekommen und in der Zeit an meinem Projekt arbeiten. Ich müßte nicht ein Jahr ohne Bezahlung freinehmen. All das spielte hinein in meine Entscheidung, warum ich versuchte, das Kind zum damaligen Zeitpunkt zu bekommen. Ich wurde genau nach Plan schwanger« (Interview-Ausschnitt aus Fabe/Wikler 1979, S. 23).

»Meine Tochter kam Ende Juni. Ich habe alle Studenten durchgeprüft: Ich hab die Prüfungen an einem Freitag beendet, und sie wurde am folgenden Montag geboren. Weil der Zeitpunkt ihrer Geburt so lag, mußte ich keine Zeit freinehmen« (Interview-Ausschnitt aus Sommerkorn 1969, S. 182).

Die Familienplanung, so scheint es, verläuft für diese Frauen problemlos, glatt und harmonisch. Aber wieder dürfen wir aus den bisher genannten Berichten nicht verallgemeinern: Es ist gefährlich – ja wahrscheinlich sogar falsch –, daraus Schlüsse für die Situation und Erfahrung anderer Frauen zu ziehen. Denn vergessen wir nicht, die hier beschriebenen Frauen sind eine kleine Ausnahmegruppe, außergewöhnlich in vielerlei Hinsicht. Daß sie es zu beruflichem Erfolg gebracht haben, dazu hat vielleicht gerade beigetragen, daß auch die Familienplanung ganz nach den Wünschen verlief – auch hier wieder Zufall und Glück, der alte Refrain im Karrieremuster von Frauen. Wo aber sind die anderen: Frauen, die früher als gewünscht ein Kind bekamen oder mehr Kinder als gewollt oder deren Kind zum denkbar »unpassendsten« Augenblick kam, alle Arbeitspläne durcheinanderbringend, zu längerer Berufsunterbrechung zwingend? Sie werden wir kaum noch bei denen finden, die weit nach oben gekommen sind im Karrierewettlauf. Und schließlich: Was empfinden die Frauen, die immer wieder den Kinderwunsch aufschieben, während ihre Freundinnen längst schon Mütter sind; welche Gefühle erleben diejenigen, die so lange gezögert haben, bis es eines Tages zu spät wurde, bis sie sich der physischen und psychischen Belastung nicht mehr gewachsen fühlten?

Diese und ähnliche Fragen sind bisher kaum erforscht. Wir wissen viel zu wenig über die Hintergründe dieser Art von Familienplanung, über ihre subjektive Bedeutung für die Ehepartner, über mögliche Belastungen, die sich daraus ergeben. Aber auch auf der Basis des bisher vorhandenen, sehr beschränkten Materials lassen sich Anhaltspunkte dafür finden, daß die Hinauszögerung oder Einschränkung des Kinderwunschs in vielen Fällen wohl keine eindeutige und rückhaltlos bejahte Entscheidung ist. Sie ist eher *eine Art Kompromiß, Resultat des Abwägens zwischen unterschiedlichen, unter gegenwärtigen Bedingungen kaum miteinander zu vereinbarenden Wünschen, deshalb auch immer wieder von Konflikten, Unschlüssigkeit, Zweifeln begleitet.* Diese Zwiespältigkeit bleibt häufig latent, vom Tagesgeschehen verdeckt und verdrängt, bricht nur plötzlich wieder auf in kritischen Augenblicken, die Entscheidung verlangen (etwa dann, wenn die Frau älter wird und auf einmal erkennt, die Frage der Mutterschaft läßt sich nicht unbegrenzt aufschieben).

»Wir werden gezwungen, zwischen zwei Möglichkeiten zu wählen, die uns beide unglücklich machen: Entweder wir werden eine gute Ehefrau und Mutter, geben unser eigenes Leben auf, sind nur noch für den Mann und die Kinder da und bekommen spätestens mit vierzig einen Hausfrauenkoller. Oder aber wir verzichten auf Kinder, obwohl wir vielleicht gern welche gehabt hätten« (ANGELA WITTLICH in: Emma, Nr. 4/1977, S. 11).

»Natürlich hab ich auch manchmal gedacht: wie schön, zu Hause zu sein und ein Kind zu haben. Aber ich wußte, da sitzt man dann zwischen den Stühlen – zwischen Berufswunsch und Kind. Das würde mir die Freude nehmen« (Interview-Ausschnitt aus AYCK/STOLTEN 1978, S. 27).

Im folgenden Beispiel wird die erzwungene Alternative – entweder Verzicht auf ein weiteres Kind oder Verzicht auf Beruf – als so unerbittlich erfahren, daß die Gefühle von Zweifel und Verzweiflung geradezu die bestimmenden sind. Das ist sicherlich eher ein Extremfall; und doch drückt sich in ihm nur mit besonderer Schärfe aus, was auch bei anderen Frauen an untergründigen Zweifeln existiert.

»Ich finde die Schwangerschaft ein sehr befriedigendes Erlebnis, und ich finde es ungeheuer befriedigend, ein Kind zu bekommen. Am liebsten würde ich jedes Jahr eines bekommen, wenn ich es mir leisten könnte und ein Kindermädchen hätte. Aber danach will man eben wieder in den Beruf zurück . . . Sehr häufig fühle ich mich ganz verzweifelt und erbittert ... Erbittert darüber, weil man nicht mehr Zeit für die Arbeit hat, und erbittert, weil man nicht mehr Zeit für die Kinder hat, und erbittert, weil man nicht beides haben kann« (Interview-Ausschnitt aus RAPOPORT/RAPOPORT 1975, S. 208).

Unvereinbarkeit von Berufswunsch und weiterem Kinderwunsch, Hin- und Hergerissenwerden zwischen beidem – betroffen von diesem Konflikt sind in erster Linie die Frauen. Denn sie vor allem sind für die private Alltagsarbeit zuständig, und sie vor allem erfahren es deshalb als spürbare Belastung, wenn durch ein neues Familienmitglied die Alltagsarbeit weiter wächst. Dagegen besteht für Männer immer die Chance, eine Frau zu heiraten, die ihnen die Familienarbeit abnimmt. Diese Chance wird heute nicht mehr so groß sein wie früher – weniger Frauen sind bereit, sich ganz auf Familie und Haushalt zu beschränken –, aber es ist doch eine real bestehende Chance, während Frauen praktisch keinerlei Aussicht haben, je einen entsprechenden »Hausmann« zu finden. Deswegen sind es viel eher die Männer, nicht die Frauen, denen die oben beschriebene »Verzweiflung und Bitterkeit« erspart bleibt. Wenn sie nicht gerade eine stark berufsengagierte Frau heiraten, wenn sie statt dessen fest im Muster traditioneller Arbeitsteilung bleiben – dann ist für Männer immer noch beides vereinbar, die erfolgreiche Karriere *und* mehrere Kinder.

Dennoch ist die Art von Konflikt, die in den obigen Sätzen sich ausdrückt, vergleichsweise noch milde. Denn Frauen dieser Gruppe verzichten ja nicht völlig auf Kinder, sie verzichten nur auf weitere Kinder. Was aber ist mit denjenigen Frauen – oder auch: denjenigen Ehepaaren –, die sich ganz gegen Kinder entscheiden? Belastet sie diese Entscheidung zum gegenwärtigen Zeitpunkt; belastet sie sie vielleicht in späteren Jahren, wenn die Berufstätigkeit nicht mehr im Mittelpunkt ihres Lebens steht? Nehmen wir zunächst die Worte einer in der Geschäftswelt erfolgreichen Frau, dann die persönlichen Überlegungen der Psychologin NANCY FRIDAY, beide dem Grundtenor nach durchaus ähnlich. Beide Frauen sprechen mit großer Sicherheit und Selbstbewußtsein von ihrer Entscheidung gegen Kinder; und doch klingen offensichtlich auch untergründige, immer noch nicht ganz bewältigte Ambivalenzen an:

»Manchmal beschäftigt mich der Gedanke, daß ich keine Kinder habe. Aber ich seh all die berufstätigen Mütter hier, die wirklich zwei volle Beschäftigungen haben, und es ist schwer für sie ... Ich hab einfach nicht die Energie dazu. Ich weiß, mir entgeht etwas, ich hab nicht die

Wärme und Nähe von Mann und Familie. Aber ich habe so viele andere Dinge, die mir Freude machen, daß mich das nicht belastet« (Interview-Ausschnitt aus WILLIAMS 1978, S. 188).

»Als ich Helene Deutsch für dieses Buch interviewte, sprach sie von Mutterinstinkt. ›Wollen Sie damit sagen, Frau Deutsch, daß ich eines Tages wünschen werde, Mutter geworden zu sein?‹ fragte ich etwas ungläubig. ›Ja‹, erwiderte sie ohne Zögern, ›Sie werden es immer bereuen, nie ein Kind gehabt zu haben.‹ Solche Äußerungen versetzen mich auch heute noch in Angst. Aus ihnen scheint jahrhundertelange Erfahrung zu sprechen. Einen Augenblick später habe ich meine Sicherheit wiedergewonnen. Wenn jetzt jemand zu mir von diesem Bereuen sprechen würde, dann würde ich ihm zur Antwort geben, daß ich mich auch nie im Drachenfliegen versuchen oder Präsident der Vereinigten Staaten sein werde, obwohl beides sicher sehr befriedigend ist. Ich habe gelernt, ohne es zu leben . . . Die Phantasie von einem Sohn wird mich nie verlassen. Ich stelle mir vor, wie Bill mit ihm über die Bücher spricht, die er als Junge gelesen hat . . . Daß ich beschlossen habe, kein Kind zu bekommen, bedeutet nicht, daß ich nicht manchmal von dem träume, was hätte sein können« (FRIDAY 1979, S. 410).

Die Frauen im Management, die HENNIG/JARDIM (1978) untersucht haben, haben am Anfang ihrer Karriere den Gedanken an Heirat, erst recht auch an Kinder in die Zukunft vertagt. Aber sie alle haben nach Jahren des völligen Aufgehens im Beruf eine Art Besinnungspause eingelegt, um das Fazit ihres bisherigen Lebens zu ziehen und die früher aufgeschobenen Fragen neu zu überdenken: ». . . ich wollte mir hundertprozentig darüber klarwerden, was ich für den Rest meines Lebens ad acta legte und welchen Preis ich dafür bezahlen mußte« (ebd., S. 127). Das aber heißt doch, der Gedanke an Ehe und Kinder hat sich keineswegs mit den Jahren von selbst erledigt, unwichtig und gleichgültig geworden durch den Reiz der beruflichen Chancen. Ganz im Gegenteil, jetzt erst werden solche Fragen akut und lebendig, jetzt erscheinen sie als möglicher Verzicht und Verlust. Und so geht es dann weiter: Die Hälfte der untersuchten Frauen heiraten, und zwar Männer, die bereits Kinder aus einer früheren Ehe haben – aber keine einzige bringt ein eigenes Kind zur Welt (ebd., S. 128). Kinderlosigkeit also bei allen, und doch nie aufgrund eines bewußten Entschlusses: viel eher Folge jener Vorentscheidungen, die früher gefallen waren, die sie eingehen mußten, um in ihrem Berufsfeld erfolgreich zu sein. Sicher ist dieser Bereich von Wirtschaft und Management in gewisser Hinsicht ein Extremfall, besonders ausgeprägt in seiner Einseitigkeit, in den Zwängen und Anforderungen, die er stellt. Aber hier ist nur letztlich noch krasser, was in Grundzügen auch allgemein gilt: In der gegenwärtigen Berufsform ist Familienleben ein Luxus – erlaubt nur für Männer, die »fürs Grobe«, für die alltäglichen Lasten die Ehefrau haben.

Die Folgekosten haben nicht zuletzt die beruflich engagierten Frauen zu tragen. Sie sind es, die am häufigsten kinderlos bleiben – und Spuren von Zweifel, von innerem Unbehagen bleiben fast immer zurück. Das ist Ergebnis etwa der Untersuchung von BIRNBAUM (1975):

Die alleinstehende Erfolgsfrau, die in einem der traditionellen akademischen Berufsfelder tätig ist, »besteht mit Nachdruck darauf, daß Kinderlosigkeit keine Tragödie ist. Aber gleichzeitig gibt es Anzeichen einer damit zusammenhängenden Beklemmung und deutlichen Unsicherheit, hin und wieder auch ein tiefes Gefühl des Verlusts und der Enttäuschung, weil man eine wesentliche Erfahrung im Leben verpaßt hat. – Bei einem projektiven Test wird eine Karte gezeigt, auf der eine stillende Mutter mit Kind abgebildet ist. In ihren Reaktionen zeigt die Alleinstehende, daß dies Bild sie verwirrt oder befremdet« (S. 417).

Wie solche Zweifel im Alltag spürbar werden, klingt konkret in folgendem Interview-Ausschnitt durch:

»Als ich ein junges Mädchen war, sagte meine Mutter oft: ›Es ist am besten, früh Kinder zu haben. Wenn du zu lange wartest, wirst du dich für andere Dinge interessieren. Frauen, die warten, bekommen am Ende oft keine Kinder mehr‹ . . . Ich wußte, daß das als Warnung gemeint war: ›Wenn du keine Kinder hast, wirst du das für den Rest deines Lebens bereuen‹ . . . [Heute] habe ich aufgehört, übers Kinderhaben nachzudenken, aber hin und wieder wird dies Faktum zu einem Gedanken, der mich per se beschäftigt. In diesen Augenblicken erinnere ich mich an das, was meine Mutter gesagt hatte, und ich sehe, daß ich genau das getan habe, was ich ihrer Meinung nach nicht hätte tun sollen. Ich habe zu lang gewartet und werde jetzt wahrscheinlich nie mehr Kinder haben. Was wird aus der untergründigen Warnung meiner Mutter? Werde ich es für den Rest meines Lebens bereuen, keine Kinder zu haben?« (Interview-Ausschnitt aus FABE/WIKLER 1979, S. 5f.).

Noch schwieriger aber wird die Situation dann, wenn in einer Ehe die Partner sich nicht auf eine gemeinsame Linie der Familienplanung einigen können. Bei den beruflich stark engagierten Frauen bedeutet das zumeist, daß ihr Wunsch einer späteren Familienplanung in Widerspruch steht zu einem stark ausgeprägten unmittelbaren Kinderwunsch auf seiten des Mannes. Dieser Konflikt kann in unterschiedlicher Weise gelöst werden. Aus den vorliegenden Untersuchungen, die sich vor allem auf beruflich erfolgreiche Frauen konzentrieren, wissen wir kaum etwas über diejenigen Frauen, die den Wünschen des Mannes nachgegeben und ihre eigenen Pläne aufgegeben haben. Wie viele solcher Frauen gibt es, was bedeutet für sie der unfreiwillige Berufsverzicht? Wir wissen es einfach nicht. Wir wissen nur von Erfolgsfrauen, die an ihrer Art der Planung tatsächlich festgehalten und damit ihre berufliche Laufbahn gesichert haben. Aber das Risiko, das sie dabei eingegangen sind, ist nicht gering: Der Interessengegensatz hat ihre Ehe unruhig gemacht, auch ernsthaft gefährdet; manchmal haben sie am Ende den Partner verloren.

»Ich würde heiraten, ich tue es nur deshalb nicht: Ich kann oder möchte keine Kinder mehr haben, weil ich zu alt bin. Die Gefahr ein mongoloides Kind zu bekommen, ist zu groß. Mein Freund hat aber die Idee, daß er mal eine Frau findet, mit der ein Kind möglich ist . . . ich weiß, daß ihn das beschäftigt . . . Für ihn ist das ein Problem, keine Familie zu haben« (Interview-Ausschnitt aus Bock-Rosenthal u. a. 1978, S. 62).

»Ich war verlobt, und Ehe und Kinder schienen direkt vor mir zu liegen. Aber irgendwie hatte dies Ziel nicht mehr dieselbe Anziehungskraft wie am Ende der Oberschulzeit. Während des Studiums hatte ich ein ernsthaftes Interesse an englischer Literatur entwickelt und beschloß deshalb, in die Uni-Laufbahn einzusteigen. Bevor ich mich auf Ehe und Kinder festlegte, wollte ich zuerst meinen Doktor machen. An dieser Entscheidung zerbrach die Beziehung zu meinem Verlobten« (Interview-Ausschnitt aus Fabe/Wikler 1979, S. 4).

». . . Wir haben geheiratet, da war ich gerade mit dem Staatsexamen fertig, das bedeutete, wenn ich überhaupt mit meinem Beruf je etwas anfangen will, auch wenn ich unterbrechen würde, um Kinder zu kriegen, dann muß ich wenigstens meine Medizinalassistentenzeit machen, um die Approbation zu bekommen. In diesen zwei Jahren der Medizinalassistenzzeit durfte ich aber keine Kinder kriegen, ich mußte erst mein Ziel erreichen. Die Pille gab es damals ja noch nicht . . . Schwangerschaftsverhütung ging eigentlich nur über Enthaltsamkeit oder coitus interruptus oder all die Dinge, die für ein seliges Eheleben nicht allzu förderlich sind. Mein Mann war sehr sensibel, und der fand diese Methoden auch nicht so doll. So ging das aber die ganze Zeit über.

Dann habe ich die Approbation gehabt, mein Mann ist in der Zwischenzeit nach X. gegangen. Ich habe mir dann auch sofort eine Stelle in X. gesucht, das war für mich sehr schwer, eine Stelle zu kriegen . . . War dann aber durchaus bereit, Kinder zu kriegen. Dann ist folgendes passiert: Ich bin von Chef zu Chef gelaufen und habe mich vorgestellt, und jeder Chef fragte: Sind Sie verheiratet? Ja. Wielange? Soundsolange. Haben Sie Kinder? Nein. Warum nicht, wollen Sie keine? Natürlich! Aus, verstehen Sie. Da bin ich Spießruten gelaufen. Da saß ich auf der Straße, kriegte keine Stelle und dachte, das ist irgendwo gemein. Ich habe dann eine Stelle gekriegt, bin dann aber psychisch reinmanövriert worden in die Angstvorstellung: bloß nicht schwanger werden, du hast hier netterweise eine Stelle gekriegt als Frau ... Und als ich dann hier war, stellte sich heraus: Mein Mann hatte inzwischen eine andere Frau kennengelernt, die ihm seinen Herzenswunsch erfüllte und ein Kind bekam ... Mein Mann ist jetzt mit dieser anderen Frau verheiratet« (Interview-Ausschnitt aus Bock-Rosenthal u. a. 1978, S. 131f.).

Sicher ist das Hinausschieben des Kinderwunsches, der Verzicht auf Kinder nicht immer so konfliktbeladen wie in diesem Fall, nicht immer endet er so dramatisch. Aber deutlich wird allemal: Frauen, die es im Beruf zu Erfolg bringen wollen, müssen dafür oft mit erheblichen Verzichten im Privatleben zahlen. Sie sind – ebenso wie ihre eventuellen Partner – vor eine Entscheidung gestellt, die den meisten Männern erspart bleibt. Denn Männer, deren Frauen bereitwillig die familiale Hintergrundarbeit übernehmen, können beides haben, den Erfolg im Beruf und das Familienleben mit Kindern.

Im übrigen sind die Erfahrungen, die in den obigen Interview-Ausschnitten zum Ausdruck kommen, sicher nicht bloß Einzelfälle, denn gar zu genau passen sie zusammen mit den Ergebnissen einer amerikanischen Untersuchung (Marciano 1978). Dort wurden direkt die Entscheidungsmuster in solchen Ehen erforscht, wo die Partner in der Frage des Kinderwunsches uneins waren. Folgende Konstellationen zeichneten sich dabei ab: War es der Mann, der keine Kinder wollte, so paßte sich die Frau – um der Ehebeziehung willen – meist seiner Einstellung an. War es dagegen die Frau, die keine Kinder wollte, so war der kinderwillige Partner, hier also der Mann, kaum zum Nachgeben bereit, vielmehr blieb der Konflikt offensichtlich ungelöst: Die Ehe endete meist in Scheidung.

Blicken wir an dieser Stelle noch einmal zurück auf die verschiedenen Lösungsmuster bzw. Kompromisse, die wir bisher im Lebensweg der Karrierefrauen gefunden haben – also Verzicht auf Ehe; wohlüberlegte und paßgerechte Ehe; keine Kinder, wenig Kinder, späte Kinder. Und hier können wir dann noch einmal die Frage stellen, inwieweit diese Entscheidungsmuster gebunden sind an die Erfahrungen einer bestimmten Zeit und Generation. Aber jetzt betrachten wir nicht mehr nur isoliert ein einzelnes Entscheidungsmuster, sondern sehen die Alternativen nebeneinander, nutzen eben die Gegenüberstellung zum historischen Vergleich. Da heißt die Frage dann:

Haben jene Entscheidungsmuster gleichermaßen Bedeutung für die verschiedenen Generationen von Frauen – oder *gibt es vielleicht historische Trendverschiebungen zwischen den Generationen?* Sind für die frühen Pionierfrauen andere Lösungsmuster typisch als für die Frauen, die heute eine Karriere versuchen?

Eine empirisch abgesicherte Antwort darauf gibt es noch nicht, denn es fehlt eine genaue Aufarbeitung von Daten und Biographien. Ich vermute aber – aus der ersten, noch ganz unsystematischen Betrachtung –, daß die Aufeinanderfolge jener Entscheidungen nicht zufällig ist, daß vielmehr historisch eine bestimmte Grundlinie sich verfolgen läßt: *Der Wechsel der Generationen bringt auch einen Wechsel der je vorrangigen Entscheidungsmuster.* Beginnen wir mit den frühen Pionierfrauen. Weil sie meist am stärksten mit Widerstand, Ablehnung, Mißtrauen konfrontiert waren, war für sie oft die radikalste der Alternativen gefordert, nicht bloß Kinderlosigkeit, sondern auch Eheverzicht; das heißt, in dieser Generation finden wir wohl die größte Zahl von Alleinstehenden (oder Wieder-Alleinstehenden, für die erst nach dem Tod des Mannes eine Karriere möglich war). Die nachfolgenden Frauen standen schon nicht mehr ganz so stark unter dem Druck, als völlige Außenseiter eine Position erringen zu müssen. Sie konnten sich, zumindest unter bestimmten Bedingungen, schon vergleichsweise eher eine Heirat »erlauben«; so ist hier die Zahl der Alleinstehenden immer noch sehr groß, aber allmählich wächst doch auch die Gruppe der Verheirateten. Und wiederum ein Stück »normalisierter« erscheint die Situation heute. Offizielle wie inoffizielle Regelungen, die die Berufsausübung von Frauen einschränkten, sind zum guten Teil abgeschafft worden. Alte Vorurteile und Vorbehalte, die Leistung und Fähigkeiten der Frau in Zweifel stellten, sind vielfach ausgeräumt worden, nicht zuletzt durch das Beispiel erfolgreicher Frauen. So finden die heute jungen Frauen ein Klima der allmählichen Auflockerung vor, wo es immer noch nicht leicht ist, aber die Möglichkeit doch ein Stück greifbarer, Karriere mit Ehe zu verbinden; ja, vielleicht sogar – unter günstigen Umständen, und wenn sie lang genug warten und umsichtig planen – Kind und Karriere zu haben.

Was ich hier also annehme, ist eine Abschwächung der ehemals ganz restriktiven Bedingungen, langsam zwar, aber auf die Dauer doch spürbar werdend. Doch vergessen wir nicht, es ist vor allem der historische Vergleich, der das Bild einigermaßen günstig erscheinen läßt. Immer noch stellt sich für viele Frauen die Alternative »Ehe oder Karriere«. Und diejenigen, die heiraten, stehen oft vor einem neuen Konflikt: Kinder lassen sich nur schwer mit Berufstätigkeit verbinden, aber Kinderlosigkeit (wenn nicht auch vom Mann gewünscht) bringt eine massive Gefährdung der Ehe. Wie kommen die Frauen aus diesem Dilemma heraus?

4.5. *Strategien der Bewältigung von Alltagsarbeit: Rationalisieren, vereinfachen, an andere Personen delegieren*

Das Grundmerkmal dessen, was ich einmal »Anderthalb-Personen-Beruf« genannt habe – Berufsarbeit ist von ihrer »Normaldefinition« so zugeschnitten, daß der Berufstätige seine private Alltagsarbeit nicht selbst erledigt –, dieser Sachverhalt gilt für berufstätige Frauen genauso wie für berufstätige Männer. Deshalb können auch Frauen, die den beruflichen Anforderungen voll nachkommen wollen, nicht gleichzeitig noch das Insgesamt an privater Alltagsarbeit bewältigen. Auch sie, die Frauen, müssen hier Formen des Wie-auch-immer-Einschränkens finden. Was aber heißt das im weiblichen Lebenszusammenhang – was bedeutet es für Frauen, die nicht wie die Männer die Chance haben, für den täglichen Kleinkram eine Ehefrau zu finden? Was bedeutet der Zwang, den Alltagslasten zu entgehen, für die Frauen der hier beschriebenen Gruppe – also Frauen, die beruflich erfolgreich sind, aber auch entsprechend beansprucht?

Wenn wir die vorliegenden Untersuchungen betrachten, dann zeichnen sich vor allem drei Muster ab. Das sind *zeitliche Rationalisierung, Vereinfachung der Standards* und *Delegation an andere*. Im folgenden will ich zeigen, was diese Verhaltensmuster beinhalten, wie die Frauen damit umgehen und wie sie ihr Leben danach einrichten.

– Der erste Punkt versteht sich praktisch von selbst, muß nicht weiter ausgeführt werden: Zu den wohl verbreitetsten Strategien gehört es, die Alltagsarbeit möglichst rationell zu gestalten, um den Arbeitsaufwand in Grenzen zu halten (siehe z. B. HOLMSTROM 1973, S. 70; SCHULTZ 1979, S. 189). Maßstäbe zeitökonomischen Handelns, sonst vor allem für die Berufsarbeit typisch, werden auch auf die Haushaltsführung übertragen.

Es wird bewußt geplant und organisiert, z. B. beim Einkaufen oder Kochen, bei der Anschaffung arbeitssparender Geräte, bei der Bevorzugung pflegeleichter Kleidung und erst recht bei der sorgfältigen Abstimmung des Tagesablaufs.

»Mein wichtigstes Wort ist Organisation ... Eine Frau, die in einem hochqualifizierten Beruf arbeiten will, braucht physische Kraft und Organisationstalent. Und wenn sie das nicht hat, dann weiß ich nicht, ob ich sie ermutigen könnte« (Interview-Ausschnitt aus HOLMSTROM 1973, S. 90).

»Werktags stehen wir um 7.30 Uhr auf und machen die Kinder tagesfertig ... Dieses Semester habe ich drei Vormittage pro Woche Lehrveranstaltungen gehabt ... Ich hatte einen Babysitter, der an jedem Wochentag nachmittags von 12 bis 16 Uhr kam ... Einer von uns beiden ist bis mittags zu Hause, und nachmittags sind wir beide dann in der Universität ... Ich komme um 16 Uhr nach Hause, und zwischen 16 und 18 Uhr geht es vor allem darum, mit den Kindern zusammenzusein und das Abendessen vorzubereiten. Unmittelbar vor dem Abendessen haben wir so eine Art Familienzeit. Wir entspannen uns bei einem Glas Alkohol. Die Kleine ist auch dabei ... Nach dem Abendessen erledige ich den restlichen Haushaltskram ... Im allgemeinen räume ich so zwischen 9 und 10 Uhr auf ... Oft komme ich nicht vor 10 aus der Küche. Aber in jedem Fall, wie spät es auch ist, ich gehe dann in mein Arbeitszimmer und erledige meine Schreibtischarbeit ... Ich bin jeden Abend etwa drei Stunden am Schreibtisch, so etwa zwischen 9 und 10 ... Am Wochenende bin ich Samstag und Sonntag tagsüber wieder mit den Kindern zusammen und mache auch viel im Haushalt, wenn nicht etwas Besonderes ins Haus steht, was oft der Fall ist – eine Sitzung in der Universität. Und am Abend erledige ich wieder meine Schreibtischarbeit« (Interview-Ausschnitt aus ebd., S. 89).

Eine bewußte Planung der Alltagsarbeit gehört zwar zu den unabdingbaren Voraussetzungen des Lebens in Familien, wo beide Partner beruflich stark beansprucht sind. Aber alle Organisationsfähigkeit reicht wahrscheinlich nicht aus, um die anfallenden Aufgaben voll zu bewältigen. Eine weitere Strategie des »Überlebens« im Alltag ist deshalb die, die Standards des Lebensstils zumindest teilweise zurückzunehmen und zu lokkern, von den schichttypischen Normen ein wenig zu lösen. Das ist freilich nicht unter allen Bedingungen möglich. Eine wesentliche Rolle hat sicher die Stärke der je nach Milieu, Gesellschaft, Berufsfeld eingespielten Normen: Einmal mehr, einmal weniger genau ist der sozial erwartete Lebensstil definiert, entsprechend unterschiedlich groß ist der Freiraum für das, was als individuelle Ausgestaltung und Abweichung toleriert wird;

in einem Fall müssen aus beruflichen Gründen häufig Repräsentationspflichten übernommen werden, im anderen tritt der persönliche Lebensstil kaum in Erscheinung.

Entsprechend diesen unterschiedlichen Hintergrundbedingungen läßt sich kein einheitlicher Trend ausmachen. Die eine Untersuchung berichtet von Familien, die an relativ hohen Ansprüchen im Bereich der privaten Lebensführung festhalten (FOGARTY u. a. 1971 b, S. 344). Hier also noch die alten Maßstäbe – aber es gibt auch Anzeichen für neue: In einigen Untersuchungen werden Paare sichtbar, die sich eher lösen von den tradierten Normen (siehe vor allem HOLMSTROM 1973, S. 70). Da werden neue Muster im Alltag entwickelt, neue Toleranzschwellen, eine gewisse Umdefinition der Erwartungen setzt ein – manchmal nur ansatzweise, manchmal sehr ausgeprägt und deutlich. Besonders wenn es um Hausarbeit im engeren Sinne geht, klingen in den spontanen Äußerungen der Frauen vielfach recht unkonventionelle Elemente an. Hier hat die weibliche Existenz ihren eigensten und eigentlichen Bereich – *ihr* Verantwortungsfeld, *ihr* Hoheitsgebiet –, und gerade an diesem alles andere als gleichgültigen Punkt zeichnen sich Grenzlinien ab zwischen den verschiedenen Gruppen von Frauen. Nicht wenige der beruflich Erfolgreichen haben da deutlich andere Einstellungen und Vorstellungen, Ansprüche und Prioritäten als diejenigen Frauen, deren Lebenszusammenhang wesentlich vom Alltag der Hausarbeit bestimmt wird. Der andere Lebensbereich, der ihnen zur Verfügung steht, derjenige der beruflichen Aufgaben, wird zu einer Art Bezugsrahmen, an dem sie die traditionellen Vorstellungen vom »perfekten Haushalt« messen, relativieren, in Frage stellen. Manche sagen, es sei ihnen unwichtig, ob die Bekannten sie für eine »gute Hausfrau« halten (siehe z. B. BOCK-ROSENTHAL u. a. 1978, S. 144), andere gehen so weit, sich selbst als »schlechte Hausfrau« zu bezeichnen (siehe z. B. SOMMERKORN 1969, S. 186) – in all dem wird eine Distanz zum traditionellen Frauenbild deutlich, in dem Weiblichkeit wesentlich über die Qualitäten als Hausfrau bestimmt wird.

»Weil meine Mutter studiert hatte und voll im Beruf stand, wuchs ich mit der Vorstellung auf, häusliche Tätigkeiten seien unter meiner Würde. Als ich in die Ehe ging, habe ich mich genauso wie ein verwöhnter Mann benommen – den Beweis können Sie hier sehen. Ich bin immer noch nicht die perfekteste Hausfrau der Welt. Aber ich glaube auch nicht, daß ein aufgeräumtes Spülbecken immer ein eindeutiges und sicheres Zeichen von Mutterliebe ist« (Interview-Ausschnitt aus SCHULTZ 1979, S. 157).

»Ich habe eine Putzfrau ... Und was sie nicht macht, das wird nicht gemacht. Meine Küchenborde sind dreckig, aber das stört mich nicht. Staub liegt herum. Es stört mich nicht, daß nicht alles schön ordentlich ist. Wie der Haushalt geführt wird, das ist nicht das Wichtigste auf der Welt« (Interview-Ausschnitt aus HOLMSTROM 1973, S. 70).

»Wenn man als Maßstab ... einen gutbürgerlichen Haushalt nimmt, wo alles blitzblank ist, man vom Fußboden essen kann und tägliche Mahlzeiten von drei Gängen auf den Tisch kommen und die Hausfrau das alles selber machen muß, dann ist das einfach zeitlich nicht zu schaffen ... Nach gutbürgerlichen Maßstäben bin ich eine sehr schlechte Hausfrau« (Interview-Ausschnitt aus BOCK-ROSENTHAL u. a. 1978, S. 106).

Das also ist eine Möglichkeit, die Standards der Haushaltsführung ein wenig liberaler und lockerer zu handhaben. Daneben gibt es noch einen weiteren Bereich, wo Frauen die private Alltagsarbeit vereinfachen können. Aber der bleibt in allen Untersuchungen fast unerwähnt – es scheint fast, als wäre er gar nicht vorhanden. Und doch erfahren alle Frauen seine Existenz: als zentrales Thema im weiblichen Lebenszusammenhang, in der Kindheit beginnend, bis ins Alter sich fortsetzend; als zugewiesene Pflicht, die täglich Tribut fordert, immer wieder neuen Aufwand an Geduld und Geschick, Zeit und Aufmerksamkeit.

»Mir ist folgendes Bild von unseren Mittagsmahlzeiten ganz plastisch in Erinnerung ... Während ich mich von einem Ende des Tisches zum anderen durchaß, begann der Streit zwischen Susie und Mutter. »Susie, der Lippenstift ist zu dunkel ... Mußt du dir die Augenbrauen auszupfen? ... Warum hast du dir hochhackige, vorn ausgeschnittene Schuhe gekauft, wenn ich dir doch gesagt habe, du sollst dir Sportschuhe kaufen ... Mit diesem spitzen Büstenhalter siehst du aus wie eine –‹ Doch meine Mutter konnte das Wort nicht aussprechen. An diesem Punkt pflegte eine von ihnen, in Tränen aufgelöst, den Tisch zu verlassen, während die andere beim Geräusch der zugeschlagenen Schlafzimmertür voll Verzweiflung bebte« (FRIDAY 1979, S. 156).

Es ist der Bereich der äußeren Erscheinung, den ich meine – gleichermaßen Leitmotiv, Leistungsziel, Beurteilungsmaßstab der gesellschaftlich definierten »Weiblichkeit«. Wir alle haben gelernt, Hübschsein bedeutet Erfolg und Anerkennung, und wir haben uns sehnlichst gewünscht, die schöne Prinzessin zu sein. Wir haben ebenso gelernt, Häßlichkeit bedeutet Versagen und Ablehnung, und entsprechend war unsere Angst – nur nicht Mauerblümchen sein, nur ja nicht sitzenbleiben. All das gehört zu den fundamentalen Erfahrungen der weiblichen Normalbiographie. Immer wieder gibt es ein Idealbild von Schönheit, das uns vorgehalten wird, auf das wir uns beziehen müssen, mit dem wir uns vergleichen; und immer wieder stellen wir fest, mit einem Gefühl der Beschämung und inneren Niederlage, wieviel uns doch trennt davon. All die Filmstars und Fernsehansagerinnen und Fotomodelle – sie beweisen uns ja, daß es das wirklich gibt, den makellosen Glanz von Schönheit; oder so jedenfalls meinen wir, weil wir nicht all die harte Arbeit sehen, die zur Herstellung der schönen Fassaden nötig war; und also sind wir es, die wir uns als ungenügend erleben, als versagend schon von Natur aus. Das ist es, was wir verschweigen und verbergen, da liegt das Tabu: daß wir nicht der gesellschaftlich verordneten Weiblichkeit entsprechen, dem Idealbild, der strahlenden Schönheit. Und so suchen wir unsere »Mängel« zu verbergen, unser wahres Gesicht. Von früh an wachsen wir auf mit den Frauenzeitschriften, die voll sind mit Schönheitstips – im Grunde Reparaturanweisungen, Leitfäden zur Mängelbeseitigung. Mode und Make-up, Diät und Frisuren – was brauchen wir alles, um der gesellschaftlich verordneten Weiblichkeit wenigstens näher zu kommen, jenem Idealbild, das die Natur uns so grausam versagt hat. Wieviel Gedanken und Bemühungen haben damit zu tun (und wieviel Ängste und Minderwertigkeitsgefühle). All der emotionale und zeitliche Aufwand, der da zusammenkommt: das sind die »weiblichen Sonderlasten« der privaten Alltagsarbeit, ihr »Damenprogramm« sozusagen.

Kommen wir jetzt wieder zu den beruflich erfolgreichen Frauen. Wie wir bisher gesehen haben, sind in ihrer Berufs- und Lebensgeschichte recht gegensätzliche Elemente enthalten: Sie haben vielfach eigene, autonome Vorstellungen entwickelt, die durchaus ungewöhnlich sind und abweichen von den traditionellen Maßstäben; aber da gibt es gleichzeitig auch manches, was auf das Weiterbestehen der alteingespielten Regeln verweist. Wie also ist es hier, bei diesem Grundthema der weiblichen Existenz: Passen sich auch die erfolgreichen Frauen noch den geltenden Weiblichkeitsstandards an (was, rein zeitlich betrachtet, einen täglichen Wettbewerbsnachteil gegenüber den männlichen Kollegen bedeutet)? Oder sind sie eher als andere Frauen bereit, von jenen weiblichen Sonderlasten sich loszusagen (was wieder Konflikte bringen könnte mit dem Selbstbild als Frau)? Was sind ihre Verhaltensmuster, ihre Strategien im Alltag?

Ganz spontan fallen hier zwei Vorstellungsbilder ein, beide aus dem Alltagsbewußtsein stammend, aber ganz gegensätzlich in ihrem Inhalt. Da ist auf der einen Seite das Bild der »Superfrau«, elegant im Auftreten, perfekt in Frisur, Make-up und Kleidung; und daneben das Gegen-Stereotyp vom »Blaustrumpf« und »Mannweib«, alle Äußerlichkeiten verachtend, Haare straff zurückgekämmt, die Kleidung ebenso zweckmäßig wie formlos.

Beide Stereotype sind wohl zu einseitig und einfach. Zunächst einmal ist das äußere Erscheinungsbild der erfolgreichen Frauen sicher nicht bloß Ergebnis individueller Entscheidungen, sondern ebenso bestimmt von äußeren Vorgaben. Gerade im Bereich der beruflich exponierten Positionen existiert fast immer ein gewisser Kodex von Regeln, meist ungeschrieben, manchmal auch formell fixiert, die Erwartungen über Kleidung und Äußeres der Positionsinhaber enthalten. Diese Standards sind von Berufsfeld zu Berufsfeld verschieden, in der Wissenschaft sicher anders als etwa im Machtzentrum einer Bank; in manchen Berufsfeldern wird eine gewisse Betonung der Weiblichkeitsattribute erwartet, in anderen ein eher dezent-neutrales Erscheinungsbild.

Soviel zu den allgemeinen Hintergrundbedingungen, die dem individuellen Verhalten gewisse Grenzen vorgeben. Aber fast immer bleibt ein erheblicher Spielraum, offen zur individuellen Ausgestaltung: Was also ist jenseits der Regeln – wie sind die eigenen Einstellungen und Entscheidungen der Frauen? Wir wissen erstaunlich wenig zu dieser Frage. Die vorliegenden Untersuchungen liefern nur ganz spärliche Anhaltspunkte. Soweit sich daraus etwas erkennen läßt, versuchen die erfolgreichen Frauen wohl eher, die modischen Zusatzaufgaben der privaten Alltagsarbeit einzuschränken (Hennig/Jardim 1978). Allein schon der ständige Zeitmangel, der ihre Lebenssituation kennzeichnet, zwingt sie häufig zu einem solchen Verhalten:

»Schwierig wird es bei der Kleidung. Da kauf ich gleich auch viel ein, acht Hosen, zehn Jacken usw., um meinen Bedarf für das ganze Jahr zu decken. Oft sind dann Sachen dabei, die mir gar nicht so gefallen, es ist auch nicht immer das Modernste . . .« (Bock-Rosenthal u. a. 1978, S. 144).

Presseberichte lassen ähnliche Tendenzen erkennen. Statt immer wieder Stunden zu investieren in einen zeitraubenden Streifzug durch Modeboutiquen aller Art, muß »die Karrierefrau ... wie ein Mann einkaufen ..., einmal pro Saison«. Manche Frauen kommen offensichtlich nicht einmal mehr dazu, sondern lassen Freundin oder Assistentin aussuchen und probieren die Kleider dann zu Hause an (Spiegel Nr. 29/1979, S. 152).

Zumindest in einer Untersuchung, die allerdings auch auf ein für Frauen besonders ungewöhnliches Berufsfeld sich konzentriert, wird noch ein anderes Moment sichtbar. Die von Hennig/Jardim (1978) untersuchten Frauen haben nicht nur den Einbruch in die Männer-Domäne des oberen Managements geschafft. Sie haben auch – und das ist das vielleicht Bezeichnende – jahrelang entschieden alles abgelehnt, was nur im entferntesten die »Weibchen«-Seite hätte hervorheben können. Statt dessen waren sie bemüht, im Äußeren möglichst zurückhaltend, möglichst neutral zu erscheinen.

»Bei den meisten Männern ... wandte ich die Taktik an, als Frau unbemerkt zu bleiben und als erfahrene Spezialistin in den Vordergrund zu treten ... Man kleidete sich sorgfältig und dezent, um keine Aufmerksamkeit zu erregen« (Interview-Ausschnitt aus ebd., S. 119).

»... bestand meine Philosophie über meine Weiblichkeit darin, sie möglichst zu verbergen, nicht nur vor den anderen, sondern auch vor mir selbst. Mein persönlicher Stil war geschäftsmäßig, und das bedeutete, daß ich mich wie ein gebildeter, wohlerzogener *Mann* benahm. Ich kleidete mich so zurückhaltend wie möglich; ich trug strenge Kostüme und Schneiderkleider und lehnte jeden modischen Firlefanz ab« (Interview-Ausschnitt aus ebd., S. 123).

Wahrscheinlich liegt genau hier ein kritischer Punkt für viele Frauen: Sie müssen betont sachlich-korrekt sich zeigen; müssen alles vermeiden, was den Geschäftspartner auf »andere« Gedanken bringt, die mehr ihre weiblichen als ihre fachlichen Qualitäten betreffen. Wieweit also muß Weiblichkeit versteckt, ein nüchtern-neutrales Bild hervorgekehrt werden? Und wo liegt da wieder die Grenze, damit sie nicht als Mannweib erscheinen und genauso abgelehnt werden? Nicht auffallen qua »Frau«, aber auch nicht »Mannweib« heißen – dazwischen liegt ein schwieriger Balance-Akt, und klare Vorbilder fehlen. Da ist es kein Zufall, daß die neuen Ratgeber für die karriere-orientierte Frau sich ausgiebig mit dieser Thematik befassen (Molloy 1978; Williams 1978). Sie ahnen genau die Unsicherheit und das Informationsbedürfnis der Frauen – und sehen darin die neue Marktlücke.

An all dem wird schon deutlich, wie interessant, ja wie

wichtig es wäre, hier mehr zu erfahren. Sind die von Hennig/Jardim untersuchten Frauen eine Ausnahmegruppe, eher untypisch in ihren Einstellungen und Entscheidungen? Wie stehen Frauen aus anderen Berufsfeldern zu jenem Schönheitsprogramm, das qua Frauenrolle vorgeschrieben ist? Wir wissen es einfach nicht. Denn im Bezugsrahmen der vorherrschenden Wissenschaft ist der Umgang (oder Nicht-Umgang) mit den Vorschriften der Mode nur selten zur Frage geworden; und wenn überhaupt, dann gewissermaßen »objektiviert« im Rahmen kultursoziologischer Untersuchungen oder als Frage nach schichtspezifischem Verhalten. Aber die quasi »subjektbezogene« Bedeutung des Modeverhaltens – was daraus ablesbar wird in bezug auf die Person selbst, ihre Einstellung, innere Entwicklung –, dies wurde bisher noch nicht untersucht. Und genau hier liegt ein Mangel, hier sind die Sozialwissenschaften (selbst dort, wo sie inzwischen biographischen Methoden sich zuwenden) immer noch einseitig am männlichen Lebenslauf orientiert. Denn die Männerrolle freilich, die läßt wenig Spielraum für Fragen der äußeren Erscheinung (allzugroßes Interesse dafür würde eher als »geckenhaft«, »weibisch« gelten). Entsprechend kann dieser Bereich tatsächlich auch ausgespart bleiben, in den meisten Fällen zumindest, solange man nur Männer untersucht. Aber anders dort, wo es um Frauen geht: Wie Frauen zu den »Trivialitäten« von Mode und Schönheit stehen, das ist keineswegs immer nebensächlich – kann im Gegenteil gerade wichtiger Anhaltspunkt sein, um ihr Selbstbild und Selbstbewußtsein, ihre Alltagsstrategien, ihre möglichen Konflikte zu erkennen.

– Aber auch dann, wenn das Schönheitsprogramm reduziert wird und die Maßstäbe des gutbürgerlichen Haushalts teilweise zurückgenommen werden, ist die private Alltagsarbeit kaum von der Frau allein zu schaffen. Um der beruflichen Beanspruchung voll nachkommen zu können, ist sie fast immer gezwungen, einen Teil der privat anfallenden Tätigkeiten »auszulagern« an andere Personen, wo immer das möglich ist. Das gilt nicht erst für die Frau, die »neben« dem Beruf noch Ehefrau und Mutter ist – auch die alleinstehende Erfolgsfrau braucht manchmal schon entsprechende Entlastung:

(Interviewerin: Wie bewältigen Sie denn so Ihren Haushalt?) »Ich lebe mit meiner Mutter zusammen . . . und *ich lebe schlicht und ergreifend unter Ausnutzung meiner Mutter* . . . Ich mache . . . kaum einen Handschlag im Haushalt. Ich mache nur was, wenn meine Mutter verreist ist, dann muß ich mit der Zugehfrau klarkommen. Aber sonst geht das auch nicht. Wenn also das Abendbrot abends nicht auf dem Tisch steht, dann esse ich oft gar nicht, dann gehe ich einfach so ins Bett ... Also ich müßte [wenn meine Mutter nicht wäre] eine Vollhaushälterin haben« (Interview-Ausschnitt aus Bock-Rosenthal u. a. 1978, S. 60).

Berufstätige Frauen können nicht auf jene Ehefrau im Hintergrund hoffen, die ihnen die private Alltagsarbeit weitgehend vom Halse hält. Aber wenn sie beruflich erfolgreich sein wollen, dann sind sie gezwungen, in der einen oder anderen Art ähnliche Lösungsmuster zu finden – über Delegation an andere die eigene Person wenigstens annähernd, wenigstens teilweise zu entlasten. An *wen* aber wird delegiert, *was* wird delegiert? Auch hier lassen sich bestimmte typische Muster erkennen:

Beruflich engagierte Frauen entwickeln häufig eine differenzierte Einstellung zur privaten Alltagsarbeit. Bereitwillig delegieren sie diejenigen Tätigkeiten, die sie als unpersönlich, routinemäßig und monoton empfinden (Putzen, Waschen, Bügeln usw.). Dagegen versuchen sie, soweit wie möglich noch diejenigen Tätigkeiten selbst auszuüben, die unmittelbaren Personenbezug beinhalten, individuelles Eingehen erfordern, inhaltliche Befriedigung bieten (Fogarty u. a. 1971b, S. 350; Rapoport/Rapoport 1972, S. 223).

»Das Mädchen hält alles auf dem laufenden, den ganzen Kleinkram, den eine Hausfrau macht, wenn sie sich nicht gerade mit dem Frühjahrsputz beschäftigt, mit all dem wird sie fertig. Sie kauft ein ... sie kocht, aber wenn ich da bin, mache ich das mittags selbst. Sie wäscht die ganzen Kinderkleider, macht auch das Bügeln, ein bißchen Flicken, nimmt die Telefonanrufe auf, wenn ich nicht da bin – so die allgemeinen Sachen im Haus, die man schwer aufzählen kann (Interview-Ausschnitt aus Fogarty u. a. 1971b, S. 350).

Entsprechend diesem Grundmuster – Delegation vor allem der unpersönlichen, routinemäßigen Tätigkeiten – ist es am meisten die Hausarbeit im engeren Sinne, die anderen Personen überlassen wird. Etwas anderes ist es dagegen bei der Kindererziehung: Frauen mit hochqualifizierter Ausbildung, mit den modernen Theorien frühkindlicher Erziehung fast immer einigermaßen vertraut, stellen besonders hohe Ansprüche auf diesem Gebiet. Sie – und in den meisten Fällen auch ihre Ehemänner – sind typischerweise besonders gewissenhafte Eltern. Sie beschäftigen sich mit den Grundgedanken der psychologischen und pädagogischen Diskussion; stellen deshalb lange Überlegungen darüber an, welche Folgen die Berufstätigkeit beider Eltern für die Entwicklung der Kinder hat; wenden viel Zeit auf, um Lösungsmuster zu finden, die den Bedürfnissen des Kindes möglichst weitgehend gerecht werden (BIRNBAUM 1975; FOGARTY u. a. 1971b, S. 343f. und S. 348; SOMMERKORN 1969, S. 182ff.). Dies ausgeprägte Interesse an einem emotional stabilen Familienklima und Erziehungsmilieu wird bei denjenigen Paaren besonders ausgeprägt sichtbar, die weitgehend selbständig ihre Arbeitsbedingungen bestimmen können, also vor allem etwa diejenigen, die zusammen eine eigene Praxis betreiben. Bei ihnen läßt sich zumindest ansatzweise eine Tendenz beobachten, die in industriellen Gesellschaften fest institutionalisierte Trennung zwischen »Arbeit« und »Leben«, zwischen »Elternwelt« und »Kinderwelt« aufzulockern. Die Kinder werden hier nicht immer abgeschoben in einen elternfernen Kinderbereich, sondern, soweit es eben möglich ist, viel eher auch einmal zugelassen zu Arbeitswelt und Arbeitsalltag der Eltern. Das kann so weit gehen – ein Extremfall vielleicht, aber sicher bezeichnend für eine allgemein vorhandene Motivation und Bereitschaft –, daß die Kinder in gewissem Maß sogar die Bedingungen dafür vorgeben, in welcher Richtung sich die Berufslaufbahn der Eltern entwickeln kann.

»Als ich mich entschloß . . ., ein Kind zu bekommen, dachte ich darüber nach, wie ich es dann schaffen konnte, weiter in der Lehre tätig zu sein . . . Mehrere Lösungen waren möglich, aber ich wollte eine vorindustrielle versuchen – die Familie in die Universität zurückbringen, das Baby während der Bürostunden ins Institut mitnehmen« (HOCHSCHILD 1975, S. 70).

». . . als wir Diplom gemacht haben, stand es für uns eigentlich ganz fest, daß wir uns selbständig machen, weil das damals für uns die einzige Möglichkeit schien, daß ich im Beruf bleibe. Denn erstens mal wollte ich Kinder haben, und Personal wollten wir auch nicht haben . . .« (Interview-Ausschnitt aus BOCK-ROSENTHAL u. a. 1978, S. 23f.).

». . . Unsere Kinder sind sehr eng in unser Leben einbezogen, in einem Maß, wie man sich kaum vorstellen kann . . . Sie sind im Büro und wieder draußen, oder bei anderen Leuten im Büro und wieder draußen. Ich weiß eigentlich auch nicht warum, aber entweder können wir es nicht oder wir machen uns zu große Sorgen, wenn wir sie Fremden überlassen würden . . . deswegen sind sie meistens irgendwo in der Nähe hier. Manchmal ist es äußerst peinlich . . . es hat die Art der Arbeit bestimmt, die wir annehmen können, und die Organisationsform, die wir entwickelt haben . . . Man muß diejenige Arbeit annehmen und die Organisationsformen entwickeln, in denen dieses Verhalten toleriert wird« (Interview-Ausschnitt aus FOGARTY u. a. 1971b, S. 347).

Eine so weitgehende Flexibilität der Arbeitsbedingungen ist freilich nur in den seltensten Fällen möglich. Meist sind die offiziellen Vorgaben und inoffiziellen Erwartungen sehr viel rigider, so daß es in den meisten Familien unvermeidlich ist, auch einen Teil der Kindererziehung zu delegieren. Aber auch hier wird versucht, die Berufsarbeit so weit in Grenzen zu halten, daß eine enge Beziehung zum Kind erhalten bleibt. Im Konfliktfall wird eher die Hausarbeit soweit wie irgend möglich delegiert, um entsprechend Zeit für die Familie zu gewinnen.

»Ich versuche gar nicht erst, eine gute Hausfrau zu sein, ich bin eine schlechte. Ich überlasse all das jemand anders ... Ich habe keine Schuldgefühle, was den Haushalt betrifft, aber wichtig sind mir eine glückliche Ehe und glückliche Kinder.«

»Jetzt mache ich kaum irgendwas im Haushalt, aber verbringe meine freie Zeit mit den Kindern.«

»Ich habe eine ... Haushälterin, die seit neun Jahren bei uns ist, und auch noch andere Hilfe im Haus ... Ich glaube, für meine Tochter hat diese Situation gewisse Vorteile. Meine Freundinnen sagen mir, ich verbringe viel mehr Zeit mit ihr, als sie es können, weil sie ja noch die Arbeit im Haushalt haben« (Interview-Ausschnitte aus SOMMERKORN 1969, S. 186 und S. 183).

Es bleibt die Frage, an *wen* die Frau private Alltagsarbeit delegieren kann. In den obigen Interview-Äußerungen deutet sich eine erste Antwort schon an: Die meisten Familien greifen zurück auf bezahlte »Dienstleistungspersonen« der einen oder anderen Art (Haushälterin, Au-pair-Mädchen, Putzfrau usw.). Diese Personen – stets weiblichen Geschlechts – übernehmen einen Teil jener Aufgaben, die traditionell der Ehefrau und Mutter zugewiesen sind. Sie werden damit für die beruflich engagierte Frau in gewissem Sinne zum Ersatz für jene »Ehefrau im Hintergrund«, deren Hilfsleistungen den berufstätigen Mann entlasten. Aber eben immer nur in gewissem, in eingeschränktem Sinne: Das Lösungsmuster ist zwar ähnlich, aber keineswegs gleich umfassend und stabil. Bei der gegen Lohn arbeitenden Haushälterin sind Motivation, Engagement, Bereitschaft in jedem Fall anders – und fast immer geringer – als bei der Ehefrau-und-Mutter, die für »ihre Lieben« tätig ist. Die eine hat geregelte Arbeitszeit, freies Wochenende, Urlaubsanspruch und Freistellung bei Krankheit. Die andere sorgt auch am Wochenende fürs Essen, steht nachts auf, um das Kind zu beruhigen, hält den Haushalt in Gang, auch wenn die Grippe sie packt. Was »Liebe« ist, mag ein ewiges Rätsel für Philosophen und Dichter bleiben. Aber kein Mysterium ist, was sie hier bedeutet: Liebe ist das ideale Lösungsmuster für unmittelbar personenbezogene, nur begrenzt rationalisierbare Arbeit, denn sie ist immer verfügbar, immer verläßlich; sie bietet, besser als der bestgeregelte Arbeitsvertrag, eine feste Versorgungsgarantie, wo elementare physische und psychische Bedürfnisse auf dem Spiel stehen. Wo die bezahlte Haushälterin arbeitet, bleibt immer ein Teil der Aufgaben übrig. Und wer springt ein, um die Lücken zu füllen? Manchmal auch der Mann, bei den jüngeren Familien zumindest; aber in der Regel doch wieder die Frau, eingeübt in Fürsorglichkeit, in Verantwortung fürs Familiale – die alten Lektionen der weiblichen Erziehung, nie ganz abgeschüttelt und vergessen.

Aber bezahlte Dienstleistungspersonen im Haushalt lassen nicht nur einen Teil der Arbeit übrig, sie sind auch in hochindustriellen Gesellschaften gleichermaßen rar wie teuer. Deshalb hat sich hier allmählich ein anderes Entlastungsmuster für berufstätige Frauen entwickelt, nämlich die innerfamiliale Hilfe im Generationenverband. Häufig springen die Mütter bzw. Schwiegermütter ein, übernehmen die Beaufsichtigung der Enkel und oft noch einen Teil der Haushaltsaufgaben (siehe z. B. Pross 1973). Wieder wird also zurückgegriffen auf die Ergebnisse weiblicher Sozialisation, Fürsorglichkeit und Familiensinn: einsetzbar bei Bedarf, einfühlsam für Bedürfnisse. Und je ungebrochener die älteren Frauen noch aufgehen in ihrer traditionellen Rolle, desto eher sind sie bereit, diese Rolle zu verlängern und Alltagsarbeit zu machen auch für die längst schon erwachsenen Kinder. Ein ideales Lösungsmuster also, so kann man erwarten, gerade für Familien der hier beschriebenen Art, wo die Frauen beruflich voll beansprucht sind. Und doch ist es anders: Aus den Untersuchungen läßt sich ablesen, daß gerade hier die Unterstützung durch Mütter bzw. Schwiegermütter nur eine geringe Rolle spielt. Selten wird sie überhaupt erwähnt, und wenn, dann eher im Sinne eines gelegentlichen Einspringens als im Sinne einer regelmäßigen Beanspruchung (Fogarty u. a. 1971 b, S. 346). Nur eine Frau spricht davon, daß die Mutter ihr den Haushalt führt – und da gerade sind keine Kinder zu versorgen, vielmehr ist es eine alleinstehende Erfolgsfrau, die mit der Mutter zusammenlebt (Bock-Rosenthal u. a. 1978, S. 60).

Warum sind es ausgerechnet diese Familien, die die Mithilfe der Mütter bzw. Schwiegermütter am wenigsten in Anspruch nehmen? Ich kenne keine Untersuchungen, die darüber genauer Aufschluß geben. Aber ich vermute, wir müssen Bezug nehmen auf bestimmte Besonderheiten der Familien mit »doppelter Karriere«:

Erstens erfordert das Leben solcher Familien, bedingt durch das berufliche Engagement beider Partner, hohe geographische Mobilität, das heißt Bereitschaft zu Umzug und häufigem Wohnungswechsel. Aber je mehr Personen zur Familie gehören, desto aufwendiger ist jeder Wechsel, desto mehr wächst die Unbeweglichkeit. Sind schon Kinder ein »Hindernis« (Probleme der Umschulung, des Hineinwachsens in einen neuen Freundeskreis), dann erst recht die ältere Generation: Sie ist verwurzelt in ihrer Umgebung, Anpassung ans Ungewohnte fällt schwer.

Zweitens haben beruflich erfolgreiche Frauen häufig eigene Vorstellungen von Haushaltsführung und Kindererziehung entwickelt, anders als die traditionellen Maßstäbe der Mütter und Schwiegermütter, für die die Familie der einzige Lebenskreis war. Ein enges Zusammenleben unter solchen Umständen wird schwierig: Die zahllosen kleinen Dinge des Alltags, sonst selbstverständlich eingespielt, wären plötzlich spannungsgeladen – mehr Konfliktstoff vielleicht als Entlastung.

Drittens schließlich sind Familien dieser Art nicht ausweglos angewiesen auf die Mithilfe der älteren Generation. Sie haben am ehesten die Möglichkeit, Alternativen zu finden, Haushaltshilfe oder Kindermädchen zu finanzieren.

Die innerfamiliale Hilfe im Generationenverband – Alltagsarbeit wird von der (Schwieger)Mutter übernommen – ist demnach ein Lösungsmuster, das nicht allgemein anwendbar ist. Es setzt immer schon ganz bestimmte Lebensformen voraus, die wiederum gebunden sind an bestimmte Familientypen, Milieus, Schichten. Aber für Familien mit »doppelter Karriere« gelten andere, charakteristisch eigene Lebensformen – für sie wären die Folgeprobleme meist größer als der mögliche Nutzen.

Beruflich erfolgreiche Frauen nehmen also nur selten die regelmäßige Hilfe der (Schwieger)Mütter in Anspruch. Hat das zur Folge, daß mehr auch der Mann einbezogen wird – die Familienverantwortung entsprechend geteilt wird?

Sehen wir uns erst einmal die Hintergrundbedingungen an.

Familien der hier beschriebenen Art stehen in einem vielfältigen Spannungsverhältnis: Auf der einen Seite die enge Bindung an Vorstellungen von »Partnerschaft« und »Gleichberechtigung«, von vielen Paaren geäußert; auf der anderen Seite die gesellschaftlich vorgegebenen Schranken und Hindernisse, eng zusammenhängend mit jener »Normaldefinition« der Berufsarbeit, die das individuelle Bemühen um Partnerschaft ach so aufwendig, ach so anstrengend macht. Auf der einen Seite das ehrliche Engagement, neue Lebensformen zu erproben; auf der anderen Seite noch die alten Rollendefinitionen, nie ganz aufgebrochen, untergründig hineinwirkend ins Selbstbild und Selbstverständnis. Im Spannungsfeld dieser unterschiedlichen Bedingungen pendelt sich dann die Aufgaben- und Arbeitsteilung im privaten Bereich ein, zwiespältig in sich, widerspiegelnd die widersprüchlichen Vorgaben. Ich habe sie oben schon einmal beschrieben (siehe S. 124f.): Sie weicht ab vom traditionell patriarchalischen Muster – und hat doch noch zahlreiche Elemente davon. Sie ist nicht mehr einfach Verlängerung des Alten – und so weit noch entfernt, das Neue wirklich zu wagen. Vergleicht man mit anderen Bevölkerungsgruppen, dann zeigt diese Arbeitsteilung eindeutig mehr Ansätze zur Gleichberechtigung, Gleichverpflichtung im Familialen; aber genauso eindeutig bleibt sie zurück hinter dem, was Anspruch auf volle Gleichberechtigung heißt. Die Frau ist aus der Alleinverantwortung für Haushalt und Familie entlassen. Aber die *Haupt*verantwortung, die liegt noch immer bei ihr.

So zumindest ist das Bild, das sich in den Untersuchungen über Familien mit »doppelter Karriere« immer wieder abzeichnet, praktisch bis in den gegenwärtigen Zeitpunkt hinein. Dabei darf allerdings nicht übersehen werden, daß die befragten Frauen (die ja bereits zum Untersuchungszeitpunkt längst über den Anfang der beruflichen Laufbahn hinaus waren) heute der mittleren, ja oft schon älteren Generation angehören. Aus diesen Ergebnissen läßt sich deshalb auch nicht ablesen, was aus anderen Fragestellungen sich andeutet (Lehr 1978, Richter 1978): In der jüngeren Generation gibt es mehr Paare, die im Familienalltag Formen der Zusammenarbeit entwickeln und durchhalten.

Ich habe bisher einige der Strategien skizziert, die beruflich erfolgreiche Frauen im Privatleben anwenden, um die Alltagsarbeit zu bewältigen. Doch ist damit noch nichts darüber gesagt, wie die Frauen selbst solche Verhaltensmuster empfinden, die sie unter dem Druck der verschiedenen Arbeitsanforderungen entwickeln. Sie sind gern bereit, den Privatbereich zu rationalisieren und zu vereinfachen und Aufgaben an andere zu delegieren – oder sind da doch ambivalente Gefühle, auch Zögern und Zweifel und innere Widerstände? Schauen wir noch einmal die verschiedenen Bereiche der privaten Alltagsarbeit an:

Am wenigsten wissen wir wieder, was die Frauen empfinden, die das tägliche Damenprogramm an Mode, Schönheit, Körperpflege ziemlich beschränken. Wieder haben wir nur sehr spärliche Anhaltspunkte. Da gibt es eine amerikanische Untersuchung, die verschiedene Gruppen von hochqualifizierten Frauen – die einen berufstätig, die anderen Hausfrau – miteinander vergleicht. Hier haben die Berufstätigen nicht nur ein allgemein höheres Selbstbewußtsein, sie schätzen auch ihre Attraktivität Männern gegenüber höher ein als die Vergleichsgruppe der Hausfrauen (Birnbaum 1975). Wahrscheinlich wird aber doch die wohlsituierte Hausfrau der oberen Mittelschicht, im gepflegten Heim einer gepflegten Wohngegend lebend, aufs Dekorative stets bedacht, mehr Zeit bei den Schönheitstips der Frauenzeitschriften verbringen als die bis zum Äußersten beanspruchte Berufstätige. Das vorausgesetzt kämen bei den Berufstätigen zwei Elemente zusammen: geringerer Aufwand fürs Äußere und ein dennoch höheres Selbstbewußtsein an diesem Punkt. Das spricht dafür, daß sie eine neue Form der Selbstdefinition als Frau entwickelt haben, die ihnen innere Sicherheit gibt: Ihre Vorstellung von Attraktivität ist nicht allein auf äußere Attribute fixiert, ihr Selbstgefühl beziehen sie auch aus anderen als den traditionell weiblichen Leistungsbereichen.

Aber das ist nicht mehr als ein erster Hinweis. Es ist sehr gefährlich, aus der positiven Einschätzung, die hier sich andeutet, gleich allgemeine Schlüsse zu ziehen – etwa derart, es gelänge allen Frauen problemlos, vom Kodex der äußeren Betonung von Weiblichkeit sich zu lösen, bloß weil der Druck der beruflichen Anforderungen keine Zeit dafür läßt. Dazu ist dies Thema dann doch viel zu bedeutsam, viel zu emotionsbelastet auch im weiblichen Lebenszusammenhang: die äußere Erscheinung und alles, was damit zusammenhängt, von früh an ein teils heimlicher, teils offen angesprochener Vergleichsmaßstab zwischen Schwestern, Klassenkameradinnen, Freundinnen, ein Bezugspunkt für Stolz und Selbstbewußtsein, aber auch für Gefühle von Ablehnung und Minderwertigkeit, Neid und Bitterkeit – auf vielen Ebenen ist der Wettbewerb im Gange, mehr oder minder verdeckt, und das Karussell der Eitelkeiten dreht sich und dreht sich. Von all dem sich frei zu machen, das ist nicht leicht. So gibt es sicher auch Frauen, für die es untergründig doch eine Art Bedrohung, nämlich Bedrohung ihrer weiblichen Identität bedeutet, wenn so wenig Zeit bleibt für die äußere Erscheinung. Dies Gefühl mag im Alltag verdrängt bleiben, aber es kann mit einem Mal aufbrechen an Krisenpunkten oder in Schlüsselsituationen. Das deutet die Untersuchung von HENNIG/JARDIM (1978) an, die bei den Karrierefrauen des Managements eine Art innerer Pause zu Beginn der mittleren Jahre festgestellt hat. Zu diesem Zeitpunkt wird nicht nur die Bilanz gezogen mit dem bisherigen Leben, wo alles Private rigoros zurückgedrängt war; bezeichnenderweise beginnen auch alle Frauen, ihre äußere Erscheinung von Grund auf zu verändern.

»Zum erstenmal in ihrer Karriere hatten sie plötzlich mehr Zeit, und sie nutzten diese Zeit auf eine neue Art. Sie ›renovierten‹ sich buchstäblich. Sie erklärten ausnahmslos, sie hätten neue, reizvolle Kleidungsstücke gekauft, und einige gingen in teure Schönheitssalons – und verließen diese mit neuen Frisuren und neuen Make-ups. Sie beschlossen, so auszusehen und zu handeln, wie sie waren – weiblich« (HENNIG/JARDIM 1978, S. 127).

»Als ich beschloß, ein neues Leben anzufangen, begann ich mit einer neuen Garderobe und einer neuen Frisur. Das waren Dinge, und Dinge boten den leichtesten Ausgangspunkt. Aber es zeigte sich schnell, was es bedeutete. Ich starb vor Angst, mit meinem neuen Aussehen ins Büro zu gehen. Die ersten paar Tage wurde ich dauernd angestarrt und sogar verwechselt, und einige Leute . . . machten Witze und pfiffen ironisch. Alle schienen mich auf eine neue Art zu betrachten, und ich betrachtete mich ebenfalls auf eine neue Art, und es gefiel mir, so betrachtet zu werden. Mit der Zeit begann ich auf das neue Aussehen zu reagieren. Ich glaube, ich begriff endlich, daß jene Blicke mir als Frau galten. Ich sehnte mich danach, auf diese Weise von Männern bemerkt und bewundert zu werden. Glauben Sie bitte nicht, ich wüßte nicht, wie egozentrisch das klingt; bedenken Sie, daß ich mich seit fünfzehn Jahren völlig von diesem Bereich des Lebens abgeschnitten hatte. Ich hatte wieder Spaß daran . . . Wenn ich mich jetzt so reden höre, gefällt mir die Person, die ich früher war, nicht mehr so sehr, und es klingt albern – was alles nötig war, um zu entdecken, daß ich ein Mensch mit einem eigenen Leben war und daß dieser Mensch mir gefiel und anderen auch« (ebd., S. 128).

In diesen Interview-Sätzen klingt ganz unmittelbar auch ein Element neuentdeckter Lebensfreude durch. Und eine Seite von Gefühlen und Bedeutungen wird sichtbar, die wir manchmal vergessen: Die Mode und all ihre Rituale, das ist nicht nur Programm und Pflicht, qua Frauenrolle lästig auferlegt. Darin steckt doch immer auch ein anderes, was den Frauen zugestanden, den Männern in unserer Kultur viel stärker verwehrt ist: Umgang mit dem Dekorativen, »Nutzlosen«, mit Ästhetik im weitesten Sinne; Phantasie und Improvisation, auf den Alltag gewendet, ihre eigenen Symbole und Zeichen erfindend; Spaß am Verwandeln, Gestalten und Neu-Entdecken; Tätigkeit, die nicht unmittelbar zweckgebunden ist, spielerisch eher; Spontaneität, Sinnlichkeit, Körpergefühl, eine »naive«, ja durchaus auch narzißtische Freude am Sich-Gefallen und Anderen-Gefallen. Auch das gehört also zum weiblichen Lebenszusammenhang, auch das drückt in Mode sich aus. Der Umgang mit Schönheit ist Zwang, weil Anpassung an vorgegebene Ideale und Standards fordernd; ist Beschränkung und Unterdrückung, weil nur äußere Werte betonend; aber ist zugleich Freiraum gegenüber der Rationalität und Leistungsorientierung, die unsere Kultur einseitig bestimmen.

So gesehen ist es auch mehrdeutig und ambivalent, wenn Frauen vom Schönheitsprogramm sich lösen, um den Berufsanforderungen zu folgen. Sie ordnen sich nicht mehr den künstlichen Idealbildern unter, die von Illustrierten und Kosmetikfirmen aufgebaut werden: Daraus entwickeln die einen bewußt eigene Vorstellungen und Maßstäbe. Aber die anderen? Sie passen sich wiederum an, nur jetzt den Normen, die die Männerwelt der Chefetagen erwartet: strikte Sachlichkeit, direkt leistungsbezogenes Denken und Planen, effektiv und erfolgreich meist, aber nüchtern auch und steril. Was da aufgegeben wird, ist genau die andere Seite der Ambivalenz. Das mag manchen Frauen schmerzhaft bewußt sein, einige werden es nur noch in Augenblicken spüren, einige haben es längst schon verdrängt. *Sie verzichten auf Elemente der spielerischen Ästhetik und lebendigen Phantasie – jene Elemente, die der weibliche Lebenszusammenhang traditionell noch enthält.*

Nehmen wir als nächstes die Hausarbeit im engeren Sinne. Ich habe schon oben gesagt, daß die Delegation der unpersönlichen Routinetätigkeiten für viele, ja wohl die meisten Frauen dieser Gruppe keinen Verzicht darstellt, sondern eher eine willkommene Entlastung. An dieser Einstellung wird in doppelter Weise sichtbar, wie weit diese Frauen sich von den traditionellen Mustern gelöst und neue, unkonventionelle Lebensformen entwickelt haben. Denn sie sind nicht nur fähig und bereit, sich von der Anerkennungsdimension der »guten Hausfrau« zu distanzieren, die im gesellschaftlichen Bewußtsein so eng mit »Frausein« verbunden ist. Sie haben darüber hinaus auch eigene Wertvorstellungen über Nutzen und Ertrag ihrer Berufsarbeit entwickelt. Sie wollen berufstätig sein – aber nicht um des Geldes wegen. Ganz klar und nüchtern sehen sie, vom Einkommen selbst bleibt wenig übrig, weil die Folgekosten ihrer Berufstätigkeit fast genauso hoch sind (höhere Besteuerung, Ausgaben für Haushaltshilfen, Dienstleistungstätigkeiten usw.; HOLMSTROM 1973, S. 97ff.).

»Die meisten berufstätigen Frauen, die ich kenne, brauchen wahrscheinlich den größten Teil ihres Gehalts für diese Ausgaben. Sie arbeiten, weil sie es ernst meinen mit dieser Arbeit. Sie verdienen nichts dabei. Oder sie verdienen ein bißchen, aber meist verdammt wenig. Und ich glaube, die Sache ist völlig klar. Wenn es einer Frau ernst ist ... mit ihrem Interesse, dann ist es genau das, was sie tut« (Interview-Ausschnitt aus HOLMSTROM 1973, S. 98).

Wenn diese Frauen also an der Berufstätigkeit festhalten, wenn sie – und ihre Männer – bereit sind, all die kleinen Unbequemlichkeiten und Reibungsverluste im Alltag hinzunehmen, die (bei der gegenwärtigen Form der Berufsarbeit) bei beruflichem Engagement beider Partner fast unvermeidlich sind, dann ist das ein deutliches Anzeichen dafür, daß sie eine charakteristisch eigene Art der »Rechnung« aufmachen. Wichtiger als Geld ist eine andere, nicht in ökonomischen Kategorien faßbare Form des Ertrags, grob zu umreißen mit Stichworten wie Selbstbestätigung, Anerkennung, Erfahrungsgewinn, Unabhängigkeit, Emanzipation.

»... Es ist wichtig, ziemlich viel zu verdienen, wenn man eine Familie gründen will, denn man braucht Geld, um zuverlässige Haushaltshilfen bezahlen zu können ... Wenn man berufstätig bleiben will, braucht man Geld für ein wirklich gutes Kindermädchen. Als ich meine Karriere anfing, da blieb von meinem Gehalt nichts übrig, es kam gerade so hin mit den notwendigen Ausgaben. Aber wenn man dann die Position des Lektors erreicht, dann bleibt einem auch ein bißchen Geld. Aber ich mache es nicht des Geldes wegen, ich mache es, weil es mir Spaß macht« (Interview-Ausschnitt aus SOMMERKORN 1969, S. 184).

Es ist also nicht die Delegation der unpersönlichen Routinetätigkeiten des Haushalts, die die beruflich engagierten Frauen besonders belastet. Ambivalent aber werden ihre Gefühle an einem anderen Punkt, und da um so stärker: bei der Kinderbetreuung, die (teilweise zumindest) andern Personen übertragen wird. Auf der einen Seite haben diese Frauen sich erstaunlich weit von den gesellschaftlich vorherrschenden Vorstellungen entfernt, in denen »Frausein« und »Mutterschaft« in ganz bestimmtem Sinne unlösbar miteinander verknüpft sind – in eins gesetzt nämlich in der normativen Erwartung, Mutterschaft müsse volles, uneingeschränktes Dasein für das Kind bedeuten, ungeachtet aller äußeren Bedingungen und eigenen Bedürfnisse der Frau. Demgegenüber sind die meisten der hier untersuchten Frauen der Überzeugung, daß sie nie gute Mütter in diesem konventionellen Sinne sein können, jedenfalls nicht, solange damit die Isolation und Abhängigkeit eines privatistisch eingeschränkten Hausfrauendaseins verbunden ist. Sie setzen dem entgegen, daß sie in gewisser Weise bessere Mütter sind, wenn sie das Kind von einer anderen Person betreuen lassen, die im häuslichen Bereich eher Befriedigung findet. Sie betonen, auch für das Kind sei es besser, wenn es zeitweise in anderer Obhut sei, dafür aber eine zufriedene und ausgeglichene Mutter habe. Es ist das ein Argument, das immer wieder auftaucht in Interviews und spontanen Erzählungen – ein wesentliches Grundelement offensichtlich für die gewählte Lebensform, die Beruf und Familie verbindet.

»Ich würde sowieso keine gute Mutter sein. Meinen Kindern geht es viel besser, wenn ich einen Beruf habe und jemand zahle, damit er das tut, was ich selbst längst nicht so gut tun könnte. Es ist bei weitem das Beste für uns alle, wenn die Kinder am Abend mit einer zufriedenen und ausgefüllten Mutter spielen.«

»Ich denke oft darüber nach, ob ich beide Aufgabenbereiche gleichzeitig übernehmen sollte und ob das gerecht den Kindern gegenüber ist. Dann dachte ich, die Alternative ist so: Wenn ich den Beruf aufgebe, werde ich nichts mehr selbst verdienen und die ganze Hausarbeit machen und mieser Laune sein, weil ich das hasse. Das wäre kein bißchen besser für die Kinder, wahrscheinlich viel schlechter. So habe ich den Beruf nicht aufgegeben.«

»Ich glaube, meine Tochter hat nicht unter meiner Berufstätigkeit gelitten. Als Einzelkind wäre sie vielleicht sogar ein bißchen zu sehr verzärtelt und beschützt worden. Ich glaube nicht, daß ich sehr gut mit ihr umgehen kann, das Kindermädchen macht es besser« (Interview-Ausschnitt aus Sommerkorn 1969, S. 183–186).

An diesen Äußerungen wird sichtbar, daß diese Frauen eigene, autonome Vorstellungen von Mutterschaft entwickelt haben. Nicht selten bezeichnen sie sich selbst als »schlechte Mütter« im konventionellen Sinne. Aber gleichzeitig bemühen sie sich sehr darum, eine gute Mutter zu sein nach Maßstäben dessen, was sie selber als wichtig und richtig ansehen. So scheint, auf der

Oberfläche zumindest, das Dilemma recht erfolgreich gelöst. Und dennoch bleibt fast immer ein Grundkonflikt erhalten. Die traditionellen Maßstäbe, so tief im gesellschaftlichen Bewußtsein verwurzelt, vielfach aufgegriffen und verstärkt von den populärwissenschaftlichen Eltern-Ratgebern, können so einfach nicht abgewiesen werden (HOFFMAN 1974b). Dafür sorgen nicht zuletzt auch die Reaktionen der Umwelt, die in vielfältiger Form immer wieder Unverständnis, Mißbilligung, ja Feindseligkeit zeigen.

»Seit ich aus dem Schwangerschaftsurlaub zurück bin, ... höre ich wieder und immer wieder das gleiche. ›Prima geht es‹ – antworte ich –, ›denn ich habe eine tolle Kinderfrau.‹ Schlucken. Ich, munter, provokativ: ›Die wohnt bei uns, die kann es übrigens besser als ich, so viel Geduld würde ich nie aufbringen.‹

Schlucken. Zögernder Einwurf, versteckter Vorwurf: ›Ja aber dann liebt das Kind doch die Kinderfrau?! ... Ja, aber warum haben Sie dann überhaupt ein Kind bekommen? ... Ja aber, in den ersten drei Jahren – das weiß man doch – braucht das Kind aber die Mutter, drei Jahre sollten Sie wenigstens pausieren ... Arbeiten Sie denn wieder genauso wie früher? ... Dann wird das Kind sicher einen Schaden bekommen, ich kenne da so einen Fall ... Aber eigentlich könnten Sie doch zu Hause bleiben, Ihr Mann verdient doch auch? ... Ich versteh' trotzdem nicht, warum Sie ein Kind bekommen haben!‹ ...

Ich versichere, das sind wahre Dialoge, x-mal haben sie stattgefunden« (ULRIKE HOLLER in Emma Nr. 7/1978, S. 41f.).

Aber nicht nur die Reaktionen der Umwelt, auch bestimmte Momente in der Eigenerfahrung der Frauen halten den Zweifel immer wieder lebendig. Es gibt wohl eine Art von »Schlüsselsituationen«, in der einen oder anderen Form an ein Grundbild von »Mutterschaft« rührend, die typischerweise Gefühle von Unbehagen, Eifersucht, Neid aufkommen lassen. So etwa »Spazierengehen mit dem Kind«: Wenn man während der eigenen Dienstzeit andere Mütter sieht, die mit den Kindern unterwegs sind (HOCHSCHILD 1975, S. 72). Oder »das erste Wort«: Wenn man erfährt, das Kind hat heute das erste Wort gesagt, aber nur die Kinderfrau war dabei, die Mutter hat es nicht selbst gehört. All das sind bestimmte Gehalte, kulturell aufs engste mit Muttersein verbunden, als Stereotype von früh an in der weiblichen Normalbiographie verankert, ebenso vertraut wie emotionsbeladen – plötzlich können sie akut werden, aufbrechen, als Verlusterfahrung sich äußern. Daß sie tagsüber nicht mit dem Kind zusammensein können, daß sie nicht jeden Entwicklungssprung des Kindes sofort und als erste sehen –

den Vätern ist es meist selbstverständlich. Aber für die Mütter sind genau das die kritischen Punkte: Da wird noch einmal ihr Abweichen deutlich, ihr Verstoß gegen Frausein und Muttersein im üblichen Sinn. Wahrscheinlich noch schwieriger ist es, wenn beim Kind einmal Krisen auftreten, etwa Krankheit oder Schulprobleme. Unter dem Druck solcher Ereignisse wird das familiale Arrangement plötzlich brüchig, die untergründigen Ängste wieder wach. Die Krise des Kindes – weist sie nicht zurück auf die Berufstätigkeit der Mutter? Die alte Assoziation drängt sich auf, und die Schuldgefühle sind da.

»Mehrfach wird berichtet von Ereignissen im Leben der Kinder, die das Dilemma akut werden lassen. Dies kann geschehen zum Zeitpunkt einer größeren Krise – z. B. dann, wenn das Kind Verhaltensstörungen zeigt oder in der Schule versagt. Häufiger sind es die kleinen Vorkommnisse, die den Zwiespalt verstärken. Die meisten Mütter berichten von den Gefühlen, die in ihnen geweckt werden, wenn sie andere Mütter sehen, die im Park den Kinderwagen schieben, etwa dann, wenn sie selbst im Büro sind. Im allgemeinen werden sie mit diesen Gefühlen relativ leicht fertig . . . Hin und wieder aber wird das Dilemma schärfer fühlbar, z. B. dann, wenn das Kind die Berufstätigkeit der Mutter benutzt, um ihre Schuldgefühle zu reizen« (Interview-Ausschnitt aus Fogarty u. a. 1971 b, S. 354 f.).

Das Auftreten solcher Schlüsselsituationen oder Krisen, damit verbunden Unbehagen und Eifersucht, Neid und ein schlechtes Gewissen – auch das gehört zu den Elementen einer Erfahrungskette, die allen berufstätigen Müttern vertraut ist, die manche bis zur Berufsaufgabe bringt. Nicht so die Frauen, die wir hier untersuchen, die erfolgreich im Beruf stehen. Aber was bleibt neben allem Erfolg: Wie stark sind die Spannung und der Konflikt – die Selbstzweifel, die Unsicherheit, die Schuldgefühle?

»Als ich wieder mit der Berufstätigkeit begann (nachdem ich das Kind bekommen hatte), waren da ein paar Frauen, die mir immer wieder Aussagen (eines bekannten Kinder-Psychiaters) vorhielten . . . Ich hatte einfach genug von diesem Mann. Ich kaufte alle seine Bücher, bevor ich wieder voll arbeitete. Ich bekam wirklich das Gefühl, eine Verbrecherin zu sein . . . Ich kam wirklich zu dem Schluß, er würde die Kinder nehmen, die in Heimen untergebracht sind, und vergleiche sie dann mit denjenigen, die normal in der Obhut der Mutter sind . . . und das schien mir so weit weg zu sein von dem, was ich tun wollte . . . Ich glaube, viele Mütter haben sich an diesem Gedanken festgehalten, um das zu rechtfertigen, was sie tun. Ich ging zu mehreren Freunden, die (Kinder und Beruf) vereinbart haben, deren Kinder meist schon älter sind und die sich zu guteingepaßten, unabhängigen, glücklichen und völlig normalen Kindern entwickelt haben, die auch eine völlig normale Beziehung zu ihren Eltern haben, soweit man das beurteilen kann. Ich war ein wenig unentschlossen« (Interview-Ausschnitt aus FOGARTY u. a. 1971b, S. 353).

Frauen, die weder auf Familie noch auf Beruf verzichten wollen, müssen gegen die immer wieder sich einschleichende Unsicherheit kämpfen. Sie geraten regelmäßig in Situationen, wo sie ihre Entscheidung wieder verteidigen müssen – gegenüber der Umwelt, gegenüber sich selbst. Und manchmal greift wie in einem Teufelskreis alles ineinander, die offene Feindseligkeit der Umwelt, die untergründig wirksamen eigenen Zweifel. Eine Politikerin erlebt es in zahllosen Anrufen und (meist anonymen) Briefen. Die allgemeinen Beschimpfungen, bloß platt Primitives enthaltend, tun längst nicht mehr weh, aber:

»Anders erging es mir schon, als jemand schrieb: ›Ihre Kinder sollte man in die Isar werfen – dann hätten Sie endlich Ihre Strafe.‹ So etwas hat Widerhaken, das kann unter die Haut gehen, und man schüttelt es nicht immer rasch genug ab. ›Mögen sich Ihre Kinder eines Tages an Ihnen rächen und Ihnen heimzahlen, was Sie ihnen angetan haben.‹ – Solche Sätze haben mir eine Gänsehaut gemacht . . . ›Ich wünsche Ihnen, daß Ihre Familie kaputtgeht und Ihre Kinder schlimme Dinge anstellen.‹ . . . ›Hören Sie auf mit Ihrem Ehrgeiz! Da müssen die Kinder doch kriminell werden, und der arme Mann! Der muß doch fremdgehen.‹ . . .

Das Tückische an solchen Anwürfen ist, daß hier etwas artikuliert wird, das viele unterschwellig so oder ähnlich empfinden und von dem auch die Betroffenen wohl nicht immer ganz frei sind. Da wird ein Nerv getroffen, und das verursacht Reaktionen; und die sind spontan und darum nicht immer vernünftig. Warum sonst hätte ich wohl Herzklopfen bekommen, wenn jemand etwas über die ›vernachlässigten Kinder‹ schrieb? Es ist vermutlich der ›Rabenmutterkomplex‹, mit dem sich viele Mütter herumschlagen« (CORNELIA SCHMALZ-JACOBSEN, »Die Zeit«, Nr. 36/1978, S. 38).

Der »Rabenmutterkomplex« – was da an Zweifeln und Ängsten lauert, gehört zu den größten Belastungen der Frauen, die Berufserfolg und Familie zu vereinbaren suchen. Es ist sicher auch ein Ergebnis dieses ständigen Sich-Verteidigen-Müssens, wenn diese Frauen so häufig und entschieden betonen, ihre Berufstätigkeit käme auch dem Kind zugute. Diese Aussage ist bei den meisten wohl Ausdruck einer realistischen Situationseinschätzung. Aber sie ist auch, gerade wegen ihrer auffallenden Häufigkeit, Anzeichen für einen inneren Konflikt, der immer wieder bewältigt werden muß.

»Schuldgefühle darüber empfindend, daß sie nicht genug bei ihren Kindern ist, macht sich die berufstätige Mutter [mit hochqualifizierter Ausbildung] Sorgen darüber, ob sie ihnen nah genug ist oder zu weit entfernt und mit sich selbst beschäftigt. Nicht unberührt von dem entrüsteten Verdammnisurteil, das die Gesellschaft für Mutterentbehrung parat hat, macht sie sich Vorwürfe, ihre Kinder nicht vor alles andere zu setzen oder nicht genug Zeit mit ihnen zu verbringen, von kleinen Kindern gelangweilt zu sein oder zu beschäftigt und mit eigenen Angelegenheiten befaßt. Mehr als an irgendeinem anderen Punkt ihres Lebens, scheint sie verletzlich für Selbstzweifel und Beschuldigungen, was ihre Beziehung zu den Kindern betrifft. Die Verbindung von Mutterschaft und Karriere schafft sicherlich, wie eine verheiratete Frau in hochqualifizierter Position es ausdrückt, ›die Basis für Selbstzweifel, wenn irgend etwas zu Hause schiefgeht‹« (Birnbaum 1975, S. 413).

Aber wir müssen auch die andere Seite sehen. Wo es um die Beziehung zu den Kindern geht, sind zwar die inneren Belastungen der beruflich engagierten Frauen sicher nicht gering. Aber sie sind vielleicht immer noch geringer als die Probleme derjenigen Frauen, die ebenfalls eine hochqualifizierte Ausbildung erworben haben, dann aber um der Kinder willen auf den Beruf verzichtet haben. Denn wie eine amerikanische Untersuchung zeigt, werden nach den ersten Jahren der Kindererziehung nicht nur die Gefühle der Isolation und mangelnden persönlichen Herausforderung spürbarer und drängender. Im Laufe der Jahre verlieren diese Familienfrauen mit hochqualifizierter Ausbildung auch deutlich an Selbstbewußtsein, in ihrer Selbsteinschätzung schieben sich Gefühle von Unfähigkeit und Minderwertigkeit mehr in den Vordergrund. Anzeichen von Enttäuschung werden sichtbar (Birnbaum 1975). Und wie wird es sein, wenn die Kinder ganz erwachsen sind – wenn die Mutter nicht mehr gebraucht wird?

Welchen Weg also die Frauen auch wählen, die eine fundierte Ausbildung haben, aber deswegen nicht auf Familie verzichten wollen – ob dann Berufsaufgabe kommt oder »Doppelrolle«, nie werden sie ganz frei sein von fundamentalen Unsicherheiten und Selbstzweifeln. Und diese Elemente gehen ein in die Biographie der Frauen, zeichnen typische Muster und Verlaufsformen vor. Wie einschneidend das ist, das sehen wir erst, wenn wir mit der Situation der Männer vergleichen: Die Männer sind es, denen diese inneren Spannungen weitgehend erspart bleiben. Denn die gesellschaftlichen Erwartungen bestimmen den Mann zum Haupternährer. Das enthebt vom Gewissenskonflikt, zwischen Beruf und Kindern entscheiden zu müssen. Das gilt zumindest für die mittlere und ältere Generation. Anders kann es schon sein bei den jüngeren Männern, von denen viele gegen die enge Festlegung auf Beruf sich wehren. Da gibt es zum ersten Mal auch so etwas wie einen »Rabenvaterkomplex« – und der wird um so stärker geschürt, je mehr sie nicht bloß Konsumenten im Familienalltag sein wollen, sondern aktiv daran teilhaben. Für sie ist dann auch die Berufsbindung nicht mehr einfach durch soziale Normen entlastet, ist nicht mehr so selbstverständlich, eindeutig, unbestritten.

Aber die unterschiedliche Belastung von Männern und Frauen zeigt sich immerhin noch in den heute schon älteren Familien der vorliegenden Untersuchungen. Auch da haben die Männer meist Verständnis für die Berufsambitionen der Frau, ja, unterstützen sie durchaus. Doch wann immer es zu Krisensituationen im Bereich der privaten Alltagsarbeit kommt – wenn Haushälterin oder Kindermädchen ausfällt, wenn das Kind krank wird oder Verhaltensstörungen zeigt, wenn irgendwie das Gefühl aufkommt, daß neben der Berufstätigkeit der Eltern das Kind zu kurz kommt –, regelmäßig ist es die Frau, die die entsprechenden Konsequenzen zieht und die Berufstätigkeit einschränkt oder gar zeitweilig unterbricht. Diese Tendenz wird in zahlreichen Untersuchungen sichtbar.

»Wir haben eine wirklich wunderbare, gleichberechtigte Ehe. Mein Mann arbeitet kräftig mit: Wir machen beide das Essen, wir machen beide den Abwasch – und er ist fabelhaft mit den Kindern. Aber wo es um Berufsangelegenheiten geht, hat seine Arbeit immer Vorrang vor meiner. Wenn z. B. der Babysitter anruft und krank ist, wer sagt Verabredungen ab und bleibt zu Hause bei den Kindern? Ich, nicht mein Mann« (Interview-Ausschnitt aus Fabe/Wikler 1979, S. 53).

»Meine Tochter kommt vor allem anderen. Wenn es nötig wäre, würde ich meine Universitätslaufbahn aufgeben, denn ich glaube, das Kind soll nicht der Leidtragende sein« (Interview-Ausschnitt aus Sommerkorn 1969, S. 183).

»Wie anfällig die Position vor allem der Frau ist, wenn mit den Haushaltshilfen irgend etwas schiefgeht, kommt in der Aussage von Frau Y zum Ausdruck. Sie sagte, selbst dann wenn sie bei einer Arbeit oder auf Reisen seien, ›gibt es irgendwo in meinem Kopf eine kleine Ecke, die an die Betreuung der Kinder denkt und sich darum sorgt‹. Im Gegensatz dazu reserviert Herr Y die entsprechenden ›kleinen Ecken‹ im Hinterkopf für die Zukunftsplanung ihrer Arbeit und der Familienfinanzen« (Fogarty u. a. 1971 b, S. 384).

»Die meisten der verheirateten Frauen mit Kindern stellten dar, ihre Entscheidung, Beruf und Mutterschaft zu verbinden, sei in Wirklichkeit eine Serie von jeweiligen Ad-hoc-Entscheidungen, dem Grundprinzip folgend: ›Abwarten und sehen, wie sich alles entwickelt.‹ Eine der Befragten sprach für andere, als sie schrieb: ›Ich habe immer gesagt und gemeint, wenn es in Zusammenhang mit den Kindern (bei physischen und psychischen Problemen) einmal wichtig würde, daß ich aufhöre, dann kommen die Kinder an erster Stelle. Aber ich habe mir nie groß den Kopf darüber zerbrochen, und bis jetzt ist alles gut gelaufen‹« (Fogarty u. a. 1971a, S. 284).

Die Kinder sollen in keinem Fall die Leidtragenden sein, eher ist die Frau zu Verzichtleistungen bereit – das ist das Grundmuster, das die Situation der meisten Familien kennzeichnet. Das heißt, die Frau ist immer nur auf Abruf aus der familialen Verantwortung entlassen. Sie kann zwar versuchen, einen Teil der Kinderbetreuung und vor allem auch der Hausarbeit zu delegieren. Aber sobald die Delegation nicht klappt, aus welchen Gründen auch immer, dann fallen die entsprechenden Aufgaben wieder ihr zu. Der Mann dagegen bleibt (zumindest noch in der mittleren und älteren Generation) weitgehend unberührt von den Wechselfällen im Haus, vom Kommen und Gehen der verschiedenen Hilfen. Die alte Form der innerfamilialen Arbeitsteilung kann immer wieder aufleben: Sie ist eher nur zeitweise suspendiert, nicht grundsätzlich aufgehoben. Wenn das aber das Grundmuster ist, dann müssen sich daraus einschneidende Konsequenzen für die Berufsbiographie der betroffenen Frauen ergeben: *Berufsarbeit ist immer nur so lange möglich, »wie alles gut geht«*, ist damit abhängig von glücklichen Umständen, Zufällen, von äußeren Bedingungen, die der Verfügung der Frau weitgehend entzogen sind. Ihr Aktionsradius, ihre Entscheidungsmöglichkeiten sind entsprechend beschränkt, beschränkt vor allem im Vergleich zu den Männern. Denn die Männer können langfristig planen und eine Karriere aufbauen. Den Frauen dagegen bleibt »eine Serie von Ad-hoc-Entscheidungen« – eine *Karriere auf Abruf.* Das eigentlich Erstaunliche ist, daß es überhaupt Frauen mit Kindern gibt, die unter solchen Umständen Karriere machen können. Es ist noch einmal ein Anzeichen dafür, wieviel Energie, Organisationstalent, physisches und psychisches Durchhaltevermögen diese Frauen besitzen. Und es ist ein Anzeichen dafür, warum diese Frauen, die Beruf und Familie erfolgreich verbinden, eine Ausnahmegruppe darstellen: Sie sind diejenigen, die nicht zuletzt auch Glück gehabt haben im komplizierten Geflecht von Delegation und Verantwortung. Aber wo sind die Frauen, und wie viele sind es, bei denen die Delegationsversuche sich als nicht praktikabel erwiesen, die äußeren Bedingungen dagegenstanden? Diese Frauen sind »draußen«: nicht mehr im Beruf; eine Gruppe, die per definitionem nicht mehr auftaucht in den Untersuchungen über beruflich erfolgreiche Frauen.

Aber kann man überhaupt so einfach und ohne Einschränkungen sagen, es sind die Karrierefrauen, die Glück gehabt haben? Was sie eindeutig für sich haben, ist das magische Glanzetikett, die Faszination des »Erfolgs«. Aber, wieder die alte Frage, was sind die Hintergründe, vielleicht auch die Kosten dieses Erfolgs? Schauen wir am Ende dieses Abschnitts noch einmal zurück. Klar geworden ist, die Karrierefrauen sind tüchtig, auch im privaten Bereich. Rationalisieren, organisieren, delegieren – so bewältigen sie die Alltagsarbeit. Das freilich klingt ein wenig auch nach den Verhaltensprinzipien auf der Chefetage. Und alles muß funktionieren, möglichst glatt und schnell, weil sonst der bis ins letzte durchkalkulierte Tagesplan zusammenbricht. Doch gibt es auch noch so etwas wie Geduld und Gelassenheit, Augenblicke der Entspannung und des einfach einmal Nichtstuns, »Zeithaben« für sich und andere?

Interviewerin: Wieviel Zeit bleibt Ihnen denn so abends und am Wochende noch für sich?

»Für mich persönlich kenne ich eigentlich schon fast gar nichts mehr . . . Ja, wenn ich das jetzt sage, dann sagen Sie, ist wieder nichts für mich. Ich nähe noch selber, ich stopfe noch und wissen Sie, lesen tu ich nur noch im Urlaub« (Interview-Ausschnitt aus Bock-Rosenthal u. a. 1978, S. 41).

Hier wird schon sichtbar, wie die Anforderungen des Berufserfolgs in den Rhythmus des außerberuflichen Lebens eingreifen. Alles wird gedrängter, schneller. *Kaum gibt es Zeit für »Unnützes«, was nicht gleich wieder notwendige Arbeit ist.* Daß bestimmte Tätigkeiten im Haus auch einfach Spaß machen können um ihrer selbst willen, eben wenn man Zeit und »Muße« hat, Spontaneität und Phantasie darauf verwenden kann – daran ist hier nicht mehr zu denken. Hausarbeit wird reduziert auf ein »Muß«. Aber hat sie nicht auch andere Seiten? Was auch dazu gehört – genauer: was auch dazu gehören könnte, wenn sie nicht unter Zeitdruck geschieht –, das ist die unmittelbare Bestätigung, die im ganzheitlichen, konkret-praktischen Umgehen mit einem Gegenstand liegt. Der weibliche Zusammenhang in seiner traditionellen Definition enthält nicht nur Beschränkungen, sondern *auch* Momente von Freiraum: Auch sie fallen weg.

Insgesamt deutet sich an, wie im Lebensrhythmus der Familien mit »doppelter Karriere« die private Alltagsarbeit nicht unberührt bleibt. Sie verändert sich unter der Hand, nicht nur quantitativ, sondern auch qualitativ: *wird ein Stück weit den Prinzipien beruflicher Arbeit angeglichen.* Manche Gewohnheit wird abgelegt, die im Normal-Haushalt oft betrieben wird (die Tyrannei des Putztriebs, der Wettbewerb um die weißeste Wäsche), was nicht so sehr dem Wohl der Familie dient, mehr ein Ritual ist, um die Eintönigkeit und Isolation des Hausfrauendaseins zu durchbrechen und den täglich wiederkehrenden Handgriffen Bedeutung zu verleihen. Aber ist es nur das derart Unnötige, was aufgegeben wird? Und was genau ist »unnötig«? Ich meine, es lassen sich Tendenzen erkennen, wo die Veränderung der Alltagsarbeit durchaus *ambivalenter* wird:

Alle direkt personenbezogene Arbeit, alles Umgehen mit unmittelbaren physischen und psychischen Bedürfnissen ist wesentlich davon bestimmt, daß die zeitliche Abfolge naturgebundener Ereignisse, die Wiederkehr körperbezogener Bedürfnisse (wie Hunger, Krankheit) nicht beliebig manipulierbar ist; der Arbeitende ist vielmehr gezwungen, sich dem Rhythmus der Ereignisse weitgehend anzupassen (Ostner 1978). Das heißt, er/sie muß Zeit und Geduld haben und warten können, muß »wachsen« lassen und Zwischenräume im Zeitablauf lassen. Dagegen aber steht, daß die Karriere ständige, genaue, immer aktive Terminplanung fordert. *Naturgebundene Zeit versus Zeitökonomie* – die Grundprinzipien stehen gegeneinander. Delegation kann den Konflikt immer nur mildern, nie wirklich aufheben. Denn an Fremde delegieren lassen sich am ehesten eben die *un*persönlichen Arbeiten, die Routine-Tätigkeiten von Waschen-Putzen-Flicken, viel weniger dagegen die direkt personenbezogene Arbeit, etwa Einfühlung in emotionale Bedürfnisse. Wie also läßt sich vermeiden, daß die Zeitökonomie, die die berufliche Arbeit bestimmt, zwangsweise auch durchschlägt auf den privaten Bereich? Kurz, wie weit ist personenbezogene Arbeit unter diesen Umständen noch möglich?

Ein Lösungsmuster liegt darin, die personenbezogene Arbeit schon vorgängig zu reduzieren, sie möglichst gar nicht erst auftauchen zu lassen. Und genau das ist die Entwicklungsrichtung, die wir beobachten. An die Stelle vielfältiger Sozialbezüge tritt ein Lebensstil, der *individualisierter und isolierter* ist, beschränkt jetzt auf den engen Kreis der Kernfamilie. Verwandtschafts- und Freundschaftsbeziehungen treten zurück; ein Zusammenleben mit der älteren Generation findet nicht statt; Kinder werden aufgeschoben oder gar nicht geboren. Hinter diesen verschiedenen Trends stehen sicher in vielem verschiedene Ursachen. Aber *ein* Gemeinsames haben sie auch, sie schützen vor »Anforderungen« und »Pflichten«, vor möglicher Beanspruchung durch andere.

»Daß ich alleinstehend bin, erleichtert mir vieles. Ich muß abends nicht nach Hause hetzen und für eine Familie sorgen. In meinem Beruf muß ich viel reisen. Ich kann wegfahren, ohne nur im geringsten überlegen zu müssen, ohne mir um jemand Sorgen zu machen . . . Ich stehe morgens auf und freue mich auf die Arbeit. Und abends kann ich nach Hause kommen und brauche nur an mich selber zu denken« (Interview-Ausschnitt aus WILLIAMS 1978, S. 184).

»An niemanden denken müssen« – ist das nur ein Vorteil? Die Alleinstehende ist sicher der Extremfall der Individualisierung. Aber auch bei den anderen Frauen finden wir eine ähnliche Tendenz: Der Kreis der zwischenmenschlichen Beziehungen wird sozusagen auf das Nötigste beschränkt. Meist bleiben Bedürfnisse nach Nähe, Wärme, Zuwendung und Bestätigung erhalten. Deshalb bleibt meist auch ein Kern von Beziehungen erhalten: Ehe oder eine enge Beziehung anderer Art, vielleicht auch Kleinfamilie mit ein oder zwei Kindern. Aber was in früheren Generationen, anderen Kulturen so typisch meist Sache der Frauen war – die Verankerung in der größeren Familie, die Betätigung in der Gemeinde, das Netz von Freundschafts- und Nachbarschaftsbeziehungen –, was die Frauen vor allem pflegten und aufrechterhielten, woraus sie ein Gefühl der Zusammengehörigkeit bezogen, ja Gemeinsamkeit und Solidarität erfuhren (siehe z. B. SMITH-ROSENBERG 1975), das alles ist nicht mehr präsent. Aufgegeben ist, was einst fast ein Grundpfeiler im traditionell weiblichen Lebenszusammenhang war, das Dasein für andere und mit anderen. Es ist sozusagen wegrationalisiert worden unter dem Druck der neuen Karrierepflichten, im Tagesplan des Organisierens und Delegierens.

»Was ist uns abhanden gekommen, und was haben wir uns dafür eingehandelt?« (RADZIWIL 1979).

4.6. *Strategien der Bewältigung von Berufsarbeit: Flexible Berufsposition, Anpassung an Männerstandards oder Karriere mit begrenzten Ambitionen*

Bisher habe ich skizziert, wie Frauen, die Karriere machen, umgehen mit den täglich anfallenden Aufgaben im Privatbereich. Aber mindestens ebenso spannend ist doch, wie sie die andere Seite handhaben: Wie können sie sich in der Berufswelt erfolgreich behaupten – sie als Frauen, die in bestimmtem Sinne immer schon abweichen, weil die beruflichen Anforderungen stillschweigend zugeschnitten sind auf die männliche Normalbiographie? Haben sie auch im Berufsalltag charakteristisch eigene Lösungsmuster und Strategien entwickelt? Oder sind sie nur tüchtiger, leistungsfähiger, besser noch als Männer, um anerkannt und befördert zu werden; also voll eingepaßt in die von Männern gesetzten Normen, nachahmend und manchmal noch das übertreffend, was erfolgreiche Männer schon immer praktizieren?

Aber wie groß ist überhaupt der Spielraum für individuelle Entscheidungen, der den Frauen offensteht? Ich glaube, er ist im beruflichen Bereich enger als im privaten. Denn im Privatleben müssen sie nur bestimmte Vorgaben einhalten, die, von der Berufsarbeit gesetzt, ins Privatleben hineinreichen; aber welche Lebensformen und Lösungsmuster sie wählen (ob Verzicht auf Kinder, Einstellung einer Haushälterin, Arbeitsteilung mit dem Ehemann usw.), das steht ihnen frei, solange sie nur im Rahmen der Vorgaben bleiben. In der Berufsarbeit dagegen sind die Frauen mit bestimmten Anforderungen unmittelbar, direkt und unausweichlich konfrontiert. Und dies gilt gerade auch im Bereich der oberen und obersten Positionen, die nicht durch äußere Vorgaben und Kontrollen bestimmt sind (Akkordnormen, Stechuhr usw.), sondern über erhebliche Autonomie verfügen. Sicher, der Berufstätige kann hier selbständig Entscheidungen fällen, Weisungen geben, Prioritäten festlegen. Aber nicht – ja noch weniger als sonst – steht das allgemeine Grundmuster der Berufsarbeit zur Disposition. Was im unteren und mittleren Hierarchiebereich eher noch als Tendenz zu beobachten ist – hier erst erreicht es seine volle Schärfe, rigide und unverrückbar: Berufsarbeit als »voll beanspruchendes, strenges, vorgezeichnetes Lebensmuster« (SLATER), als »alles verschlingende Aktivität« (HOLMSTROM).

Gerade deshalb ist es für Frauen besonders wichtig, eine

Position zu finden, die bei aller Beanspruchung zumindest doch *weitgehende Flexibilität* erlaubt, also freie Arbeitseinteilung, selbständige Bestimmung der Arbeitszeit und oft auch des Arbeitsplatzes. Nur so können beruflicher Terminkalender einerseits, private Erfordernisse andererseits einigermaßen aufeinander abgestimmt werden (wenn schon jene Ehefrau im Hintergrund fehlt, die die Alltagserfordernisse ganz aus dem Weg räumt). Geradezu entscheidend ist die Flexibilitätsvoraussetzung für diejenigen Frauen, die Mann und Kinder haben. Denn sie können ihr Leben nicht einfach stromlinienförmig durchorganisieren, sondern müssen Rücksicht nehmen auf andere Personen und deren Bedürfnisse, müssen spontan auch reagieren auf die Krisen und diversen »Zwischenfälle« des Lebens, die plötzlich einmal einbrechen können (Kinderkrankheiten, Schulversagen, Pupertätsprobleme usw.). Tatsächlich finden wir bei den Familien mit »doppelter Karriere« auch besonders häufig Frauen, deren Position durch hohe Flexibilität gekennzeichnet ist (HOLMSTROM 1973). Zwei Gruppen sind vor allem typisch: zum einen die Selbständigen in eigener Praxis (BOCK-ROSENTHAL u. a. 1978); und zum anderen Universitätsangehörige, die sich den traditionellen Freiraum des akademischen Bereichs zunutze machen können (SOMMERKORN 1969).

»Flexibilität ist der Schlüssel, um Kind und Karriere zu verbinden« (Interview-Ausschnitt aus FABE/WIKLER 1979, S. 77).
»Die Universität ist eine wunderbare Stellung für eine verheiratete Frau, denn wenn man nicht gerade Vorlesung hat, dann ist es nicht schwer, die Arbeit mit nach Hause zu nehmen, wenn zu Hause irgendeine Krise auftaucht. Ich könnte das nie machen, wenn ich in der freien Wirtschaft arbeiten würde. Diese Freizügigkeit in der Arbeitszeit ist enorm wichtig« (Interview-Ausschnitt aus SOMMERKORN 1969, S. 198).

(Interviewerin: Sie haben Ihr erstes Kind bekommen, als Sie sich selbständig gemacht haben. Wie haben Sie das dann so organisiert?) »Also da kann ich nur sagen, unser Sohn, der hat mit der Muttermilch die Architektur aufgenommen. Wir haben ja immer das Büro im Hause gehabt ... Es ist also oft genug passiert, daß mein Mann weg war und ich den Telefondienst übernehmen mußte. Wenn ich also gerade dabei war, das Kind zu baden, und das Telefon klingelte, dann wurde der Sohn ins Bett gepackt, zugedeckt, und ich ran ans Telefon. Aber auf der anderen Seite muß ich sagen, sind auch die Kinder nie zu kurz gekommen ... Und das ist eben ein ganz enormer Vorteil. Sehen Sie mal, wenn die aus Schule kommen, oder wenn die plötzlich um 10 Uhr vor der Tür standen, ja, ich war da, ich konnte aufmachen, ich konnte drei Fragen stellen, die waren beruhigt, und so ist es jetzt auch nachmittags: Wenn irgend etwas ist, ich bin ja immer da. Das ist etwas ganz anderes, als wenn ich denen einen Schlüssel in die Hand geben würde und ihnen das Essen hinstellen würde . . . Und das ist der Vorteil, wenn Sie das Büro im Hause haben« (Interview-Ausschnitt aus Bock-Rosenthal u. a. 1978, S. 27).

Als mein erstes Kind geboren wurde, »hatte ich ein Stipendium und lehrte nur wenig in dem ersten Jahr nach seiner Geburt. Und Steven [der Mann] hatte ein Zweitstudium begonnen, war in der Jura-Ausbildung und lernte zu Hause. Wir haben dann den acht Monate alten Jeffery in seinem Stühlchen zwischen uns auf den Schreibtisch gestellt, und er schlief ein mit dem Summen meiner Schreibmaschine. Auch wenn einer von uns telefonierte, schauten wir dabei Jeffery an, und er fühlte sich sehr beachtet und zufrieden. Die Synthese von Arbeit und Kindaufziehen hätte nicht idealer sein können« (Interview-Ausschnitt aus Fabe/Wikler 1979, S. 98).

Flexibilität der beruflichen Position und größere Karrieremöglichkeiten für Frauen – der Zusammenhang ist ebenso einleuchtend wie empirisch belegt. Wie aber kommt dieser Zusammenhang zustande: Entscheiden sich Frauen, die eine Karriere anstreben, vorgängig und bewußt für Positionen mit flexibler Gestaltung; oder haben Frauen, die aus welchen Gründen auch immer in solche Positionen gelangen, am Ende die größeren Karrierechancen? Sicher gibt es auch Frauen, die von vornherein der Flexibilität der Berufsposition größte Bedeutung beimessen, also die entsprechende Wahl zielstrebig als Strategie einsetzen, um als Frau sich behaupten zu können (Bock-Rosenthal u. a. 1978, S. 23, oben S. 218 zitiert). Aber typischer ist vielleicht doch der umgekehrte Fall, der freilich in den Untersuchungsberichten über »Karriere-Frauen« dann kaum noch verzeichnet ist: All diejenigen Frauen, die weniger Voraussicht, weniger Glück haben und in eine relativ rigid und eng definierte Position kommen – die stehen unter erheblich stärkerer Belastung, und viele von ihnen scheiden früh aus dem Karrierewettlauf aus.

Wo nämlich die Flexibilität nicht wenigstens manches erleichtert, da schlagen die beruflichen Anforderungen voll durch. Diese Anforderungen sind von Berufsfeld zu Berufsfeld verschieden – z. B. Reisen, Kongreßbesuche, Vorträge, Veröffentlichungen; unregelmäßige Arbeitszeit, häufige Abwesenheit vom Wohnort, aktive Mitgliedschaft in berufsständischen Organisationen; Teilnahme an Fortbildungsseminaren, Sprachkursen, Lehrgängen für Spezialgebiete – und doch in einem ganz ähnlich. Es sind genau die Anforderungen, um den Weg nach oben zu schaffen; eine Vielzahl von Pflichten, manchmal offiziell festgelegt, sonst dringend erwünscht und selbstverständlich erwartet. Es sind die vielen kleinen Mosaiksteine, aus denen zusammenkommt, was am Ende »Karriere« heißt.

Solche Anforderungen und Zwänge sind allen vorgegeben, Männern wie Frauen. Frauen, die Karriere machen wollen, *können sich den geltenden Spielregeln nicht entziehen.* Sonst kommen sie nicht in Erfolgspositionen, oder sie sind in kürzester Zeit wieder draußen. Das heißt zunächst einmal: Diejenigen Frauen, die sich wirklich ganz oben in den Spitzenpositionen befinden, die haben sich eingefügt – zumindest ein gutes Stück weit – in die berufstypisch geforderten Verhaltensnormen und Pflichten. Das muß nicht immer so weit gehen wie bei den von HENNIG/JARDIM (1978) untersuchten Managerinnen, aber an ihnen wird es besonders deutlich: Sie haben tatsächlich den Weg bis zur Spitze geschafft. Aber sie haben dafür auch ihren Preis bezahlt. Viele Jahre lang gab es für sie nichts anderes als Firma und Arbeit, Leistung und Anerkennung. Während dieser ganzen Zeit haben sie ihr Privatleben nicht nur eingeschränkt – sie haben praktisch keines geführt. Und das ist mehr als nur ein Eingehen auf die Vielfalt äußerer Verpflichtungen. Es ist eine Anpassung an die ungeschriebenen Gesetze und Machtrituale der Männerwelt – jetzt bis ins Innere hineinreichend, die Person selbst berührend, nicht mehr bloß auf ihre »Berufsseite« beschränkt.

»Wenn man Mitte dreißig geworden ist, immer berufstätig war, noch dazu in einem Beruf wie dem meinen [Journalismus], dann hat man sich abgewöhnt, Gefühle allzu hochkommen zu lassen. Man wehrt Gefühle eigentlich sowieso eher ab, zeigt sie zumindest nicht, denn sonst könnte man nicht existieren. Ich habe gelernt, zu analysieren, intellektuell zu erfassen, auch Gefühle, ich kann es mir aber normalerweise nicht erlauben, spontan aus dem Gefühl heraus zu reagieren (ULRIKE HOLLER in »Emma«, Nr. 7/1978, S. 41).

Was hier eher leise und schleichend einsetzt, wird bei anderen Frauen und in anderen Berufsfeldern zur bewußten Strategie. Da geht es um nicht weniger als das, *die Tatsache des Frauseins möglichst unauffällig, ja besser noch: unsichtbar zu machen.* Um allen Anlaß für »Anstoß« zu nehmen, wird eine Fassade präsentiert, die praktisch unangreifbar macht – nämlich in allem Verhalten, in allen Regungen *nur ja nicht anders als ein Mann zu erscheinen, immer sachlich und nüchtern, immer kühl und beherrscht.*

»Ich habe immer versucht, die Situation, gleichgültig ob sie angenehm oder unangenehm war, mit Humor zu überspielen ... Ich habe immer so getan, als hätte ich nie die Befürchtung, als Frau angegangen zu werden ... Man darf weibliche Kapriolen nie zum Zuge kommen lassen. Man muß sich alles, was so als liebenswert belächelt wird bei den Damen oder auch karikiert wird: Unpünktlichkeit, Undiszipliniertheit, Unzuverlässigkeit, das muß man sich alles schenken ... Man darf nie so ins Weinerliche umschlagen, selbst wenn man sich ärgert. Sie können ruhig laut werden, aber nicht mit Tränen im Hintergrund ... Die Männer haben manchmal die Befürchtung, daß Frauen nicht so viel einstecken können, daß sie sich nach den tradierten weiblichen Verhaltensformen verhalten. Daß sie z. B. in Tränen ausbrechen« (Interview-Ausschnitt aus Bock-Rosenthal u. a. 1978, S. 53f.).

»Ich kam zu dem Schluß, ich müsse versuchen, das Mann-Frau-Problem zu übersehen und mich darauf zu konzentrieren, meine Abteilung zu einer Ausbildungsstätte zu machen, von der sich bald herumspreche, daß sie der Ort sei, wo Männer gut arbeiten, gut lernen und gut vorankommen könnten ... Es funktionierte sehr gut, und ich beschäftigte mich nie offen mit dem Mann-Frau-Problem, sondern versuchte, es im voraus zu kompensieren« (Interview-Ausschnitt aus Hennig/Jardim 1978, S. 118).

»Bei den meisten Männern ... wandte ich die Taktik an, als Frau unbemerkt zu bleiben und als erfahrene Spezialistin in den Vordergrund zu treten. Das war sehr schwer, und wenn ich mit diesen Burschen arbeiten mußte, versuchte ich, genauso zu sein wie sie – einer von den Jungs. Es kam sehr darauf an, nichts zu tun, was die Beschuldigung rechtfertigen könnte, man handelte wie eine Frau ... Man durfte nicht vergessen, dann und wann zu fluchen, ein paar schmutzige Witze parat zu haben und niemals zu weinen, wenn man angegriffen wurde. Man wehrte alle Versuche der Männer ab, einen als Frau zu behandeln; man öffnete die Tür, ehe sie sie aufhalten konnten, setzte sich hin, bevor einem ein Stuhl hingerückt wurde, und warf sich den Mantel über, ehe sie einem hineinhalfen« (Interview-Ausschnitt aus ebd., S. 119).

»Was Emotionen betraf, war ich davon überzeugt, nichts würde einen Mann mehr abstoßen als eine emotionale Frau, und ich zwang mich, so rational und logisch wie möglich zu sein, sobald ich es mit Männern zu tun hatte. Ich kämpfte oft gegen meine eigenen Emotionen an, aber nie so, daß andere es bemerkten« (Interview-Ausschnitt aus ebd., S. 123).

Da wird möglichst abgelegt, möglichst verdrängt, was irgendwie an Frausein erinnert. Da ist nichts mehr zu finden von dem, was den traditionell weiblichen Lebenszusammenhang ausmacht – die konkret personenbezogene Arbeit, gerichtet auf die Befriedigung unmittelbarer und elementarer Bedürfnisse. Da ist nichts mehr von jenem weiblichen Arbeitsvermögen, in dem Momente von Spontaneität und Sensibilität, Fürsorglichkeit und Einfühlungsvermögen, freilich auch von Schwäche und

Abhängigkeit vorrangig sind (Beck-Gernsheim/Ostner 1978). Statt dessen die völlige Umkehrung: Gefühle unterdrücken, Stimmungen verbergen, immer die Lage beherrschen, keinen Anflug von Angst und Unsicherheit zeigen; alles zurückdrängen, was weich ist und offen und nicht klar kontrollierbar. Es ist, aufs knappste verdichtet, das Idealbild der Männerrolle (vielleicht ihre Schreckensvision auch), was uns gegenübertritt – jetzt aber als Selbstbeschreibung von Frauen; der Frauen, die den Weg nach oben tatsächlich geschafft haben. Ist das also das Rezept für Karriere – und wie hoch ist sein Preis?

Aber lassen wir keine Mißverständnisse aufkommen, keine Idealisierungen der einen oder anderen Art. Wer wird schon bedauern, wenn Frauen sich entfernen von manchem, was oben »weibliche Kapriolen« genannt wurde, Unpünktlichkeit, Unzuverlässigkeit und ähnliches (gesetzt den Fall, das wären wirklich »typisch weibliche« Verhaltensmuster). Wir können auch anerkennen, daß – in *bestimmten* Zusammenhängen und auf *bestimmte* Situationen bezogen – Sachlichkeit, Nüchternheit, Emotionslosigkeit durchaus Tugenden sein können. Das alles ist eindeutig, wohl unbestritten. Aber in jenen Beschreibungen gibt es viele andere Momente, die nicht mehr so eindeutig sind: »genausoviel einstecken wie ein Mann« – also jede Schwäche und Unsicherheit verbergen, auch wenn man noch so getroffen ist; »bloß keine Tränen«, unter gar keinen Umständen – nichts zeigen, was die Verletzlichkeit offenbar machen könnte, keine Gefühlsregung aufkommen lassen; wie eine Frau zu handeln, das wird gleichgesetzt mit »Beschuldigung«, ungeachtet aller genaueren Inhalte, und dagegen, so scheint es, muß man sich absetzen mit allen Mitteln. Da schlägt »Sachlichkeit« plötzlich um, zeigt plötzlich ein anderes Gesicht: als allgemeine Strategie, die nicht mehr nach Umständen unterscheidet, nach Angemessenheit fragt, die alle Rücksichten vergißt, um der Effizienz und der Durchsetzung willen. Welchen Stellenwert haben solche Strategien – außer dem, in einer Männer- und Machtwelt sich selbst zu behaupten? Und was sind die Ergebnisse dieser Arbeit – wenn ihre Prämissen so einseitig definiert sind?

So gesehen bekommt der »Erfolg« der erfolgreichen Frauen plötzlich ein ambivalentes Gesicht, wird zwiespältig, ja fragwürdig auch. Das »Räderwerk der Männerkarriere« (Hochschild) hat Spuren, hat Verhärtungen hinterlassen, bis in die Persönlichkeit hinein. Da drängt sich dann auch die Frage auf, welche Art von *Entscheidungen* am Ende wohl zu erwarten sind von den Frauen, die diese Sozialisation auf »Männer«-werte durchlaufen haben, über viele Jahre hinweg. Nicht mehr nur um die Strategien und Leitlinien ihrer persönlichen Selbstdarstellung geht es, eng auf den beruflichen Kontext beschränkt – vielmehr auf allgemeinerer Ebene auch um die *Maßstäbe und Prioritäten, die ihr Handeln anleiten,* um die politischen Orientierungen, denen sie folgen:

»Werden diese Frauen zu angepaßten Mitgliedern der jeweiligen Eliten, in die sie sich problemlos integrieren? Oder kann man erwarten, daß sie zu einem Wandel traditioneller Orientierungen beitragen in Richtung auf ein weniger konkurrenzorientiertes, weniger autoritäres, weniger an Hierarchien orientiertes – mit einem Wort weniger ›männliches‹ Verhalten und Denken? . . . Können die Frauen, die es ›geschafft haben‹, von anderen Frauen als potentielle Verbündete im Kampf um soziale Reformen im allgemeinen und Chancengleichheit im besonderen betrachtet werden?« (STREECK u. a. 1977, S. 399).

Nach der Studie von STREECK u. a. haben die Karriere-Frauen auch an diesem Punkt sich den geltenden Normen angepaßt oder vielleicht auch gerade deswegen Karriere gemacht, weil sie von vornherein diese Normen vertraten. Aber egal ob Anpassung oder Auslese stattgefunden hat, am Ende läuft es auf dasselbe Ergebnis heraus: »Männliche« Wertvorstellungen von Erfolg und Wettbewerb verteidigen erfolgreiche Frauen ebenso wie erfolgreiche Männer, und das dürfte auch die Maßstäbe ihres Handelns bestimmen:

»Es ist nicht zu erwarten, daß Frauen, die in der Berufshierarchie Karriere machen, entscheidende Veränderungen in den ideologischen Orientierungen gesellschaftlicher Eliten bewirken. In dem Maß, in dem Frauen in ›typisch männlichen‹ Berufspositionen sich als erfolgreich behaupten, sind ihre Einstellungen gegenüber den herrschenden Werten und Institutionen dieser Gesellschaft eher unkritisch und affirmativ« (ebd., S. 409).

»Freilich kann man sich schwer vorstellen, daß die Durchsetzung solcher neuen Qualitäten im politischen Feld einfach nur dadurch zustande kommen könnte, daß mehr und mehr Frauen konkurrierend in diesen Bereich eindringen. Solange in der Selektion für politische Karriere wiederum einseitig die Typen begünstigt werden, die sich in der Konkurrenz am härtesten und robustesten erweisen, sieht man speziell solche Frauen nach vorn dringen, die gar nicht die Qualitäten repräsentieren, die zu einer sinnvollen Umorientierung führen könnten. Die Spielregeln des Weges, den man bezeichnenderweise ›Laufbahn‹ nennt, geben nun einmal bislang nur denen eine Chance, die ihr Tempo durch die Verdrängung eben der Merkmale zu steigern wissen, die die sogenannte Weiblichkeit ausmachen. So bestehen in diesem Rennen allenfalls bislang solche Frauen, die sich dem Männlichkeits-Stereotyp so weit angepaßt haben, daß sie am Ende gar nicht mehr fähig sind, den traditionellen politischen Perspektiven mit echten Gegenbildern zu widersprechen« (RICHTER 1974, S. 52).

Es scheint fast, in den Entscheidungspositionen der Berufswelt, an den Machthebeln der Politik sitzen wie seit jeher die Männer; nur jetzt eben ein paar Männer, die qua Geburt zufällig weiblichen Geschlechts sind. Muß da nicht alles beim alten bleiben: alle Bereiche und Institutionen des gesellschaftlichen Lebens beschädigt, gezeichnet von jener »Sachlichkeit«, die einseitig ist, weil sie alle Gefühlsregungen vergißt; die Welt, in der wir leben, weiterhin Produkt jener Männerrolle, die immer noch den Kampfritualen nachhängt, größenwahnsinnig und machtbesessen, kaum einen Maßstab als den der Quantität?

An diesem Punkt schließt sich recht eigenartig der Kreis. Wir sind wieder beim Ausgangsthema der Geschlechtsrollen angelangt. Wir kommen wieder auf den Grundgedanken zurück, wie er im ersten Kapitel entwickelt wurde: die Geschlechtsrollen nicht mehr am Biologischen festgemacht, sondern als Arbeits- und Lebenszusammenhang verstanden. Und was wir oben erwartet haben, gerade hier bei den »Karrierefrauen« finden wir die Bestätigung – wenn vielleicht auch in einem etwas anderen Sinne, als ursprünglich gedacht. Denn hier sehen wir, die Geschlechtsrollen sind nicht eindeutig und unverrückbar fixiert, sie sind tatsächlich in gewisser Hinsicht in Auflösung begriffen. Wenn wir die Frauen betrachten, die den Zentren der Macht am nächsten sind – dann wird manchmal recht fragwürdig, was »Frausein« bedeutet, ja, wieviel von diesem Frausein überhaupt noch präsent ist. Die traditionell fixierten Grenzen, die alten Stereotype und Leitbilder, hier greifen sie daneben. Aber ist das die Veränderung, die wir meinten? Ist das nicht eine Zukunft, die voll noch vom Alten bestimmt wird?

Aber noch ist das Bild ja nicht vollständig. Denn was ich bisher beschrieben habe, ist nur die eine Seite dessen, was das Verhältnis von »Frau und Karriere« ausmacht. Vergessen wir nicht, es gibt nur eine ganz kleine Gruppe von Frauen, die wirklich Spitzenpositionen erreichen; und es gibt vergleichsweise viele Frauen, die trotz gleichermaßen qualifizierter Ausbildung immer zwei oder drei Stufen darunter bleiben, weniger erfolgreich also sind nach den üblichen Maßstäben. Um das Verhältnis von Frau und Karriere wirklich zu erfassen, muß man deshalb zwischen zwei Gruppen von Frauen unterscheiden. Da ist auf der einen Seite die »Karrierefrau« im ganz engen Sinne – Chefärztin vielleicht oder Chefredakteurin oder die Star-Juristin mit anerkanntem Namen; und auf der anderen Seite steht die Frau, nicht mehr unten in einer der typischen Frauenpositionen, aber auch nicht ganz oben – »bloß« Ärztin oder normale Journalistin oder Anwältin in einer mittelmäßig florierenden Kleinstadt-Kanzlei. Es gibt sicher vieles, was diese beiden Gruppen von Frauen unterscheidet. Aber *ein* Moment liegt wohl auch darin, daß sie an einem bestimmten Punkt ihres Lebens andere Entscheidungen gefällt haben: daß sie unterschiedlich bereit waren, sich den vorgegebenen Zwängen der Berufsarbeit zu unterwerfen. Darauf will ich im folgenden noch eingehen. Ich greife nicht mehr die »Karrierefrauen« im engsten Sinne heraus – sondern die größere Gruppe statt dessen, diejenigen hochqualifizierten Frauen, die (nach den geltenden Maßstäben von Status und Prestige, Einkommen und Macht) als »weniger erfolgreich« erscheinen. Was für Entscheidungen, was für Gewichtungen finden wir, wenn wir ihre Lebensgeschichte betrachten?

Es beginnt mit einem Moment, das ich mehrfach schon angedeutet habe: Über die Zuweisung zur Arbeit in der Familie entwickeln Frauen ein Arbeitsvermögen, das weniger auf Selbstbehauptung und Durchsetzung ausgerichtet ist, in dem statt dessen mehr inhaltliche Interessen, bedürfnis- und personenbezogene Momente den Vorrang haben. Wie dieses »weibliche«, dieses hausarbeitsnahe Arbeitsvermögen auch in der beruflichen Situation nicht einfach abgelegt wird, das kann man häufig beobachten an Frauen mit guter bis sehr guter Ausbildung, die Beruf und Familie verbinden. Ich habe oben schon beschrieben, was diese Familien mit »doppelter Karriere« kennzeichnet. Die traditionellen Rollenleitbilder werden zwar in Frage gestellt, oft bewußt auch zurückgenommen, aber sind deswegen noch längst nicht gebrochen. In vielen Situationen wirkt – manchmal mehr untergründig, manchmal ganz offen – die alte Arbeitsteilung noch weiter, der Mann der Haupternährer, die Frau mehr verantwortlich für den Familienalltag. Und das sind die Folgekosten, ganz kraß und unverblümt: Im Konfliktfall ist es fast immer die Frau, die zurückstehen muß hinter den beruflichen Ansprüchen des Mannes. Aber das Bild ist nicht vollständig, wenn wir nur die *Verzichtleistung* sehen. Denn für genau diese Frauen – begünstigt durch Ausbildung und durch Sozialschicht –, für diese sicherlich privilegierten Frauen hat die alte Arbeitsteilung zwischen den Geschlechtern auch noch eine andere Seite: Es ist stets auch ein Moment der *Freiheit* darin enthalten. Denn wo der Mann das Familieneinkommen sichert, da wird in bestimmter Hinsicht der Entscheidungsspielraum der Frauen größer, entlastet nämlich vom ökonomischen Druck. Sie können – statt anzunehmen, was Beförderung und Gehaltszulage verheißt – die Position wählen, die ihren inhaltlichen Interessen am meisten entspricht. Sie können – statt den Gesetzen des Marktes sich unterzuordnen – mehr jene Bezüge einbringen, die sich aus der Arbeit in der Familie entwickeln, also ein Festhalten an inhaltlichen Interessen, an bedürfnis- und personenbezogenen Elementen. Und genau das ist es, was in der Berufsbiographie und Berufspraxis vieler hochqualifizierter Frauen immer wieder sichtbar wird – eine *Distanz gegenüber Karrierezwängen*; eine Abwehr dagegen, sich mit der ganzen Person vereinnahmen zu lassen, um einen am Ende fragwürdigen Erfolg zu erringen (BECK-GERNSHEIM 1976).

»Der Grund dafür, daß ich die mir angebotene Beförderung abgelehnt habe, ist, daß ich meine Freiheit, die Vielfalt des Lebens genießen möchte . . . Ich liebe meine Arbeit und engagiere mich stark darin, aber ich möchte nicht, daß sie alles in meinem Leben ist. Ich möchte nicht wie ein Mann sein« (Interview-Ausschnitt aus FRIDAY 1979, S. 331).

»Wie die PEP-Untersuchungen zeigten, liegt einer der charakteristischen Unterschiede zwischen den Karrierezielen und -mustern von Männern und Frauen darin, daß Frauen eher als Männer ein Gleichgewicht zwischen verschiedenen Zielen wahren: Sie bestehen darauf, ihre Position gut auszufüllen, aber sie lassen es nicht zu, daß ihre beruflichen Verpflichtungen automatische Priorität gegenüber anderen Verpflichtungen, insbesondere familialen, gewinnen. So ist z. B. weniger wahrscheinlich, daß Frauen erbarmungslos nach Spitzenpositionen jagen, und eher wahrscheinlich, daß sie auf einer befriedigenden Position im mittleren Bereich verbleiben, die ihnen Zeit und Energie für andere Aktivitäten beläßt« (FOGARTY u. a. 1972, S. 9f.).

Diese Frauen sind zwei Welten, zwei Arbeitsformen verbunden, und die darin angelegte Spannung – der »qualitative Unterschied von Beruf und Hausarbeit« (BECK-GERNSHEIM/OSTNER 1978) – kennzeichnet ihre Situation. Aber sie lassen sich dadurch nicht einfach nur passiv bestimmen, im einen wie im anderen Bereich sich fügend und anpassend. Im Gegenteil, sie gehen durchaus auch selbstbewußt damit um, die unterschiedlichen Bezugshorizonte zusammenbindend auf einen eigenen Maßstab: Zum einen beziehen und relativieren sie das traditionell weibliche Leitbild vom »perfekt funktionierenden Haushalt« am Gegenpol dessen, was die berufliche Arbeit ihnen an Inhalt und Sinn zeigt. Aber ebenso können sie auch das traditionell männliche Leitbild der »vollen Karriereverpflichtung« kritisch bemessen, es in Frage stellen an dem, was ihnen über die Bindung zum außerberuflichen Bereich an vielfältigen Lebensmöglichkeiten vertraut ist. Statt ganz in der Familie aufzugehen, statt ganz vom Beruf sich vereinnahmen zu lassen, finden sie eine dritte Alternative: die »*Karriere mit begrenzten Ambitionen*« (SANDERS, zit. nach White 1972, S. 304). So entwickeln diese Frauen charakteristisch eigene Perspektiven und Prioritäten, die nicht mehr der alten Dichotomie, der alten Beschränkung von »männlich« und »weiblich« sich einordnen lassen – die vielmehr ganz elementar die Hoffnung auf anderes, Neues sind.

Das also ist das Bild, das sich schließlich abzeichnet. Die Situation der hochqualifizierten Frauen im Beruf stellt sich dar als ein *vielschichtiges, brisantes, ständig forderndes Spannungsverhältnis zwischen Anpassung und Veränderung*. Entsprechend finden wir zwei Gruppen von Frauen mit sehr unterschiedlichen Entscheidungen und Lebenswegen: einmal fast das Modell einer totalen Karriere, der alles gehorchen muß; das andere Mal ein bewußt vielseitiges Leben, in dem es auch Familie, Bindungen, Beziehungen gibt, genauso wie ein inneres Engagement im Beruf.

So scheint es am Ende wieder das altvertraute Lied, beim Vordringen der Frauen in die Berufswelt ganz ähnlich wie beim Marsch durch die Institutionen: auf der einen Seite die Hoffnung, auf der anderen das Risiko. Die »große Karriere« zu machen, das ist schwer wohl und schmerzhaft, besonders als Frau. Zu gewinnen sind Einkommen und Ansehen, Status und Macht. Aber manches geht auch verloren: vielleicht unsere Ziele; vielleicht auch wir selbst. Was genau wird aufgegeben und wieviel, und was ist es am Ende, was bleibt? Die Frage steht zur Diskussion. Und wir alle sind gefragt, Männer genauso wie Frauen.

5. Zusammenfassung und Ausblick: Für eine Vereinbarkeit von Beruf und Familie

Die vorangehenden Kapitel haben aus je eigenen Perspektiven immer wieder ein gemeinsames Grundthema aufgegriffen, variiert und weiterentwickelt. Erst Geschlechtsrollen, dann Anderthalb-Personen-Beruf, schließlich die typischen Muster im Lebensweg von Karrierefrauen – stets ging es um die Arbeitsteilung zwischen Beruf und Familie, ihre Bedeutung für Männer und Frauen. Im Zusammenbinden der verschiedenen Gedankenlinien können wir jetzt das Fazit ziehen und nach den Konsequenzen für die gegenwärtige Situation fragen:

Mit dem Auseinanderbrechen der vorindustriellen »Einheit von Arbeit und Leben«, dem Auseinanderrücken der verselbständigten Bereiche von Beruf und Familie *werden Männer und Frauen – einseitiger und enger als zuvor – festgelegt auf je bestimmte Ausschnitte von Erfahrungen, Fähigkeiten, Entwicklungsmöglichkeiten.* Historisch gesehen liegt da der Markierungspunkt, der entscheidende Schub hin zur »Halbierung« des Lebens: grob formuliert hier Sachdenken und Ehrgeiz, den Männern zugeordnet, dort Gefühlsnähe und Geduld als Aufgabe der Frauen. Doch vergessen wir nicht, zum gleichen Zeitpunkt setzt auch schon eine andere, geradezu gegenläufige Tendenz ein. Denn wo nicht mehr das Eingebundensein in Dorf- und Familienverband die Versorgung sichert, sondern jeder als einzelner auf dem Markt sich durchsetzen muß, da entsteht mit dem Zwang zur individuellen Selbsterhaltung auch der Gedanke der »Selbstentfaltung«, Individualität wird zum historischen Postulat. Die Festlegung auf eng vorgegebene Rollen, das Verlangen nach Selbstentfaltung – gleichzeitig entstehen die widerstrebenden Anforderungen. So ist der Konflikt schon angelegt.

Das Aufbrechen jener vorindustriellen Einheit von Arbeit und Leben heißt darüber hinaus auch ein *Auseinanderrücken von Männern und Frauen.* Denn in dem Maß, wie sie auf ganz unterschiedliche Lebensbereiche festgelegt werden, entfernen sie sich auch voneinander. Es gibt nicht mehr die gemeinsame Arbeit, kaum noch einen gemeinsamen Alltag, der sie verbindet. Die Familie, einst Arbeitsgemeinschaft in Haus, Hof, Werkstatt, macht eine entscheidende Veränderung durch: Sie wird jetzt immer mehr »Liebesgemeinschaft«, aufbauend auf Gefühl, Zuneigung, Vertrautheit. Aber hier genau liegt auch die Gefährdung der Familie. Sie wird »emotional überfrachtet«, vollbepackt mit Bedürfnissen, die sie oft nicht erfüllen kann (Ostner/Pieper 1980). Die neue Grundlage erweist sich als dünn, der Zusammenhalt wird brüchig – und zwar gerade deswegen, *weil* Beruf und Familie, *weil* Männer und Frauen sich voneinander entfernt haben. Keine gemeinsame Aufgabe, keine gemeinsame Erfahrung mehr: Die Ehe gerät leicht zur »Isolation zu zweit« (Ostermeyer 1979). Das Verlangen allein – nach Nähe, Vertrautheit – kann die wachsende Fremdheit nicht überbrücken. Das Auseinanderbrechen der vorindustriellen Einheit von Arbeit und Leben, das heißt auch eher ein Auseinanderbrechen der Familie.

Der vorherrschenden soziologischen Theorie freilich galt die Trennung zwischen den Bereichen Beruf und Familie lange Zeit ganz selbstverständlich als »funktional«, als wesentliche Voraussetzung für den Bestand der Gesellschaft. Sie überbaute mit großen Systemgefügen, was auch im vorwissenschaftlichen Bereich oft an Vorstellungen existierte. Die Argumente schienen plausibel: Offensichtlich konnte die Effizienz der beruflichen Arbeit gesteigert, ihr reibungsloses Funktionieren in dem Maß garantiert werden, wie »störende Bedingungen« (z. B. Kinderbetreuung, Krankheit, Alter, emotionale Bedürfnisse, psychische Krisen) ausgelagert wurden ans Familiensystem. Und für die »feindliche Welt«, in der der Mann sich behaupten mußte, schuf die Frau das Gegengewicht, Liebe und Wohlbefinden im Innern der Familie. Im Blickfeld war das »Berufssystem«, das »Familiensystem« – eine Institution stets, nicht die Individuen. Der Gegensatz von instrumentellem und expressivem Bereich schien gelungene Ergänzung.

Heute jedoch sehen wir, daß dies Denkmodell – so paßgerecht seine Bausteine auch scheinen – an den entscheidenden Punkten doch die Realität nicht begreift. Denn Gefühle und Bedürfnisse lassen sich nur teilweise und nur um den Preis erheblicher Folgeprobleme aufschieben; was während der Berufsarbeit unterdrückt wird, kann am Feierabend nicht einfach wiederaufleben. Und wo die Ehe spannungsgeladen ist, eben fremd geworden und zugleich emotional überfrachtet, da schafft auch die Frau kein Klima der Entspannung mehr. Das heißt, wir sehen jetzt genauer, wie die Trennung von Beruf und Familie auch Folgeprobleme für die Individuen bringt, für

Männer und Frauen. Denn die institutionelle Trennung wird hineinverlagert in die Personen selbst: In ihrem Alltag, ihrer Arbeit sind Männer und Frauen vorrangig zugewiesen auf einen Bereich, in Stichworten formuliert: entweder Sachdenken und Härte oder Gefühlsnähe und Fürsorglichkeit. Sie sollen in sich den je anderen, »unpassenden« Teil unterdrücken und abspalten. Und sollen ihn doch wieder erhalten: Denn die Familie in ihrer neuen Form setzt ja gerade Vertrautheit, Kommunikation, Nähe voraus, sie müssen einander »verstehen« können, die Frau den Mann, der Mann die Frau. Das heißt, *die Unterschiede und Gegensätze zwischen den Bereichen stehen in der Person selbst sich noch einmal gegenüber*; sie müssen einerseits in die eigene Entwicklung übernommen, also aktiv nachvollzogen werden; und müssen gleichzeitig überbrückt, das heißt aktiv durchbrochen werden. Das bringt biographische Konflikte verschiedenster Art – Entwicklungsverbote, Gefühlsverdrängung, die Enttäuschungen und Ängste einer nicht mehr gelingenden Verständigung. Die Spannungen werden inzwischen so stark und so zahlreich, daß sie längst schon auf die institutionelle Ebene zurückschlagen. Wo die Individuen leiden, bricht immer mehr das »Familiensystem« auseinander. In den Statistiken findet es seinen nüchternen Ausdruck: Die Scheidungsziffern steigen, die Zahl der Alleinstehenden wächst, und die Zahl der Geburten geht weiter zurück.

Statt der einst erwartenden Funktionalität wird also immer stärker eine *Dys*funktionalität sichtbar. Die Institution Familie wird »Patient Familie« (RICHTER 1972), ihre Krisenerscheinungen häufen sich. Doch wo liegen die Ursachen, wo die Möglichkeiten der Veränderung? Folgt man den Annahmen der funktionalistischen Theorie (oder dem, was in der Alltagsmeinung oft postuliert wird), dann liegt eine wesentliche Ursache in der zunehmenden Berufstätigkeit von Frauen: Statt dem Dasein in der Familie Sinn und Zusammenhalt zu geben, suchen die Frauen die äußere Anerkennung im Beruf. Damit ist das Gleichgewicht gestört, der expressive Bereich nicht mehr hinreichend garantiert, der instrumentelle wird übermächtig. Nur die Frau im Haus bringt die Harmonie der Familie.

Solche Vorschläge müssen aber kurzschlüssig erscheinen, wenn man sie an der hier entwickelten Perspektive bemißt. Denn was nützt es, wenn nur die Frau »zurück an den Herd« geht, der Mann aber weiterhin voll im Beruf steht? Da wird nichts an der Trennung zwischen Beruf und Familie geändert, die doch die eigentlich problematische ist – im Gegenteil, sie soll wieder verstärkt und neu zementiert werden. Das ist nicht bloß ein Reparieren an den falschen, weil oberflächlichen Stellen; das läuft, viel schlimmer noch, auf ein weiteres Vertiefen der Brüche hinaus. Die Frau drinnen, der Mann draußen – so kommt die Familie nicht wieder zusammen.

Wenn im Auseinanderrücken der Bereiche die konflikterzeugende Ursache liegt, dann muß die Veränderung in ganz anderer Richtung gesucht werden. *Die individuelle Vereinbarkeit von Beruf und Familie erhöhen*, nicht mehr ihre Gegensätze weiterverlagern in die Person – das ist das Grundprinzip, das sich hier ergibt. Für seine Ausgestaltung sind beide Pole wichtig, Beruf wie Familie. Beginnen wir mit dem familialen Bereich: Offensichtlich kann die Kleinfamilie in ihrer traditionellen Form – die ja auf Trennung von Beruf und Familie basiert – nicht einfach verlängert werden. Wo genau also liegen ihre kritischen Punkte (etwa: Isolation nach außen, Fehlen eines gemeinsamen Alltags), und welche Alternativen bieten sich an? Ansätze zu neuen Mustern gibt es bereits, sie zeichnen eine Vielzahl möglicher Entwicklungslinien vor: die Palette von Nachbarschaftshilfen und Wohngemeinschaften, Spielgruppen und Kinderläden, Bürgerinitiativen und Aktionen aus der Frauenbewegung, die (unterschiedlich in Form, Ausmaß und Ausrichtung) alle die Isolation im Privaten aufbrechen wollen; dann die Partnerschaftsehen verschiedener Form: wo beide gemeinsam die Alltagsarbeit verrichten; wo sie (je nach Nähe ihres Berufsfeldes) Berufserfahrungen und -probleme zusammen durchsprechen, vielleicht sogar eine gemeinsame Praxis betreiben oder »job sharing« versuchen, also zu zweit eine Stelle übernehmen und Einkommen wie Aufgaben teilen; schließlich die Produktionsgemeinschaften der Alternativ- und Subkultur (mit Landwirtschaft oder Werkstatt, Kneipe oder Projekt), die eine Verbindung von Zusammenarbeiten und Zusammenleben versuchen.

Sicher haben diese verschiedenen Ansätze Probleme je eigener Art, bieten keine Modelle im Sinne fertiger Lösungen. (Wo etwa die Grenzen der Partnerschaftsehe liegen, wenn sie immer nur individuell und quasi gegen den Strom versucht wird, hat mehrfach das letzte Kapitel gezeigt.) Dennoch scheint es aus der hier vorgestellten Perspektive sinnvoll, die Impulse aufzugreifen, die in solchen und ähnlichen Bewegungen stecken. Um sie zu unterstützen (statt wie bisher durch Sanktionen aller Art zu erschweren), müßte eine breite Palette von institutionellen Maßnahmen entwickelt werden. Das beginnt mit neuen Formen des Wohnungs- und Städtebaus, die etwa Nachbarschaftskontakte fördern und die vor allem nicht immer nur aufs Modell der Kleinfamilie zugeschnitten sind, sondern auch andere Varianten berücksichtigen, etwa die unterschiedlichen Wohnbedürfnisse beim Zusammenleben mehrerer einzelner, mehrerer Paare, mehrerer Familien. Und es reicht hinein bis in den beruflichen Bereich: von der Abschaffung aller offiziellen wie inoffiziellen Bestimmungen, die gemeinsame Beschäftigung eines Ehepaares in derselben Abteilung oder Behörde verbieten, bis hin zur Entwicklung neuer Richtlinien, die umgekehrt darauf ausgerichtet sind, den Wunsch nach Beschäftigung bei derselben Institution bewußt zu berücksichtigen; dann die Förderung von »job sharing«, entweder über Modellversuche oder über finanzielle Anreize für Firmen, die diese Möglichkeit bereitstellen.

Bereits an diesen beliebig herausgegriffenen Beispielen wird deutlich, daß in den neuen Mustern des Zusammenlebens, die heute in Ansätzen versucht werden, auch Impulse für eine Veränderung der Berufsarbeit angelegt sind. Dieser Zusammenhang ist keineswegs zufällig, sondern ebenso notwendig wie folgerichtig: Wenn wir die Vereinbarkeit von Beruf und Familie erhöhen wollen, dann bedeutet das nicht, einseitig nur die Familie zu verändern. Das wäre von der Prämisse her äußerst zweifelhaft und noch dazu sinnlos, denn es ist ja gerade die Berufsarbeit, die die Familienform in gewissem Sinne vorgibt. Also Veränderung des Berufs statt immer nur Anpassung der Familie – das wäre die historisch neue Perspektive. Und es könnte sein, daß gerade der gegenwärtige Zeitpunkt günstig ist, eine solche Umorientierung auf praktisch-politischer Ebene durchzusetzen, weil plötzlich ein ganz neuer Handlungsdruck entsteht. Ich denke hier an die aktuelle Diskussion um den Geburtenrückgang, zur Zeit eines der brisantesten Themen in Öffentlichkeit und Politik. So emotional aufgeladen viele dieser Stellungnahmen auch sind, so kontrovers in der Richtung ihrer Lösungsvorschläge – vor dem Hintergrund dieser Diskussion wächst, unter anderem und mehr gezwungenermaßen, schließlich doch die Bereitschaft, auch einmal das Berufssystem in Frage zu stellen. Symptomatisch hierfür ist die Stellungnahme der Bundesregierung zum Dritten Familienbericht, wo ausdrücklich die Forderung nach einer »*familiengerechten Arbeitsorganisation*« erhoben wird:

»Die gesellschaftlichen Bedingungen müssen so gestaltet werden, daß Männer ebenso wie Frauen in der Lage sind, Aufgaben der Familie wahrzunehmen ... Das bedeutet vor allem auch eine Umgestaltung der Arbeitswelt, die in ihren Strukturen und Abläufen stärker auf familiäre Belange Rücksicht nehmen muß ... So sollte das Postulat ›Humanisierung der Arbeitswelt‹ auch dazu führen, daß sich nicht nur die Familie den Zwängen der Arbeitswelt anpassen muß, sondern vermehrt auch umgekehrt die Arbeitswelt familiengerechter umgestaltet wird« (Bundestags-Drucksache Nr. 8/3120, 20. August 1979, S. 7 und S. 27).

Was aber muß geschehen, wenn mit dieser Forderung nach einer »familiengerechten Arbeitsorganisation« ernstgemacht werden soll? Auf mindestens zwei Ebenen sind Veränderungen notwendig. Zum einen müssen (im Zug der sich mehr und mehr geplant vollziehenden Neu- und Umgestaltung von Berufen) neue Arbeitsformen dort entwickelt werden, *wo auf der Ebene äußerer Anforderungen Beruf versus Familie zusammenprallen.* Hier geht es vor allem darum, *die Rigidität beruflicher Anforderungen so weit wie irgend möglich durch Flexibilität zu ersetzen* (das Kapitel über beruflich erfolgreiche Frauen hat hinreichend gezeigt, welche Rolle das Vorhandensein oder Nichtvorhandensein von Flexibilität spielt). Das heißt dann auch, daß nicht mehr einseitig nur »störende Bedingungen« vom Berufssystem in die Familie ausgelagert werden. Vielmehr müßte es umgekehrt auch möglich sein, z. B. in Krisensituationen und Zeiten besonderer familialer Beanspruchung die Folgeprobleme ein Stück weit ans Berufssystem weiterzugeben. Das mag auf den ersten Blick utopisch klingen, aber es gibt ja durchaus schon verschiedene Ansätze, die in diese Richtung zielen: so etwa Schwangerschafts- und Mutterschaftsurlaub; Freistellung der Eltern bei Krankheit des Kindes; im öffentlichen Dienst die Möglichkeit von Teilzeitarbeit und befristeter Berufsunterbrechung, wenn kleine Kinder zu versorgen sind; Einführung von gleitender Arbeitszeit; kein unbedingter Mobilitätszwang bei Arbeitslosigkeit, sondern auch Berücksichtigung der Familiensituation. Sicher, wir wissen auch, wie unzulänglich diese Ansätze noch sind (bei einigen Beschränkung auf bestimmte Berufsgruppen, bei anderen zu enge zeitliche Beschränkung, und dann der entscheidende Mangel: Beschränkung auf die Frau, statt möglicher Inanspruchnahme durch beide Elternteile) und wieviel Nachteile noch damit verbunden sind (bei den meisten spürbare Diskriminierung in der beruflichen Laufbahn). Aber sollte das nicht gerade ein Grund sein, solche Anstöße aufzugreifen und bewußter noch auszubauen – in einer Form, die die gegenwärtigen Beschränkungen und Nachteile gezielt aufzuheben versucht?

In diesem Zusammenhang hängt viel davon ab, ob es gelingt, Formen der Berufsarbeit zu entwickeln, die *bewußt Unterbrechungen erlauben:* wo es möglich wird, für eine befristete Zeit (ein paar Monate, ein Jahr) auszusetzen, danach aber (ohne Zurückstufung, ohne Diskriminierung, ohne sonstige Sanktionen) sicher zurückkehren zu können. Das bedeutet eine Berufsbiographie, die nicht mehr statisch ist, sondern von vornherein und selbstverständlich auf Wechsel zwischen verschiedenen Lebensphasen angelegt; nicht mehr das »Alles-oder-Nichts-Modell des Berufs«, sondern ein »Kontinuum zwischen Arbeit und Nicht-Arbeit« (SAFILIOS-ROTHSCHILD 1978).

»Bisher ist ein ›guter‹ beruflicher Lebenslauf stets gleichbedeutend damit, daß jemand die ganze Zeit über gearbeitet hat, seitdem er erwachsen ist. Ein paar Unterbrechungen – Militärdienst, weitere Ausbildung oder Fortbildung, vielleicht auch noch Krankheit – gelten als legitim. Die Gründe, deretwegen die meisten Frauen ihre Berufstätigkeit unterbrechen – Ehe, Schwangerschaft, Kindererziehung, Sorge für pflegebedürftige Familienmitglieder –, galten nicht als legitim und führten zu negativer Einschätzung: die Frau sei keine zuverlässige Arbeitskraft, hätte kein Interesse an ihrer Arbeit. Teilzeitarbeit, die vor allem von Frauen angestrebt wird, wurde meist als befristete, untergeordnete, nie richtig integrierte Beschäftigung angesehen. Und betrachtet man die beruflichen Werdegänge derer, der Arbeiter wie der Akademiker, die Lohnerhöhung und Beförderung erreichen, dann wird sichtbar, daß dahinter oft Überstunden stehen und das ständige Ringen um höchstmögliche Produktivität.

Tatsächlich haben wir zur Zeit ein ›Alles-oder-Nichts-Modell‹ von Beruf und Leistung, das es den Berufstätigen nicht erlaubt, die Arbeitsleistung individuell zu variieren. Volle Stundenzahl und noch Überstunden dazu, das Ganze lebenslang und so produktiv wie möglich, das ist die vorgeschriebene Linie – wer sich nicht einfügen kann oder will, wird diskriminiert und bestraft. Es ist genau diese Alles-oder-Nichts-Vorstellung von Beruf und Leistung, die Frauen zunehmend in Frage stellen, und viele ihrer praktisch-politischen Vorschläge zielen darauf ab, Alternativen zu diesem geschlossenen Modell zu entwickeln . . . Ein Wertwandel ist erforderlich, und er muß ein Verständnis dafür enthalten, daß Leistung und Produktivität wünschenswert sind, aber nicht jeder lebenslang dazu verpflichtet werden darf. Wenn jeder, der entsprechend qualifiziert und interessiert ist, gleiche Rechte und gleiche

Zugangschancen im Beruf hat, dann wird es auch leichter sein, die Vorstellung zu akzeptieren, daß nur einige Menschen das ganze Leben hindurch hart arbeiten, Überstunden machen, Hochleistungen erbringen, die Mehrheit dagegen nur während bestimmter Lebensphasen so voll auf die Arbeit sich konzentriert ...

Neue Maßnahmen könnten entwickelt werden, die flexible Arbeitsbeanspruchung möglich machen oder Unterbrechung der Berufstätigkeit aus den verschiedensten Gründen ... Männer und Frauen könnten die Möglichkeit bekommen, für ein oder zwei Jahre einen teilweise bezahlten Urlaub zu nehmen, wenn sie dreißig oder vierzig sind, und im Austausch dafür im späteren Leben länger berufstätig bleiben ... Das wesentliche Ziel all dieser Maßnahmen läge darin, den Gegensatz zwischen Arbeit und Nicht-Arbeit, Leistung und Nichtleistung, Vollzeit- und Teilzeitbeschäftigung ... abzubauen« (ebd., S. 420–423).

In diesen Vorschlägen ist auch von einem notwendigen »Wertwandel« die Rede – und das nicht zufällig. Denn wo es darum geht, die Vereinbarkeit von Beruf und Familie zu erhöhen, da kann das sicher nicht bloß quantitativ gemeint sein: Es reicht nicht aus, nur während gewisser Zeitspannen einmal Urlaub von der Berufsarbeit zu nehmen, für alle übrige Zeit aber die alten Anforderungen im alten Tempo durchzuhalten. Vielmehr muß insgesamt Abstand genommen werden vom Modell der »totalen Karriere«, von dauernder Höchstbeanspruchung und Höchstleistung als allgemeinen Anspruch. Das aber heißt, *auch die dahinterstehenden Prinzipien in Frage stellen*: das einseitig auf Marktwert und Tausch bezogene Kalkül; die Dominanz von Produktivität, Effizienz, Leistung; die Verdrängung von konkret-sinnlichen, bedürfnis- und personenbezogenen Orientierungen. Die enge Fixierung auf Berufsarbeit aufbrechen, eine Öffnung für andere Lebensbereiche und Interessen durchsetzen, insbesondere für die Familie und ihre Aufgaben, das bedeutet auch: *neue Perspektiven, Prioritäten, Maßstäbe entwickeln*, die sich dann nicht mehr auf den außerberuflichen Alltag eingrenzen lassen, sondern auch auf die Berufspraxis und ihre vorherrschenden Verhaltensmuster zurückwirken. Die ökonomisch beschränkte Rationalität gerät dann in Konkurrenz zu anderen Arbeitsweisen, die mehr von inhaltlichen Bezügen bestimmt, stärker bedürfnis- und personenbezogen sind.

»Wenn wir die Frauen in alle Hierarchiestufen der Universität [der Berufswelt insgesamt] bringen wollen, müssen wir etwas viel Radikaleres unternehmen als das, was die meisten Pläne zur Durchsetzung von Gleichberechtigung je im Sinn hatten: Wir müssen die heute vorherrschende geheime Koalition zwischen der Universität [der Berufswelt] und ihrer Dienstleistungsinstitution Familie aufsprengen ... Wenn wir diese Veränderung schaffen, werden wir in die akademische Welt [und die sonstige Berufswelt] einige der Werte einbringen, die früher den besonderen Bereich der Frauen ausmachten. Wir durchsetzen das Ethos des ›Machens‹ mit einem anderen Ethos von Fürsorge und Gemeinschaftlichkeit ... Es sind ja nicht einfach die Frauen, es sind einige der ›weiblichen‹ Werte, die unterdrückt und verdrängt wurden. Uns fehlen nicht einfach Rollenmodelle, die mehr bis minder zufällig weiblichen Geschlechts sind, sondern uns fehlen Beispiele für dieses andere Ethos.

Der allererste Schritt liegt darin, neu zu überdenken, welche Elemente unserer frühen Erziehung zu Fürsorglichkeit und Einfühlung es wert sind, von uns bewahrt zu werden. Und der zweite Schritt ist zu überlegen, wie wir diese Elemente an unserem Arbeitsplatz verankern und weiter ausbreiten können ... Das bedeutet, die Frauentugenden der Vergangenheit, die nicht immer ins Leben umgesetzt wurden – Gemeinschaftlichkeit, Fürsorglichkeit, moralisches Engagement –, jetzt allgemein zu machen und zu belohnen. Wir brauchen *das* in unseren Karrieren, bei unseren Professoren [Berufstätigen] beiderlei Geschlechts. Meine utopische Universität [Berufswelt] ist nicht eine Bauernfamilie bei Tolstoi, aber es ist auch nicht nur ein Lebenslauf, der mit einem anderen Lebenslauf spricht. Was dafür gebraucht wird, ist eine Verlagerung der Gewichte zwischen Konkurrenz und Kooperation, gut vorankommen und gut sich verhalten, Zeit, um ein Kind schwimmen zu lehren, und Zeit, um bei einer Institutssitzung abzustimmen. Wenn wir diese Veränderung durchgesetzt haben, dann wird sie sicher sichtbar werden in den Vorworten zu unseren Büchern und in unseren Bürogesprächen« (HOCHSCHILD 1975, S. 78f.).

Die Entwicklung der Berufswelt ist kein quasi naturgeschichtlich ablaufender Prozeß, allein vorgegebenen Sachgesetzen und Sachzwängen folgend. Sie wird immer *politisch ausgehandelt, politisch gemacht.* Auch die verschiedenen Arbeitsschutzgesetze, die wir heute kennen (z. B. Sicherheitsvorschriften am Arbeitsplatz, Urlaubsanspruch und Kündigungsfristen, Begrenzung der maximalen Arbeitszeit, Freistellung bei Krankheit, Mutterschutz, Verbot der Kinderarbeit), entsprachen zunächst keineswegs dem Grundprinzip ökonomischer Rationalität – und sind am Ende doch eingeführt worden. Freilich haben sich solche »gegenläufigen« Bestimmungen nie von allein verwirklicht, sondern nur über aktive Vertretung und bewußte Durchsetzung in Parteien, Organisationen, Interessengruppen.

Individuelle Vereinbarkeit von Beruf und Familie – auch das ist zunächst nur eine Zielsetzung. Wie sind die Aussichten für ihre Verwirklichung? Wir sehen heute, wie in durchaus verschiedenen Gruppen der jüngeren Generation (von den »Spontis« der Alternativszene bis zu den »Karrierefrauen« im Management) Männer und Frauen die traditionelle Definition von Beruf und Familie nicht einfach mehr übernehmen wollen, sondern im eigenen Leben nach neuen Lösungsmustern suchen. Die entscheidende Frage freilich wird sein, *inwieweit solche Versuche immer wieder im individuellen Bereich steckenbleiben oder in die Institutionen hineingetragen, dort unterstützt und abgesichert werden.* Wie viele dieser Männer und Frauen sind bereit – und wie vielen gelingt es –, ihre Vorschläge einzubringen in Medien und Parteien, öffentliche Diskussion und Gesetzgebung? Die Zukunft der Arbeitsteilung zwischen Beruf und Familie wird entschieden auch durch uns.

Literaturverzeichnis

ARKIN, WILLIAM/DOBROVSKY, LYNNE R.: Shared Labor and Love: Job-Sharing Couples in Academia. In: Alternative Lifestyles, vol. 1, no. 1, S. 492–512.

ASTIN, HELEN S.: The Woman Doctorate in America. Origins, Career, and Family. New York 1969.

— Career Profiles of Women Doctorates. In: Alice S. Rossi/Ann Calderwood (eds.): Academic Women on the Move. New York 1973, S. 139–162.

AYCK, THOMAS/STOLTEN, INGE: Kinderlos aus Verantwortung. Reinbek 1978.

BECK, ULRICH/BRATER, MICHAEL unter Mitwirkung von BOLTE, KARL MARTIN: Berufliche Arbeitsteilung und soziale Ungleichheit. Konzeption einer subjektbezogenen Theorie der Berufe. In: Ulrich Beck/Michael Brater (Hg.): Die soziale Konstitution der Berufe. Materialien zu einer subjektbezogenen Theorie der Berufe, Band 2, Frankfurt 1977.

— Berufliche Arbeitsteilung und soziale Ungleichheit. Eine gesellschaftlich-historische Theorie der Berufe. Frankfurt 1978.

BECK, ULRICH/BRATER, MICHAEL/DAHEIM, HANS-JÜRGEN: Grundlagen und Problemfelder der Arbeits- und Berufssoziologie. Erscheint Reinbek 1980.

BECK-GERNSHEIM, ELISABETH: Der geschlechtsspezifische Arbeitsmarkt. Zur Ideologie und Realität von Frauenberufen. Frankfurt 1976.

— Männerrolle, Frauenrolle – aber was steht dahinter? Soziologische Perspektiven zur Arbeitsteilung und Fähigkeitsdifferenzierung zwischen den Geschlechtern. In: Roland Eckert (Hg): Geschlechtsrollen und Arbeitsteilung. Mann und Frau in soziologischer Sicht, München 1980, S. 165–201.

— OSTNER, ILONA: Frauen verändern – Berufe nicht? Ein theoretischer Ansatz zur Problematik von »Frau und Beruf«. In: Soziale Welt, 1978, Heft 3, S. 257–287.

BELL, COLIN: Middle Class Families. Social and Geographical Mobility. London 1968.

BEM, SANDRA L./BEM, DARYL J.: Training the Woman to Know Her Place: The Power of a Nonconscious Ideology. In: Michele Hoffnung Garskof (ed.): Roles Women Play: Readings Toward Women's Liberation. Belmont 1971, S. 84–96.

BENARD, CHERYL/SCHLAFFER, EDIT: Die ganz gewöhnliche Gewalt in der Ehe. Texte zu einer Soziologie von Macht und Liebe. Reinbek 1978.

BERGER, MICHAEL/FORSTER, MARTHA/WALLSTON, BARBARA STRUDLER: Finding Two Jobs. In: Rhona and Robert N. Rapoport with Janice Bumstead (eds.): Working Couples, London 1978, S. 23–35.

BERNARD, JESSIE: Academic Women. Pennsylvania 1964.
— Woman and the Public Interest. An Essay on Policy and Protest. Chicago – New York 1971.
— The Future of Parenthood. London 1975.
— The Future of Marriage. Harmondsworth 1976.
BIRD, CAROLINE: Enterprising Women. New York 1976.
BIRNBAUM, JUDITH ABELEW: Life Patterns and Self-Esteem in Gifted Family-Oriented and Career-Oriented Women. In: Martha Tamara Shuch Mednick/Sandra Schwartz Tangri/Lois Wladis Hoffman (eds.): Women and Achievement. Social and motivational analyses. Washington – London 1975, S. 396–419.
BLACKSTONE, TESSA/FULTON, OLIVER: Sex discriminiation among university teachers: a British-American comparison. In: The British Journal of Sociology, Vol. XXVI, no. 3, September 1975, S. 261–275.
BOCK-ROSENTHAL, ERIKA/HAASE, CHRISTA/STREECK, SYLVIA: Wenn Frauen Karriere machen. Frankfurt 1978.
BRÜCKNER, PETER: Zur Sozialpsychologie des Kapitalismus. Frankfurt 1973.
BURGARD, ROSWITHA: Wie Frauen verrückt gemacht werden. Berlin 1978.
BURKE, RONALD J./WEIR, TAMARA: Relationship of Wives' Employment Status to Husband, Wife and Pair Satisfaction and Performance. In: Journal of Marriage and the Family, vol. 38, no. 2, May 1976, S. 279ff.
CHESLER, PHYLLIS: Frauen – das verrückte Geschlecht? Reinbek 1974.
CHRISTIE, AGATHA: Meine gute alte Zeit. Eine Autobiographie. Bern – München 1978.
DAVIDOFF, LEONORE: The rationalization of housework. In: Diane Leonard Barker/Sheila Allen (eds.): Dependence and Exploitation in Work and Marriage. London – New York 1976.
DELPHY, CHRISTINE: Continuities and Discontinuities in Marriage and Divorce. In: Diana Leonard Barker/Sheila Allen (eds.): Sexual Divisions and Society: Process and Change. London 1976, S. 76–89.
DEUTSCH, HELENE: Selbstkonfrontation. Die Autobiographie der großen Analytikerin. München 1978.
DOUVAN, ELIZABETH/PLECK, JOSEPH: Separation as Support. In: Rhona and Robert N. Rapoport with Janice M. Bumstead (eds.): Working Couples. London 1978, S. 138–146.
DUNCAN, R. PAUL/PERUCCI, CAROLYN C.: Dual Occupational Families and Migration. In: American Sociological Review 41, April 1976, S. 252–261.
EPSTEIN, CYNTHIA FUCHS: Women's Place. Options and Limits in Professional Careers. Berkeley – Los Angeles – London 1971.
FABE, MARILYN/WIKLER, NORMA: Up Against The Clock. Career Women Speak on the Choice to Have Children. New York 1979.
FARRIS, AGNES: Commuting. In: Rhona and Robert N. Rapoport with Janice M. Bumstead (eds.): Working Couples, London 1978, S. 100–107.

FERBER, MARIANNE A./LOWRY, HELEN M.: Women: The New Reserve Army of the Unemployed. In: Signs, Journal of Women in Culture and Society, vol. 1, no. 3, part 2, Spring 1976, S. 213–232.

FOGARTY, MICHAEL/ALLEN, A. J./ALLEN, ISABEL/WALTERS, PATRICIA: Women in Top Jobs. Four Studies in Achievement. London 1971 (Fogarty u. a. 1971a).

FOGARTY, MICHAEL/RAPOPORT, RHONA/RAPOPORT, ROBERT N.: Sex, Career and Family. London 1971 (FOGARTY u. a. 1971b).

FOGARTY, MICHAEL/RAPOPORT, RHONA/RAPOPORT, ROBERT N.: Women and Top Jobs: The next move. London 1972.

FRIDAY, NANCY: Wie meine Mutter. Frankfurt 1979.

FRIEDAN, BETTY: The Feminine Mystique, 1963. Deutsche Ausgabe: Der Weiblichkeitswahn oder Die Mystifizierung der Frau. Reinbek 1966.

— Das hat mein Leben verändert. Beiträge und Reflexionen zur Frauenbewegung. Reinbek 1977.

FRIEZE, IRENE H./PARSONS, JACQUELYNNE E./JOHNSON, PAULA B./RUBLE, DIANE N./ZELLMAN, GAIL J. (eds.): Women and Sex Roles. A Social Psychological Perspective. Toronto 1978.

GARAI, JOSEF E./SCHEINFELD, AMRAM: Sex Differences in Mental and Behavioral Traits. Genetic Psychology Monographs, 1968, 77, S. 169–299.

GEORGE, VICTOR/WILDING, PAUL: Motherless Families. London 1972.

GERSTEL, NAOMI R.: The »Fit« of the Familial and Economic Systems: Commuter Marriage as a Strategic Test. Paper Presented at the 74th Annual Meeting of the American Sociological Association, Boston 1979.

GINZBERG, E.: Educated American Women: Life Styles and Self-Portraits. New York 1971.

GIPSER, D.: Mädchenkriminalität, München 1975.

GLAZER, NONA: Housework: A Review. In: Signs, Journal of Women in Culture and Society, vol. 1, no. 4, Summer 1976, S. 905–922.

— Alternative Lifestyles. Societal Crisis and Personal Solutions. In: Alternative Lifestyles, vol. 1, no. 4, November 1978, S. 423–433.

GLENWICK, DAVID S./JOHANSSON, SANDRA L./BONDY, JEFFREY: A Comparison of the Self-Images of Female and Male Assistant Professors. In: Sex Roles, vol. 4, no. 4, August 1978, S. 513–524.

GROSKURTH, PETER (Hg.): Arbeit und Persönlichkeit: Berufliche Sozialisation in der arbeitsteiligen Gesellschaft. Reinbek 1979.

HABERMAS, JÜRGEN: Strukturwandel der Öffentlichkeit. Neuwied 1962.

HARRISON, JAMES B.: Men's Roles and Men's Lives: Review Essay. In: Signs. Journal of Women in Culture and Society, vol. 4, no. 2, Winter 1978, S. 324–336 (1978a).

— Warning: The Male Sex Role May Be Dangerous to Your Health. In: Journal of Social Issues, vol. 34, no. 1, 1978, S. 65–84 (1978b).

HARTMANN, HEINZ: Die Unternehmerin. Köln und Opladen 1968.

HAUSEN, KARIN: Die Polarisierung der »Geschlechtscharaktere« – Eine Spiegelung der Dissoziation von Erwerbs- und Familienleben. In: Heidi Rosenbaum (Hg.): Seminar Familie und Gesellschaftsstruktur. Materialien zu den sozioökonomischen Bedingungen von Familienformen. Frankfurt 1978, S. 161–191.

HECKMAN, NORMA A./BRYSON, REBECCA/BRYSON, JEFF B.: Problems of Professional Couples: A Content Analysis. In: Journal of Marriage and the Family, vol. 39, no. 2, May 1977, S. 323–331.

HEIL, BIRGID: Die Ein-Eltern-Familie unter Berücksichtigung der Vater-Kind-Familie. In: Vorgänge Nr. 6, Dezember 1979, S. 100–105.

HELLER, JOSEPH: Was geschah mit Slocum? Frankfurt 1977.

HENNIG, MARGARET/JARDIM, ANNE: Frau und Karriere. Der Weg zur Spitze in einer männerbestimmten Arbeitswelt. Reinbek 1978.

HILLMER, HOLGER: Die Ingenieurin. In: Analysen, März 1971, S. 54–57.

HOCHSCHILD, ARLIE RUSSELL: Inside the Clockwork of Male Careers. In: Florence Howe (ed.): Women and the Power to Change. New York 1975, S. 47–80.

— The Role of the Ambassador's Wife: An Exploratory Study. In: Journal of Marriage and the Family, February 1969, vol. 31, no. 1, S. 73–87.

HOFFMAN, LOIS W.: The Professional Woman as Mother. In: Ruth B. Kundsin (ed.): Women and Success. The Anatomy of Achievement. New York 1974, S. 222–228 (1974a).

— Effects of Maternal Employment on the Child – A Review of the Research. In: Developmental Psychology, 1974, vol. 10, no. 2, S. 204–228 (1974b).

— The Employment of Women, Education, and Fertility. In: Martha Tamara Shuch Mednick/Sandra Schwartz Tangri/Lois Wladis Hoffman (eds.): Women and Achievement. Social and motivational analyses. Washington – London 1975, S. 104–122.

HÖHN, ELFRIEDE: Das berufliche Fortkommen von Frauen. Frankfurt 1964.

HOLMSTROM, LYNDA LYTLE: The Two-Career Family. Cambridge, Mass., 1973.

HORNER, MATINA S.: Feminity and Successful Achievement: A Basic Inconsistency. In: Michele Hoffnung Garskof (ed.): Roles Women Play: Readings Toward Women's Liberation. Belmont 1971, S. 97–122.

— Toward an Understanding of Achievement-Related Conflicts in Women. In: Martha Tamara Shuch Mednick/Sandra Schwartz Tangri/Lois Wladis Hoffman (eds.): Women and Achievement. Social and motivational analyses. Washington – London 1975, S. 158–171.

HORKHEIMER, MAX: Autorität und Familie. In: Ders.: Kritische Theorie, Band I, Frankfurt 1968, S. 277–360.

JURCZYK, KARIN: Frauenarbeit und Frauenrolle. Zum Zusammenhang von Familienpolitik und Frauenerwerbstätigkeit in Deutschland von 1918–1975. Frankfurt–München 1976.

KANTER, ROSABETH MOSS: Men and Women of the Corporation. New York 1977.

Keshet, Harry Finkelstein/Rosenthal, Kristine M.: Fathering after marital separation. In: Social Work, January 1978, S. 11–18.
Kirschner, Betty Frankle/Walum, Laurel Richardson: Two-Location Families: Married Singles. In: Alternative Lifestyles, vol. 1, no. 4, November 1978, S. 513–525.
Klee, Ernst: Gottesmänner und ihre Frauen. Geschichten aus dem Pfarrhaus. Frankfurt 1979.
Köhler-Wagnerová, Alena: Die Frau im Sozialismus – Beispiel CSSR. Hamburg 1974.
Könnecker, Marie-Luise: Mädchenjahre. Ihre Geschichte in Bildern und Texten. Neuwied 1978.
Komarovsky, Mirra: Women in the Modern World. Their Education and Their Dilemmas. Boston 1953.
— Cultural Contradictions and Sex Roles: The Masculine Case. In: Joan Huber (ed.): Changing Women in a Changing Society. Chicago and London 1973, S. 111–122.
Kosa, John/Coker, Robert E.: The Female Physician in Public Health: Conflict and Reconciliation of the Sex and Professional Roles. In: Sociology and Social Research, vol. 49, 1964–1965, S. 294–305.
Kotik, Ruth: Medienfrauen in Osteuropa. Beispiel CSSR. In: Medium, Dezember 1978, 8. Jahrgang, S. 37f.
Kundsin, Ruth B. (ed.): Women and Success. The Anatomy of Achievement. New York 1974.
Lappe, Lothar/Schöll-Schwinghammer, Ilona: Arbeitsbedingungen und Arbeitsbewußtsein erwerbstätiger Frauen. Göttingen 1978.
Laws, Judith Long: Work Aspirations of Women: False Leads and New Starts. In: Signs, Journal of Women in Culture and Society, vol. 1, no. 3, part 2 (Spring 1976), S. 33–50.
Lehr, Ursula: Kontinuität und Diskontinuität im Lebenslauf. In: Leopold Rosenmayr (Hg.) Die menschlichen Lebensalter, München 1978, S. 315–340.
Levy, René: Der Lebenslauf als Statusbiographie. Die weibliche Normalbiographie in makrosoziologischer Perspektive. Stuttgart 1977.
Lopate, Carol: Women in Medicine. Baltimore 1968.
Mandelbaum, Dorothy Rosenthal: Women in Medicine: Review Essay. In: Signs. vol. 4, no. 1, Autumn 1978, S. 136–145.
— The Nonpersistence of Women MD's: A New Diagnosis. In: International Journal of Women's Studies, vol. 2, no. 5, September/October 1979, S. 443–451.
Marciano, Teresa Donati: Male Pressure in the Decision to Remain Childfree. In: Alternative Lifestyles, vol. 1, no. 1, February 1978, S. 95–112.
Marsden, Dennis: Sociological Perspectives on Family Violence. In: J. P. Martin (ed.): Violence and The Family. Chichester – New York 1978, S. 103–134.
Martin, J. P. (ed.): Violence and The Family. Chichester – New York 1978.
Martin, Thomas W./Berry, Kenneth J./Jacobsen, R. Brooke: The Impact of Dual-Career Marriages on Female Professional Careers:

An Empirical Test of a Parsonian Hypothesis. In: Journal of Marriage and the Family, November 1975, S. 734–743.
MATTFELD, JACQUELYN A./VAN AKEN, CAROL G. (ed.): Women and the Scientific Professions. The M.I.T. Symposion on American Women in Science and Engineering. Cambridge, Mass. – London 1965.
MEAD, MARGARET: Brombeerblüten im Winter. Ein befreites Leben. Reinbek 1978.
MICHEL, ANDRÉ (ed.): Family Issues of Employed Women in Europe and America. Leiden 1971.
MOLLOY, JOHN T.: The Woman's Dress For Success Book. New York 1978.
MURDOCK, GEORGE P.: Comparative Data on the Division of Labor by Sex. In: Bruce J. Biddle and Edwin J. Thomas (eds.): Role Theory: Concepts and Research, New York 1966.
NIEMI, ALBERT JR.: Differences in Return to Educational Investment. In: Nona Glazer/Helen Youngelson Waehrer (eds.): Woman in a Man-Made World. A Socioeconomic Handbook. Second edition, Chicago 1977, S. 313–319.
OSTNER, ILONA: Beruf und Hausarbeit. Die Arbeit der Frau in unserer Gesellschaft. Frankfurt 1978.
—/BECK-GERNSHEIM, ELISABETH: Mitmenschlichkeit als Beruf. Eine Analyse des Alltags in der Krankenpflege. Frankfurt 1979.
—/PIEPER, BARBARA (Hg.): Arbeitsbereich Familie. Beiträge für eine Theorie familialer Arbeit. Erscheint Frankfurt 1980.
OSTERMEYER, HELMUT (Hg.): Ehe – Isolation zu zweit? Mißtrauensvotum gegen eine Institution. Frankfurt 1979.
PACKARD, VANCE: Die ruhelose Gesellschaft. Ursachen und Folgen der heutigen Mobilität. Düsseldorf – Wien 1973.
PAPANEK, HANNA: Men, Women and Work: Reflections on the Two-Person Career. In: Joan Huber (ed.): Changing Women in a Changing Society. Chicago – London 1973, S. 90–110.
PILGRIM, VOLKER ELIAS: Manifest für den freien Mann. München 1978.
PLAT, WOLFGANG: Die Familie in der DDR. Frankfurt 1972.
PLECK, JOSEPH H.: Men's Family Work: Three Perspectives and Some New Data. In: The Family Coordination, October 1979, vol. 28, no. 4, S. 481–488.
POLOMA, MARGARET M.: The Myth of the Egalitarian Family: Familial Roles and the Professionally Employed Wife. Paper presented at the Sixty-fifth Annual Meeting of the American Sociological Association, Washington D.C., September 1970.
— GARLAND, T. NEAL: Jobs or Careers: The Case of the Professionally Employed Woman. In: André Michel (ed.): Family Issues of Employed Women in Europe and America, Leiden 1971, S. 126–142.
PREUSS, HANS G.: Ehepaartherapie. Beitrag zu einer psychoanalytischen Partnertherapie in der Gruppe. München 1973.
PRICE, JANE: You're Not Too Old to Have a Baby. Harmondsworth 1978.
PROKOP, ULRIKE: Weiblicher Lebenszusammenhang. Von der Beschränktheit der Strategien und der Unangemessenheit der Wünsche. Frankfurt 1976.

Pross, Helge: Gleichberechtigung im Beruf? Eine Untersuchung mit 7000 Arbeitnehmerinnen in der EWG. Frankfurt 1973.
— Die Männer. Eine repräsentative Untersuchung über die Selbstbilder von Männern und ihre Bilder von der Frau. Reinbek 1978.
Radziwill, Konstanze: Eine Art Verwandtschaft. Köln 1979.
Rapoport, Rhona/Rapoport, Robert N.: The Dual-Career Family: A Variant Pattern and Social Change. In: Constantina Safilios-Rothschild (ed.): Toward a Sociology of Women. Lexington, Mass., 1972, S. 216–244.
— Leisure and the Family Life Cycle. London 1975.
— Dual-Career Families Reexamined. New Integrations of Work and Family. London 1976.
Rich, Adrienne: Toward a Women-Centered University. In: Florence Howe (ed.): Women and the Power to Change. New York 1975, S. 15–46.
Richter, Horst E.: Patient Familie, Entstehung, Struktur und Therapie von Konflikten in Ehe und Familie. Reinbek 1972.
— Lernziel Solidarität. Reinbek 1974.
— Flüchten oder Standhalten. Reinbek 1976.
— Engagierte Analysen. Über den Umgang des Menschen mit dem Menschen. Reinbek 1978.
Riehl, W. H.: Die Familie. Stuttgart 1861.
Rosen, Bernard C./Aneshensel, Carol S.: The Chameleon Syndrome: A Social Psychological Dimension of the Female Sex Role. In: Journal of Marriage and the Family, vol. 38, no. 4, November 1976, S. 605ff.
Rosenthal, Kristine M./Keshet, Harry F.: The Impact of Childcare Responsibilities on Part-Time or Single Fathers: Changing Patterns of Work and Intimacy. In: Alternative Lifestyles, vol. 1, no. 4, November 1978, S. 465–491.
Rossi, Alice S.: Barriers to the Career Choice of Engineering, Medicine, or Science among American Women. In: Jacquelyn A. Mattfeld/Carol G. Van Aken (eds.): Women and the Scientific Professions. The M.I.T. Symposion on American Women in Science and Engineering. Cambridge, Mass. – London 1965, S. 51–127.
— Sex Equality: The Beginnings of Ideology. In: Constantina Safilios-Rothschild (ed.): Toward a Sociology of Women. Lexington, Mass. 1972, S. 344–353.
—/Calderwood, Ann (ed.): Academic Women on the Move. New York 1973.
Rossiter, Margaret W.: Sexual Segregation in the Sciences: Some Data and a Model. In: Signs, Journal of Women in Culture and Society, vol. 4, no. 1, Autumn 1978, S. 146–151.
Rowe, Mary: Choosing Child Care: Many Options. In: Rhona and Robert N. Rapoport with Janice M. Bumstead (eds.): Working Couples. London 1978, S. 89–99.
Rühle-Gerstel, Alice: Das Frauenproblem der Gegenwart. Leipzig 1932.

SAFILIOS-ROTHSCHILD, CONSTANTINA: Discussion, in: dies. (ed.): Toward a Sociology of Women. Lexington, Mass. 1972.
— Dual Linkages between the Occupational and Family Systems: A Macrosociological Analysis. In: Signs, Journal of Women in Culture and Society, vol. 1, no. 3, part 2, Spring 1976, S. 51–60.
— Love, Sex, and Sex Roles. Englewood Cliffs 1977.
—/DIJKERS, MARCELLINUS: Handling Unconventional Asymmetries. In: Rhona and Robert N. Rapoport with Janice M. Bumstead (eds.): Working Couples, London 1978, S. 62–73.
SCHULTZ, TERRI: Women Can Wait. The Pleasures of Motherhood After Thirty. New York 1979.
SIMON, RITA JAMES/CLARK, SHIRLEY MERRIT/GALWAY, KATHLEEN: The Woman Ph. D.: A Recent Profile. In: Social Problems, vol. 15, no. 2, 1967, S. 221–235.
SIMPSON, RICHARD L./SIMPSON, IDA HARPER: Women and Bureaucracy in the Semi-Professions. In: Amitai Etzioni (ed.): The Semi-Professions and Their Organization, New York 1969, S. 196–265.
SLATER, PHILIP: Some Social Consequences of Temporary Systems. In: Warren G. Bennis/Philip E. Slater: The Temporary Society. New York 1968.
— The Pursuit of Lonelines. American Culture at the Breaking Point. Boston 1971.
SMITH, ROGER: Sex and occupational role on Fleet Street. In: Diana Leonard Barker/Sheila Allen (eds.): Dependence and Exploitation in Work and Marriage. London – New York 1976, S. 70–87.
SMITH-ROSENBERG, CARROLL: The Female World of Love and Ritual: Relations between Women in Nineteenth-Century America. In: Signs, Journal of Women in Culture and Society, vol. 1, no. 1, Autumn 1975, S. 1–30.
SOKOLOWSKA, MAGDALENA: Frauenemanzipation und Sozialismus. Das Beispiel der Volksrepublik Polen. Reinbek 1973.
SOMMERKORN, INGRID N.: On the Position of Women in the University Teaching Profession in England. An Interview Study of 100 Women University Teachers. Ph. D. diss., London 1966, ergänzte Fassung 1969.
STREECK, SYLVIA/BOCK-ROSENTHAL, ERIKA/HAASE, CHRISTA: Frauen und Politik. Politische Einstellungen von Frauen mit prestigereichen Berufen. In: Soziale Welt, Heft 3/1977, S. 399–409.
THEWELEIT, KLAUS: Männerphantasien. Frankfurt 1977.
TREY, J. E.: Women in the war economy – World War II. In: The Review of Radical Political Economics, 1972, vol. 4, no. 3, S. 1–17.
URDZE, ANDREJS/RERRICH, MARIA S.: Frauenalltag und Kinderwunsch. Entscheidungsgründe für oder gegen weitere Kinder bei Müttern mit einem Kind. Erscheint Frankfurt 1980.
VETTER, BETTY M.: Women in the Natural Sciences. In: Signs, Journal of Women in Culture and Society, vol. 1, no. 3, Part 1, Spring 1976, S. 713–720.
WAITE, LINDA J./STOLZENBERG, ROSS M.: Intended Child Bearing and

Labor Force Participation of Young Women: Insights from Nonrecursive Models. In: American Sociological Review, vol. 41, no. 2, 1976, S. 235–252.
WEBER-KELLERMANN, INGEBORG: Die deutsche Familie. Versuch einer Sozialgeschichte. Frankfurt 1974.
WELTZ, FRIEDRICH/DIEZINGER, ANGELIKA/LULLIES, VERONIKA/MARQUARDT, REGINE: Aufbruch und Desillusionierung. Junge Frauen zwischen Beruf und Familie. Göttingen 1978.
WHITE, MARTHA S.: Psychological and Social Barriers to Women in Science. In: Constantina Safilios-Rothschild (ed.): Toward a Sociology of Women. Lexington, Mass. 1972, S. 300–308.
WHYTE, WILLIAM H.: The Wife Problem. In: Cynthia Fuchs Epstein/W. J. Goode: The Other Half, Englewood Cliffs 1971.
WILLIAMS, MARCILLE GRAY: The New Executive Woman. A Guide to Business Success. New York 1978.
WIDOM, CATHY SPATZ/BURKE, BARBARA W.: Performance, Attitudes, and Professional Socialization of Women in Academia. In: Sex Roles, vol. 4, no. 4, August 1978, S. 549–562.
WOLF, CHRISTA: Berührung. Vorwort. In: Maxie Wander: Guten Morgen, du Schöne. Frauen in der DDR, Protokolle. Darmstadt und Neuwied 1978.
YOKOPENIC, PATRICIA A./BOURQUE, LINDA BROOKOVER/BROGAN, DONNA: Professional Communication Networks: A Case Study of Women in the American Public Health Association. In: Social Problems, vol. 22, April 1975, S. 493–509.
ZARETSKY, ELI: Die Zukunft der Familie. Über Emanzipation und Entfaltung der Persönlichkeit. Frankfurt 1978.
ZELDITCH, MORRIS JR.: Role Differentiation in the Nuclear Family: A Comparative Study. In: Talcott Parsons and Robert F. Bales (eds.): Family, Socialization and Interaction Process, Glencoe 1955.